U0958391

PRINCIPLE AND APPLICATION OF STATISTICS

普通高等教育十三五规划教材

统计学原理与应用

主编／王珊　邓娟娟
副主编／梅培　肖雪

立信会计出版社
LIXIN ACCOUNTING PUBLISHING HOUSE

图书在版编目(CIP)数据

统计学原理与应用 / 王珊，邓娟娟主编. —上海：立信会计出版社，2019.8 (2021.1 重印)
ISBN 978-7-5429-6256-0

Ⅰ.①统… Ⅱ.①王… ②邓… Ⅲ.①统计学 Ⅳ.①C8

中国版本图书馆 CIP 数据核字(2019)第 158042 号

策划编辑　蔡伟莉　余　榕
责任编辑　余　榕
封面设计　南房间

统计学原理与应用
Tongjixue Yuanli yu Yingyong

出版发行	立信会计出版社		
地　址	上海市中山西路 2230 号	邮政编码	200235
电　话	(021)64411389	传　真	(021)64411325
网　址	www.lixinaph.com	电子邮箱	lixinaph2019@126.com
网上书店	http://lixin.jd.com		http://lxkjcbs.tmall.com
经　销	各地新华书店		

印　刷	常熟市华顺印刷有限公司	
开　本	787 毫米×1092 毫米	1/16
印　张	19.25	
字　数	468 千字	
版　次	2019 年 8 月第 1 版	
印　次	2021 年 1 月第 2 次	
印　数	3 101—6 200	
书　号	ISBN 978-7-5429-6256-0/C	
定　价	48.00 元	

前　　言

统计的实质是数字的艺术。无论是在工作中还是在生活中，我们都不可避免地需要与数字打交道。数字可以帮助我们更好地认识事物的状态、现象的本质，甚至进行预测。学生若掌握基本的统计技能、具备一定的统计思维，对其今后走上职场是非常有好处的。

"统计学"课程是教育部明确规定的高等院校经济管理类专业必修的基础核心课程，其课程的重要性不言而喻。统计学本质上是一门方法论的科学，重在对学生数据搜集、数据整理与分析能力的培养。然而，很多学生沿用数学的学习方法来学习统计学，甚至错误地认为统计学即数学，过于重视计算公式，将学习的重点放在复杂的计算过程上，所以在学习统计学的时候感到十分困难。事实上，在信息技术如此发达的今天，很多复杂的计算过程已经可以借助统计软件完成，学生对统计学的学习应重在对统计指标内涵的解读、对统计思维方式的搭建上。其学习目标应是正确运用统计思维来思考问题，而不是简单的手工计算。

统计应是"有用"且"有趣"的。一方面，统计具有很强的现实应用价值，如想要知晓员工对公司某一新制度的态度、想要了解员工的年龄分布、想要了解某行业的薪酬水平等，都可以借助统计工作来实现；另一方面，统计是有趣的、好玩的，有很多有意思的现象可以研究，如不同年龄的人谈话内容是否存在区别、中国各地食辣能力的分布如何等。

本书以建立统计思维为目标导向，强调统计的应用价值，围绕"有用"且"有趣"的定位设计理论与实训内容，努力在内容与形式上创新。

本书具有如下特色：

(1) 理论逻辑清晰。本书全面、系统地阐述了统计学的基本理论，第一章绪论主要介绍了统计学的发展历史、相关基础概念；第二章统计调查是统计工作的第一阶段，主要介绍了统计调查方案的设计与几种不同的调查形式；第三章统计整理是统计工作的第二阶段，主要介绍了分配数列的构架与图表呈现的方式；第四章至第九章则属于统计工作的第三阶段——统计分析，包括统计描述、时间数列、统计指数、抽样推断、假设检验、相关与回归分析等；第十章统计调查报告主要介绍了如何对前面三个阶段的工作成果进行综合性陈述。

(2) 重交互、重趣味、重思考。每章均以实际案例作为内容导入，设置问题引导学生思考，激发学生的学习兴趣；文字表达通俗易懂，举例生动实用；设计思考环节，突出交互性，强化学生对相关知识点的理解。每章的本章小结后均附上一则有趣的统计故事、好玩的统计报告或贴近生活的图表数据，突出统计的趣味性。

(3) 实训内容设计新颖，突出应用性。每章都附有配套的实训项目，首先，从某一具体问题出发，陈述利用 Excel 或 SPSS 解决问题的主要方法与操作要领；其次，通过"拓展练习"，让学生利用本章所学技能独立思考解决问题，巩固知识提升统计技能；最后，"挑战性统计实践"以现实的统计调查项目为导向，要求学生综合运用若干章的知识完成任务，能够有效提升学生的统计思维，提高综合应用能力与知识体系整体性认识。

(4) 数字化特色明显。部分延伸知识、案例、资料、参考答案等采用了二维码的形式来呈现，学生通过扫码可获得图文并茂的信息，学习方式更生动活泼，也可以很好地激发学生学习的主动意识。

本书的编者在广泛吸收国内外高校教师教学经验的基础上，注重从教师、学生、企业的三重视角来进行撰写。本书由武汉晴川学院的王珊、邓娟娟担任主编，梅培、肖雪担任副主编。本书的具体编写分工如下：第一章由肖雪编写；第二章由肖雪、王珊编写；第三章、第四章由邓娟娟编写；第五章、第六章由梅培编写；第七章至第十章由王珊编写。王珊负责本书的总体设计、组织编写及全书的统稿工作，邓娟娟、梅培、肖雪参与了部分统稿工作。

本书的顺利出版，离不开武汉晴川学院各位领导和同事的大力支持，离不开立信会计出版社各位编辑的努力，在此致以由衷的感谢。此外，来自北京专业做行业咨询的陈烁羽，无私地与编者分享了其多年的市场调查项目经验，从企业视角丰富了本书的实训内容；武汉晴川学院 2015 级会计专业的熊平凡、沈德秋霞、赵力仪等同学，从学生视角给予了编者很多中肯的修改建议，在此一并致谢。

由于编者水平有限，书中难免存在不足与不当之处，敬请读者批评指正。

编　者

2019 年 8 月

目　录

第一章　绪　　论

教学目标

知识目标

1. 理解统计的三种含义。
2. 了解统计学的发展历史。
3. 理解总体、总体单位、标志、指标、变量的内涵。
4. 了解统计工作过程的三大阶段。

技能目标

1. 具备正确解读统计标志和统计指标的能力。
2. 具备运用数据描述现象的能力。

走进统计

人一生中13组惊人数字

一个人如果能活80岁，一生共有700 800小时，42 048 000分钟。不过，人一生中都做了些什么？下面13组惊人的统计数字告诉你答案。

1. 城市儿童3岁前用掉3 800块尿不湿

尿不湿令父母省去洗尿布之苦，却带来了沉重的社会负担。尿不湿是用石油、树木等宝贵的自然资源制成，而其中阻挡尿液渗漏的塑料，要用500年时间才能被完全分解掉。据统计，一名城市儿童在3岁之前，要用掉3 800块尿不湿。

2. 人一生摄入的食物超过50吨

人的身体是一部高效能的机器，人一生中摄入的食物超过50吨，而排泄物则重达2 865千克，将近3吨，在这个过程中，会用掉4 239卷卫生纸。

3. 人每天放屁释放气体达1～1.5升

平均下来，人一天要放12次屁。如果有谁把每个人的屁都收集起来，然后点燃，将会看到一个体积达35 815升的火球。

4. 人一生认识1 700个人

在全球范围内，且不论何时，每个人的社交圈里大概会常有100人你来我往。

5. 人一生可能用到123 205 740个词汇

（续上）

人类的语言极为丰富，每种语言平均拥有约 2.5 万个单词或者字。世界上单词量最多的语种是英语，超过 50 万个。我们一天要说 4 300 个词语。

6. 人一生用掉 100 万升水

每个人都要洗澡。平均而言，世界上每个人的一生要洗 7 163 次澡。

7. 人一生洗衣服用掉 570 千克的化学品

为了洗衣服，每个人一生中要向水中注入 570 千克化学品，而沐浴液、洗衣液的化学成分，需要用 800 年的时间才能完全溶解于水。

8. 人一生大概要谈 3 次恋爱

70%的人选择至少结婚一次。但如今，婚姻令人捉摸不定，人的婚姻平均只能维持 11 年半。

9. 人一生制造 40 吨垃圾

人一生平均要用坏 3.5 台洗衣机、3.4 台电冰箱、3.2 台微波炉、4.8 台电视机和 15 台电脑。而制造 1 台个人电脑平均需要至少 240 千克石油和 22 千克化学品，加上在生产过程中需要 1.5 吨水，因此一部台式电脑在出厂之前，所耗的原料的重量相当于一辆大型汽车。每个人一生都要制造 40 吨垃圾，可塞满两个集装箱。

10. 人一生中看电视耗时 8 年

假如一个人每天看电视的时间是 148 分钟，1 年就是 900 小时，一生就是 2 944 天。

11. 人一生要“砍掉”24 棵大树

人的一生中，平均大概要读 533 本书，2 455 份报纸，总重量达到 1.5 吨。然而，要制成这 533 本书和 2 455 份报纸，需要砍掉 24 棵大树。

12. 人一生要编织 104 390 个梦

人的一生都在做梦，直到 78.5 岁为止。梦和记忆一样，给人的感觉是虚无缥缈的。但事实上，记忆和梦是我们所能拥有的最不朽的东西。

13. 人一生看 314 次病，吞下 3 万粒药片

一般说来，人一生会看 314 次病，而每次都会拿到一张处方。到了 60 岁，看病的次数将达到 1 年 35 次，为此人一生要吃下的药片大概有 3 万粒。

提问：

(1) 看完这些数据，你是什么感受？

(2) 如果对人的一生的描述是以下文字，你又是什么感受？

城市儿童 3 岁前需要用掉很多尿不湿，其中阻挡尿液渗漏的塑料，需要很多年才能被完全分解掉。人这一生要吃非常多的食物，每天放屁释放大量气体，会认识许多朋友，使用大量词汇，洗澡用掉非常多的水，洗衣服也会用掉很多化学品，这些化学成分需要好长时间才能完全溶解。人一生会谈几次恋爱，日常生活会制造庞大的垃圾。人花在看电视上的时间非常多，看书看报会“砍掉”许多树木。人会做很多梦，看很多次病，吞下很多的药片。

参考答案

(3) 你认为什么是统计？

第一节 统计学的产生与发展

一、统计的三种含义

(一) 概念

统计语源最早出现于中世纪拉丁语的“Status”,意思指各种现象的状态和状况。根据这一语根,最早作为学名使用的“统计”,是德国政治学教授阿亨瓦尔(Achenwall)在其1749年所著的《近代欧洲各国国家学纲要》一书绪言中,把国家学名定为“Statistika”(统计)这个词,原意是指“国家显著事项的比较和记述”或“国势学”,他认为统计是关于国家应注意事项的学问。后来,译自英语statistics的“统计”一词延伸为三种含义:统计工作、统计资料和统计学。

统计工作是对社会、经济和自然现象总体数量方面进行搜集、整理和分析过程的总称。

统计资料是统计工作的成果,即是通过统计工作所取得的各种数字资料及其他相关资料的总称。统计资料也称统计信息,包括人口信息、基本单位信息、固定资产信息、宏观经济信息等,是国家和地区最基础、最重要的信息资源。

统计学是一门阐明如何去采集、整理、显示、描述、分析数据并由数据得出结论的科学。它包括一系列概念、原理、原则、方法和技术,是一门独立的、实用性很强的通用方法论科学。因此,统计学的独特之处在于,它能对不确定性进行量化,使其精确。

(二) “统计”一词三种含义之间的关系

统计工作与统计资料是过程与结果的关系,统计学与统计工作是理论与实践的关系。统计学源于实践,但又高于实践,指导实践,从而使统计工作更科学、更规范。统计工作、统计资料和统计学三者的关系如图1.1所示。

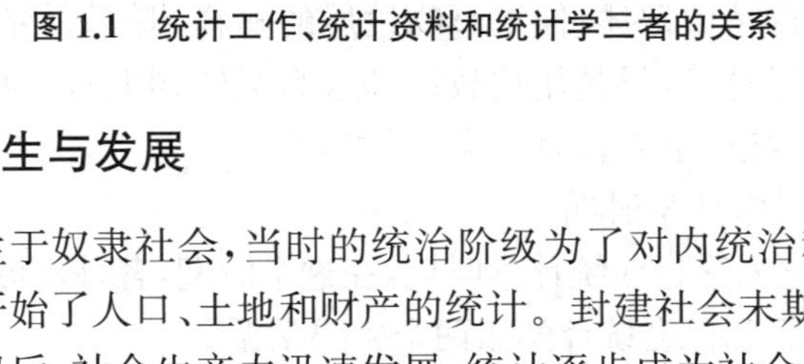

图1.1 统计工作、统计资料和统计学三者的关系

二、统计学的产生与发展

小故事

统计实践活动产生于奴隶社会,当时的统治阶级为了对内统治和对外战争,需要征兵征税,开始了人口、土地和财产的统计。封建社会末期,特别是进入资本主义社会以后,社会生产力迅速发展,统计逐步成为社会分工中的一个独立的部门和专业。同时,欧洲出现了一些统计理论著作,标志着统计学的产生。

从统计学的产生和发展过程来看,统计学可以大致分为古典统计学、近代统计学和现代统计学三个时期。

(一) 第一阶段:古典统计学时期

17 世纪中叶至 18 世纪中叶是古典统计学时期,在这一时期,统计学理论初步形成了一定的学术派别,主要有政治算术学派和国势学派。

1. 政治算术学派

政治算术学派产生于 17 世纪中叶的英国,代表人物之一是英国的威廉·配第(William Petty, 1623—1687),其代表作是他于 1676 年出版的《政治算术》一书。这里的"政治"是指政治经济学,"算术"是指统计方法。在这部书中,他以一系列分析和大量计算手段清晰地描述了英国、荷兰、法国和爱尔兰等地的经济、军事、政治等方面的情况,为英国称霸世界提供了各种有说服力的实证分析资料,其所采用的方法是前所未有的,为统计学的形成和发展奠定了方法论基础。因此,马克思称他是"政治经济学之父",在某种程度上也可以说是统计学的创始人。

政治算术学派的另一代表人物是英国的约翰·格朗特(1620—1674)。他的代表作是《对死亡率公报的自然观察和政治观察》一书。该书通过大量观察发现了人口各年龄组的死亡率、性别比例等重要的数量规律,并对人口总数进行了较为科学的估计;第一次编制了"生命表",对死亡率与人口寿命做了分析,从而引起了普遍的关注。因此,他被认为是人口统计学的创始人。

政治算术学派虽然提出了利用数字、重量、尺度的统计学方法基础,但是并没有形成统计学学科概念,故后来的统计学家们认为该学派有统计之实,无统计之名。

2. 国势学派

国势学派产生于 17 世纪的德国,因为该学派主要以文字记述国家的显著事项,故称记述学派。其主要代表人物是 H·康令(H. Gonring)和 G·阿亨瓦尔(G. Achenwall)。

H·康令于 1660 年把国势学从法学、史学和地理学等学科中独立出来,在西尔姆斯特大学讲授"实际政治家所必需的知识",内容是各个国家的显著事项,方法则是文字叙述。

G·阿亨瓦尔在哥廷根大学开设"国家学"课程,是国势学的主要继承人和最有名的代表人物。其主要著作是在 1749 年出版的《近代欧洲各国国势学纲要》一书,该书首次使用"统计学"(Statistik)一词,并对统计学的性质做了解释。他认为统计学是关于各国基本制度的学问,其研究对象是一个国家显著事项的整体,包括领土、人口、财政、军事、政治和法律制度等。

但国势学派只是对国情做记述,偏重事物性质的解释,既不研究事物的计量分析方法,也不注重数量对比和数量计算,只是用比较级和最高级的词汇对事物的状态进行描述。所以,人们认为国势学派有统计学之名而无统计学之实。

(二) 第二阶段:近代统计学时期

18 世纪末至 19 世纪末是近代统计学时期,在这个时期,各种学派的学术观点已经形成,并且形成了数理统计学派和社会统计学派两个主要学派。

1. 数理统计学派

18 世纪,概率理论日益成熟,为统计学的发展奠定了基础。19 世纪中叶,概率论被引进统计学从而形成数理学派,其创始人是比利时学者 A·凯特勒(A. Quetelet)。他在《社会物理学》中最先把概率论原理应用于人口、人体测量和犯罪等问题的研究,并对观测的数据进行误差计算和分析，完成了统计学和概率论的结合，为数理统计学的形成和发展奠定了基础。

2. 社会统计学派

19 世纪后半叶，德国统计学界在英国政治算术学派的影响下，努力使统计学成为一门用统计数量表达社会经济现象及其规律的社会科学，社会经济统计学派逐渐形成。该学派对国际统计学界影响较大，流传较广。主要代表人物是恩格尔(1821—1896)和稍后的梅尔(1841—1925)。这一学派融汇了国势学派和政治算术学派的观点，并将政府统计和社会调查融合起来，进而形成社会统计学。

100 多年来，数理统计学派与社会统计学派并存且争论不休。目前，虽然数理统计学派在国际统计学界占据着优势，但两者已出现了融合的趋势。

不同统计学派的比较如表 1.1 所示。

表 1.1 不同统计学派的比较

学派	政治算术学派	国势学派	数理统计学派
时间	17 世纪中叶	18 世纪	18～19 世纪
创始人	威廉·配第	H·康令	A·凯特勒
特点	有实无名	有名无实	将概率论引入

(三) 第三阶段：现代统计学时期

20 世纪至今为现代统计学时期，这一时期的主要特征是描述统计学已转向推断统计学。1907 年，英国人戈塞特(Gosset)创立了小样本代替大样本理论，利用 t 统计量就可以从大量的产品中只抽取较小的样本完成对全部产品质量的检验和推断，为统计推断奠定了基础。英国的费希尔(Fisher)提出了极大似然估计量的概念，使之迅速成为估计参数的重要方法，他还提出样本相关系数的分布、实验设计和方差分析等方法。这些方法的产生，标志着现代统计学的开端。

1930 年，波兰学者奈曼(Neyman)与小皮尔逊(Pearson)共同对假设检验理论做了系统的研究，创立了奈曼—皮尔逊理论；同时，奈曼又创立了区间估计理论。美国统计学家瓦尔德把统计学中的估计和假设理论予以归纳，创立了决策理论。美国化学家威尔科克松(Wilcoxon)发展了一系列非参数统计方法，开辟了统计学的新领域。

上述这些研究和发现都大大充实了现代统计学的内容。

第二节 统计学中的几个基本概念

一、总体与总体单位

(一) 总体

统计总体简称总体，是由客观存在的、具有某种共同性质的许多个别事物构成的整体。例如，要研究武汉市工业企业发展情况，武汉市所有工业企业就作为一个总体。在确定总体后，我们就可以研究武汉市工业企业的各种数量特征，如武汉市工业企业的从业人数、资金规模、技术力量、设备状况、经济效益等。

统计总体按其单位数是否有限，分为有限总体和无限总体。有限总体是能够明确确定和划分总体范围的，总体单位数目是可数的；无限总体的总体单位是无限多的，或者是无法明确确定和划分总体范围的。例如，一个国家的人口、一定时期内生产的产品等，作为一个总体，其构成单位是可数的，故是有限总体。又如，森林中的昆虫数、江河中的鱼虾数等，其总量是无法全面计量的，是无限总体。对于有限总体，我们既可以采用全面调查的方法，又可用非全面调查的方法搜集统计调查资料；对于无限总体，我们只能采用非全面调查的方法，获取统计调查资料。

综上所述，总体和总体范围的确定，取决于统计研究的目的要求。而形成统计总体的必要条件，亦即总体必须具备的三个基本特征：大量性、同质性、差异性。

1. 大量性

大量性是指统计总体应包含足够多的单位数，仅仅个别或少数单位不能形成总体。因为研究总体数量特征的目的主要是揭露现象的规律性，而事物的规律性，特别是社会经济现象的规律性只在大量现象的综合汇总中才能显示出来，个别社会现象有很大的偶然性。

2. 同质性

同质性是指总体中各单位至少在某一方面具有共同性质，正是这个共同性质使这些个体结合成一个整体，同质性是构成统计总体的基础。

3. 差异性

差异性是指总体中各单位除具有共同性质的方面外，在其他方面存在着差别，包括质的差别或量的差别，这种差别也称为变异。正因为变异是普遍存在的，我们才有必要对其进行研究。如果说同质性是研究问题的前提，那么变异性则是研究问题的本身。

（二）总体单位

构成总体的每一个具体单位称为总体单位，也称为个体。原始资料最初就是从各个总体单位取得的，所以总体单位是各项统计数字最原始的承担者。例如，我们要研究全省工业企业的生产经营状况，那么全省的工业企业是总体，每个工业企业是总体单位。

总体和总体单位是相对而言的。随着统计研究目的及范围的变化，统计总体和总体单位可以转化。例如，要了解全国工业企业职工的工资收入情况，那么全部工业企业是总体，每个工业企业是总体单位。而如果要了解某个工业企业职工的工资收入情况，则该工业企业就成了总体，每位职工就是总体单位了。

二、统计标志

（一）统计标志的概念

统计标志是指用来说明总体单位属性或特征的名称。每个总体单位都具有许多属性和特征。例如，高校教师作为总体单位，他们都具备性别、文化程度、职称、年龄、工龄、工资等属性和特征。可以看出，总体单位与统计标志的关系是十分密切的。如果没有标志，就无法表现总体单位的特点；反过来，如果没有总体单位，标志也就失去意义。所以，总体单位是标志的直接承担者，标志是依附于单位的。

（二）标志表现的概念

标志表现也称标志值，是指标志在各总体单位的具体表现，即在标志名称之后表明性质的词语或量化的数值。例如，某教师的性别是女、年龄为 35 岁、民族为土家族，这里的“女”

“35 岁”“土家族”就是性别、年龄、民族的标志表现。

如果说标志是统计所要调查的项目，那么标志表现就是调查所得的结果，是标志的实际体现。统计研究是从标志表现开始的，标志表现是最基础的统计资料，是形成指标数值的原材料。

（三）标志的分类

标志按其性质可以分为品质标志和数量标志。其中，品质标志是表明总体单位的质的特征的名称，如性别、民族、宗教信仰、政治倾向等，它不能用数量而只能以文字来表示；数量标志是表明总体单位量的特征的名称，如工人的年龄、身高、体重等，只能以数量的多少来表示。

需要注意的是，不能将标志与标志表现相混淆。例如，对生产车间 10 个工人的月工资计算平均工资，只能说是对 10 个工人的工资标志表现或 10 个标志值计算平均数，不能说对 10 个数量标志计算平均数。因为数量标志只有一个，即工人的“月工资”。

三、统计指标

（一）统计指标的概念

统计指标是指反映社会经济现象总体数量特征的概念和具体数值，如人口数、国土面积、工农业总产值、总成本、利润、国内生产总值等。统计指标包括指标名称和指标数值两个基础部分。其中，指标名称是指指标内容和所包括的范围，即指标“质”的规定；指标数值是指数量的特征，即是指标“量”的规定。

在实际的统计工作中，完整的统计指标一般包含指标名称、指标数值、计量单位、时间限制和空间限制五个要素。例如，我国 2018 年国内生产总值为 900 309 亿元。该统计指标就包含上述五个要素（见表 1.2）。

表 1.2 统计指标五要素

时间	空间	指标名称	具体数值	单位
2018 年	中国	国内生产总值	900 309	亿元

（二）指标与标志的区别和联系

统计指标与标志之间既有区别又有联系。

1. 两者的区别

（1）说明对象不同。统计指标说明的是总体的特征，而标志则是反映总体单位的特征。

（2）表述形式不同。统计指标都可以用数值表示，而标志既有能用数值表示的数量标志，又有不能用数值只能用文字表述的品质标志。

2. 两者的联系

（1）具有汇总关系。许多统计指标的数值是由总体单位的数量标志值汇总而来的。例如，武汉市的工业总产值就是各企业总产值之和，这里，武汉市工业总产值就是统计指标，而各企业总产值则是标志。同时，通过对品质标志的标志表现所对应的总体单位数进行加总，也能形成统计指标。例如，某班级女生的总人数就是“性别”的标志值为“女”的总体单位数汇总的结果。

（2）具有变换关系。由于统计研究的目的不同，总体和总体单位之间可以相互转化，导致相伴而生的指标和标志也相互转化。随着研究目的的变化，原来的总体转变为总体单位，相应的统计指标也就成为标志；反之亦然。

(三) 统计指标的种类

根据不同的研究目的,统计指标可以从以下几个角度来分类:

(1) 统计指标按所反映的数量特点和内容不同,可以分为数量指标和质量指标。①用来反映社会经济现象总规模或总水平的统计指标称为数量指标。它表示事物外延量的大小,如人口总数、耕地面积、国内生产总值、国民收入、商品流转额、工资总额等。数量指标是用绝对数来表示的,并具有实物的或货币的计量单位。②反映社会经济现象的相对水平或工作质量的统计指标称为质量指标。它表示事物的内涵,如产品合格率、平均工资、人口密度、工人出勤率、设备利用系数、单位产品原材料消耗等。质量指标是用相对数或平均数来表示的。由于质量指标反映的是现象总体内部的数量关系,因此其指标数值大小不随总体范围的大小而增减。数量指标和质量指标的关系表现在:数量指标是计算质量指标的基础,质量指标是数量指标的派生指标。

(2) 指标按其数量表现形式不同,可以分为总量指标、相对指标和平均指标。其相应内容将在第四章做详细介绍。

以上介绍的是统计指标的一些主要分类。此外,统计指标还有一些其他的分类,如按反映社会经济的功能不同,统计指标可分为描述指标、评价指标和预警指标。统计指标也可分为基础指标和派生指标,还可以分为考核指标和非考核指标等。总之,同一个统计指标可以从不同的角度来理解。

四、统计指标体系

社会经济现象的表现是多方面的。一个统计指标往往只能反映现象某一方面的特征、说明某一方面的情况,要全面反映客观现象的各个方面,仅靠单个的统计指标是不够的,必须建立和运用统计指标体系。

所谓统计指标体系,就是若干个相对独立又相互联系的统计指标所构成的整体,用以说明所研究的社会经济现象各方面相互依存和相互制约的关系。例如,一个工业企业把产品产量、总产值、净产值、职工人数、劳动生产率、消耗、销售收入、利润等统计指标联系起来,就组成了指标体系,这便于全面、准确地评价该企业的生产经营情况。

五、变量

统计指标体系的分类

(一) 变量的概念

可变的数量标志或者指标称为变量。变量的具体表现就是可变数量标志的不同取值,称为变量值。一个变量可以取多个变量值。变量和变量值两者不能混淆。例如,学生身高这个变量,可具体表现为165 cm、170 cm、177 cm、180 cm 等多个变量值。

(二) 变量的分类

根据变量值连续出现与否,变量可分为连续型变量和离散型变量。连续型变量的变量值是连续不断的,在相邻的两值之间可无限分割,表现为无穷小数,如粮食产量、身高、体重、总产值、资金、利润等。而离散型变量的变量值只能表现为整数,如工人数、工厂数和机器台数等。

根据变量性质,变量可以分为确定性变量和随机变量。如果某一变量值能够被另一个变量或若干个变量(因素)的值按一定的规律唯一地确定,则该变量就可以称之为确定性变量。例如,某职工公积金贷款额度就是确定性变量,其计算公式为“贷款额度=(借款人公积金缴存余额+配偶公积金缴存余额)×20倍×缴存时间系数”。所谓随机变量,其数值的变动受到许多因素的影响,在相同条件下进行观测,由于影响因素的作用不同,其可能的实现值(或观测值)不止一个,数值的大小随机波动,带有偶然性,事前无法确定,如身高、体重等。

第三节 统计工作过程

统计工作一般分为统计调查、统计整理与统计分析三个阶段。

第一阶段:统计调查,是指搜集原始资料的工作过程。统计用数字说话,而各种统计数字都直接来自统计调查,“巧妇难为无米之炊”,所以统计调查是统计工作的基础。

第二阶段:统计整理,是指对原始资料进行审核、校正、处理并使之系统化、条理化的过程。统计整理在统计工作中起到了承上启下的作用,通过对调查阶段搜集的数据进行处理,形成便于统计分析的数据资料。

第三阶段:统计分析,是指计算统计指标,反映数据的综合特征,阐明事物内在联系和规律,得出科学结论的过程。统计分析包括统计描述和统计推断,属于统计工作的核心。

统计工作过程如图1.2所示。

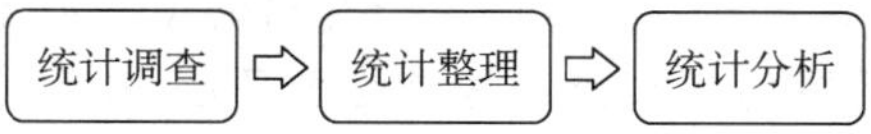

图1.2 统计工作过程

本章小结

1. “统计”包含统计工作、统计资料和统计学三种含义。统计工作与统计资料是过程与结果的关系,统计工作与统计学是实践与理论的关系。

2. 总体是由客观存在的、具有某种共同性质的许多个别事物构成的整体。构成总体的每一个具体单位称为总体单位。

3. 统计标志用来说明总体单位属性或特征,统计指标用来反映总体数量特征。

4. 标志按其性质可以分为品质标志和数量标志。品质标志表明总体单位的质的特征,数量标志表明总体单位的量的特征。

5. 统计指标体系是指若干个相对独立又相互联系的统计指标所构成的整体。它可以用来说明所研究的社会经济现象各方面相互依存和相互制约的关系。

6. 可变的数量标志称为变量。根据变量值连续出现与否,变量可分为连续型变量和离散型变量;按其性质,变量可以分为确定性变量和随机变量。

7. 统计工作一般分为统计调查、统计整理与统计分析三个阶段。

趣味阅读

统计学与红楼梦

众所周知,《红楼梦》一书共120回,自从胡适作《红楼梦考证》以来,一般都认为前80回为曹雪芹所写,后40回为高鹗所续。然而,长期以来这种看法一直都饱受争议。

能否从统计上做出论证?从1985年开始,复旦大学的李贤平教授带领他的学生做了这项很有意义的工作,他们创造性的想法是将120回看成是120个样本,然后确定与情节无关的虚词出现的次数作为变量,巧妙运用数理统计分析方法,看看哪些回目出自同一人的手笔。

一般认为,每个人使用某些词的习惯是特有的。于是李教授用每个回目中47个虚词(之,其,或,呀,吗,咧,罢,可,便,就等)出现的次数(频率),作为《红楼梦》各个回目的数字标志。

之所以要抛开情节,是因为在一般情况下,同一情节大家描述的都差不多,但由于个人写作特点和习惯的不同,所用的虚词是不会一样的。李教授利用多元分析中的聚类分析法进行聚类,果然将120回分成两类,即前80回为一类,后40回为一类,很形象地证实了不是出自同一人的手笔。

那么前80回是否为曹雪芹所写呢?这时李教授又找了一本曹雪芹的其他著作,做了类似计算,结果证实了用词手法完全相同,断定前80回为曹雪芹一人手笔,是他根据《石头记》写成的,中间插入《风月宝鉴》,还有一些别的增加成分。

而后40回是否为高鹗写的呢?论证结果推翻了后40回是高鹗一个人所写,而是曹雪芹亲友将其草稿整理而成的,宝黛故事为一人所写、贾府衰败情景当为另一人所写等。

这个论证在红学界轰动很大,李教授他们用多元统计分析方法支持了红学界的观点,使红学界大为赞叹。

(资料来源:陇南统计.几则有趣的统计小故事[EB/OL].(2018-02-07)[2019-07-08].http://www.sohu.com/a/221574584_99909088.)

实训项目:Excel在统计中的基础应用

【实训目标】 培养学生正确运用Excel进行数据排序、筛选、分类汇总的能力。

【实训内容】 数据的排序、筛选、分类汇总、数据透视表。

一、数据的排序

[例1.1] 2018级会计1班49名学生资料如表1.3所示。请将学生按成绩由低到高排序,以更好地分析该班的考试情况。

表1.3 2018级会计1班49名学生资料

学号	籍贯	性别	期末平均成绩	是否担任班干部
201801001	湖北	男	70	是
201801002	湖南	男	74	否

（续表）

学号	籍贯	性别	期末平均成绩	是否担任班干部
201801003	广西	男	74	否
201801004	湖南	女	61	否
201801005	广西	男	61	否
201801006	湖北	女	69	否
201801007	湖南	女	80	否
201801008	湖北	女	80	否
201801009	河南	女	70	是
201801010	广东	女	76	否
201801011	湖北	女	70	否
201801012	广东	男	77	否
201801013	湖北	男	78	否
201801014	广东	男	91	否
201801015	广东	男	95	否
201801016	湖北	男	89	否
201801017	湖南	女	86	是
201801018	河南	男	87	否
201801019	广西	男	85	否
201801020	湖北	男	66	否
201801021	湖北	男	80	是
201801022	江西	男	80	否
201801023	湖南	女	76	否
201801024	江西	男	70	否
201801025	江西	男	68	否
201801026	湖北	男	79	否
201801027	广西	男	78	是
201801028	江西	男	76	否
201801029	湖北	男	79	否
201801030	湖南	男	63	否
201801031	湖北	男	75	否
201801032	山西	男	64	否
201801033	广东	女	80	否
201801034	山西	男	81	否

（续表）

学号	籍贯	性别	期末平均成绩	是否担任班干部
201801035	河南	男	88	否
201801036	湖北	男	91	否
201801037	新疆	男	82	否
201801038	河南	男	52	否
201801039	河南	女	57	否
201801040	新疆	男	69	否
201801041	广东	男	52	否
201801042	内蒙古	男	53	否
201801043	湖北	男	50	否
201801044	河北	女	58	否
201801045	湖北	女	68	是
201801046	河北	女	67	否
201801047	新疆	女	59	否
201801048	河北	男	70	否
201801049	湖北	男	66	否

操作步骤：

将数据录入 Excel，选中“期末平均成绩”所在列的某一单元格→打开“开始”菜单→点击“排序和筛选”→选择“升序”，即完成学生成绩由低到高排序。

如果需要根据多个标志进行排序，也可选择“自定义排序”，在排序窗口增加条件，如图 1.3所示。

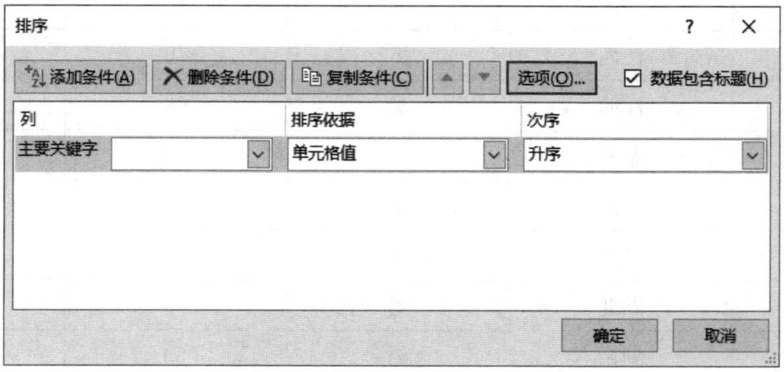

图 1.3 “自定义排序”窗口

二、数据的筛选

［**例 1.2**］ 承［例 1.1］资料，请按籍贯分别查看各省学生的情况，以更好地了解不同生

源地学生的特点。

操作步骤：

选中存放数据的某一单元格→打开“开始”菜单→点击“排序和筛选”→选择“筛选”→点击“籍贯”后的▼，选中“广东”，即可筛选出所有广东省学生的信息，如图 1.4 所示。

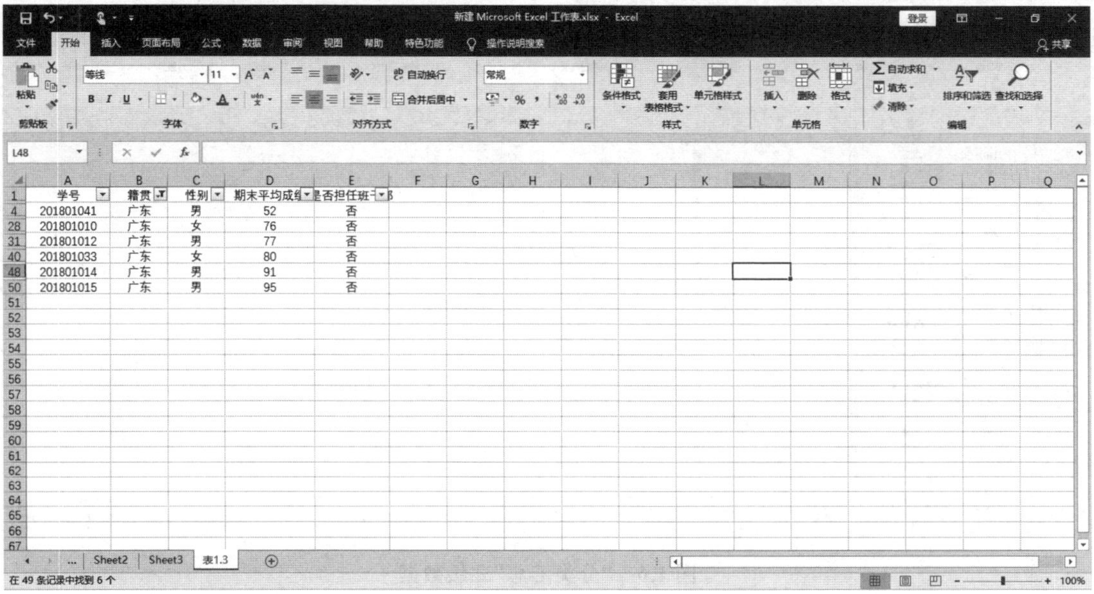

图 1.4 “数据筛选”

若要取消筛选，再次点击“筛选”即可。

三、数据的分类汇总

分类汇总是指对数据先按照某一标准进行分类，然后对各类别相关数据分别进行求和、求平均数、求个数、求最大值、求最小值等方法的汇总。

[例 1.3] 承[例 1.1]资料，想要知道该班不同籍贯的学生人数及考试情况，即按籍贯对学生进行分类，分别计算各省学生人数与期末考试的平均成绩。

操作步骤：

(1) 按分类的标志进行排序。在本例中，应以“籍贯”作为关键字进行排序，具体步骤略。

(2) 计算各省学生人数。打开“数据”菜单→“分类汇总”→进行对话框设置。如图 1.5 所示。根据要求，按籍贯进行分类，先计算各省学生人数，所以，分类字段选“籍贯”，汇总方式选“计数”，汇总项选“性别”或“学号”等都可以。

如果要取消分类汇总，则点击“全部删除”按钮。

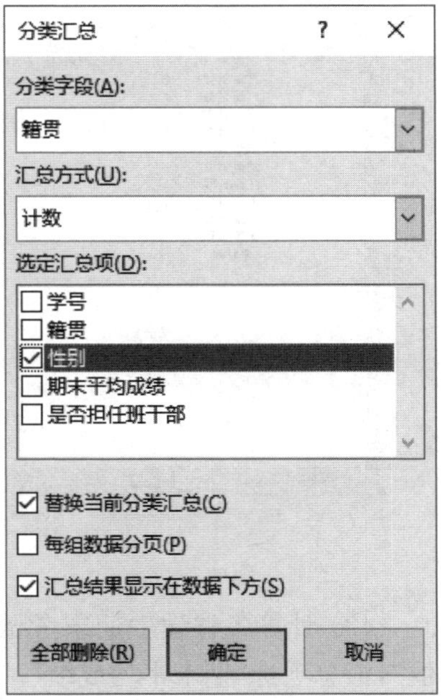

图 1.5 “分类汇总”对话框

设置完毕后，单击“确定”按钮，即可得到如图 1.6 所示结果。汇总做好之后，可以分级查看数据。在表格编辑区左上角会显示分级显示的数字操作按钮，二级数据与一级数据分别如图 1.7 与图 1.8 所示。

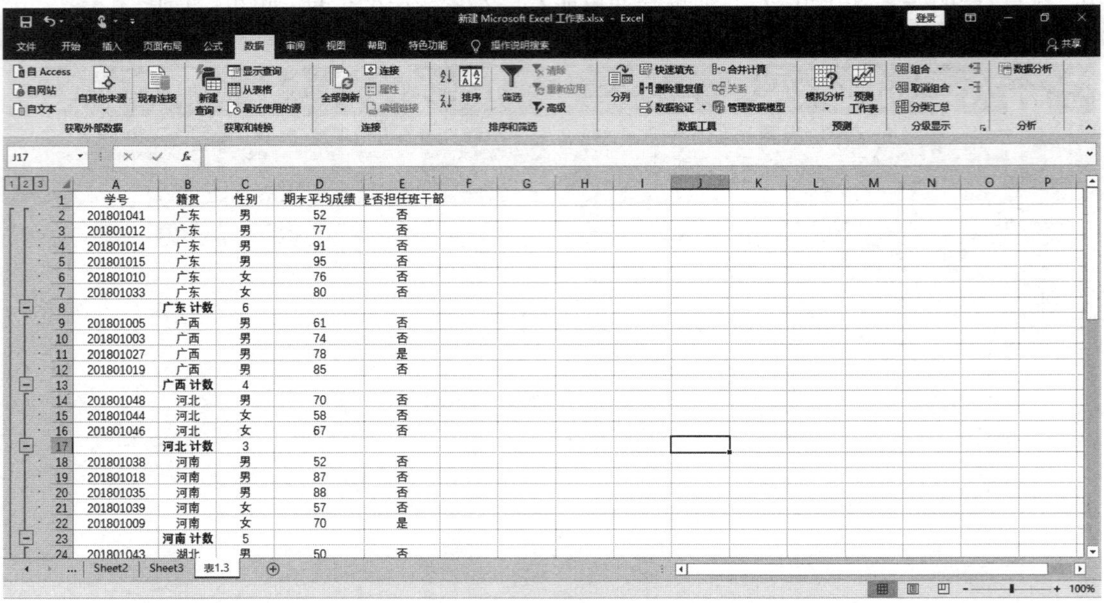

图 1.6 “分类汇总”三级数据

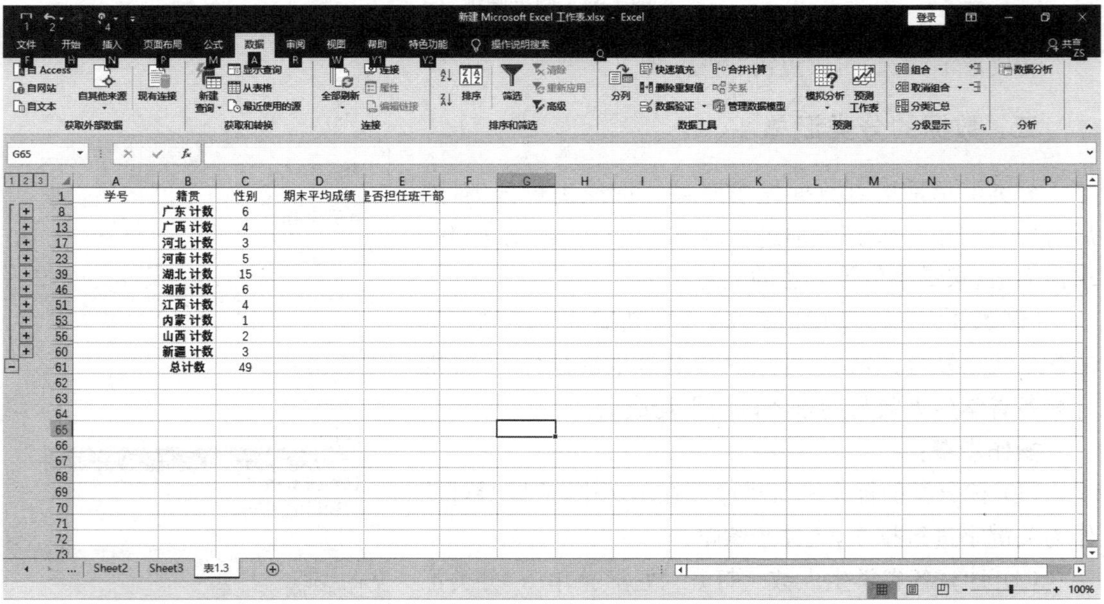

图 1.7 “分类汇总”二级数据

(3) 计算各省学生期末考试的平均成绩。打开“分类汇总”对话框，汇总方式选“平均值”，汇总项选“期末平均成绩”。注意应将“替换当前分类汇总”选项前面的默认的钩去掉。单击“确定”按钮，即可得到如图 1.9 所示结果。

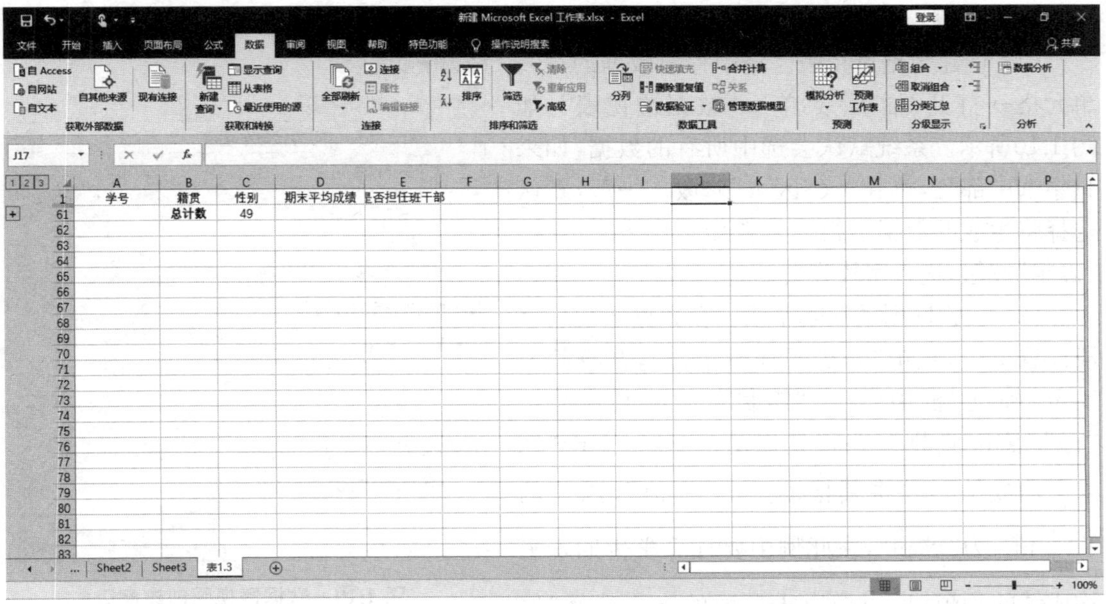

图 1.8　“分类汇总”一级数据

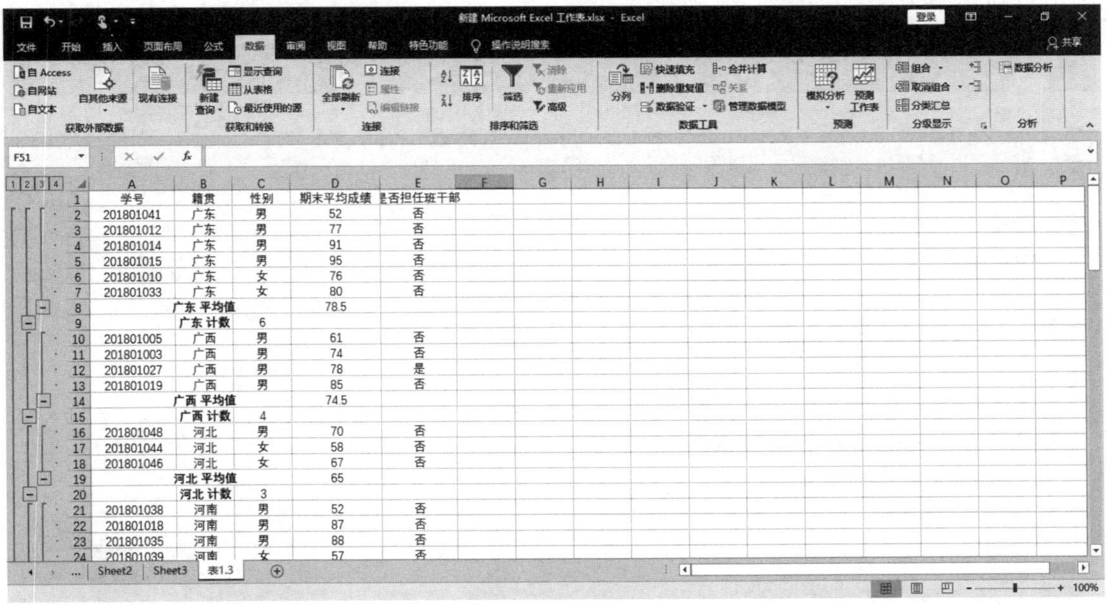

图 1.9　各省学生期末考试的平均成绩

四、数据透视表

数据透视表是 Excel 中最常用、最实用的功能，其最大的特点就是强大的交互性，可以使用户通过简单的几步，对原表格中的数据进行重新组合，完成复杂的数据分类汇总。

[例 1.4]　承[例 1.1]资料，分析该班各省男、女生的考试情况，即先按籍贯与性别对学生分类，分别计算期末考试的平均成绩；再对班干部中不同籍贯的女生的考试情况进行分析。

操作步骤：

（1）创建数据透视表。选中存放数据的某一单元格→打开“插入”菜单→“数据透视表”，如图 1.10所示。系统默认会选中所有的数据，如果只想选中部分，可在“表/区域”修改。一般，默认选择将生成的数据透视表放在新工作表中，单击“确定”按钮，进入字段设置。

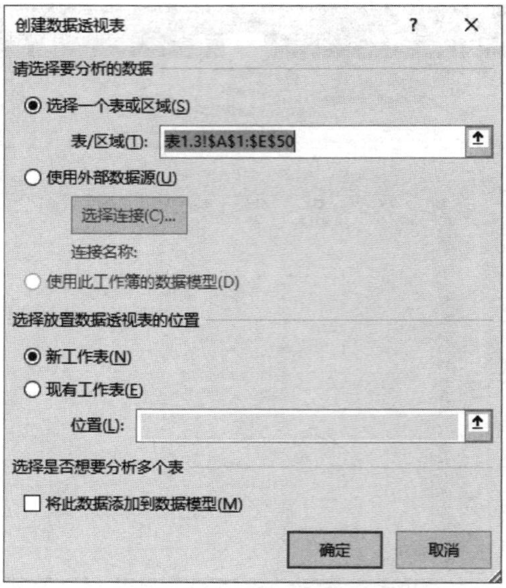

图 1.10　数据透视图创建窗口

（2）设置数据透视表字段。在数据透视表字段设置窗口，点击“是否担任班干部”，并将其拖动至“筛选”框中；点击“籍贯”，并将其拖动至“行”；点击“性别”，并将其拖动至“列”；点击“期末平均成绩”，并将其拖动至“∑ 值”，默认的“∑ 值”为“求和”，在此例中要计算学生期末平均成绩的均值，所以应点击后面的▼，选择“值字段设置”，计算类型选择“平均值”，即得如图 1.11 所示结果。

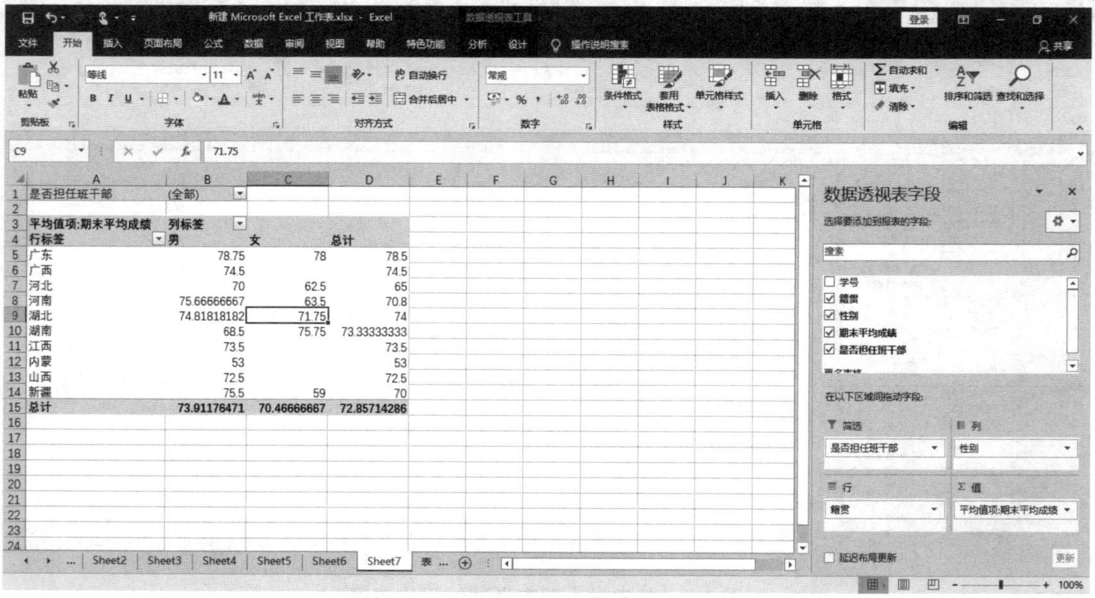

图 1.11　数据透视图实现分类汇总

（3）筛选出班干部中的女同学。“是否担任班干部”“行标签”“列标签”后的“▼”按钮表示可做筛选。点击“是否担任班干部”后的“▼”按钮，选择“是”；点击“列标签”后的“▼”按钮，选择“女”，即可得到图 1.12 所示结果。

可见，该班担任班干部的女同学分别来自河南、湖北、湖南，其期末平均成绩分别为 70、68、86，来自湖南的女班干部成绩最好。

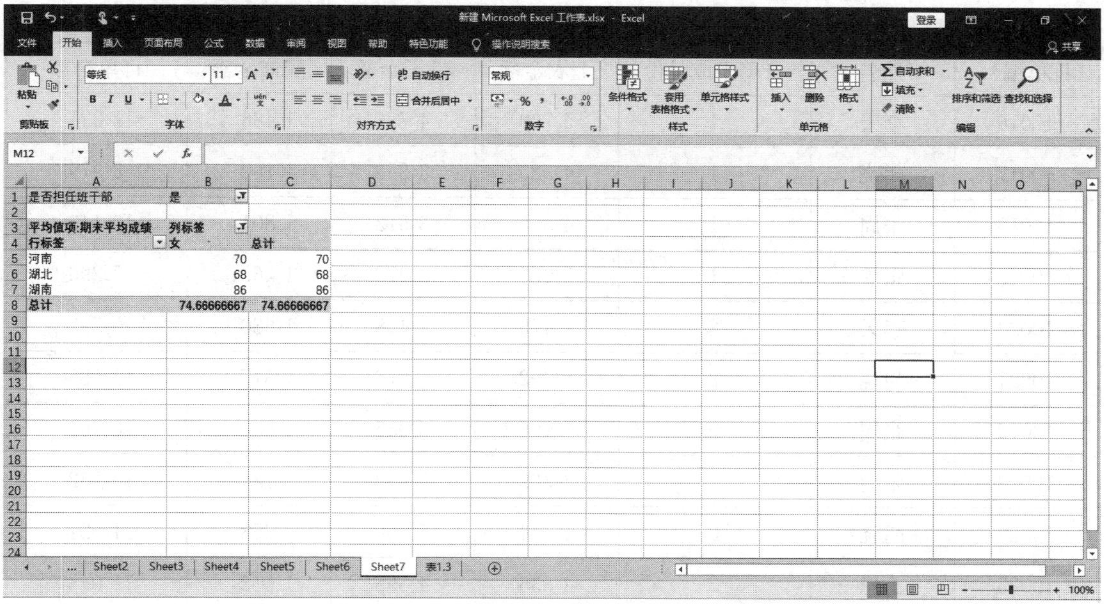

图 1.12 数据透视图实现数据筛选

【拓展练习】

某服装公司销售部 5 名员工第一季度的销售情况如表 1.4 所示。

表 1.4 5 名员工第一季度的销售资料 金额单位:元

订单编号	姓名	订单生成月份	上衣金额	裤子金额	配饰金额	订单金额
10001	张周	1	2 604	4 643	976	8 223
10002	张周	1	3 649	3 478	1 272	8 399
10003	王思	1	5 913	4 743	1 081	11 737
10004	胡晓	1	2 710	2 810	663	6 183
10005	彭湃	1	4 220	4 575	1 844	10 639
10006	王思	1	5 100	5 157	1 586	11 843
10007	张周	1	5 285	3 651	564	9 500
10008	王思	1	2 560	2 537	1 539	6 636
10009	李天	1	5 342	3 331	1 875	10 548
10010	王思	1	2 536	2 937	828	6 301
10011	张周	1	4 058	4 914	527	9 499
10012	张周	1	4 381	4 473	833	9 687
10013	李天	1	4 359	3 165	944	8 468
10014	胡晓	1	3 960	5 204	1 282	10 446
10015	胡晓	1	5 820	5 340	514	11 674

（续表）

订单编号	姓名	订单生成月份	上衣金额	裤子金额	配饰金额	订单金额
10016	李天	1	5 739	4 796	1 486	12 021
10017	胡晓	1	4 529	3 288	1 162	8 979
10018	张周	1	4 830	3 512	1 801	10 143
10019	张周	1	3 055	2 972	1 269	7 296
10020	李天	2	4 475	4 438	1 680	10 593
10021	胡晓	2	5 092	4 676	1 817	11 585
10022	张周	2	3 906	5 055	1 800	10 761
10023	张周	2	4 329	5 699	724	10 752
10024	胡晓	2	4 374	5 989	658	11 021
10025	王思	2	4 836	4 596	1 612	11 044
10026	李天	2	5 211	3 365	542	9 118
10027	胡晓	2	3 469	5 429	1 483	10 381
10028	王思	2	4 963	4 648	621	10 232
10029	张周	2	4 238	3 987	1 022	9 247
10030	张周	2	5 279	4 324	1 407	11 010
10031	李天	2	4 482	2 771	1 803	9 056
10032	彭湃	2	4 466	5 676	1 586	11 728
10033	彭湃	2	4 794	4 212	865	9 871
10034	胡晓	2	5 313	4 120	1 564	10 997
10035	张周	2	5 190	5 898	973	12 061
10036	彭湃	3	4 658	4 697	1 656	11 011
10037	李天	3	4 963	3 631	1 025	9 619
10038	彭湃	3	5 614	3 168	1 252	10 034
10039	彭湃	3	5 963	4 598	1 466	12 027
10040	王思	3	4 595	5 936	1 542	12 073
10041	胡晓	3	4 443	5 482	1 634	11 559
10042	王思	3	5 341	5 296	1 585	12 222
10043	李天	3	3 047	5 053	890	8 990
10044	彭湃	3	3 496	4 063	1 272	8 831
10045	李天	3	5 332	3 387	633	9 352

（续表）

订单编号	姓名	订单生成月份	上衣金额	裤子金额	配饰金额	订单金额
10046	王思	3	2 876	5 018	1 379	9 273
10047	王思	3	4 483	4 952	640	10 075
10048	李天	3	4 943	2 802	1 689	9 434
10049	胡晓	3	2 912	3 218	742	6 872
10050	彭湃	3	3 812	5 603	1 718	11 133

要求：

(1) 用表格说明各员工完成订单的总金额及项目明细，选出第一季度的销售冠军。

(2) 用表格说明第一季度各月完成订单的总金额及项目明细。

(3) 第一季度总共生成多少份订单？每个员工分别拿下了多少份订单？单笔金额最大的订单是由哪个员工拿下的？

(4) 假如上衣的提成率为7%，裤子的提成率为5%，配饰的提成率为15%，计算各员工第一季度的奖金。

课后练习

一、单选题

1. 一个统计总体(　　)。

A. 只能有一个指标　　B. 只能有一个标志

C. 可以有多个指标　　D. 可以有多个标志

2. 想要了解某地区居民的收入情况，下列对统计总体与总体单位的描述中，正确的是(　　)。

A. 统计总体是该地区全体居民，总体单位是该地区每一位居民

B. 统计总体是该地区每一位居民，总体单位是该地区全体居民

C. 统计总体是该地区全体居民的收入，总体单位是该地区每一位居民的收入

D. 统计总体是该地区每一位居民的收入，总体单位是该地区全体居民的收入

3. 下列变量中，(　　)属于离散变量。

A. 一个笔筒的直径　　B. 一袋米的重量

C. 一个同学的身高　　D. 一个县的人数

4. 班上3名同学统计学考试成绩分别为66分、76分和86分，这三个数字是(　　)。

A. 标志　　B. 标志值　　C. 指标　　D. 变量

5. 下列各项中，属于品质标志的是(　　)。

A. 工人工资　　B. 工人身高　　C. 工人体重　　D. 工人性别

6. 要了解某汽车公司的情况，该公司的产量和利润是(　　)。

A. 连续变量　　B. 离散变量

C. 前者是离散变量,后者是连续变量　　D. 前者是连续变量,后者是离散变量

7. 构成统计总体的必要条件是(　　)。

A. 差异性　　B. 综合性　　C. 社会性　　D. 同质性

8. 某企业职工张三的月工资额为 500 元,则“工资”是(　　)。

A. 品质标志　　B. 数量标志　　C. 数量指标　　D. 质量指标

9. 研究某企业职工文化程度时,职工总人数是(　　)。

A. 数量标志　　B. 数量指标　　C. 变量　　D. 质量指标

10. 变量是可变的(　　)。

A. 品质标志　　B. 数量标志　　C. 数量标志和指标　　D. 质量指标

二、多选题

1. 统计的含义包括(　　)。

A. 统计资料　　B. 统计指标　　C. 统计工作

D. 统计学　　E. 统计调查

2. 下列各项中,属于数量指标的有(　　)。

A. 产量　　B. 职工人数　　C. 职工月平均工资

D. 年工资总额　　E. 产品合格率

3. 下列各项中,属于质量指标的有(　　)。

A. 新产品数量　　B. 高级职称人数　　C. 考试及格率

D. 工人劳动生产率　　E. 平均亩产量

4. 总体、总体单位、标志、指标间的相互关系表现为(　　)。

A. 没有总体单位就没有总体,总体单位不能离开总体而存在

B. 总体单位是标志的承担者

C. 统计指标的数值来源于标志

D. 指标是说明总体特征的,标志是说明总体单位特征的

E. 指标和标志都能用数值表示。

5. 下列标志中,属于品质标志的有(　　)。

A. 工资　　B. 所有制　　C. 旷课次数　　D. 耕地面积

E. 产品质量

三、简答题

1. 简述统计工作的三大阶段。

2. “统计”一词包括三种含义,简述这三种含义之间的关系。

3. 简述指标与标志的联系与区别。

四、综合题

1. 在日常生活中,经常会接触到“统计”这个词。例如:

(1) 统计在工作中很有用。

(2) 统计一下市场部同事的个人基本情况。

(3) 据统计,2018 级会计 1 班的英语四级通过率在同年级中最高,达 85%。

要求:指出上述资料中“统计”一词的含义分别是什么。

2. 中国财经网 2019 年 4 月 19 日讯:北京统计局近日发布了 2018 年北京网购用户调查

报告，调查数据显示，2018年居民平均每月网购5.9次，比2017年增加0.8次；同时，仍存在商品质量参差不齐、虚假宣传、线下体验缺乏等问题，其中，76.6%的用户认为网络购物的商品质量参差不齐。伴随互联网的日益普及和物流行业的快速发展，网络购物蔚然成风。2018年，北京市批发和零售业企业实现网上零售额2 632.9亿元，同比增长10.3%。

要求：

(1) 根据上述资料，指出哪些是数量指标，哪些是质量指标。

(2) 说明统计在社会经济管理中的作用。

第二章　统计调查

教学目标

知识目标

1. 理解统计调查的含义与任务。
2. 掌握统计调查方案的基本设计模块。
3. 理解普查、报表、抽样调查、重点调查、典型调查的内涵。
4. 了解两种统计调查误差形成的原因及防止方法。

技能目标

1. 具备灵活设计规范的统计调查方案的能力。
2. 具备有效降低统计调查误差的能力。

走进统计

2010央视春晚满意度调查的两个版本

2010年央视春节联欢晚会的观众满意度调查，得到了两个截然不同的调查结果。CTR除夕夜进行的同步电话调查，被访者认为春晚办得好的比例高达81.6%；而新浪网在春节期间进行的网络调查，被访者认为春晚办得好的比例只有13.4%。

对这两个截然不同的调查结果，中国传媒大学教授柯惠新在《央视春晚满意度调查的两个版本之我见》中指出这是必然的。以下内容摘自该文。

在我看来，方法不同，得到截然不同的调查结果，是必然的。在课堂上，我常常用下面的实际小例子，来向学生们强调"方法"的重要性。

美国专栏作家蓝德丝在杂志上刊登了一个问题，询问已为人父母的读者："如果可以重来一次，你会要孩子吗?"

她收到了近10 000份答复，几乎有70%说："不要!"，同时附上了很多令人心碎的故事，如他们的孩子是如何折磨父母的……

这个调查的对象是该杂志的已为人父母的读者，方法是在杂志上刊登问卷，得到的样本是一种"自发性的回应样本"。

那么，这种"自发性回应样本"与一般专业调查采用的"随机样本"，结果会有多大的

（续上）

不同呢？

1周之后，美国《每日新闻》在其全美专业性的电话随机抽样调查中，也询问了同样的问题："如果可以重来一次，你会要孩子吗？"

这个随机抽样共调查了 $n=1\ 373$ 位父母（注：美国专业调查机构定期进行的民意调查，样本量一般都是这个水平），其中有91%说："要！"

比较一下这两个调查结果，对于"如果可以重来一次，你会要孩子吗？"的回答是"要！"的：自发性回应为30%；随机样本回应为91%。

随机抽样的最大优点是什么？是没有偏差，它给了所有父母相同的回答机会，并没有特别照顾那些因为被孩子气昏了而写信给蓝德丝的父母。

在这个实例中，同样的调查问题，但是由于调查的总体（对象）和方法不同，得到的调查结果就截然不同。

类似地，比较CTR和新浪网的调查总体和方法，也有诸多的不同，例如：

(1) 总体：CTR的调查总体是全国电视观众，包括农村和城市；新浪的调查总体是全国网民。

(2) 方法：CTR采用的是电话调查的方式，新浪网采用的是网络调查的方式。

(3) 时间：CTR采用的是同步调查，从除夕夜20:30开始，到23:30结束，当天午夜就发布调查结果；而新浪网采用的是持续几天的调查，年初四公布调查结果。

(4) 受访对象：CTR采用电话调查的方式，在家庭中接听电话的可能多为中老年人，而主动填答新浪网调查问卷的网民可能多为年轻人，平均来说，这些网民的教育程度也可能高于CTR的电话调查样本。

因此，CTR的调查和新浪网的调查有截然不同的调查结果，是必然的；反过来，如若这两个不同的调查得到了大致相同的结果，那反而是不正常的。

（资料来源：柯惠新.央视春晚满意度调查的两个版本之我见[J].现代传播，2011(3)）.

提问：

(1) 对于这两个调查结果，到底该相信哪一个呢？

(2) 从中你得到了什么启示？

参考答案

第一节 统计调查的概念与要求

一、统计调查的概念

统计调查是指根据预先制定的统计任务，运用科学的调查方法，向研究对象的所有或部分单位有计划、有组织地搜集原始资料的过程。

统计调查的基本任务就是按照确定的指标，通过具体的调查获得总体各单位有关标志的标志值，为后续进行统计整理和分析提供基础数据。例如，某省教委想要了解某高校的师资情况，确定了本硕博学历比重、发表核心论文总篇数、平均教龄等指标，那么统计调查就需要收集每位老师的学历、发表核心论文篇数、教龄等标志的标志值。

延伸阅读

搜集二手资料的推荐网站

统计调查所涉及的资料有两种：一种是直接向调查单位搜集未加工整理的、反映调查单位个体特征的统计资料，称为原始资料或者初级资料；另一种是已经加工、整理过的次级资料或者二手资料。

统计调查一般是指对原始资料的搜集，但有时也包括对次级资料的搜集。除权威的国家统计局网站外，在这里推荐几个针对不同领域的二手资料搜集网站。

艾瑞咨询(http://www.iresearch.com.cn)：以研究报告和数据服务为主，汇集多家大型互联网企业数据，提供基于“情报＋数据＋服务”的商业数据智能解决方案，涵盖消费者洞察、市场竞争监控、企业精细化运营、共享数据等服务。

易观智库(https://www.analysys.cn)：中国领先的大数据公司，打造以海量数字用户资产及算法模型为核心的大数据产品、平台及行业解决方案。

前瞻网(https://www.qianzhan.com)：一个产业研究型资讯服务平台，专注于研究中国与全球各个细分产业发展动向与变迁趋势，对当下产业新风口、新趋势、新模式及案例进行前瞻性的观察和深度解读。

199IT 互联网数据资讯中心(http://www.199it.com)：一个以“发现数据的价值”为宗旨，为中国互联网研究和咨询、IT 行业数据专业人员及决策者提供的一个数据共享平台，专注于互联网数据研究、互联网数据调研、IT 数据分析、互联网咨询机构数据等内容。

中国报告大厅(http://www.chinabgao.com)：与国内各大数据源(包括政府机构、行业协会、图书馆、信息中心等权威机构)建立合作，汇聚全国各大市场研究信息生产商的研究成果，是国内外权威的市场研究报告及调研报告服务的多用户报告平台。

中商情报网(http://www.askci.com)：专业的产业咨询服务机构、中商产业研究院运营的产业情报分享云平台，以竞争情报研究为特色，挖掘数据的内在行业运行规律，信息研究范围涉及企业经营信息、企业外部信息、公众媒体信息、竞争对手企业信息等。

阿里研究院(http://www.100ec.cn)：由阿里巴巴集团海量数据、深耕小企业前沿案例、集结全球商业智慧，以开放、合作、共建、共创的方式打造的新商业知识平台。

活动家(https://www.huodongjia.com)：一个收集全国的会议、会展、旅游、演出等各种活动信息，并支持移动在线订票的 APP 平台，活动资讯内容覆盖 50 个城市 1.2 万场活动数据。

二、统计调查的要求

(一) 准确性

准确性是指调查资料要符合客观实际情况。这是保证调查质量的关键，是统计工作的生命。

(二) 及时性

及时性是指统计资料的时效性，要求及时上报各种统计资料。如果统计资料上报不及时，外部环境一旦变化，那么统计资料的准确性也会大打折扣。

（三）完整性

完整性是指对调查资料的收集要全面、无遗漏。如果统计资料不全，就不可能反映研究对象的全貌，最终的调查结果与实际可能不一致。

（四）经济性

经济性是指统计调查要讲究经济效益，要以尽量少的投入获得所需要的统计资料。

综上，统计调查中的四个要求是相互结合的。准确性要求是基础，要在准确中求及时、求完整、求效益。

第二节　设计统计调查方案

统计调查是一项复杂且细致的工作，涉及大量人力、物力、财力的调配。为了保证调查任务的顺利完成，必须事先制订详细的计划，以便合理调配资源、有组织有计划地完成任务。统计调查方案是统计调查前所制订的实施计划，是全部调查过程的指导性文件，包括七个方面的内容，如图 2.1 所示。

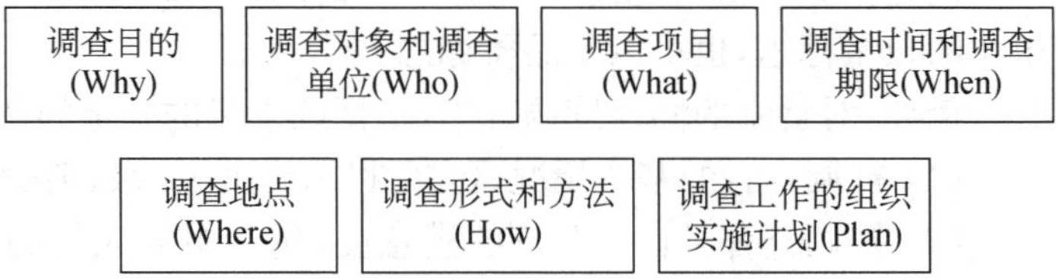

图 2.1　统计调查方案的七大内容

一、确定调查目的

调查目的回答的是如下问题：为什么要进行调查？调查要解决什么样的问题？调查具有什么样的社会经济意义？

调查目的是整个调查方案的基础，不同的调查目的决定了不同的调查内容。例如，对某高校的学生进行调查，若是想要了解学生的生源地分布情况，调查内容包括学生的学号、姓名、籍贯即可；若是想要了解不同生源地学生的学习情况，调查内容则包括学生的学号、姓名、籍贯、期末平均成绩。

因此，在进行统计调查前，必须先明确调查目的。调查目的的表述要求简明扼要、具体明确。

小思考

关于食堂满意度的调查目的

对食堂做满意度调查，如下两种调查目的的表述哪种更好？为什么？

（1）为了了解学生对食堂的满意度。

（2）为了了解学生对食堂各方面的满意程度及相关意见和建议，发现食堂在质量、环境、卫生等方面存在的问题，为食堂进一步改善提供参考。

二、确定调查对象和调查单位

确定调查对象和调查单位，即回答“向谁做调查”，由谁来提供数据和资料。调查对象和调查单位是统计总体与总体单位在统计调查阶段的名称。调查对象说明需要进行研究的总体范围，调查单位说明具体由谁来承担调查项目的问题。

例如，调查目的为了解学生对食堂各方面的满意程度，那么调查对象是该校的全体学生，调查单位为该校的每一位学生。

注意填报单位与调查单位的区别。调查单位是调查项目的承担者，填报单位是负责上报调查资料的单位。两者有时是一致的，有时不一致。例如，在上例中，调查单位为该校的每一位学生，所有的调查项目由学生填报，所以填报单位也是该校的每一位学生。但如果是对食堂使用的设备进行调查，调查单位为食堂里的每一台设备，而填报单位则是食堂。

三、确定调查项目

确定调查项目，即明确“调查什么”的问题。调查项目是调查的具体内容，既可以是调查单位的数量标志，也可以是品质标志。

例如，对食堂的满意度调查中，根据调查目的确定的调查项目包括：

(1) 被调查者的基本情况，包括性别、专业、年级、消费状况等。

(2) 被调查者对食堂服务的满意度，包括服务人员的态度、效率、礼貌用语、差错率、卫生状况等。

(3) 被调查者对食堂饭菜的满意度，包括食品种类、质量、分量、口味、价格等。

(4) 被调查者对食堂就餐环境的满意度和食堂卫生状况的满意度，包括地板、桌椅、就餐用具等。

(5) 被调查者对食堂就餐秩序的满意度，包括工作人员维护状况、就餐排队状况等。

调查项目实质上就是调查内容的大纲，而具体的设计则通过调查表或调查问卷来体现。

(一) 设计调查表

调查表是指把确定好的调查项目按照一定的顺序排列在一起的表格，一般由表头、表体和表外附加三部分组成，如表 2.1 所示。

表 2.1 学生基本信息表 表头

表体

学号	姓名	年龄	专业	籍贯	平均月支出

说明：平均月支出为 3 月至 5 月的月支出的均值。 表外附加

调查表一般有两种形式：单一表和一览表。

单一表：一份表上只登记一个调查单位。其优点是可以容纳较多的标志，便于整理、分

类；缺点是烦琐。表 2.2 就是单一表。

表 2.2 员工信息表

<table>
<tr><td>姓 名</td><td></td><td>性 别</td><td></td><td>出生年月</td><td></td><td>籍贯</td><td></td><td rowspan="4">一寸彩色照片三张</td></tr>
<tr><td>民 族</td><td></td><td>身 高</td><td></td><td>体重</td><td></td><td>婚否</td><td></td></tr>
<tr><td>政治面貌</td><td></td><td>健康状况</td><td></td><td>参加工作年限</td><td colspan="3"></td></tr>
<tr><td>最高学历</td><td></td><td>专 业</td><td colspan="2"></td><td>毕业院校</td><td colspan="2"></td></tr>
<tr><td>技能特长及爱好</td><td colspan="8">□计算机水平：________ □外语水平：________
其他技能：____
（尽量详细）________</td></tr>
<tr><td>身份证号码</td><td colspan="3"></td><td colspan="2">身份证地址</td><td colspan="3"></td></tr>
<tr><td>现家庭住址</td><td colspan="5"></td><td colspan="3">邮编：</td></tr>
<tr><td rowspan="9">联系资料</td><td colspan="2">姓名</td><td></td><td colspan="2">现详细地址</td><td colspan="3"></td></tr>
<tr><td colspan="2" rowspan="2"></td><td rowspan="2">本人</td><td colspan="2" rowspan="2"></td><td>座 机</td><td colspan="2"></td></tr>
<tr><td>手 机</td><td colspan="2"></td></tr>
<tr><td colspan="2" rowspan="6"></td><td rowspan="6">担保人</td><td colspan="2" rowspan="6"></td><td>与本人关系</td><td colspan="2"></td></tr>
<tr><td>单位名称</td><td colspan="2"></td></tr>
<tr><td>单位地址</td><td colspan="2"></td></tr>
<tr><td>职 务</td><td colspan="2"></td></tr>
<tr><td>单位电话</td><td colspan="2"></td></tr>
<tr><td>手 机</td><td colspan="2"></td></tr>
<tr><td rowspan="4">主要家庭成员</td><td colspan="2">姓 名</td><td>年 龄</td><td>关 系</td><td colspan="2">现工作单位及职务</td><td>固定电话</td><td>手机</td></tr>
<tr><td colspan="2"></td><td></td><td></td><td colspan="2"></td><td></td><td></td></tr>
<tr><td colspan="2"></td><td></td><td></td><td colspan="2"></td><td></td><td></td></tr>
<tr><td colspan="2"></td><td></td><td></td><td colspan="2"></td><td></td><td></td></tr>
<tr><td rowspan="4">教育背景</td><td colspan="3">起止日期</td><td colspan="3">学校（从高中写起）</td><td>专 业</td><td>毕业证明</td></tr>
<tr><td colspan="3"></td><td colspan="3"></td><td></td><td></td></tr>
<tr><td colspan="3"></td><td colspan="3"></td><td></td><td></td></tr>
<tr><td colspan="3"></td><td colspan="3"></td><td></td><td></td></tr>
<tr><td rowspan="4">主要工作经历</td><td colspan="3">起止日期</td><td colspan="3">工作单位</td><td colspan="2">职务及主要工作职责</td></tr>
<tr><td colspan="3"></td><td colspan="3"></td><td colspan="2"></td></tr>
<tr><td colspan="3"></td><td colspan="3"></td><td colspan="2"></td></tr>
<tr><td colspan="3"></td><td colspan="3"></td><td colspan="2"></td></tr>
</table>

一览表:把许多调查单位和相应的项目按次序登记在一张表格里。其优点是便于汇总;缺点是当项目较多时,调查表篇幅过大。表 2.1 就是一览表。

因此,一般,如果调查项目不多,可以用一览表;如果需要对调查单位做详细了解,调查项目较多,则用单一表。

(二) 设计调查问卷

调查问卷是以问题的形式系统地收集调查内容的一种方式。调查问卷可以是表格式、卡片式或簿记式。一份优质的调查问卷必须达到两个基本要求:一是将问题准确传达给被询问者;二是使被询问者乐于回答。

1. 调查问卷设计的原则

(1) 有明确的主题。问卷中的问题要目的明确,重点突出,所有问题均围绕调查项目进行设计,没有可有可无的问题。

(2) 结构合理、逻辑性强。问题的排列应有一定的逻辑顺序,符合被调查者的思维程序,一般是先易后难、先简后繁。

(3) 通俗易懂,鼓励回答。问题应使被调查者一目了然,并愿意如实回答。

调查问卷的语气要亲切,符合被调查者的理解能力和认识能力,避免使用专业术语。例如,"请问您对本公司的理赔时效是否满意?"并不是所有人都能迅速理解"理赔时效"的概念的。

对于敏感性问题,鼓励被调查者回答的方法有以下几种:一是将敏感的问题放在问卷的最后。随着问卷问题的回答,被调查者的戒备心理已大大减弱,愿意提供信息;二是给问题加上一个"序言",说明敏感问题的背景和共性,以克服被调查者担心自己行为不符合社会规范的心理;三是利用心理学的"投射",通过对旁人某种事件的评论,来间接探究被调查者的真实想法。

问题应避免主观性和暗示性,以免答案失真。例如,"现在非常流行无硅油的洗发水,您觉得滋源洗发水怎么样?"

(4) 控制调查问卷的长度。回答调查问卷的时间一般控制在 20 分钟左右,调查问卷中既不要浪费一个问句,也不要遗漏一个问句。

(5) 便于资料的校验、整理和统计。问题之间可以设计一定的联系以便相互核对。例如,2017 年天猫在其平台上做了一次关于日化用品的调查,部分问题如下:

请回想您在淘宝/天猫购买日化(如洗发水、沐浴液、洗手液、洗衣液等个人及家庭日常洗护用品)商品时的关注点,如下哪些表述与您的实际情况相符?(分值越高表示越符合)

1. 我最近半年都没有在淘宝/天猫上有过任何消费。
2. 我通常会选择那些物流公司比较有保障、商品损毁概率较小的店家商品。
3. 我不太关注物流因素,物流方面的表现对我最终购买决策通常没有太大影响。
4. 我不太关注商品的设计感与颜值,这部分因素对我的购买决策影响不大。
5. 我很在意包装的设计感与颜值。
6. 我很在意商品本身的外观设计感与颜值。
7. 我通常会选择那些物流快的店铺商品,希望商品能够尽快送达。

8. 我不太关注商品的品牌，只要能满足我的需要即可，不会刻意追求品牌。
9. 我认为知名品牌的商品往往比较有保障，买起来会比较安心。
10. 我是个十分看重物流因素的消费者。
11. 我是个十分在意商品品牌的消费者。
12. 我是个十分在意商品设计感与颜值的消费者。
13. 我通常会购买一些知名品牌的商品，基本不会买非知名品牌的商品。

尽管有13个问题，实际上只是在反复询问消费者对物流、品牌、外观三个方面的看法。

通过这种方式，可以方便调查者进行比对，识别真实的问卷，筛掉随意填写的问卷。为下一阶段统计整理工作提供良好的数据基础。

2. 调查问卷的结构

调查问卷一般可以看成是由三大部分组成：卷首语、正文和结束语。

1) 卷首语

卷首语是致被调查者的一封短信。一般包括以下内容：

(1) 称呼与问候，如“亲爱的先生、女士：您好”。

(2) 自我介绍，说明调查的主办单位和个人身份，消除被调查者对陌生人的戒备心理。

(3) 简要地说明调查的内容、目的和填写方法。

(4) 说明作答的意义或重要性，以引起被调查者的重视。

(5) 保证作答对被调查者无负面作用，并替他保守秘密。

(6) 表示真诚的感谢，或说明将赠送小礼品。

以上内容在卷首语中可以完整呈现，也可以根据需要节选部分。

示例：

亲爱的同学：您好！

我们是××大学的学生，正在进行一项有关大学生水果市场状况的调查，目的是想了解大学生对各类水果的态度和需求。希望您能积极参与，谢谢您的支持与合作。请选择符合您的选项，有其他答案的填在横线上。

2) 正文

正文是问卷的主体部分，一般包括以下内容：

(1) 被调查者信息。被调查者信息主要是了解被调查者的相关资料，以便对被调查者进行分类，一般包括被调查者的性别、年龄、职业、受教育程度等。这些内容可以了解不同年龄阶段、不同性别、不同文化程度的个体对待被调查事物的态度差异，在调查分析时能提供重要的参考作用。

(2) 问卷项目。问卷项目是调查问卷的核心内容，是组织单位将所要调查了解的内容，具体化为一些问题和备选答案。其最后一般可以加上1～2道开放式题目，给被调查者一个自由发表意见的机会。

(3) 调查者信息。调查者信息是用来证明调查作业的执行、完成，和调查人员的责任等情况，并方便于日后进行复查和修正，一般包括调查者姓名、电话，调查时间、地点，被调查者当时合作情况等。

3）结束语

结束语一般在调查问卷最后，简短地向被调查者强调本次调查活动的重要性以及再次表达谢意。

示例：

为了保证调查结果的准确性，请您如实回答所有问题。您的回答对于我们得出正确的结论很重要，希望能得到您的配合和支持，谢谢！

3. 问卷项目的设计

问卷项目设计的好坏是关系调查活动能否成功的关键因素。问卷项目按问题回答的形式一般可以分为封闭式问题和开放式问题。其中，封闭式问题包括二项式选择题、单项选择题、多项选择题、程度性问题、李克特量表[①]等；开放式问题一般有完全自由式、语句完成式等。不同的题型都有各自的优缺点。

1）封闭式问题

（1）二项式选择题。二项式选择题由被调查者在两个固定答案中选择其中一个，适用于“是”与“否”互相排斥的二择一式问题，因此也称为“是否式”。

示例：

您是否在本购物平台上买过洗发水？

A. 是　　　　B. 否

您的性别是（　　）。

A. 男　　　　B. 女

二项式选择题容易发问，也容易回答，便于统计调查结果。但被调查人在回答时不能讲原因，也不能表达出意见的深度和广度，因此一般用于询问一些比较简单的问题。

（2）单项或多项选择题。单项或多项选择题是对一个问题预先列出若干个答案，让被调查者从中选择一个或多个答案，一般该题型在问卷项目中最常出现。

示例：

您购买水果时最担心的是（　　）。

A. 不新鲜　　　　B. 农药残留　　　　C. 包装不合格

D. 运输、销售过程受到污染　　　　E. 其他

（3）程度性问题。当涉及被调查者的态度、意见等有关心理活动方面的问题，通常用表示程度的选项来加以判断和测定。

示例：

您对连锁水果店的服务质量感到（　　）。

A. 非常满意　　　　B. 满意　　　　C. 不满意　　　　D. 很不满意

不同的被调查者有可能对其程度的理解不一致，因此，有时可以采用评分的方式来衡量。

---

① 李克特量表（Likert scale）属于评分加总式量表最常用的一种。该量表由一组陈述组成，每一陈述有“非常同意”“同意”“不一定”“不同意”“非常不同意”五种回答，分别记为 5、4、3、2、1，每个被调查者的态度总分就是他对各道题的回答所得分数的加总，这一总分可说明他的态度强弱或他在这一量表上的不同状态。

2）开放式问题

开放式问题是一种可以自由地用自己的语言来回答和解释有关想法的问题。即问卷题目没有可选择的答案，所提出的问题由被调查者自由回答，不加任何限制。

使用开放式问题，被调查者能够充分发表自己的意见，活跃调查气氛，尤其是可以收集到一些设计者事先估计不到的资料和建议性的意见。但在分析整理资料时，由于被调查者的观点比较分散，有可能难以得出有规律性的信息，并会导致调查者的主观意识参与，使调查结果出现主观偏见。

延伸阅读

在线问卷调查平台——问卷星

如果问卷采用网络渠道进行发放，可以借助一些在线问卷调查平台，快速、高效地进行设计与分析，如问卷星。

问卷星的问卷调查系统支持 30 多种题型，可以设置跳转、关联和引用逻辑，支持微信、邮件和短信等方式收集数据，数据回收后可以进行分类统计、交叉分析，并且可以导出到 Word、Excel、SPSS 等。问卷星自带大量模板，可根据需要使用或调整，可扫描二维码了解。

问卷星

四、确定调查时间和调查期限

统计调查涉及的时间有两种：调查时间和调查期限，其含义有所区别。

调查时间是指调查资料所属的时间，即规定所调查的是哪个时期或时点的资料。

调查期限是指进行调查工作的期限，即从调查工作开始到结束的时间长度。

例如，第六次全国人口普查的标准时点是 2010 年 11 月 1 日零时。人口普查的登记工作从 2010 年 11 月 1 日开始，到 11 月 10 日结束。第六次全国人口普查登记的全国总人口为 133 972.49 万人。

调查时间为 2010 年 11 月 1 日零时，意味着调查资料全国总人口为 133 972.49 万人是基于该时刻。早 1 分钟或晚 1 分钟，数据都可能会发生变化。

调查期限为 2010 年 11 月 1 日至 11 月 10 日，这是调查工作开始到结束的时间。

五、确定调查地点

确定调查地点就是确定调查单位在什么地方接受调查的问题。例如，对学生做食堂满意度的调查，调查地点可以是食堂门口等人流量大的地点，也可以是教学楼、寝室等固定场所。

六、确定调查形式和方法

统计调查的形式有普查、统计报表制度、重点调查、典型调查、抽样调查等，将在第三节统计调查的形式中详述。具体收集统计资料的调查方法有询问法、观察法、实验法等。

（一）询问法

询问法是指根据被询问者的答复来搜集资料的方法，主要包括访问调查法、电话调查法、邮寄调查法、座谈会法等。

(二) 观察法

观察法是指由调查人员亲自到现场对调查对象进行观察和计量以取得资料的一种调查方法。例如,想了解某路口的人流量,可随机抽10分钟观察来往人员进行计数。

(三) 实验法

实验法是指在所设定的特殊实验场所、特殊状态下,对调查对象进行实验以取得所需资料的一种调查方法。例如,想知道某产品更换包装的效果,可以选取某一柜台销售新包装的产品,记录1个月的销量,与上个月的销量进行对比,从而测量新包装对销量的影响。

七、制订调查工作的组织实施计划

统计调查涉及大量人、财、物的配合,因此,在调查工作开始前,应对人、财、物的安排制订明确的计划,以便工作的顺利开展。

制订调查的组织实施计划,包括确定调查工作的组织领导,规定调查的工作步骤、工作程序和工作内容,组织培训相关调查人员,以及制订调查经费开支计划等事项。

第三节 统计调查的形式

一、统计调查的分类

统计调查按调查范围,可分为全面调查与非全面调查两种。全面调查是指对总体中每一个调查单位都进行的调查,即"一个都不放过";非全面调查是指对总体中的部分调查单位进行的调查。统计调查的分类如图2.2所示。

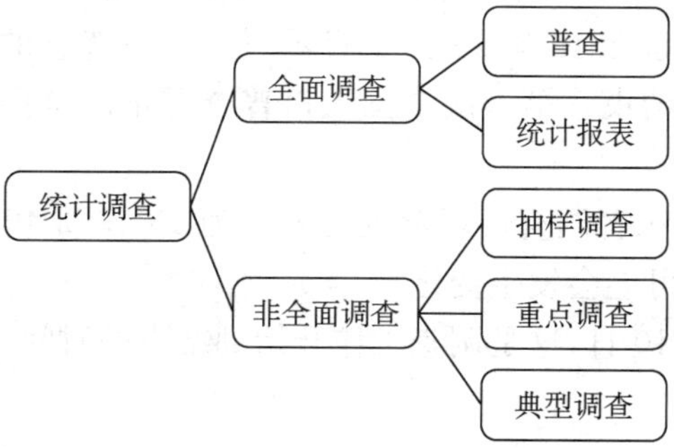

注:统计报表大多数属于全面调查,但有少数例外。

图2.2 统计调查的分类

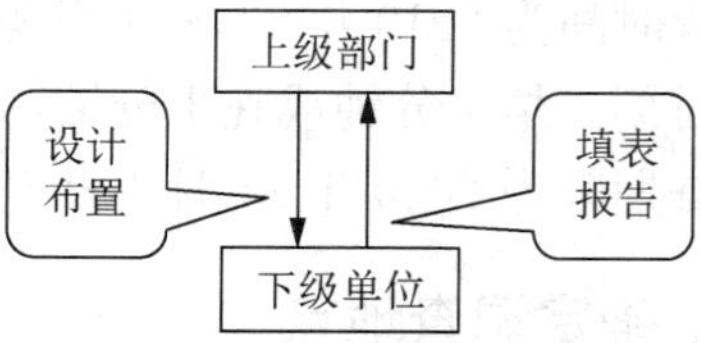

图2.3 统计报表的工作方式

二、统计报表

(一) 含义

统计报表是指按照国家统一规定的表格形式、统一的指标项目、统一的报送程序和报送时间,由填报单位自下而上逐级提供基本统计资料的调查方式。统计报表的工作方式即上级设计、向下布置、下级填表、向上报告,如图2.3所示。

统计报表有定期或临时、全面或非全面之分。全面、定期的统计报表是统计报表的主体。我国在几十年的政府统计工作中，已经形成了一套较完善的统计报表制度，并且这套制度已经成为国家和地方部门统计数据的重要依据。表 2.3 摘自上海市统计局印制的服务业企业统计报表(2017 年定期统计报表)。

表 2.3 财务状况

表 号：F203 表

组织机构代码□□□□□□□□－□　　制定机关：国家统计局

统一社会信用代码□□□□□□□□□□□□□□□□□□　　批准文号：国统制(2016)153 号

单位详细名称：　　2017 年 1— 月　　有效期至：2018 年 1 月

指标名称	计量单位	代码	1—本月	上年同期
甲	乙	丙	1	2
一、期末资产负债	—	—		
本年折旧(指本年计提的固定资产折旧总额)	千元	211		
资产总计	千元	213		
二、损益及分配	—	—		
营业收入	千元	301		
营业成本	千元	307		
营业税金及附加(指营业税＋消费税＋城建税＋教育费附加等)	千元	309		
销售费用	千元	312		
管理费用	千元	313		
其中：税金(指房产税＋印花税＋车船使用税＋土地使用税)	千元	314		
财务费用	千元	317		
投资收益(损失以“－”号记)	千元	322		
营业利润	千元	323		
利润总额	千元	327		
三、人工成本及增值税	—	—		
应付职工薪酬(本年贷方累计发生额，即企业当年发生的全部用工成本)	千元	401		
应交增值税	千元	402		
四、从事服务业活动的从业人员平均人数(按“谁用工，谁统计”原则，包括正式工、劳务派遣人员、临时聘用人员)	人	610		

单位负责人：　　统计负责人：　　填表人：　　联系电话：　　报出日期：20　年　月　日

说明：1. 本表“上年同期”数据统一由国家统计局或省级统计机构复制；本年新增的调查单位自行填报“上年同期”数据。

2. 审核关系：管理费用(313)＞其中：税金(314)

(二) 统计报表的特点

1. 统一性

统一性是统计报表的基本特点。为了便于上级部门汇总,统计报表的表格形式、指标内容、计算口径、报送时间等都是国家强制统一规定的。

2. 资料来源于基层单位的原始记录

统计报表由各基层单位的原始记录逐级汇总上报,建立在基层单位的各种原始记录的基础上。从原始记录到统计报表,中间需经过统计台账和企业内部报表的中间环节。建立和健全原始记录、统计台账和企业内部报表,是保证和提高统计报表数据质量的基础。

同时,统计报表也具有一定的局限性,主要表现在:第一,统计报表制度是一种全面的报告制度,在搜集资料时,需要耗用大量的人力、物力和财力,而且由于工作量大,涉及面广,不如非全面调查灵活;第二,在逐级汇总过程中,中间环节较多,容易产生误差,不够准确,并且影响及时性;第三,统计报表只能反映基本情况资料,如果想要深入了解,必须结合专门调查一起进行。

设计统计报表的技巧

(三) 统计报表的种类

1. 按调查范围的不同,统计报表可分为全面统计报表和非全面统计报表

(1) 全面统计报表要求调查对象中的每一个单位都要填报。

(2) 非全面统计报表只要求调查对象中的一部分单位填报。

2. 按填报单位的不同,统计报表可分为基层统计报表和综合统计报表

(1) 基层统计报表是由基层企、事业单位填报的报表。

(2) 综合统计报表是由各主管部门根据基层统计报表逐级汇总填报的报表。综合统计报表主要用于搜集全面的基本情况,常为重点调查等非全面调查所采用。

3. 按报送周期长短的不同,统计报表可分为日报、周报、旬报、月报、季报、半年报和年报

报送周期短的,要求资料上报迅速,填报的项目比较少,如日报、旬报。日报和旬报又称为进度报表,主要用来反映生产和工作的进展情况。报送周期长的,内容要求全面一些,如年报。

4. 按报表内容和实施范围不同,统计报表可分为国家统计报表、部门统计报表和地方统计报表

(1) 国家统计报表即国民经济基本统计报表,由国家统计部门统一制发,用以搜集全国性的经济和社会基本情况,包括农业、工业、基建、物资、商业、外贸、劳动工资、财政等方面最基本的统计资料。

(2) 部门统计报表是为了适应各部门业务管理需要而制定的专业技术报表。

(3) 地方统计报表则是针对本地区特点而补充制定的地区性统计报表。它是为本地区的计划和管理服务的。

三、普查

(一) 含义

普查是为某种特殊目的专门组织的一次性的全面调查。我们可以从以下三个方面对普查的内涵进行理解:

(1) 普查是一种全面调查，对总体中所有的调查单位一一进行调查。

(2) 普查是一种专门调查，是为研究某些专门问题，由调查单位专门组织进行的一种调查方式。例如，人口普查是为了获取有关人口方面的信息，经济普查是为获取有关经济方面的信息。

(3) 普查是一次性的调查。相较于统计报表这种需要连续填报的经常性调查，普查一般较长时间进行一次。例如，人口普查每10年进行一次，逢“0”年份进行；农业普查每10年进行一次，逢“6”年份进行；经济普查每10年进行两次，逢“3”“8”年份进行。

普查新闻

一般，普查主要用来搜集那些反映国情国力方面的基本统计资料，能搜集到那些不宜用经常调查所能搜集的全面、准确的统计资料。

延伸阅读

2010年第六次人口普查数据公报

根据《全国人口普查条例》和《国务院关于开展第六次全国人口普查的通知》，我国以2010年11月1日零时为标准时点进行了第六次全国人口普查。在国务院和地方各级人民政府的统一领导下，在全体普查对象的支持配合下，通过广大普查工作人员的艰苦努力，已圆满完成人口普查任务。现将快速汇总的主要数据公布如下。

1. 总人口

全国总人口为1 370 536 875人。其中：

普查登记的大陆31个省、自治区、直辖市和现役军人的人口共1 339 724 852人。

香港特别行政区人口为7 097 600人。

澳门特别行政区人口为552 300人。

台湾地区人口为23 162 123人。

2. 人口增长

大陆31个省、自治区、直辖市和现役军人的人口，同第五次全国人口普查2000年11月1日零时的1 265 825 048人相比，10年共增加73 899 804人，增长5.84%，年平均增长率为0.57%。

3. 家庭户人口

大陆31个省、自治区、直辖市共有家庭户401 517 330户，家庭户人口为1 244 608 395人，平均每个家庭户的人口为3.10人，比2000年第五次全国人口普查的3.44人减少0.34人。

4. 性别构成

大陆31个省、自治区、直辖市和现役军人的人口中，男性人口为686 852 572人，占51.27%；女性人口为652 872 280人，占48.73%。总人口性别比(以女性为100，男性对女性的比例)由2000年第五次全国人口普查的106.74下降为105.20。

(二) 普查的组织方式

普查的组织方式一般有以下两种：

(1) 组织专门的普查机构，配备一定的调查人员，自上而下地对调查单位直接进行登记调查。例如，2010年的第六次人口普查，就是由国务院及各级政府组成专门的普查机构，由基层普查人员直接进行调查登记。

(2) 利用调查单位的原始记录和核算资料，通过一定的调查表，由调查单位自行填报。例如，物资库存普查就属于这种形式。

四、抽样调查

(一) 含义

抽样调查是一种非全面调查，它是按照随机原则从总体中抽取部分单位(样本)进行观察，用以推断总体数量特征的一种调查方式。抽样调查的具体推断过程见第七章。

小思考

为什么需要抽样

小明的妈妈让小明去买一盒火柴，并叮嘱小明，一定要试试火柴是否好用，小明回家后，高兴地告诉妈妈：火柴好用，我每根都试过了。小明是采用什么调查方式？这样做合适吗？

要知道一锅汤的味道，该怎么办呢？

要了解某批次导弹的杀伤半径，该怎么办呢？

(二) 抽样调查的两个基本原则

1. 随机性原则

为了保证样本对总体的代表性，必须坚持抽样调查的随机性原则，尽量避免主观因素的干扰。在实际的抽样中，常见的有这两种破坏抽样调查随机性的表现：

(1) 因为有些单位地理位置比较偏僻，不方便收集数据，于是把这样的单位排除在外。

(2) 有些单位看似与总体的平均水平相差很远，便故意把它们抛弃或更换。

2. 最大的抽样效果原则

并非抽样误差最小的方案就是最好的方案。如果增大样本单位数，是可以有效降低抽样误差的，但是随之可能会带来费用的上升。因此最大的抽样效果是指在一定的误差和可靠性的要求下选择费用最少的样本设计。

(三) 抽取样本的几种方式

样本抽取的方式常见的有纯随机抽样、类型抽样、等距抽样、整群抽样和多阶段抽样等，具体见第七章抽样推断。

五、重点调查

重点调查是指在全部调查单位中，选择一部分重点单位，通过对重点单位的调查来了解总体基本情况的一种非全面调查。重点单位虽然在数量上只占全部单位的一小部分，但是它们的标志总量在总体标志总量中却占绝大部分，因此，对这些重点单位进行调查能够反映总体的基本情况。

例如，如果需要了解我国钢铁生产的基本情况，只需要对全国几个重点钢铁企业，如宝钢、鞍钢、首钢、武钢等钢铁企业进行调查就能取得所需要的资料，了解整个钢铁行业的基本情况。

重点调查的关键是重点单位的选取，选取的标准有两个：第一，重点单位的数量占总体单位数量的比重较小；第二，重点单位的某一数量标志值的总和占全部单位数量标志值的总和较大。

重点调查的调查单位少，只需要花费较少的人力、物力，就可以取得较多的项目和指标，能够较好地反映总体的基本情况。但是需要注意的是，虽然重点单位的标志值在总体标志值中占有很大比重，掌握了它们的情况，就基本掌握了总体特征，但这些情况毕竟不能完整地反映总体总量，因此，不能根据重点单位的数量特征来推断总体的数量特征。

重点调查的组织形式可以组织专门调查，也可以发放统计报表，由选中的重点单位填报。

六、典型调查

典型调查是指根据调查的目的和任务，在对研究总体进行全面分析的基础上，有意识地选择少数具有典型代表性的单位进行深入调查研究的一种非全面调查。

典型调查的关键是典型单位的选取。典型单位是指在性质上最有代表性的单位。典型单位的选取要根据调查的目的和任务来决定，当研究的目的是为了探索事物发展的一般规律时，可选取一般的能代表全面情况的单位作为典型单位；如果研究的目的在于总结经验教训时，则可以选取先进或者落后的单位作为典型单位。

例如，某高校学生的男女性别比例较为均衡，接近 1∶1，有意识地选择一个专业的学生参与调查，以了解学生对学校运动设施的满意度。选择英语专业或机电专业都是不妥的，因为这两个专业性别比例严重失衡。所以适合作为典型单位的应是国际贸易、临床医学等专业。

又如，某单位在工作业绩经验总结调查中，有意识地选择销售业绩第一名和销售业绩最后一名的职员进行调查。

可见，在实际选择典型单位前，必须对总体有一个全面的了解。

第四节　统计调查误差及其防止

在统计调查工作中，总会因为各种各样的原因而使得调查得到的数值与总体实际数值之间存在差距，这种差距称为统计调查误差。例如，对某企业上一年的利润额进行调查，得到数据 100 万元，而实际上，该企业创造了 120 万元的利润，那么，统计调查误差为 20 万元。

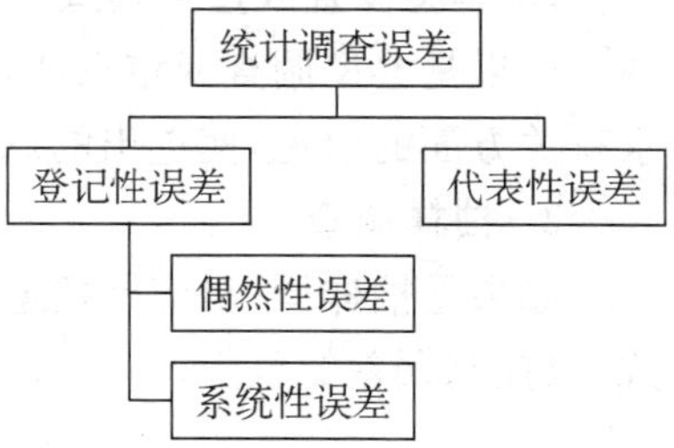

图 2.4　统计调查误差的种类

一、统计调查误差的种类与原因

统计调查误差分为登记性误差和代表性误差两种，如图 2.4 所示。

(一) 登记性误差

登记性误差是指由于人为因素导致登记事实错误而发生的误差。不管是全面调查还是非全面调查,都会存在登记性误差。从理论上讲,登记性误差是可以避免的。

登记性误差又分为偶然性误差和系统性误差。

1. 偶然性误差

偶然性误差是指由偶然因素引起的误差。它可能是由于调查人员不认真,出现笔误、错填,或者是被调查者回答不当等造成的。

2. 系统性误差

系统性误差又称偏差,是指由非偶然因素引起的误差。它可能是由于仪器本身不精确,或者统计方法粗略,或者统计方案设计不完善等造成的。例如,使用没有校正好的测量工具而使得测量数据偏大或偏小;统计调查方案中的调查地点选择不合适,使得被调查者比较局限;或者主观故意的歪曲事实。无论是上述哪种原因造成的,系统性误差的危害性都比较大。

(二) 代表性误差

代表性误差是指以部分单位代表总体,总体推断值与总体实际值的差异。这种误差只有非全面调查才有,全面调查不存在。

非全面调查由于只对调查现象总体中的一部分单位进行观察,而这部分单位不可能完全反映总体的性质,它与总体的实际指标之间或多或少存在一定的差距,这就发生了代表性误差。代表性误差通常是无法消除的,但可以事先控制和计算。

二、统计调查误差的防止

(一) 登记性误差的防止

1. 制定正确的统计调查方案

这包括明确调查目的、调查对象和调查单位、调查项目的具体含义和计算方法,选定合理的调查方法等,以使调查人员或填报人员有一个统一的依据。

2. 坚持调查方案的贯彻执行

这包括加强对统计调查工作人员的培训,要求每个统计人员都能严格地执行统计调查方案;扎扎实实地搞好统计基础工作,建立健全原始记录、统计台账、班组核算等相关制度;加强对数字填报质量的检查,如进行逻辑检查(检查调查资料内容的合理性)和计算检查(各项数字在指标口径、计算方法和结果上有无差错)。

(二) 代表性误差的防止

1. 典型调查或重点调查

如果是典型调查或重点调查,在调查前应从多方面对调查对象加以比较分析,并广泛征求有关方面的意见,使选出的调查单位具有较高的代表性。

2. 抽样调查

如果是抽样调查,应严格遵守随机原则;保证足够的样本容量,选择适当的抽样调查方式,以控制误差的范围。

本章小结

1. 统计调查是指根据预先制定的统计任务，运用科学的调查方法，向研究对象的所有或部分单位有计划、有组织地搜集原始资料的过程。

2. 进行统计调查工作之前，需先制定调查方案，包括七个方面的内容：调查目的、调查对象和调查单位、调查项目、调查时间和调查期限、调查地点、调查形式和方法、调查工作的组织实施计划。

3. 统计调查按调查范围可分为全面调查与非全面调查两种。全面调查包括普查与统计报表，非全面调查包括抽样调查、重点调查、典型调查。

4. 统计调查误差是指调查得到的数值与总体实际数值之间存在的差距，分为登记性误差和代表性误差两种。

趣味阅读

努力能否上清华和北大

清华大学社科学院教授晋军在其所教授的“社会学概论”课上，每年都会对入学新生进行一次问卷调查，问题包括“你父母的职业”“你上大学以前到过最远的地方是哪里”“最喜欢的电影”等。

通过对问卷调查结果的统计，晋军发现，相比全国的家庭社会经济地位构成，清华学生所处的家庭中，社会经济地位高的家庭占比更高，社会经济地位低的家庭占比较低，呈现“倒金字塔型”。

有意思的是，关于学生“入学前活动半径”的统计数据发现，在清华大学社科学院2014级学生里，入学之前曾经到过境外的学生占比43.9%，没有出过省的学生为0。相比之下，西部一所211大学的数据则是，到过境外的学生只有2.3%，没有出过省的学生有22.7%。

这一项数据统计结果“非常稳定”：在清华大学社科学院和经管学院，2013级和2014级学生到过境外的比例都在40%左右，过去的调查结果也是类似的数据。

“询问入学前活动半径，其实是在调查家庭经济状况，直接询问学生家庭收入并不是一个很好的调查方式。”晋军的学生张小林认为，是否出国、出省和家庭经济状况有很大的相关性。

因此，这项问卷调查得到的结果是：相对于全国而言，清华大学里家境中等和偏上的学生更多，并且这一现象多年来一直持续。

然而，对于这个结果也有质疑的声音：不足200人样本的调查能说明问题吗？事实上，早在2010年，晋军就指导他的学生对清华大学生源状况进行抽样调查：2010级清华大学农村生源占总人数的17%。而当年的高考全国农村考生比例是62%。

晋军还通过多年的课堂随机调查描绘出一名清华本科生的典型形象：生在城市、父母是公务员和教师、每年与父母起码外出旅行一次，甚至高中就有出国游学的经历。

（续上）

那么，名校能为寒门子弟带来什么？晋军说，“大学第一年后，大家会变得越来越像，那些没有出过国的，可以慢慢获得出国机会，那些在中学没有社团和课余活动的，也在这方面得到弥补，所以教育对个人的成长还是有一定影响的。”

将寒门子弟上名校难的原因，全部归因于特权、关系或者名校“嫌贫爱富”并不客观。教育确有社会分层功能，能够促进社会流动，但恰恰因为教育能够带来巨大回报，社会经济文化地位比较高的家庭往往更重视子女教育并有能力、有意识地投入更多的金钱、时间和精力，因此，富裕家庭的孩子在学业上的表现相对更为优异。而家庭经济和文化地位都处于弱势的寒门子弟，要想进入名校，必须要付出更多的努力。如一位网友所言，孩子在真正接触社会之前，是站在父母的肩膀上看这个世界的，父母能够站多高，很大程度上决定了孩子的眼界、知识面。

要帮助寒门子弟克服家庭环境的不利影响，通过教育实现向上流动，唯有政府实施促进教育公平的公共政策才能达到。应该说，国家这几年的“高考扶贫”成效明显，有效拓宽了寒门子弟尤其是农村学生进入重点大学的通道，但要进一步缩小教育鸿沟，还需要更完善、更全面、更细化的“教育补贴机制”。

一些社会学者的调查研究表明，导致农家子弟上大学难的症结是在初中升高中阶段，也就是说，中考就已经把一批寒门子弟挡在了重点高中门外，而只有进入重点高中，才能有更多机会上重点大学。在大城市也是同样的情况，每年北大、清华、复旦等名校录取的学生都集中在几所“超级中学”里，在这些学校里，穷孩子的比例甚至比名牌高校更低。因此，要提高寒门子弟上大学的机会，在中考阶段也有必要实施倾斜政策，进行“中考扶贫”。

另外，现行“高考扶贫”政策主要针对的是贫困地区的农村学生，但在城镇里，很多外来务工人员子弟虽被当地教育体系接纳，但受家庭环境影响普遍处于教育弱势地位，在升学竞争中更容易被淘汰出局。

现在大学选拔人才越来越看重综合素质，即将展开的新一轮高考改革，明确提出招生录取时要参考综合素质评价信息。这显然不利于家庭教育条件有限的农村学生，他们的综合素质和能力在常态下会落后于城市学生。

如何改变外来务工人员子弟在升学竞争中的劣势地位？高考如何建立更公平的选拔机制，如何兼顾城乡学生的不同特点和优势？这些都是教育政策制定者需要考虑的问题。

“努力就能上清华和北大吗？”无论是按照逻辑还是根据现实来回答这个问题，答案都是“未必”，但我们应该努力让那些聪明勤奋的孩子看到“努力就能上名校”的希望。正如李克强总理曾说的：“我们要努力使人人享有平等的机会，不论是来自城市还是农村，不论是来自怎样的家庭背景，只要通过自身的努力，就可以取得应有的回报。”

（资料来源：oasisli.努力能否上清华北大引热议，家庭背景或成主因[EB/OL].(2015-01-26)[2019-07-08].https://edu.qq.com/a/20150126/010170.htm.）

实训项目：设计调查方案

【实训目标】 培养学生灵活设计完整统计调查方案的能力。

培养学生对统计工作的全局意识。

【实训内容】 全面调查与非全面调查下调查方案的设计。

某高校的宿舍楼已投入使用近10年，近年来，各种问题频现，学生意见较大。该校领导决定对其进行彻底整改，包括硬件设施与管理制度等。为了使整改工作效果最大化，校领导决定先对学生展开调查，以更好地了解学生需求，有针对性地开展整改工作，提升学生的满意度。已知该校学生约30 000人。

请以校后勤统计员的身份策划制定统计调查方案。

一、全面调查下调查方案示例

××大学宿舍满意度调查方案

(一) 问题的提出

宿舍住宿条件是学生生活重要的一部分，因此学生对宿舍的满意度很大程度上会影响对学校的满意度。为了了解学生对宿舍的满意程度，便于宿舍整改工作的顺利开展，特开展本次调查。

(二) 调查目的

调查目的在于了解学生对宿舍各方面的满意程度及相关意见和建议，发现宿舍在硬件设施与管理制度等方面存在的问题，为宿舍整改工作的计划提供参考，以提升学生满意度。

(三) 调查对象和调查单位

调查对象：××大学的30 000名学生

调查单位：××大学的每一位学生

(四) 调查项目

调查项目主要包括以下几个方面的内容：

(1) 学生基本信息，包括性别、年级、宿舍楼号。

(2) 公共设施方面的满意度。

(3) 宿舍气味方面的满意度。

(4) 安全度方面的满意度。

(5) 管理制度方面的满意度。

(五) 调查表与调查问卷①

1. 调查表(见表2.4)

表2.4 调查表

学号(1)	性别(2)	年级(3)	宿舍楼号(4)	公共设施(5)	宿舍气味(6)	安全度(7)	管理制度(8)	整体满意度(9)

说明：(5)～(9)项采取打分制，最高分10分，最低分0分，满意程度越高分值越高。

① 调查表与调查问卷可选其一，也可都进行设计，可根据实际灵活处理。

2. 调查问卷

××大学学生宿舍满意度调查问卷

亲爱的同学，您好！

这是一份关于××大学学生宿舍满意度的调查问卷。本问卷的回答无所谓对错，希望您能如实填写，以便我们进行改正和完善。您的想法对我们很重要！感谢您的支持！谢谢您的配合。

1. 您的性别是（　　）。

A. 男　　B. 女

2. 您所处的年级是（　　）。

A. 大一　　B. 大二　　C. 大三　　D. 大四

3. 您所居住的宿舍楼是（　　）。

A. 一栋　　B. 二栋　　C. 三栋　　D. 四栋　　E. 五栋　　F. 六栋　　G. 七栋
H. 八栋　　I. 九栋　　J. 十栋　　K. 其他

4. 在您回或出去时，是否会留意宿舍宣传栏、通知及注意事项等？（　　）。

A. 经常会留意　　B. 看情况，偶尔关注一下
C. 没兴趣看，宣传栏内容太杂，缺乏针对性　　D. 不关心

5. 您认为学校宿舍的硬件设施在下列哪方面还需改进？（多选）（　　）。

A. 宿舍空间不够　　B. 储物空间不够
C. 晾衣空间不够　　D. 无法承受大功率电器　　E. 其他

6. 在现行的学校宿舍管理制度的制定或执行中，您不满意的是？（多选）（　　）。

A. 晚上断网　　B. 不能使用大功率的电器
C. 朋友不能留宿　　D. 男生进女生宿舍楼的限制　　E. 其他

……

22. 您对于宿舍管理和宿舍条件改善有什么建议？

____

最后，衷心地感谢您能抽出宝贵的时间填写，谢谢您的参与！

（六）调查时间

调查时间为2018年10月7日到2018年10月17日。

（七）调查地点

调查地点为校宿舍楼。

（八）调查方式和方法

调查方式：普查。

调查方法：访问调查法。

（九）组织实施计划

本次调查由后勤的张凌、李玉两位老师组织学生会干部进行。张凌老师负责问卷、调查表的印制，李玉老师负责学生会干部的调配、问卷及调查表的发放与回收。本次调查的预算为20 000元，含印刷费、学生补贴、资料整理费等。

二、Excel 在抽样中的应用

针对抽样调查,Excel 的数据分析工具中提供了一个专门的“抽样”工具,可以帮助使用者快速完成抽样工作。

在本任务中,如果采用的调查方式不是普查,而是抽样调查,从全校 30 000 名学生中抽取 1 000 名同学作为样本,可按以下步骤抽取。

(一) 编号

对该校所有学生进行编号。因为学生入校时已分配过学号,所以可直接将学号作为编号。

将学号录入 Excel 中,如图 2.5 所示。

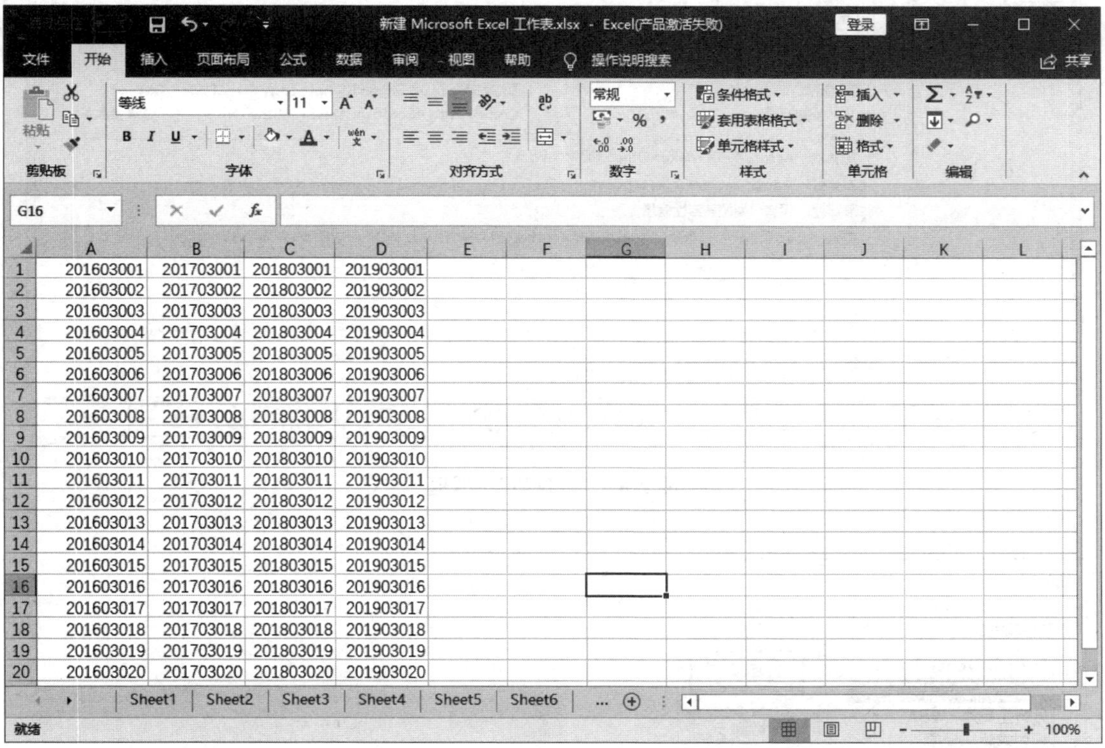

	A	B	C	D	E	F	G	H	I	J	K	L
1	201603001	201703001	201803001	201903001								
2	201603002	201703002	201803002	201903002								
3	201603003	201703003	201803003	201903003								
4	201603004	201703004	201803004	201903004								
5	201603005	201703005	201803005	201903005								
6	201603006	201703006	201803006	201903006								
7	201603007	201703007	201803007	201903007								
8	201603008	201703008	201803008	201903008								
9	201603009	201703009	201803009	201903009								
10	201603010	201703010	201803010	201903010								
11	201603011	201703011	201803011	201903011								
12	201603012	201703012	201803012	201903012								
13	201603013	201703013	201803013	201903013								
14	201603014	201703014	201803014	201903014								
15	201603015	201703015	201803015	201903015								
16	201603016	201703016	201803016	201903016								
17	201603017	201703017	201803017	201903017								
18	201603018	201703018	201803018	201903018								
19	201603019	201703019	201803019	201903019								
20	201603020	201703020	201803020	201903020								

图 2.5 所有学生的学号

(二) 加载“数据分析”工具库

单击“文件”菜单,选择“选项”,在 Excel 选项里选择“加载项”,点击“转到”按钮,如图2.6所示。

在可用加载宏里选择“分析工具库”,单击“确定”按钮,如图 2.7 所示。这样在“数据”菜单中就会出现“数据分析”。

(三) 使用“抽样”工具进行样本的选择

点击菜单“数据”中的“数据分析”,选择“抽样”,如图 2.8 所示。

单击“确定”按钮,打开“抽样”对话框,确定输入区域、选定抽样方法和指定输出方向,如图 2.9 所示。

图 2.6 “加载项”对话框

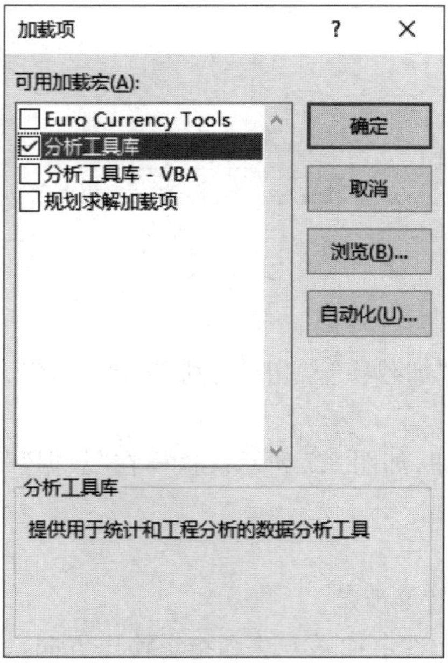

图 2.7 “分析工具库”对话框

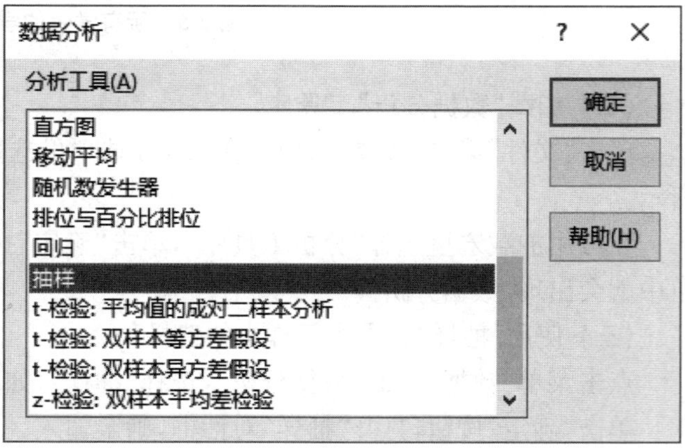

图 2.8 “数据分析”对话框

（1）确定输入区域。

（2）选定抽样方法。在“抽样方法”中，有“周期”和“随机”两种抽样模式。①“周期”即等距抽样。此种抽样方法需要确定周期间隔，周期间隔由总体单位数除以要抽取的样本数求得。本案例中，若要在30 000个总体单位中抽取1 000个样本单位，则在“间隔”框中输入“30”。②“随机”适用于简单随机抽样、类型抽样和整群抽样。

（3）指定输出方向。在“输出选项”中有三种输出方式。在“输出区域”中输入总体单位所在的单元格区域的任一单元格。在本案例中，输入区域为“＄A＄80”，也可以通过选择“新工作表组”或“新工作簿”在新工作表或工作簿中输出。

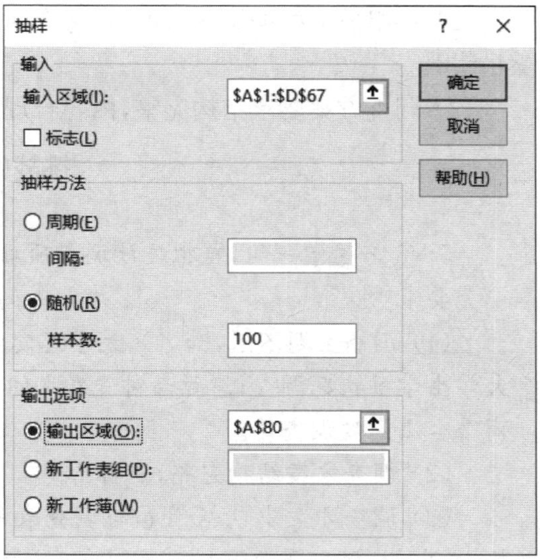

图 2.9　“抽样”对话框

单击“确定”按钮后，在指定的位置出现抽样的结果，如图 2.10 所示。

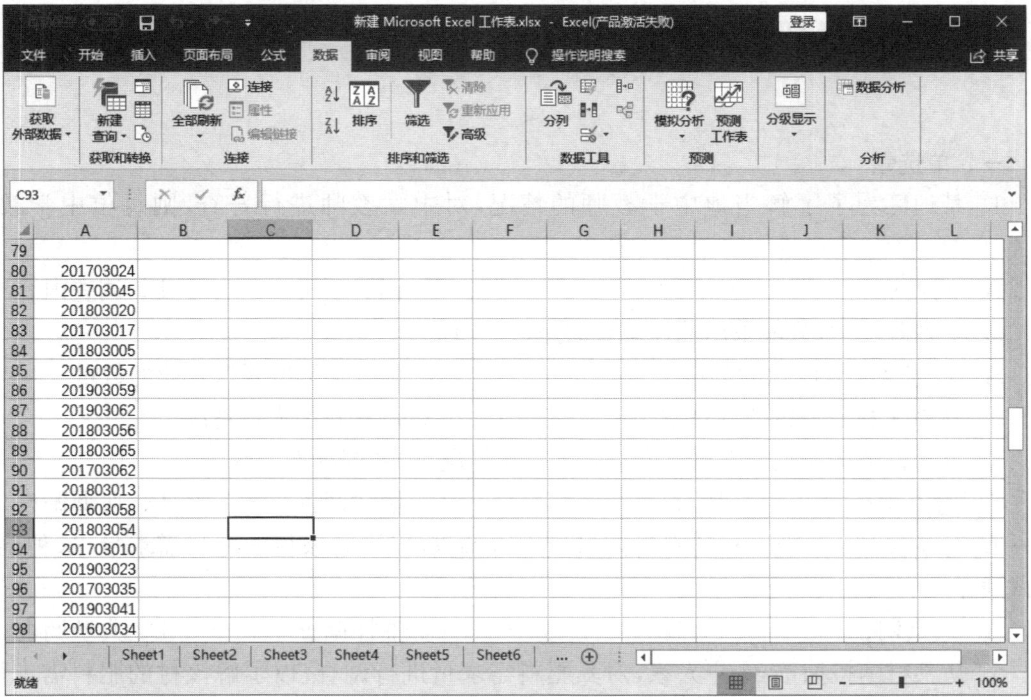

图 2.10　抽样结果

【拓展练习】

设计非全面调查下的调查方案。

要求：

（1）学生分组，每组为5～6人，小组成员进行角色定位及工作分工。

(2) 小组成员根据调研目的,参考全面调查下调查方案示例,采用抽样调查完成调查方案的设计。

(3) 调查方案要求结构完整,内容合理。

挑战性统计实践

5～6 名同学一组,自拟统计调查项目名称,设计调查方案。

要求:

(1) 调查主题不限,如××大学恋爱状况调查;××大学校园文化生活满意度调查;大学生学习状况调查;消费者对洗发水的需求调查;××品牌消费者满意度调查;××电商平台满意度调查等。

(2) 调查方案结构完整,逻辑清楚。

(3) 调查方案中包括问卷与调查表的设计。调查表侧重于取得量化的数据,如年龄、支出额、评分等。调查问卷侧重于更深层次的探究,如不满意的原因、喜爱的品牌等。

(4) 调查方式选择抽样调查。

(5) 合理分工,集体完成。

课后练习

一、单选题

1. 某地区为了了解当地中学教师的情况,对中学教师进行普查,则每位中学教师是(　　)。

A. 调查对象　　B. 调查单位　　C. 调查项目　　D. 调查内容

2. 下列各项中,只能采用抽样调查的是(　　)。

A. 调查某海域的鱼的数量　　B. 调查某地区餐饮企业的数量

C. 调查某村农民的收入情况　　D. 调查我国人口情况

3. 有意识地选择三个农村点调查农民收入情况,这种调查方式属于(　　)。

A. 重点调查　　B. 普查　　C. 抽样调查　　D. 典型调查

4. 对某村几个种植大户的肥料需求量进行调查,以了解该村的肥料需求量,这种调查方式属于(　　)。

A. 重点调查　　B. 普查　　C. 抽样调查　　D. 典型调查

5. 从某村随机抽选 30 户人家,对其肥料需求量进行调查,以了解该村的肥料需求量,这种调查方式属于(　　)。

A. 重点调查　　B. 普查　　C. 抽样调查　　D. 典型调查

6. 统计报表大多属于(　　)。

A. 一次性全面调查　　B. 经常性全面调查

C. 经常性非全面调查　　D. 一次性非全面调查

7. 人口普查规定统一的标准时间是为了(　　)。

A. 避免登记的重复和遗漏　B. 具体确定调查单位
C. 确定调查对象的范围　D. 为了统一调查时间、一齐行动

8. 对某高校的空调进行调查，作为填报单位的是(　　)。
A. 所有空调　B. 每一台空调　C. 该高校　D. 每一名学生

9. 下列说法中，正确的是(　　)。
A. 普查可以得到全面、详细的资料，但需花费大量的人力、物力和财力及时间。因此，在统计调查中不宜频繁组织普查
B. 典型调查的重点单位是指这些单位在全部总体中虽然数目不多.所占比重不大，但就调查的标志值来说却在总量中占很大的比重
C. 调查时间是指调查工作所需的时间
D. 统计调查人员以调查表或有关材料为依据，逐项向调查者询问有关情况，并将结果记录下来，这种统计调查方法是观察法

10. 在统计调查方案中，对其他部分起到决定性作用的部分是(　　)。
A. 调查时间　B. 调查项目　C. 调查目的　D. 调查方法

二、多选题

1. 普查是(　　)。
A. 非全面调查　B. 专门调查　C. 全面调查
D. 经常性调查　E. 一次性调查

2. 统计报表制度要求包括(　　)。
A. 表格形式要统一　B. 指标项目要统一　C. 报送时间要统一
D. 调查人员要统一　E. 报送程序要统一

3. 非全面调查形式有(　　)。
A. 重点调查　B. 抽样调查　C. 典型调查
D. 非全面统计报表　E. 统计报表

4. 全面调查形式有(　　)。
A. 重点调查　B. 抽样调查　C. 典型调查
D. 全面统计报表　E. 普查

5. 统计调查方案包括(　　)。
A. 调查对象与调查单位　B. 调查目的与调查项目
C. 调查的组织实施计划　D. 调查时间与地点　E. 调查方法

三、简答题

1. 什么是统计调查？它在整个统计研究中处于什么样的地位？
2. 统计调查有哪些分类？它们有什么特点？
3. 重点单位与典型单位有何区别？
4. 我国常见的普查有哪些种类？它们在什么年份进行？间隔多久？
5. 统计调查方案包括哪些内容？

第三章 统计整理

教学目标

知识目标

1. 理解数据整理和数据审核的内涵。
2. 理解分配数列的概念及分类。
3. 掌握品质数列和变量数列图表呈现的技巧。
4. 掌握双变量关系图表呈现的技巧。
5. 了解统计表的种类及统计表绘制的注意事项。

技能目标

1. 具备数据合理分组、构建分配数列的能力。
2. 具备选择合适的图表类型对数列进行图表呈现的能力。

走进统计

如何判断一个班整体的考试情况

统计学考试结束后,取得了某班50名学生的期末考试成绩,如下所示:

89	74	50	63	67	89	70	62	63	96
72	74	75	26	87	64	63	71	55	61
38	75	69	70	59	66	71	79	62	68
84	97	85	60	60	58	77	67	74	63
93	84	71	84	67	46	65	80	54	58

请问这个班整体考得怎么样?

就这堆纷杂的原始数据根本无从回答。虽然可以清楚的知晓某一位同学(总体单位)的成绩,但无法形成对整个班级(总体)的印象。

如果将分数分为优(80以上)、良(70~80)、中(60~70)、差(60以下)四个档次,如表3.1所示。现在再来回答这个问题,有没有感觉简单一点了?

（续上）

表 3.1　成绩分组表

成绩档次	分数	人数(人)
差	60 分以下	9
及格	60～70 分	16
良	70～80 分	14
优	80 分以上	11

如果由表 3.1 中的数据绘制柱形图(见图 3.1),根据柱形图的形态再来回答这个问题,又是什么感觉呢?

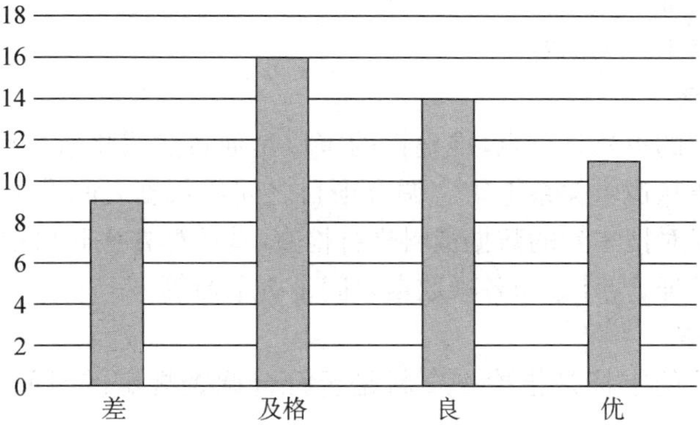

图 3.1　成绩分组图示

提问:

(1) 对比原始资料、表格与图形,在对统计总体的情况进行描述时有什么不同的感觉?

(2) 为什么说统计整理非常必要?

参考答案

第一节　统计整理与分配数列

一、统计整理的概念

统计整理是根据统计研究的目的,将统计调查搜集来的原始资料进行科学的分类与汇总,或对已经加工的综合资料进行再加工,使之系统化、条理化,为进行下阶段的统计分析做好准备。

通过统计调查取得的总体各个单位的资料,是不系统的、分散的,仅能表明各个调查单位的具体情况,反映事物的一个侧面,不能说明被研究总体的全貌,需要通过统计整理,最终实现从个别单位的标志值向总体数量特征的指标值过渡。统计整理是人们对社会经济现象从感性认识上升到理性认识的过渡阶段，为以后的统计分析提供了基础。因此，它在统计研究中起到了承前启后的作用。

统计整理在整个统计研究工作中起着十分重要的作用，资料整理是否正确，直接决定了整个统计研究任务能否顺利完成。如果整理过程不恰当，整理方法不完善，会使原本丰富、完备的资料失去价值，从而不能看到真相，得不到正确的结论。因此，必须以正确、科学的原则和方法对统计资料进行加工处理，以保证统计研究工作的顺利完成。

有趣的整理结果

二、数据审核

在进行统计整理之前，需要对搜集到的原始资料进行审核和检查，也就是对搜集到的数据资料进行预处理，通过审核和检查，以保证原始资料的准确性、及时性、完整性和系统性，这是一项必不可少的准备工作。

数据审核包括以下三大内容。

（一）准确性审核

原始资料准确性的审核是重点，准确性的审核是通过逻辑检查和计算检查两个方面进行的。逻辑检查是指从逻辑关系上审查调查项目之间或数据之间有无矛盾，是否合乎逻辑规律。计算检查是指对搜集到的数据资料进行检查，看计算方法和口径是否正确、有关联的数据之间能否相互验证、合计数与各项数据之间是否平衡等。

（二）及时性审核

原始资料及时性的审核是指检查资料是否符合调查规定的时间、资料的报送是否及时等。

（三）完整性和系统性审核

原始资料的完整性和系统性审核主要是检查资料是否系统周密、是否按规定的调查项目进行了搜集、调查单位有无重复和遗漏、报送单位有无不报和漏报的情况存在等。不完整、不系统的统计资料难以全面反映现象的总体特征和规律，也会影响到以后统计资料的整理和分析工作。

在审核原始资料时，既可以逐项对资料进行全面的审核，也可以抽取重要部分或容易出现差错的部分进行重点审核。对于审核过程中发现的错误和问题，应当予以及时的查询和纠正。

三、分配数列的概念与种类

（一）分配数列的概念

在统计分组的基础上，将总体的所有单位按组归类整理，并按一定顺序排列，形成总体中各个单位在各组间的分布，称为次数分布或分配数列。构成分配数列的要素有两个，即分组标志序列（或分组）和与各组对应的分布次数。

在分配数列中，分布在各组的个体单位数称为次数或频数，各组次数占总次数的比重称为频率。

（二）分配数列的种类

分配数列按照分组标志的不同可以分为品质分配数列和变量分配数列。

1. 品质分配数列

品质分配数列(简称品质数列)是将总体各单位按照品质标志分组形成的分配数列,如表 3.2 所示。品质分配数列由各组名称和次数组成,各组次数可以用绝对数表示,即频数或次数;也可以用相对数表示,即频率。

表 3.2 2010 年我国大陆人口的性别分布

年龄	人数(万人)	比率
男性	68 685	51.27%
女性	65 287	48.73%
合计	133 972	100.00%
分组标志	次数或频数	频率(比重)

2. 变量分配数列

变量分配数列(简称变量数列)是将总体各单位按照数量标志分组形成的分配数列。变量分配数列按照分组标志值是单一的变量值还是一定变动范围可以分为单项数列和组距数列。

1) 单项数列

以一个变量值作为一组的分组标志值所编制的变量数列称为单项数列,如表 3.3 所示。每个变量值构成一个组,各组按顺序排列,一般在总体各单位的数量标志值不多、且变量值的变动范围不大、变量为离散型的条件下采用。

表 3.3 2013 级会计一班学生年龄分布情况

年龄	人数(人)	比率
18	2	4%
19	18	36%
20	26	52%
21	4	8%
合计	50	100%

2) 组距数列

用变量值变动的一定范围(或区间)为一个组而编制的变量数列称为组距数列,如表 3.4 所示。每个组的最大值为组的上限,最小值为组的下限。上限与下限之间的距离称为组距。上限与下限之间的中点值称为组中值,代表各组标志值的一般水平。对于闭口组,组中值=(上限+下限)÷2;对于缺上限的开口组,组中值=下限+邻组组距÷2;对于缺下限的开口组,组中值=上限-邻组组距÷2。根据组距是否相等,组距数列分为等距数列与异距数列两种,表 3.4 为等距数列。

表 3.4 2013 级会计一班"统计学原理"课程期末成绩分组表

成 绩	人数(人)	频率
60 分以下	2	4%
60~70 分	6	12%

（续表）

成 绩	人数(人)	频率
70～80分	22	44%
80～90分	16	32%
90分以上	4	8%
合 计	50	100%

每个组由若干个变量值形成的区间表示。一般地，组距数列适合的变量类型为连续型变量或者变动幅度较大、总体单位数又多的离散型变量。

第二节　品质数列的图表呈现

一、频数分布表

［例 3.1］　美汁源、鲜橙多、果汁先生、鲜の每日 C、汇源橙汁是 5 种受欢迎的橙汁饮料。在只选择 5 种橙汁饮料的情况下，我们取得了 30 次橙汁饮料购买的样本数据，如下所示：

美汁源、汇源橙汁、鲜の每日 C、鲜の每日 C、果汁先生、鲜の每日 C、鲜橙多、鲜橙多、美汁源、美汁源、美汁源、鲜の每日 C、鲜の每日 C、鲜橙多、美汁源、汇源橙汁、鲜の每日 C、鲜の每日 C、鲜橙多、美汁源、果汁先生、果汁先生、鲜橙多、鲜橙多、美汁源、鲜橙多、鲜の每日 C、美汁源、鲜の每日 C、美汁源

解：通过分析以上数据资料，以“品牌”这一品质标志作为分组标志，可以将 30 次橙汁饮料购买的样本数据分为 5 组，统计出每种橙汁饮料购买的次数，可以得到如表 3.5 所示的频数分布表。

表 3.5　橙汁饮料购买次数分布表

品牌	购买次数	比率
美汁源	9	30.0%
鲜橙多	7	23.3%
果汁先生	3	10.0%
鲜の每日 C	9	30.0%
汇源橙汁	2	6.7%

频数分布表由两部分构成：一部分是分组标志及根据分组标志划分的组别；另一部分是根据样本数据统计的各组的频数或次数。一般而言，我们还会计算频率。频率是指每组的频数在总频数中占的比重或比率，通常以百分数表示。

二、柱形图与饼图

根据表 3.5 中的频数，我们可以绘制柱形图，横轴表示不同的品牌，纵轴表示每种果汁

购买的次数,通过柱形图我们可以清晰直观地观察到五种橙汁饮料购买的分布情况,如图 3.2 所示。根据表 3.5 中的频率,我们可以绘制五种橙汁饮料购买频率的饼图,如图 3.3 所示。

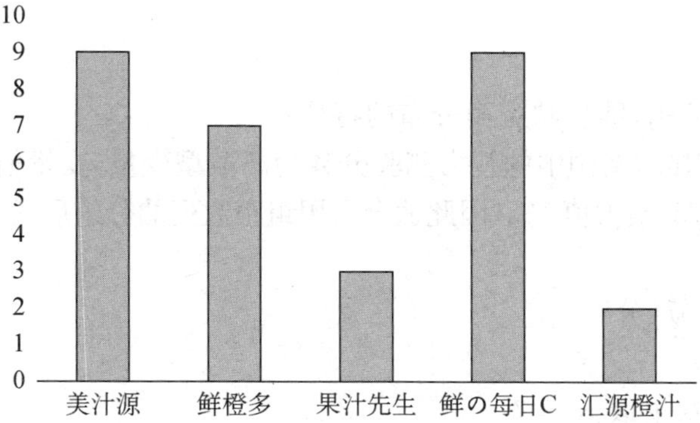

图 3.2 橙汁饮料购买次数柱形图

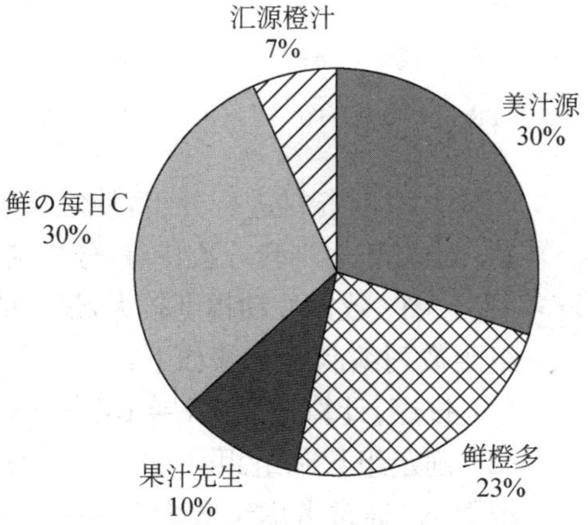

图 3.3 橙汁饮料购买频率饼图

延伸阅读

单项式数列的图表呈现

单项式数列是以数量标志为分组依据,单个的变量值自成一组,统计各组的频数和频率,单项数列的图表呈现方法与品质数列一致。

单项式数列的图表呈现

第三节 变量数列的图表呈现

一、组距式频数分布表

编制变量数列是统计整理的主要内容,也是计算各种综合指标的基础。要想编制变量数列,应先根据被研究现象的特征,确定是编制单项数列还是组距数列。一个年级的学生按年龄进行分组一般选择单项式分组,单个的年龄数值为一组,如大三学生可分为 19 岁、20 岁、21 岁三组;如果是全国人口按年龄进行分组一般以数值区间的形式进行分组,如 0～10 岁、10～20 岁、20～30 岁等,即组距式分组。若编制组距数列,还应根据统计研究的目的,确定是编制等距数列还是异距数列。如果分组的目的是为了直接比较各组次数分布或分析对比各组的综合指标,则可采用等距分组的形式;如果分组的目的在于从数量上区分性质不同的总体,或者有特定的目的要求,则可以采用异距分组的形式。下面以等距数列为例,来说明变量数列编制的方法。

[**例 3.2**] 有人对 62 人进行智力测验,按韦克斯勒(Wechsler)智力量表打分,得到如下分数(智商):

107	115	98	129	125	106	101	102	117	132	94	84	109	111
105	124	112	107	90	82	99	110	102	86	87	108	86	123
122	99	104	107	105	102	110	129	135	114	107	104	103	115
78	120	131	100	113	90	118	96	91	80	111	124	117	119
88	93	110	128	79	125								

如何将以上资料进行分组，使之条理清晰，能反映智商分布的特征？

解：结合智力测验分数特点，分析结果显示案例中的智力测验分数为离散型变量，变量值较多，有 62 个，数据波动幅度较大，最小值 78，最大值 135，因此适合采用组距数列的分组形式。

组距数列编制的步骤如下：

(1) 排序，计算全距：$R=135-78=57$(分)

(2) 确定组数和组距：

组数 K：通常考虑组数为 $5\sim15$ 组，这里取 $K=7$。

组距 i：数据变化比较均衡时采用等距，$i=R\div K=57\div7=8.142\,9$，一般取整数，多为 5 或者 10 的倍数，此案例组距取 10。

(3) 确定组限，完成分组，并根据上限不在内原则确定各组人数，并计算比重。所谓的"上限不在内"，是指标志值等于该组上限的单位应计入下一组，如 80 分应计入 80～90，而不是计入 70～80(见表 3.6)。

表 3.6　智商测试分数分布表

分数(分)	人数(人)	比重
70～80	2	3.23%
80～90	7	11.29%
90～100	9	14.52%
100～110	17	27.42%
110～120	14	22.58%
120～130	10	16.13%
130～140	3	4.84%
合　计	62	100.00%

二、绘制次数分布折线图

基本步骤如下：

(1) 绘制直方图。

(2) 连接直方图顶部的中点。

(3) 第一个矩形顶部的中点与相邻竖边中点相连后延长与横轴相交。

(4) 最后一个矩形顶部的中点与相邻竖边中点相连后延长与横轴相交，折线图与横轴围成的多边形图即为次数分布折线图(见图 3.4)。

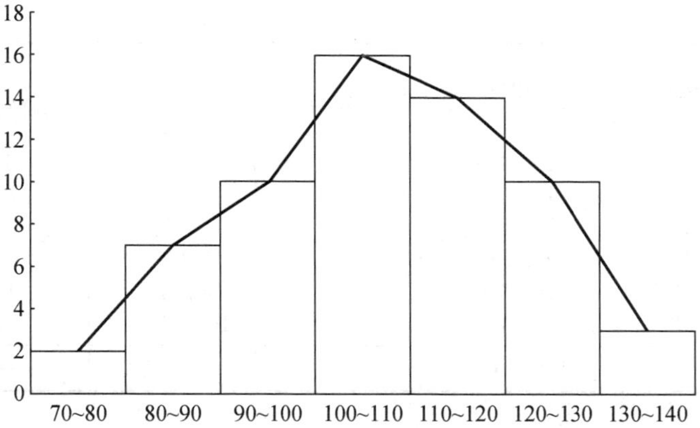

图 3.4 智商测验分数分布折线图

小思考

请大家充分发挥想象力，如果数据量足够大，分组组数足够多，次数分布折线图会是什么形态？

当变量值非常多，变量数列的组限无限增加时，折线便近似地表现为一条平滑的曲线。曲线图是组数趋向无限多时折线图的极限描绘，是一种理论曲线。

次数分布曲线图

三、累计次数分布

通过单项变量数列，我们可以看出某个变量值出现的次数；通过组距数列，我们可以看出某个变量组所包含的次数。但都无法直接看出高于或低于某一变量值的次数是多少。

如表 3.6 中，90～100 分的有 9 人，但智商分数 100 分以下的有几人，占全部调查人数的比例是多少则不能直接看出。为此，我们需要在已编制的变量数列的基础上进行加工，编制累计频数表，分别就频数和频率进行累计。

累计频数表的编制有向上累计和向下累计两种方法。向上累计是指将各组的次数或频率由变量值的最小组开始，依次向变量值最大组累计，某一组的向上累计次数或频率表明该组上限以下的单位总数，即小于该组上限值的变量值个数；向下累计是指将各组的次数或频率由变量值最大组开始，依次向变量值最小组累计，某一组的向下累计次数或频率表明该组下限以上的单位总数，即大于该组下限值的变量值个数。

例如，根据表 3.6 我们可以编制 62 人的智商测验分数累计频数表，如表 3.7 所示。其中，90～100 的向上累计频数为 18，说明分数低于 100 的有 18 人；向下累计频数为 53，说明分数高于 90 的有 53 人。

表 3.7 智商测验分数累计频数表

成绩(分)	人数(人)	频率	向上累计		向下累计	
			频数(人)	频率	频数(人)	频率
70～80	2	3.23%	2	3.23%	62	100.00%

（续表）

成绩(分)	人数(人)	频率	向上累计		向下累计	
			频数(人)	频率	频数(人)	频率
80～90	7	11.29%	9	14.52%	60	96.78%
90～100	9	14.52%	18	29.03%	53	85.49%
100～110	17	27.42%	35	56.45%	44	70.97%
110～120	14	22.58%	49	79.03%	27	43.55%
120～130	10	16.13%	59	95.16%	13	20.97%
130～140	3	4.84%	62	100.00%	3	4.84%
合　计	62	100.00	—	—	—	—

三、次数分布的三种类型

由于社会经济现象的多样性，统计总体也会有不同的次数分布，形成不同类型的分布特征。常见的次数分布有以下三种类型：钟形分布、U 形分布和 J 形分布。

（一）钟形分布

钟形分布是指较大和较小的变量值出现的次数都比较少，而中间的变量值出现的次数比较多，其分布特征是两头小、中间大，因曲线形状如钟而得名的分布（见图 3.5）。

从图 3.5 可以看出，钟形分布是对称分布的。对称分布的特征是中间变量值分布的次数最多，以标志的中心变量值为对称轴。两侧变量值分布的次数随着与中心变量值距离的增大而逐渐减少，并且围绕中心变量值两侧对称分布，这种分布在统计学中称为正态分布。

在社会经济现象中，有许多变量呈正态分布，如农作物的单位面积产量、商品市场价格等，正态分布在社会经济统计中具有重要的意义；也有很多经济现象表现为非对称分布，分为左偏分布和右偏分布（见图 3.6 和图 3.7）。

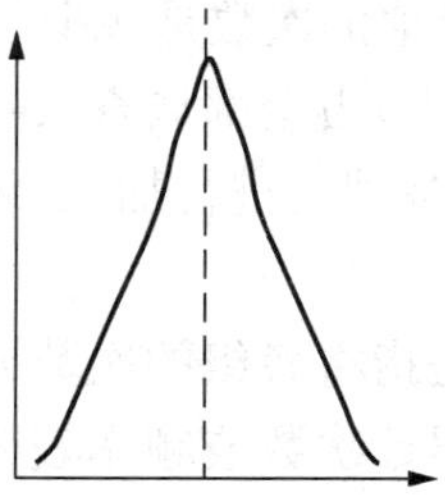

图 3.5　钟形分布(对称分布)

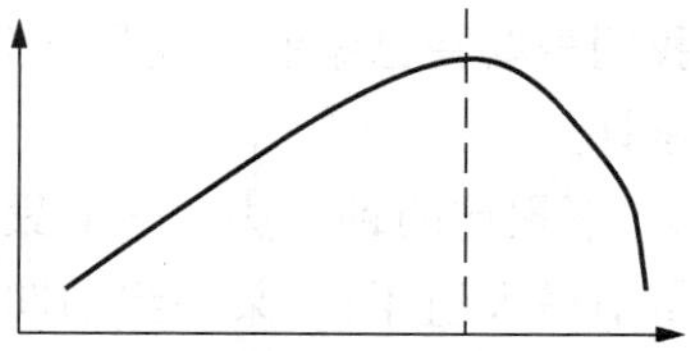

图 3.6　钟形分布(左偏分布)

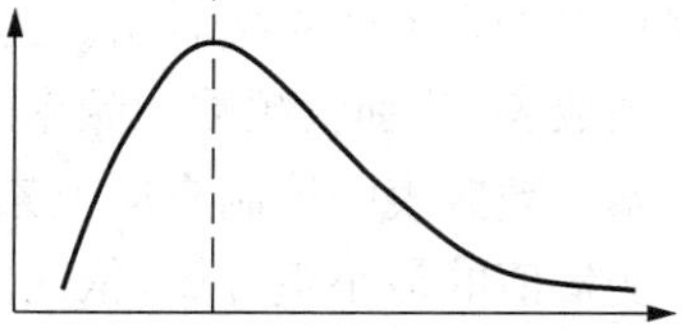

图 3.7　钟形分布(右偏分布)

（二）U 形分布

U 形分布的特征和钟形分布相反，靠近中间的变量值分布的次数少，靠近两端的变量值分布的次数多，形成两头大、中间小、形状像英文大写字母“U”的分布。例如，死亡人数按年龄分布就是如此，由于幼儿阶段和老年人阶段死亡人数较多，而中年死亡人数较少，因而死亡人数按年龄便表现为 U 形分布。U 形分布如图 3.8 所示。

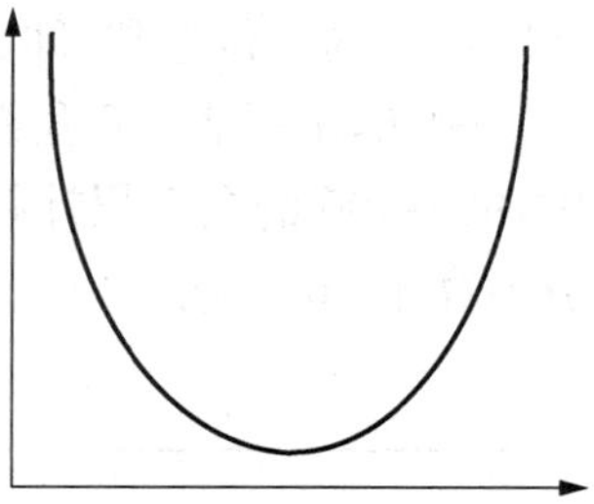

图 3.8　U 形分布

（三）J 形分布

在社会经济现象中，也有一些变量呈 J 形分布，如图 3.9 和图 3.10 所示。

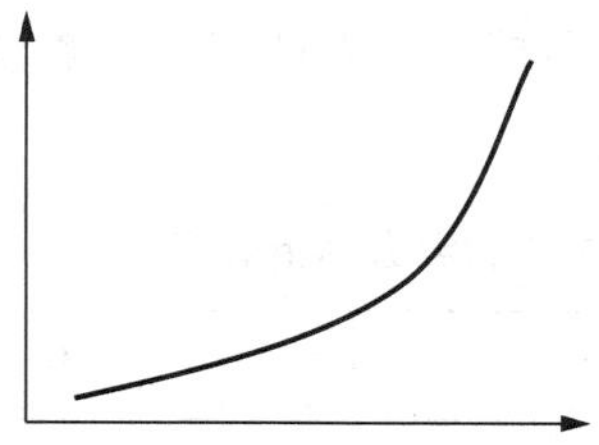

图 3.9 J 形分布(正 J 分布)

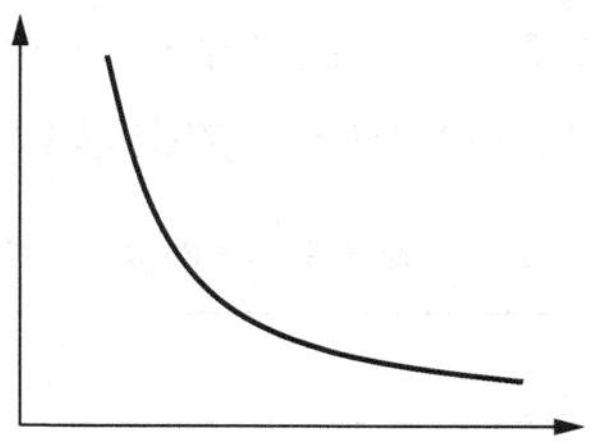

图 3.10 J 形分布(反 J 分布)

图 3.9 表现为次数随着变量值的增大而增多,如农作物产量按土地面积分布、人口数按零售商品销售额分布、工人数按总产值分布等。

图 3.10 表现为次数随着变量值的增大而减少,使得图形变为倒 J 形,如企业数按投资额分布、人口数按年龄大小分布等。

次数分布的类型主要取决于社会经济现象的性质。编制次数分布和统计图会因统计总体所处的客观条件不同而有不同的表现,但次数分布和图形的形态仍应符合该社会经济现象的分布特征;如不符合,可能是因为社会经济现象总体发生了异常变动,也可能是因为统计分组违背了现象的内在规律,应当予以检查纠正。

延伸阅读

茎叶图

用于展示未分组的数值型数据,既能给出数据的分布状况,又能给出每一个原始数值。茎叶图由“茎”和“叶”两部分构成,其图形是由数字组成的。通过茎叶图,我们可以看出数据的分布形状及数据的离散状况,如分布是否对称、数据是否集中、是否有极端数值等。以[例 3.2]中 62 人的智商测试分数为例绘制茎叶图,如图 3.11 所示。

7	8 9
8	4 2 6 7 6 0 8
9	8 4 0 9 9 0 6 1 3
10	7 6 1 2 9 5 7 2 8 4 7 5 2 9 4 3 0
11	5 7 1 2 0 0 4 5 3 8 1 7 9 0
12	9 5 4 3 2 9 0 4 8 5
13	2 5 1

图 3.11 茎叶图

第四节 双变量关系的图表呈现

一、散点图

前面所介绍的都是单变量的图表描述方法。在实践中,我们经常会遇到多变量数据,并希望通过图形来观察变量之间的关系。

例如,家具销售商认为家具销售与住宅面积密切相关。为证实这一想法,他们专门搜集了其所在地区近10年来的统计数据,如表3.8所示。

表3.8 某地区近10年新增住宅面积和家具销售额

年份	新增住宅面积(万平方米)	家具销售额(万元)
1	64	10
2	62	11
3	70	15
4	75	18
5	88	22
6	104	32
7	115	44
8	135	55
9	165	66
10	170	77
合计	1 048	350

表3.8中的数据涉及新增住宅面积与家具销售额两个数值型变量,仅就表3.8中的观测值,是难以对两个变量之间的关联性做出明确判断的。

散点图是通过样本数据判断和把握两个变量之间关联性的一个非常有用的图形工具,适用于两个数值型变量之间关系的描述。

图3.12就是根据表3.8中的数据所绘制的散点图。

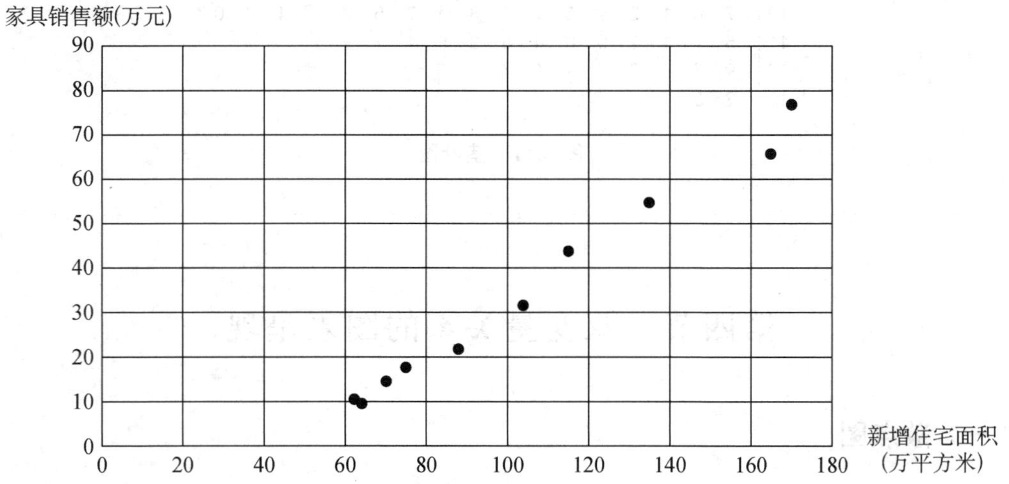

图3.12 新增住宅面积与家具销售额散点图

图 3.12 中横轴表示新增住宅面积的取值，纵轴表示相应的家具销售额，两个变量在样本数据中的每一对取值就确定了图中一个点的位置。通过观察散点图中这些点的分布，我们可以判断和把握两个数值型变量之间的关系类型，两者相互关联的密切程度。从图 3.12 中我们可以观察到，新增住宅面积与家具销售额之间存在正向的线性相关，散点图中的点是沿着一条向上的直线上下波动的。

散点图还有一个明显的优点，就是在图形的绘制过程中没有损失原始数据的任何细节。取每个点在横轴和纵轴上的投影，即可重新完整获得原始数据。

二、复合条形图

如要通过图形来观察两个品质变量之间的关系，我们可根据样本数据绘制复合条形图。

例如，为开展苹果、华为、vivo、oppo4 种品牌手机的广告设计活动，某广告公司经理需要知道这些品牌手机在学生群体中的市场占有情况。为此，他专门针对不同阶段的学生进行了一次关于手机使用情况的调查。被调查的学生需要回答他们购买手机品牌的意向，并说明自己是哪个阶段的学生。调查获取的数据如表 3.9 所示。

表 3.9　4 种品牌手机在学生手机市场占有情况的调查数据

组别	初中生	高中生	大学生	合计
苹果	28	30	35	93
华为	35	56	67	158
vivo	30	18	34	82
oppo	22	21	24	67
合计	115	125	160	400

表 3.9 是根据原始数据加工整理所获得的一个交叉频数分布表，涉及手机品牌与使用者学习阶段两个品质型变量。观察表 3.9 中的数字，可以得到有关手机品牌在学生群体中的市场占有情况的初步判断。若要进一步观察两个变量之间的内在关联情况，可以绘制复合条形图，如图 3.13 所示。

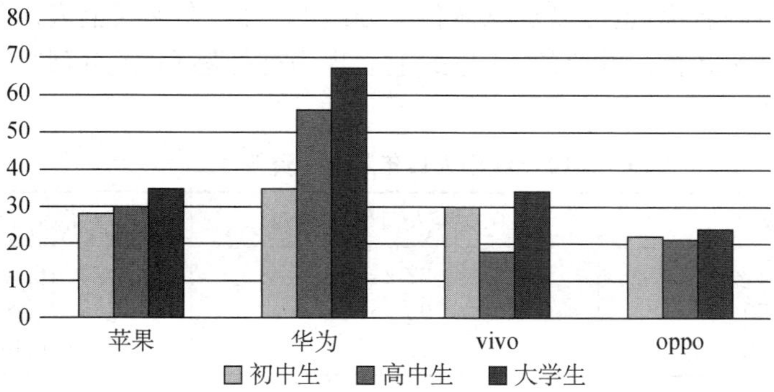

图 3.13　手机品牌与不同阶段学生复合条形图

从图 3.13 中可以清楚地看到，初中生、高中生和大学生手机使用者在不同品牌手机中的分布是有所差异的。

复合条形图实际上是对单变量条形图的一种组合运用，借助此图可以直观地观察两个品质型变量数据的交叉频数分布情况。

第五节　统　计　表

统计表是统计用数字说话的一种最常用的形式。把搜集到的数字资料，经过汇总整理后，得出一些系统化的统计资料，将其按一定顺序填列在一定的表格内，这个表格就是统计表。统计表有以下几个方面的作用：

(1) 能使大量的统计资料系统化、条理化，因而能更清晰地表述统计资料的内容。

(2) 利用统计表便于比较各项目(指标)之间的关系，而且也便于计算。

(3) 采用统计表表述统计资料显得紧凑、简明、醒目，使人一目了然。

(4) 利用统计表易于检查数字的完整性和正确性。

统计表既是统计调查整理的工具，也是统计分析研究的工具。广义的统计表包括统计工作各个阶段中所用的一切表格，如调查表、整理表、分析表等，它们都是用来提供统计资料的重要工具。

一、统计表的结构

统计表的形式多种多样，根据使用者的要求和统计数据本身的特点，可以绘制形式多样的统计表。从形式上看，统计表一般由四个主要部分组成，即表头、行标题、列标题和数字资料，必要时可以在统计表的下方加上表外附加。表头应放在表的上方，它所说明的是统计表的主要内容，是表的名称。行标题和列标题通常安排在统计表的第一行和第一列，它所表示的主要是所研究问题的类别名称和指标名称，通常也被称为“类”。如果是时间序列数据，行标题和列标题也可以是时间，当数据较多时，通常将时间放在行标题的位置。每一个行标题和列标题交叉于具体的数字资料。表外附加通常放在统计表的下方，主要包括资料来源、指标的注释和必要的说明等内容。

从内容上看，统计表由主词和宾词两个部分构成。主词是统计表所要说明的总体，它可以是各个总体单位的名称，也可以是总体各个分组的名称，在形式上表现为行标题；宾词是说明总体的指标名称和指标数值的，在形式上表现为列标题和数字资料。统计表的基本结构如表 3.10 所示。

表 3.10　2010 年我国人口年龄结构资料（总标题）

按年龄分组	2010 年人口数(万人)	所占百分比	列标题
行标题 0～14 岁	22 246	16.60%	数字资料
15～59 岁	93 961	13.26%	
60 岁及以上	17 765	70.14%	

主词　　　　宾词

二、统计表的种类

统计表按主词加工方法不同分为简单表、分组表和复合表三种。

1. 简单表

表的主词未经任何分组的统计表称为简单表。简单表的主词一般按时间顺序排列或按总体各单位名称排列。简单表通常是对调查来的原始资料初步整理所采用的形式，表 3.11 即为按总体各单位名称排列的简单表。

表 3.11 2013 年上半年全国各省份旅游收入排行榜(前五名)

名次	省区市	旅游总收入(亿元)	同比增长	接待游客总数(万人次)	同比增长
1	浙江	2 280.00	12.10%	2.07	9.50%
2	北京	1 759.80	9.10%	1.08	7.20%
3	湖北	1 370.06	14.08%	1.78	13.33%
4	贵州	1 061.48	27.70%	1.30	25.00%
5	河北	802.06	20.84%	1.21	15.24%

(资料来源：人民网旅游频道。)

2. 分组表

表的主词按照某一标志进行分组的统计表称为分组表。分组表可以描述不同类型现象的特征，说明现象内部的结构，分析现象之间的相互关系等，表 3.12 即为分组表。

表 3.12 2013 年某公司所属两类厂自行车合格品数量表

厂 别	合格品数量(辆)
A类厂	50 000
B类厂	70 000
合 计	120 000

3. 复合表

表的主词按照两个或两个以上标志进行复合分组的统计表称为复合表。复合表能更深刻、更详细地反映客观现象，但使用复合表应恰如其分，并不是分组越细越好。因为复合表每多进行一次分组，组数将成倍增加，分组太细反而不利于研究现象的特征。

三、绘制统计表的注意事项

由于使用者的目的和统计数据的特点不同，统计表的设计在形式和结构上会有较大差异，但设计的基本要求则是一致的。总体上看，统计表的设计应符合科学、实用、简练和美观的要求。具体来说，设计统计表时要注意以下几点：

(1) 要合理安排统计表的结构，如行标题、列标题、数字资料的位置应安排合理。当然，由于强调的问题不同，行标题和列标题可以互换，但应使统计表的横竖长度比例适当，避免出现过高或过长的表格形式。

(2) 表头一般应包括表号、总标题和表中数据的单位等内容。总标题应简明确切地概括出统计表的内容，一般需要表明统计数据的时间、地点和数据种类。

(3) 如果表中的全部数据都是同一计量单位，可放在表的右上角标明，若各指标的计量单位不同，则应放在每个指标后或单列出一列标明。

（4）表中的上下两条线一般用粗线，中间的其他线要用细线，这样看起来清楚、醒目。在通常情况下，统计表的左右两边不封口，列标题之间一般用竖线隔开，而行标题之间通常不必用横线隔开。总之，表中尽量少用横线。表中的数据一般是右对齐，有小数点时应以小数点对齐，而且小数点的位数应统一。对于没有数据的表格单元，一般用“－”表示，已经填好的统计表不应出现空白单元格。

（5）在使用统计表时，必要时可在表的下方加上注释，特别要注意注明资料来源，以表示对他人劳动成果的尊重，方便读者查阅使用。

本章小结

1. 统计整理是根据统计研究的目的，将统计调查搜集来的原始资料进行科学的分类与汇总，或对已经加工的综合资料进行再加工，使之系统化、条理化，为进行下阶段的统计分析做好准备。

2. 分配数列按照分组标志的不同可以分为品质分配数列和变量分配数列。

3. 品质数据的整理主要是编制频数分布表，图示方法有条形图、饼图、圆环图等；数值型数据的整理先是对数据分组，分组之后的图示方法主要有直方图、折线图。

4. 次数分布有以下三种类型：钟形分布、U形分布和J形分布。

5. 双变量关系的图表呈现常用散点图与复合条形图。

趣味阅读

图表的“谎言”

在数据领域，谎言绝不仅仅限于数字和样本，它同样是视觉的艺术。

为了直观解读，数据通常会做成图表。在设计图表过程中，有许多误导性的手法。

1. 修改坐标轴

在修改坐标轴的误导性手法中，截断Y轴的操作最为常见。

图3.14是2008年金融危机后，美国领取政府福利的人数增长情况。

乍一看，每个季度都有巨量增长。柱状图赫然呈现出联邦政府与日俱增的财政压力。

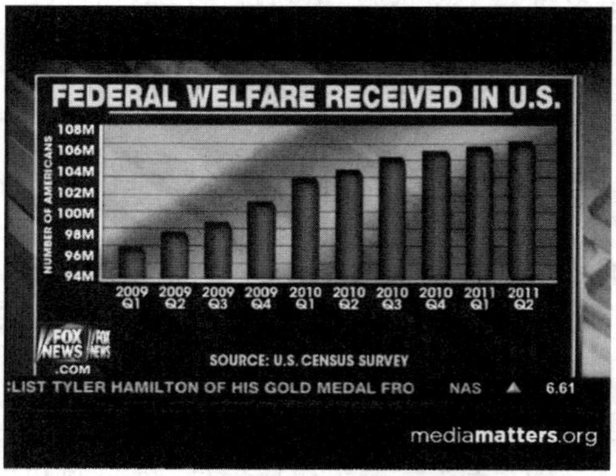

图3.14 美国领取政府福利的人数

（续上）

美国人民看到后，内心对政府充满了感激。

但如果仔细观察，会发现这张图的Y轴不是从0开始，而是从94M开始的。如果将Y轴展开，改为从0开始，这张图就会呈现如图3.15所示的效果，是不是图马上变得平平无奇了？

美国民众的感激之情瞬间能消散80%。

此外，还可以拉伸、挤压坐标轴。同一份数据，做出的图坐标刻度不同，可以呈现出完全不同的效果，如图3.16和图3.17所示。

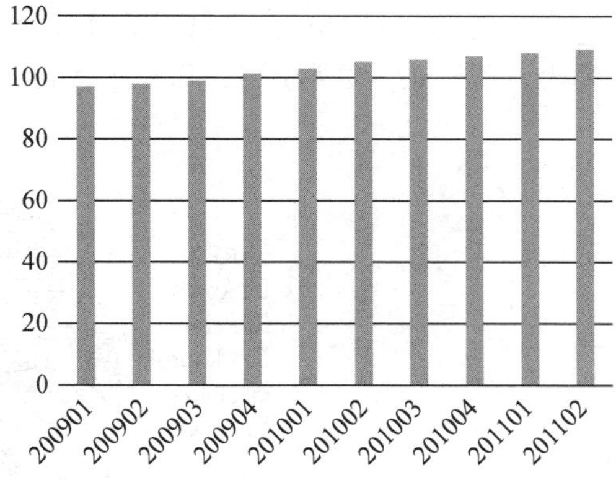

图3.15 调整坐标轴后美国领取政府福利的人数

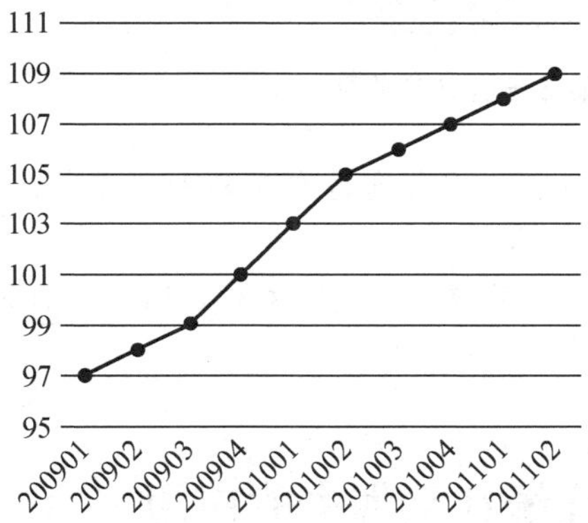

图3.16 实际效果图

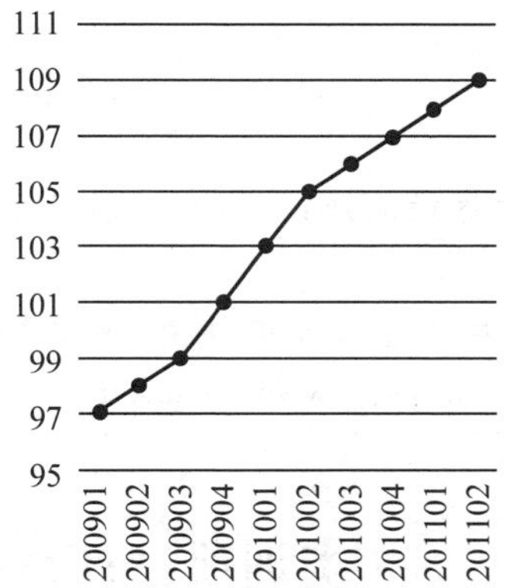

图3.17 挤压效果图

2. 利用图表特性扭曲关键信息

例如，利用3D图表的特殊透视误导读者。图3.18是2008年乔布斯在发布会上引用的数据，显示当时苹果占据了智能手机市场19.5%的份额。

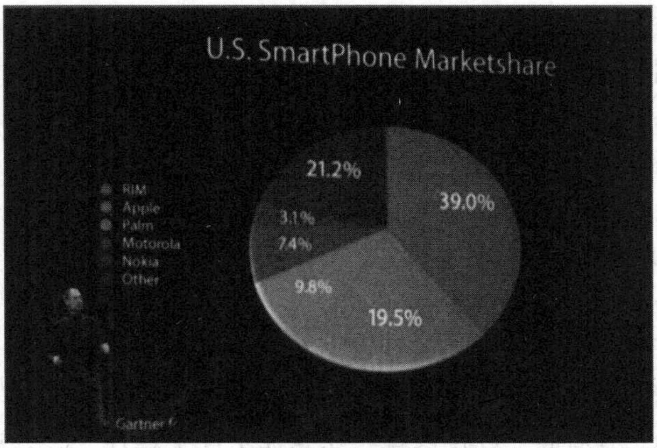

图3.18 苹果市场占有率3D图

（续上）

在这张 3D 图中，由于阴影的存在，iPhone 所占据的绿色区域会看起来会比实际上更大。将这张 3D 饼状图还原为平面图，如图 3.19 所示，视觉效果则明显差了很多。

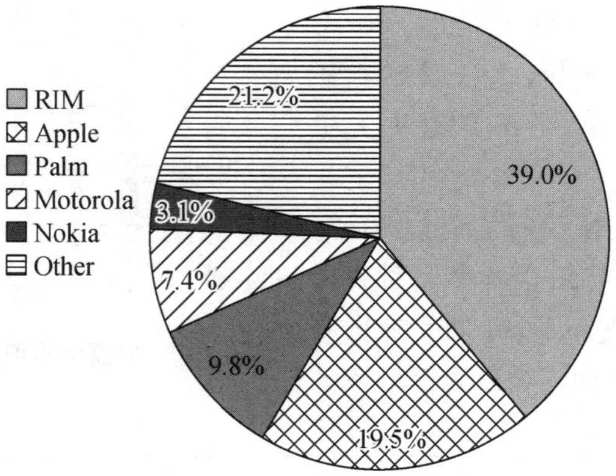

图 3.19　苹果市场占有率饼图

作为世界级的演讲大师，这种失真的细节是不会逃过乔布斯的眼睛的。换句话说，他故意的。

（资料来源：佳星，闫如意.中国平均工资都 7 000 了，为什么我还这么穷[EB/OL].(2019-03-09)[2019-07-08].https://www.sohu.com/a/298812248_714411.）

实训项目：Excel 在统计整理中的应用

【实训目标】 培养学生灵活运用 Excel 进行统计整理的能力。

【实训内容】 数据录入，分配数列的编制，统计图的绘制。

一、数据录入

（一）数据的有效性设置

数据有效性是对单元格或单元格区域输入的数据从内容到数量上的限制。对于符合条件的数据，允许输入；对于不符合条件的数据，则禁止输入。这样就可以依靠系统检查数据的正确有效性，避免错误的数据录入。

［例 3.3］ 对标志性别与身份证号进行有效性设置，使性别只能输入标志值“男”或“女”，身份证号长度必须为 18。

操作步骤：

(1) 打开需要进行数据有效性设置的表格，在这里自行先制作一个表格，如图 3.20 所示。

(2) 选中“性别”这一列的内容，打开“数据”菜单，点击“数据验证”，如图 3.21 所示。

(3) 在“数据验证”对话框中进行设置。在验证条件中选择“序列”，将来源设置为“男，女”，需要注意的是中间逗号为英文逗号，如图 3.22 所示。

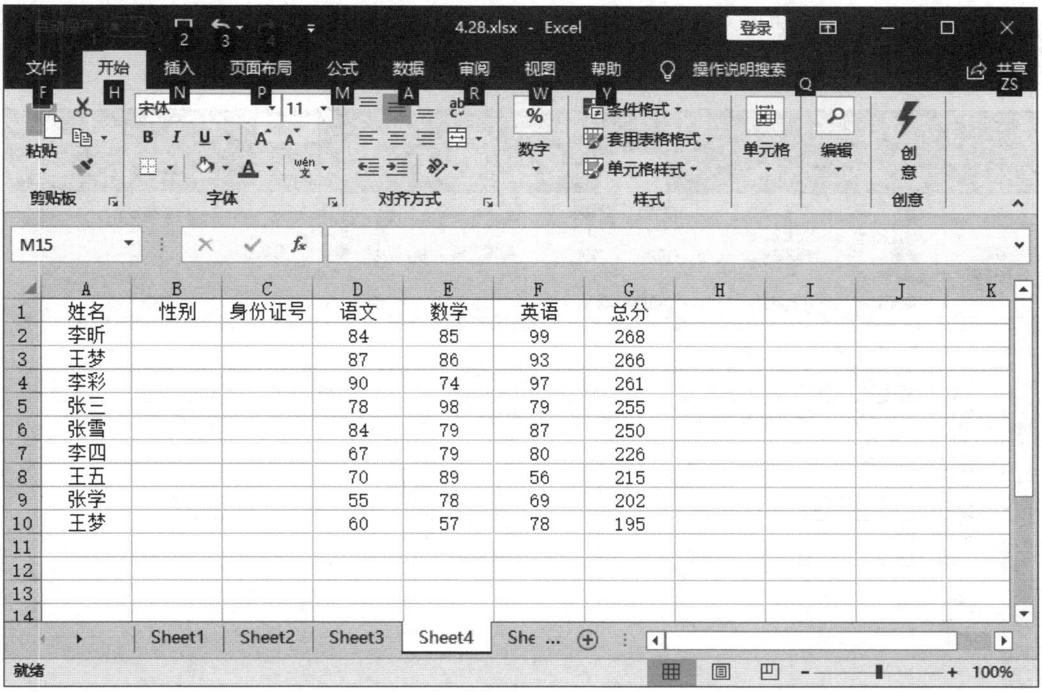

图 3.20　学生成绩数据录入图

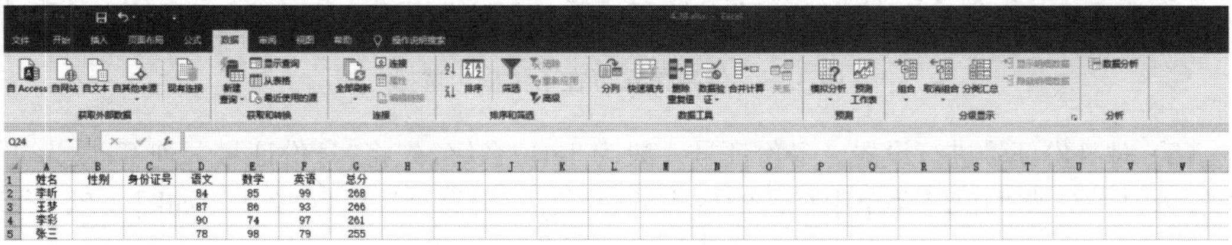

图 3.21　设置“性别”有效性

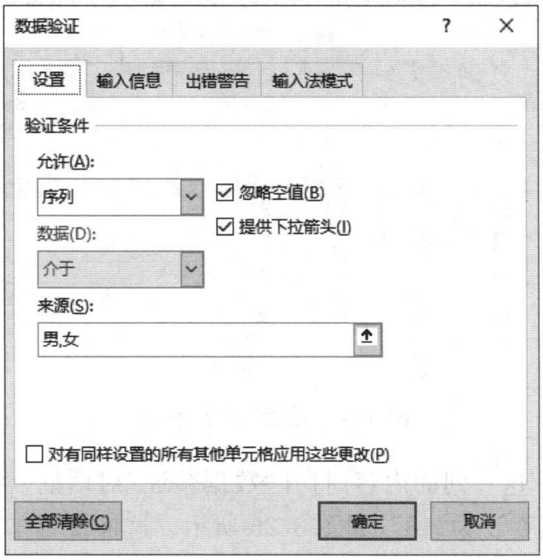

图 3.22　“数据验证”对话框

(4) 点击“确定”按钮后,可以看到 Excel 表格中出现列表的箭头,下拉可以选择“男”或“女”,如图 3.23 所示。

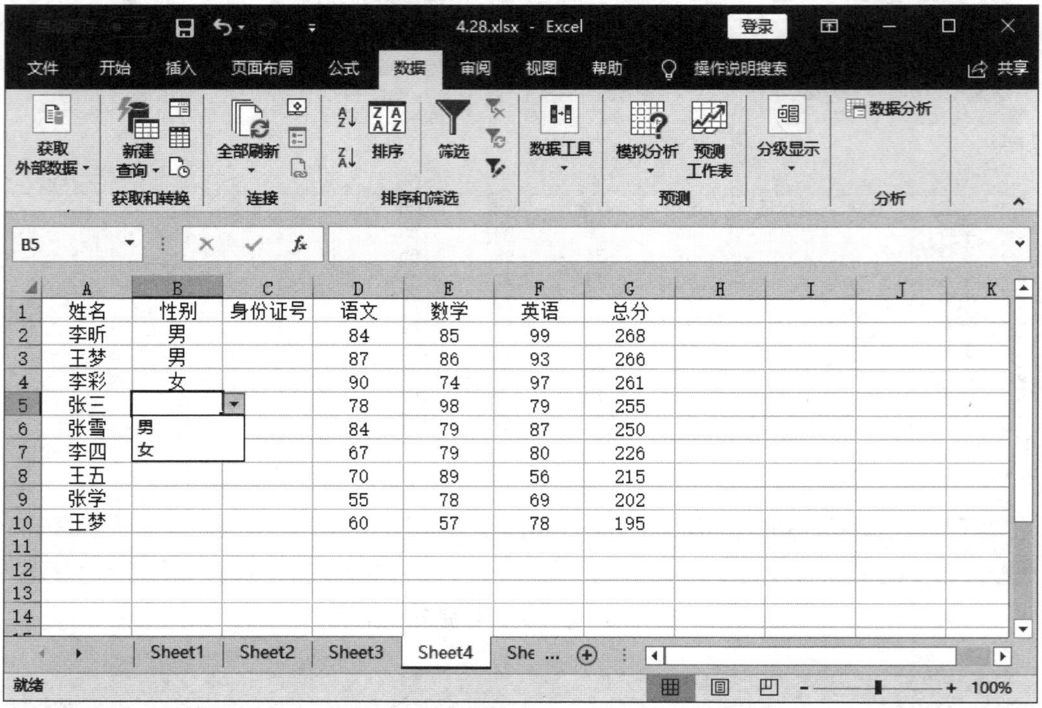

图 3.23 性别信息可在下拉框中选择

(5) 对身份证号进行设置。身份证号一般为 18 位数字,先将“身份证号”(列 C)设为文本格式,选中列 C,将“开始”菜单中默认的格式类型“数字”中更改类型为“文本”,如图 3.24 所示。

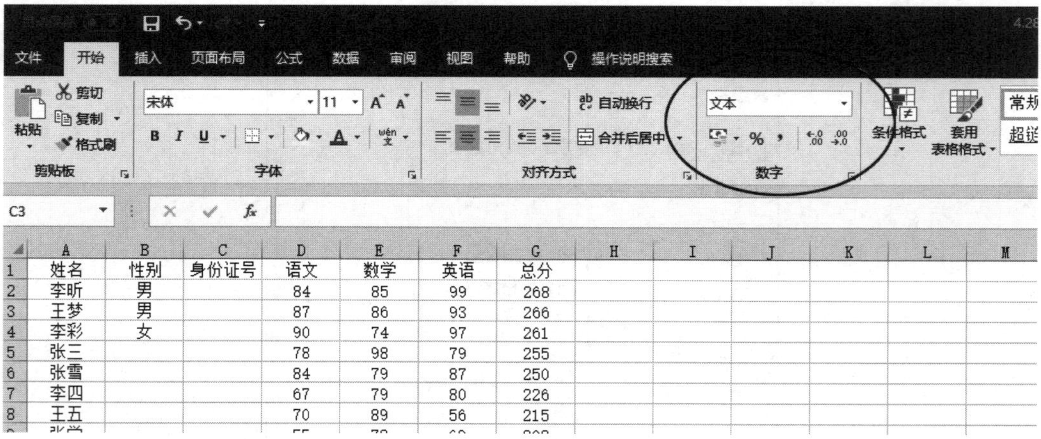

图 3.24 设置“数字”格式

(6) 选中“身份证号”这一列的内容,打开“数据验证”对话框,将验证条件设为“文本长度”、数据设为“等于”、长度设为“18”,如图 3.25 所示。这样设置了之后,只有输入 18 位数才会有效。

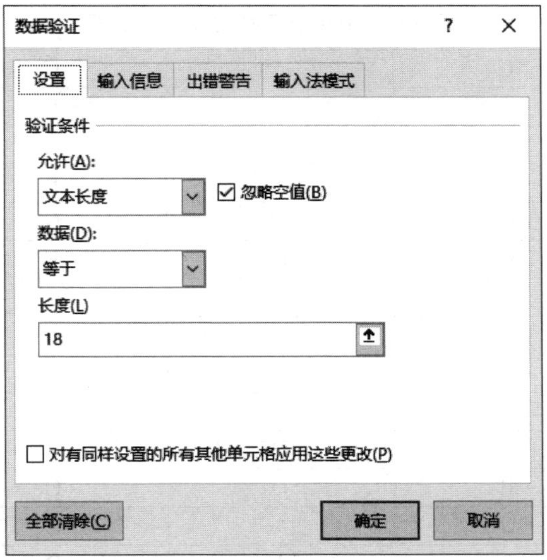

图 3.25 文本长度有效性设置

(7) 点击“确定”按钮后，当身份证号输入小于或超过 18 位数字时，都会弹出错误提示，如图 3.26 所示。

(二) 数据编码

为了保证数据处理方便，我们需要给数据编号，同时对文字信息建立代码。例如，0 表示男性，1 表示女性(见图 3.27)。

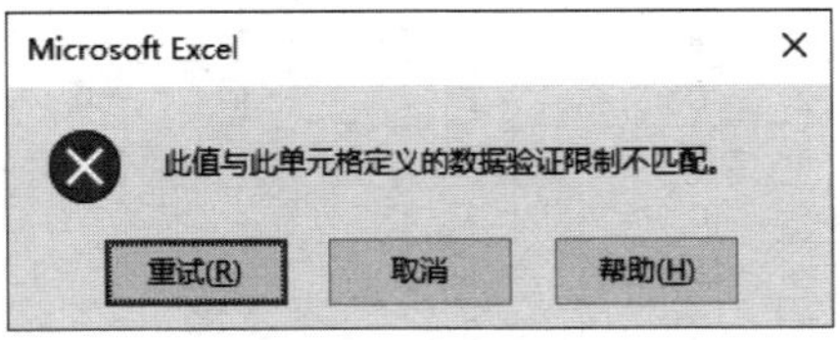

图 3.26 错误提示窗口

	A	B	C
1	编号	生活费水平	性别
2	001	880	0
3	002	1910	0
4	003	830	0
5	004	1170	1
6	005	1120	0
7	006	1500	0
8	007	1340	1
9	008	1630	1
10	009	1400	1
11	010	1340	1
12	011	1260	1
13	012	1850	1
14	013	1560	0
15	014	1270	1
16	015	1670	0

图 3.27 数据编码示例

二、使用函数编制分配数列

在对分类数据整理时，其中最主要的一个环节是制作频数分布表，把各个类别出现的频数用表格形式表现出来。下面通过一个例子说明运用 Excel 中的函数编制变量数列的过程。

[例 3.4] 为评价电子产品行业售后服务的质量，随机抽取 100 个家庭构成一个样本，要求对服务质量给予评价。服务质量的等级分别表示为：A.好；B.较好；C.一般；D.差；E.较差。调查结果如表 3.13 所示。

表 3.13　100 个家庭的评价等级表

B	C	A	C	A
D	C	C	E	E
A	B	C	E	C
B	C	E	B	D
C	C	D	C	B
D	C	C	E	E
B	C	A	C	A
B	C	E	B	D
A	B	C	E	C
C	C	D	C	B
E	C	D	B	E
A	B	D	C	B
D	C	A	D	C
A	D	A	D	D
B	E	B	C	B
A	B	D	C	E
E	C	D	B	C
A	D	A	D	D
D	C	A	D	B
E	E	B	C	C

操作步骤:

(1) 在 Excel 中输入原始数据,如图 3.28 所示。在 F 列的 F1:F5 单元格区域输入各个等级类别。

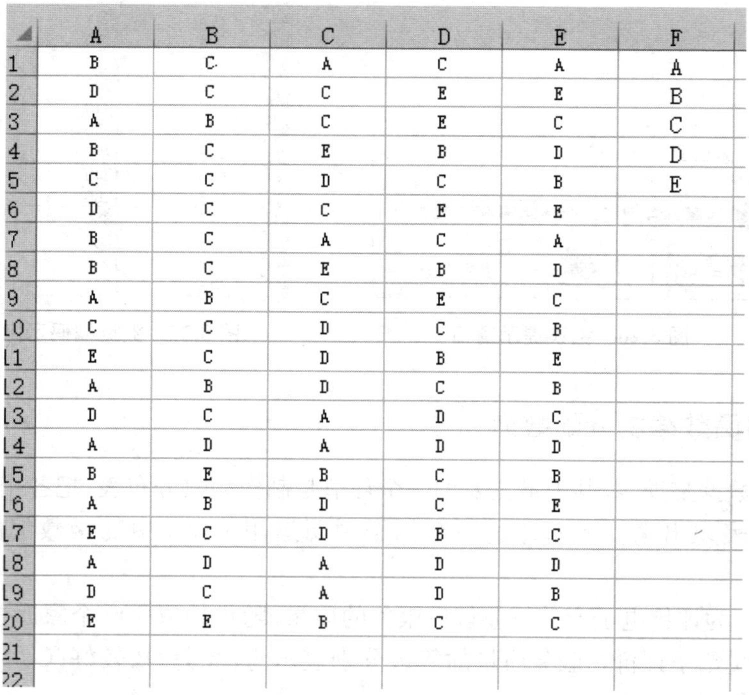

	A	B	C	D	E	F
1	B	C	A	C	A	A
2	D	C	C	E	E	B
3	A	B	C	E	C	C
4	B	C	E	B	D	D
5	C	C	D	C	B	E
6	D	C	C	E	E	
7	B	C	A	C	A	
8	B	C	E	B	D	
9	A	B	C	E	C	
10	C	C	D	C	B	
11	E	C	D	B	E	
12	A	B	D	C	B	
13	D	C	A	D	C	
14	A	D	A	D	D	
15	B	E	B	C	B	
16	A	B	D	C	E	
17	E	C	D	B	C	
18	A	D	A	D	D	
19	D	C	A	D	B	
20	E	E	B	C	C	
21						
22						

图 3.28　原始数据

(2) 利用函数 COUNTIF 计算 A 等级的频数。

首先，选中 G1 单元格，打开“公式”菜单，点击“fx 插入函数”，打开“函数”窗口，如图3.29所示。

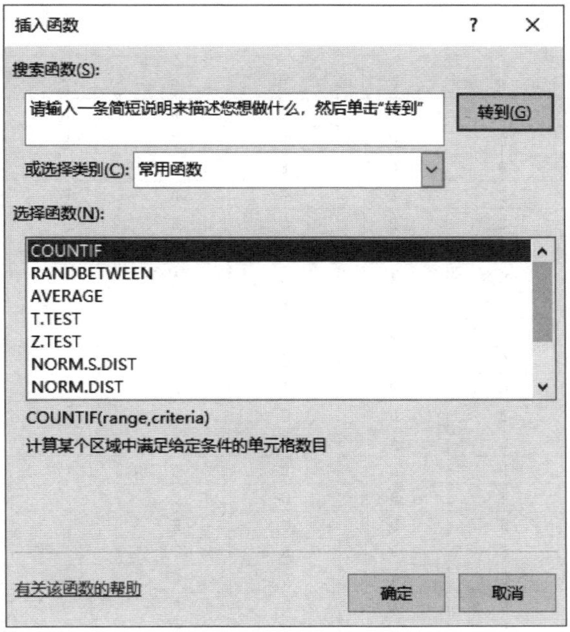

图 3.29　“函数”窗口

其次，选择 COUNTIF 函数，在 COUNTIF 函数对话框中设置参数 Range 与 Criteria。其中，参数 Range 表示条件区域，即对单元格进行计数的区域；参数 Criteria 表示条件，条件的形式可以是数字、表达式或文本，甚至可以使用通配符。本例的设置如图 3.30 所示。设置完毕后，点击“确定”按钮，即得计算结果。

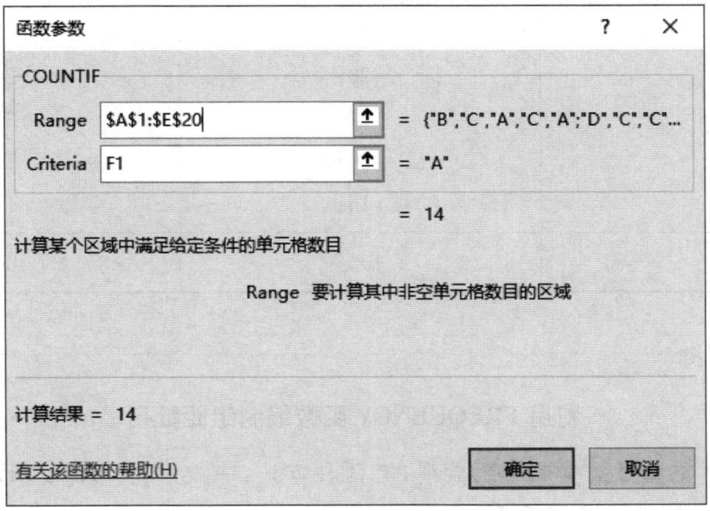

图 3.30　运用 COUNTIF 函数计算频数

也可直接在 G1 单元格中输入“=COUNTIF(\$A\$1:\$E\$20,F1)”,按回车键,得到计算结果。

(3) 从 G1 单元格自动填充到 G5 单元格,即计算出各等级的频数,如图 3.31 所示。

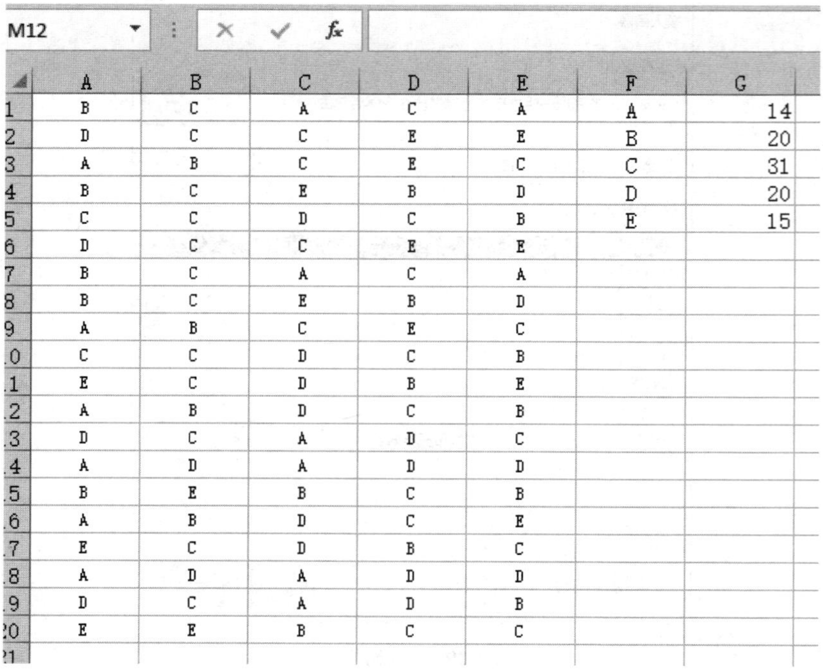

	A	B	C	D	E	F	G
1	B	C	A	C	A	A	14
2	D	C	C	E	E	B	20
3	A	B	C	E	C	C	31
4	B	C	E	B	D	D	20
5	C	C	D	C	B	E	15
6	D	C	C	E	E		
7	B	C	A	C	A		
8	B	C	E	B	D		
9	A	B	C	E	C		
10	C	C	D	C	B		
11	E	C	D	B	E		
12	A	B	D	C	B		
13	D	C	A	D	C		
14	A	D	A	D	D		
15	B	E	B	C	B		
16	A	B	D	C	E		
17	E	C	D	B	C		
18	A	D	A	D	D		
19	D	C	A	D	B		
20	E	E	B	C	C		

图 3.31　频数计算结果

(4) 将结果整理成频数分布表,并计算频率,如表 3.14 所示。

表 3.14　电子产品行业服务质量评价等级频数分布表

评价等级	频数	频率
A	14	14%
B	20	20%
C	31	31%
D	20	20%
E	15	15%
合计	100	100%

延伸阅读

利用 FREQUENCY 函数编制组距数列

Excel 中对原始数据编制组距数列,有两种方法:一是利用 FREQUENCY 函数,二是利用数据分析中的直方图工具。

FREQUENCY 函数的语法为:FREQUENCY(data_array,bins_array)。

（续上）

第一个参数 data_array：一个数组区域。如果要计算全班分数段的分布，data_array 就是全班的分数区域引用。

第二个参数 bins_array：一个区间数组，如果要计算全班分数段的分布，bins_array 就是要计算的分数段的分组区域引用，即各组的上限。

具体的使用步骤可扫描二维码进行了解。

FREQUENCY 函数

三、统计图的绘制

（一）直方图

一般统计数据有两大类，即定性数据和定量数据。定性数据用代码转化为定量数据后再处理，下面主要以定量数据为例来说明如何利用 Excel 中的直方图工具进行分组，并做频率分布表和直方图。

［**例 3.5**］ 现有某管理局下属 40 个企业产值计划完成百分比资料如下：

97	123	119	112	113	117	105	107	120	107
125	142	103	115	119	88	115	158	146	126
108	110	137	136	108	127	118	87	114	105
117	124	129	138	100	103	92	95	127	104

要求：

（1）据此编制分布数列。

（2）计算向上累计频数（率）。

（3）画出次数分布直方图。

操作步骤：

（1）打开 Excel 界面，在列 A 中输入 40 个企业的数据。

（2）列 C 中输入各组上限。通过观察，确定分组的组限依次为：90 以下、90～100、100～110、110～120、120～130、130～140、140～150、150～160。在列 C 中输入各组上限的值，89.9、99.9、109.9、119.9、129.9、139.9、149.9、159.9，如图 3.32 所示。因为统计分组的原则是“上限不在内”，但 Excel 分组的原则却是“上限在内”，因此在输入各组上限时，并不是 90、100……，而是 89.9、99.9……。

	A	B	C
1	产值计划完成百分比（%）		接收组限
2	97		89.9
3	123		99.9
4	119		109.9
5	112		119.9
6	113		129.9
7	117		139.9
8	105		149.9
9	107		159.9
10	120		
11	107		
12	125		
13	142		
14	103		
15	115		
16	119		

图 3.32 各组上限示意图

（3）打开“数据”菜单，点击“数据分析”①，在数据分析工具库中选择“直方图”，如图 3.33 所示。

（4）点击“确定”按钮，打开“直方图”工具对话框。各参数设置如图 3.34 所示。

① 如果没有，则需先行加载。加载路径为“文件”→“选项”→“加载项”→“转到”→加载“分析工具库”。

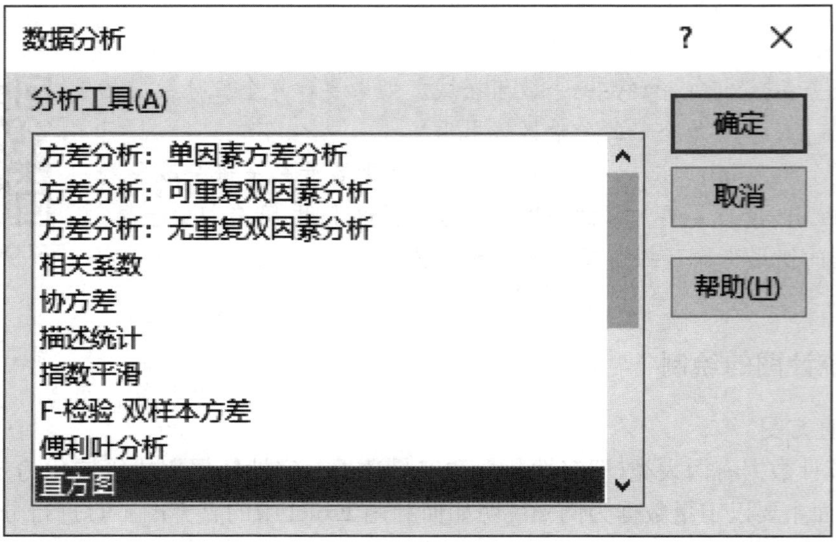

图 3.33 “数据分析”工具库

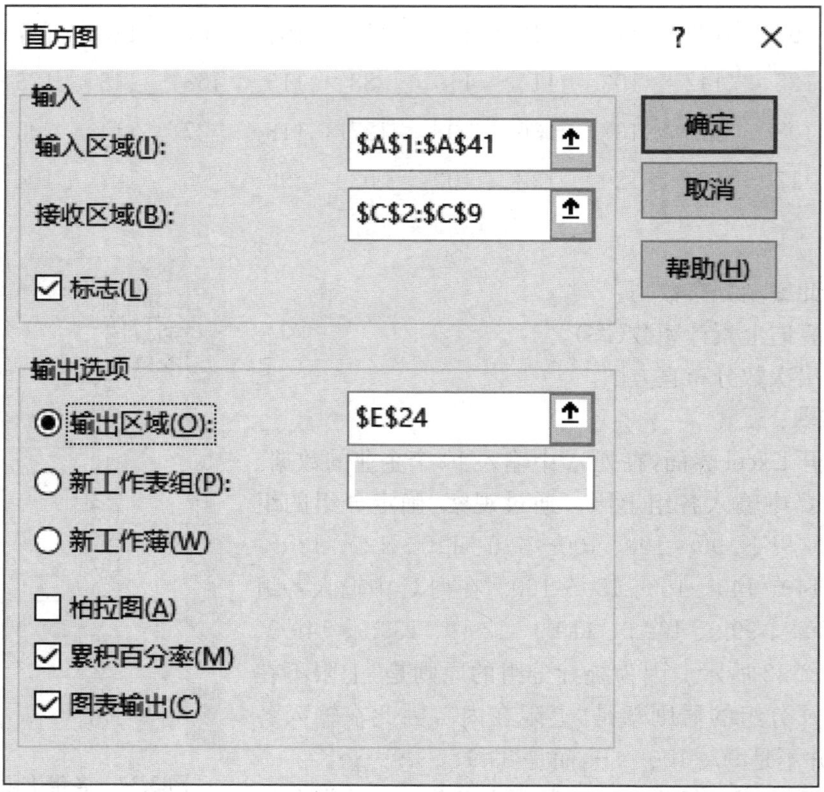

图 3.34 “直方图”对话框

“直方图”对话框内主要选项的含义如下：

输入区域：在此输入待分析数据区域的单元格范围。

接收区域：在此输入接收区域的单元格范围，该区域应包含一组可选的用来计算频数的边界值，这些值应当按升序排列。

标志：如果输入区域的第一行或第一列中包含标志项，则选中此复选框；如果输入区域没有标志项，则清除此复选框。

输出区域：在此输入计算结果显示的单元格地址；如果不输入具体位置，将覆盖已有的数据，Excel 会自动确定输出区域的大小并显示信息。

柏拉图：选中此复选框，可以在输出表中同时显示按升序、降序排列频率数据；如果此复选框被清除，Excel 将只按升序来排列数据。

累积百分比：选中此复选框，可以在输出结果中添加一列累积百分比数值，并同时在直方图表中添加累积百分比折线；如果清除此选项，则会省略以上结果。

图表输出：选中此复选框，可以在输出表中同时生成一个嵌入式直方图表。

(5) 点击“确定”按钮，得到结果，如图 3.35 所示。

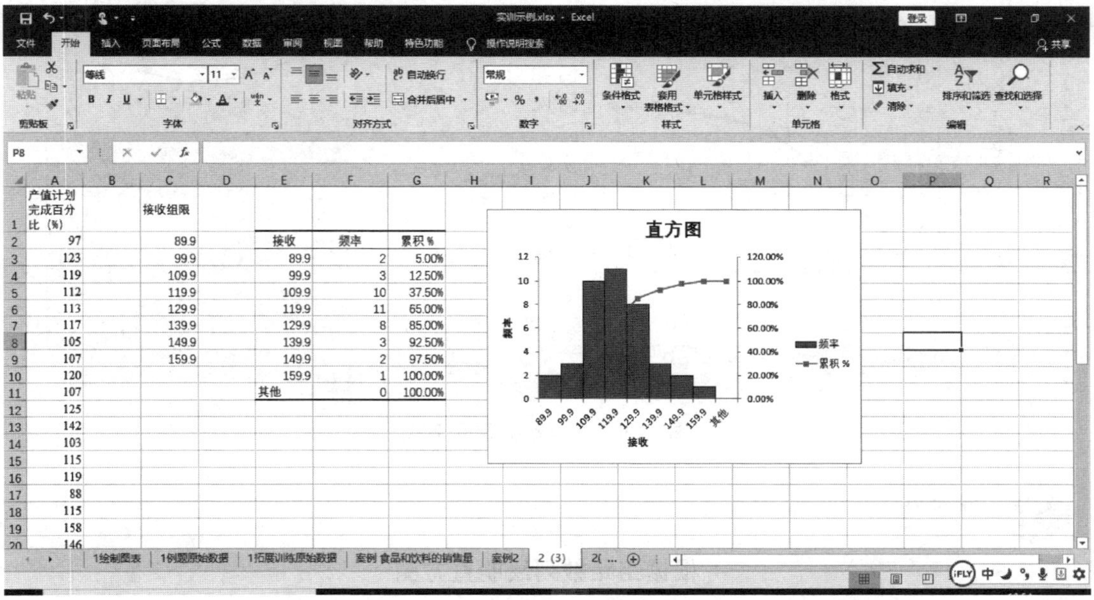

图 3.35 “直方图”工具计算结果

完整的结果通常包括三列和一个频数分布图，第一列是各组的上限，第二列是数值分布的频数(不是频率)，第三列是频数分布的累积百分比。

直方图是用矩形的宽度和高度来表示频数分布的图形。绘制直方图时，将所研究的变量放在横轴上，频数、频率放在纵轴上。每组的频数、频率在图上就是一个长方形，长方形的底在横轴上，宽度是组距，长方形的高就是对应的频数或频率。

应当注意，图 3.35 实际上是一个条形图，而不是直方图，若要把它调整成直方图，可按如下操作：用鼠标左键单击图中任一直条形，然后单击鼠标右键，在弹出的快捷菜单中选取“设置数据系列格式”。在图 3.36 右边的对话框中，点击系列选项“ ”图标，把“分类间距”宽度改为 0。再设置边框线与填充色，按“确定”按钮后即可得到直方图，如图 3.36 所示。

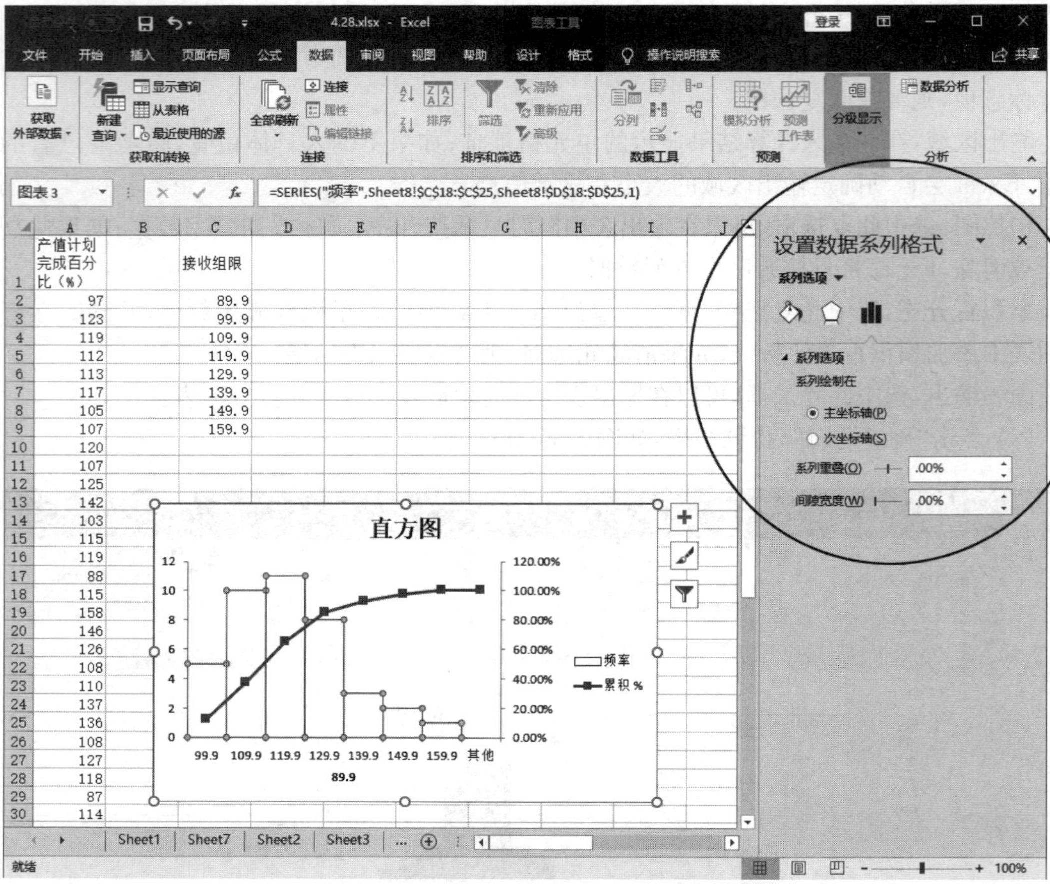

图 3.36　修改数据系列格式

延伸阅读

根据组距数列绘制直方图

根据已通过分组整理后形成的组距数列绘制直方图，一般通过先绘制柱形图、再调整分类间距的方法实现。

试一试根据图 3.35 中直方图工具的计算结果，编制规范的统计表来表示分布情况，并通过绘制柱形图的方法，得到直方图。

（二）常用统计图

Excel 有较强的作图功能，我们可根据需要选择各类型的图形。Excel 提供的统计图有多种，包括柱形图、条形图、折线图、饼图、散点图、面积图、环形图、雷达图、曲面图、气泡图、股价图、圆柱图、圆锥图等，各种图的绘制方法大同小异。

1. 饼图的绘制

饼图也称圆形图，是用圆形及圆内扇形的面积来表示数值大小的图形。饼图主要用于表示总体中各组成部分所占的比例，对于研究结构性问题十分有用。

［例 3.6］　据中国互联网络信息中心 2006 年 6 月底的统计，我国目前网民的年龄分布

如表3.15所示，根据资料利用Excel绘制饼图。

表 3.15　我国目前网民的年龄分布结构表

年龄	比重
18 岁以下	14.90%
18～24 岁	38.90%
25～30 岁	18.40%
31～35 岁	10.10%
36～40 岁	7.50%
41～50 岁	7.00%
51～60 岁	2.40%
60 岁以上	0.80%

操作步骤：

(1) 把数据输入工作表中。

(2) 选中数据，打开“插入”菜单，选择“图表”，如图 3.37 所示。

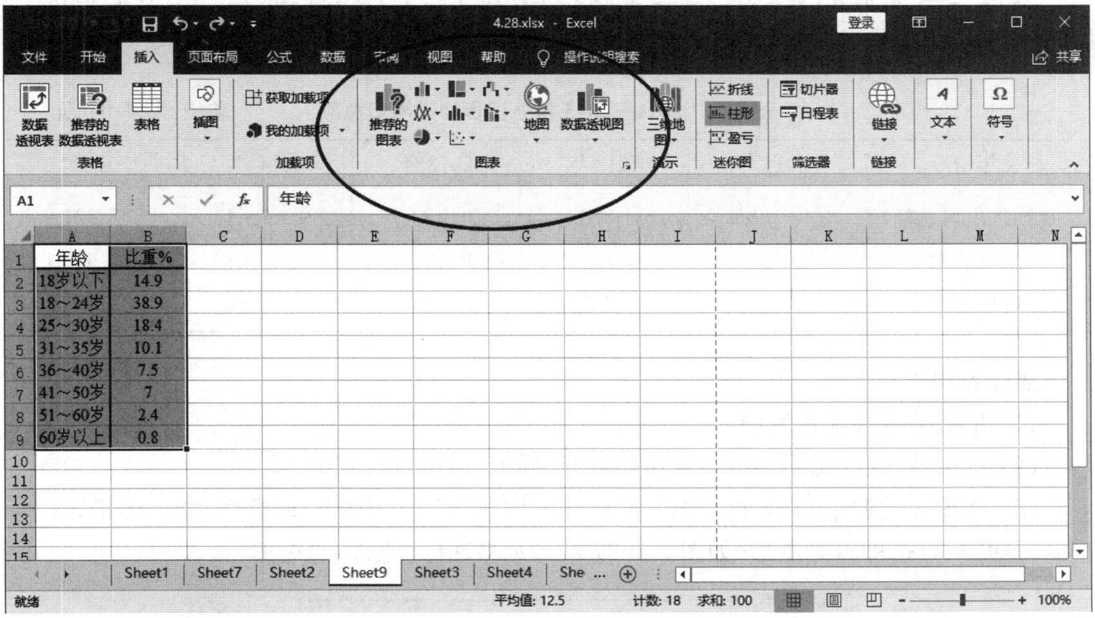

图 3.37　图表类型

(3) 在图表类型中选择“饼图”，然后在子图表类型中选择一种类型，如二维饼图，点击即得到图形，如图 3.38 所示。

(4) 点击饼图后，可在图表工具中对“标题”“坐标轴”“网格线”“图例”等进行适当调整。

2. 折线图的绘制

折线图一般用于比较几类数据变动的方向和趋势，表现数据在不同时期发展变化的不同趋势。

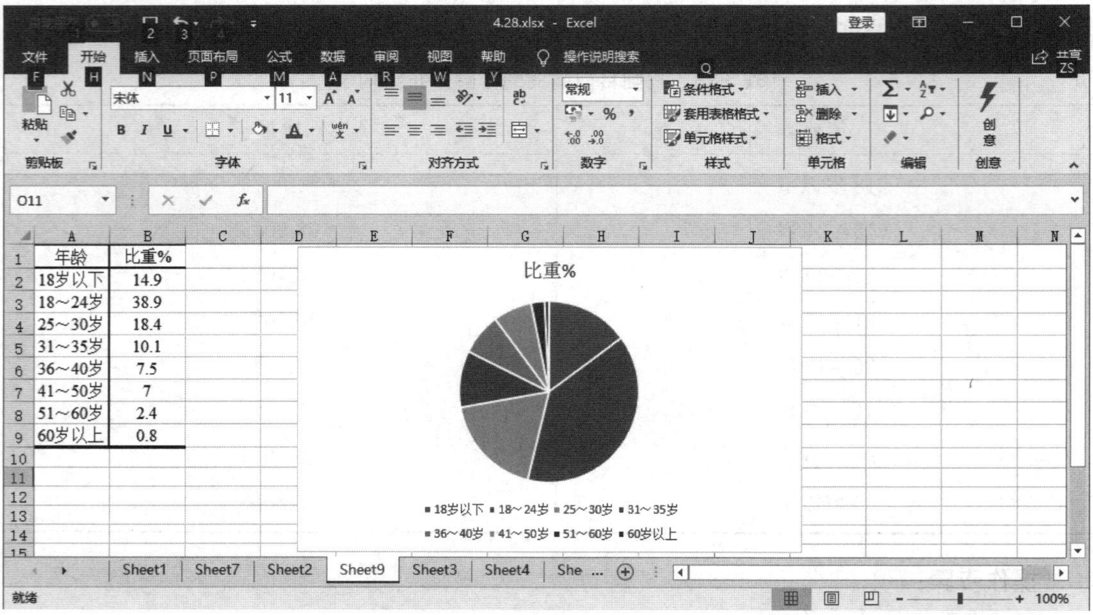

图 3.38　二维饼图

［例 3.7］　根据我国 2011—2015 年外贸货物进出口总额资料(见表 3.16)绘制折线图，描述我国近年来货物进出口额的变化趋势。

表 3.16　2011—2015 年外贸货物进出口总额　　单位：人民币亿元

年份	2011 年	2012 年	2013 年	2014 年	2015 年
货物进出口总额	42 183.6	51 378.2	70 483.5	95 539.1	116 921.8
出口总额	22 024.4	26 947.9	36 287.9	49 103.3	62 648.1
进口总额	20 159.2	24 430.3	34 195.6	46 435.8	54 273.7

操作步骤：

(1) 把数据输入工作表中。

(2) 选中数据(注意不要选中年份)，打开“插入”菜单，选择“图表”。

(3) 在图表类型中选择“折线图”，然后在子图表类型中选择一种类型，如二维带数据标记的折线图，点击即得到图形，如图 3.39 所示。水平轴标签默认的是 1、2、3、4、5。

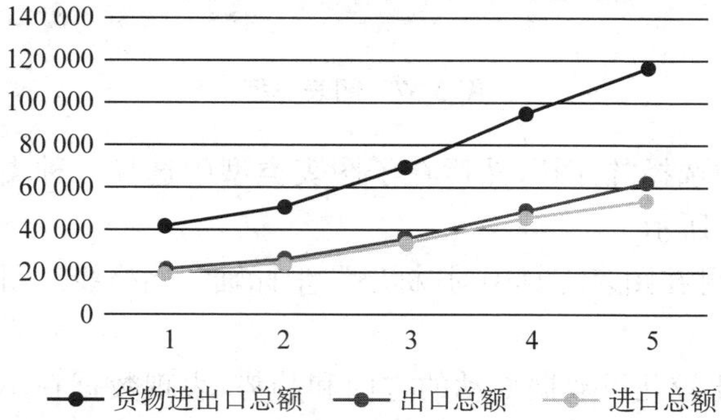

图 3.39　折线图

(4) 更改水平轴标签。在图形上单击鼠标右键,选择“选择数据”,如图 3.40 所示。在“选择数据源”中水平(分类)轴标签处点击“编辑”,选中年份值,即 2011—2015 年。点击“确定”按钮,横轴即可显示年份,如图 3.41 所示。

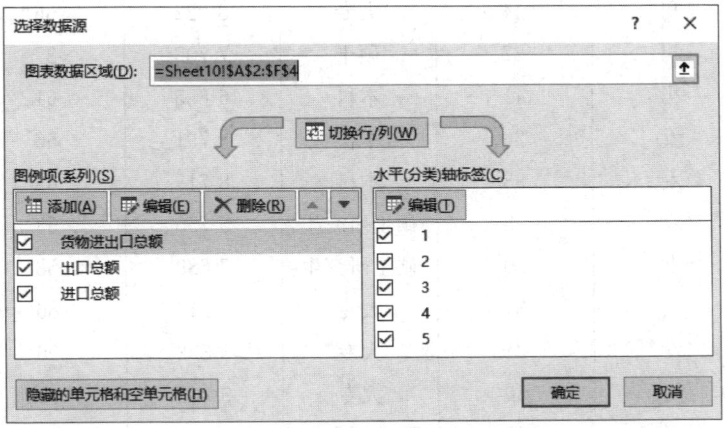

图 3.40 “选择数据”对话框

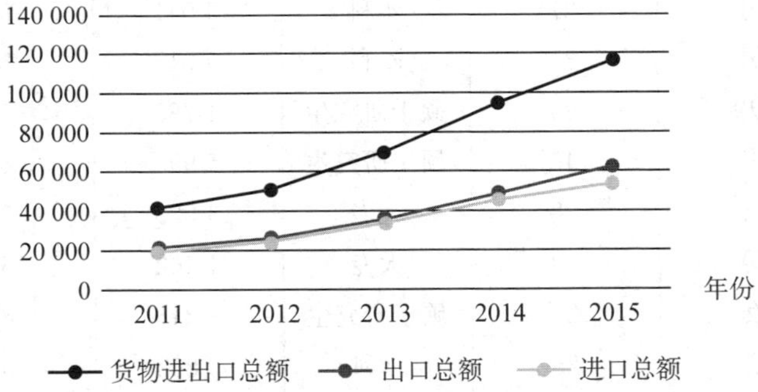

图 3.41 带年份的折线图

(5) 可在图表工具中对“标题”“坐标轴”“网格线”“图例”等进行适当调整。

【拓展练习】

取得了某部门 40 名员工资料(见表 3.17),请选择合适的图表类型来反映整个部门员工的情况,并配上文字说明。

注意:007 号学历为“硕士”,而非“硕士研究生”,设置条件时应使用通配符“ * ”。

表 3.17 某部门 40 名员工资料

员工编号	性别	年龄	学历	月工资	对工作环境打分	对部门间配合度打分
001	男	40	大专	3 504	98	59
002	女	25	本科	8 754	52	66
003	女	31	硕士研究生	9 683	81	82
004	女	31	本科	6 356	75	55
005	男	37	大专	3 612	59	77

（续表）

员工编号	性别	年龄	学历	月工资	对工作环境打分	对部门间配合度打分
006	男	44	大专	8 922	66	51
007	男	27	硕士	7 705	87	67
008	男	41	本科	6 685	61	84
009	女	26	本科	8 791	66	99
010	女	38	本科	8 715	69	86
011	女	38	硕士研究生	5 755	53	52
012	女	30	硕士研究生	7 689	58	95
013	女	34	大专	8 919	86	70
014	女	24	大专	3 892	96	82
015	男	30	大专	9 208	55	75
016	女	25	硕士研究生	5 425	63	76
017	女	41	硕士研究生	5 699	65	66
018	男	27	本科	5 041	91	51
019	男	31	本科	9 018	50	54
020	男	45	硕士研究生	4 765	53	83
021	男	40	硕士研究生	5 999	86	81
022	女	28	大专	3 523	53	89
023	男	33	大专	4 462	68	91
024	女	27	硕士研究生	7 218	80	97
025	女	26	本科	5 863	95	70
026	女	43	本科	9 448	95	98
027	女	30	本科	4 389	97	97
028	女	25	本科	9 986	86	87
029	男	45	硕士研究生	4 658	54	63
030	女	27	本科	3 655	99	56
031	男	31	本科	6 591	79	59
032	男	30	大专	8 246	68	77
033	男	43	硕士研究生	5 190	97	71
034	女	40	硕士研究生	6 815	90	78
035	女	41	本科	8 371	53	83
036	男	31	大专	6 222	54	61
037	男	43	硕士研究生	9 241	68	78
038	男	43	本科	8 242	50	88
039	女	33	本科	6 757	72	92
040	男	38	硕士研究生	4 323	85	56

挑战性统计实践

各小组按照第二章挑战性统计实践中的调查方案开展调查工作。对回收的问卷进行整理。

要求：

(1) 对调查资料进行审核、订正。在汇总前，要对调查得来的原始资料进行审核，审核它们是否准确、及时、完整，发现问题，加以纠正。

(2) 根据研究任务的要求，确定分组标志，编制分配数列，形成统计表。

(3) 绘制统计图进行呈现。

(4) 对统计表与统计图进行适当解释，撰写规范文档。

课后练习

一、单选题

1. 统计分组的关键问题是(　　)。

A. 做好统计资料的整理工作

B. 正确地选择分组标志与划分各组界限

C. 注意统计资料的准确性和科学性

D. 应抓住事物的本质与规律

2. 区分简单分组和复合分组的根据是(　　)。

A. 分组对象的复杂程度　　B. 分组数目的多少

C. 采用分组标志的多少　　D. 分组方法的难易程度

3. 有一个学生考试成绩为 70 分，这个变量值应归入(　　)。

A. 60～70 分　　B. 70～80 分

C. 60～70 分或 70～80 分都可以　　D. 60～70 分或 70～80 分都不可以

4. 划分连续型变量的组限时，相邻两组的组限(　　)。

A. 必须是重叠的　　B. 必须是间断的

C. 既可以是重叠的，又可以是间断的　　D. 以上都不是

5. 某一离散型统计资料的变量值少、变化幅度小，适于作(　　)。

A. 单项式分组　　B. 组距式分组

C. 相邻的组限重叠式分组　　D. 异距式分组

6. 某连续型变量数列，其末组为 500 以上，其邻近组的组中值为 480，则末组的组中值为(　　)。

A. 520　　B. 510　　C. 530　　D. 540

7. 按某一标志分组的结果，表现出(　　)。

A. 组内同质性和组间差异性　　B. 组内差异性和组间差异性

C. 组内同质性和组间同质性　　D. 组内差异性和组间同质性

8. 将统计表分为总标题、横行标题、纵栏标题和数字资料四部分是从(　　)上看的。

A. 形式　　B. 内容

C. 作用　　D. 性质

9. 单项式分组适用于(　　)。

A. 连续型数量标志

B. 品质标志

C. 标志值变动范围比较小的离散型数量标志

D. 标志值变动范围比较大的离散型数量标志

10. 统计分组技术根据统计研究的目的,按照一个或几个分组标志将总体分成(　　)的若干部分。

A. 性质相同　　B. 性质不同

C. 数量相同　　D. 数量不同

二、多选题

1. 在统计分组时,为了处理某些单位的标志值正好等于相邻组上下限数值的情况,一般把此值归并到作为下限的那一组,这一原则称为(　　)。

A. “上限在内”原则　　B. “上限不在内”原则

C. “下限在内”原则　　D. “下限不在内”原则

E. “上限、下限在内”原则

2. 组中值的计算公式为(　　)。

A. 组中值=(上限+下限)÷2　　B. 组中值=上限+下限÷2

C. 组中值=上限÷2+下限　　D. 组中值=下限+邻组组距÷2

E. 组中值=上限−邻组组距÷2

3. 按照分组标志多少的不同,统计分组可以分为(　　)。

A. 简单分组　　B. 单项式分组

C. 复合分组　　D. 组距式分组

E. 等距分组

4. 统计分组的作用为(　　)。

A. 说明总体单位的特征　　B. 划分现象的类型

C. 反映总体的内部结构　　D. 研究现象之间的相互依存关系

E. 以上都对

5. 从形式上看,统计表主要组成部分有(　　)。

A. 总标题　　B. 表格设计者　　C. 横行标题　　D. 指标数值

E. 纵栏标题

三、简答题

1. 什么是统计整理?统计整理要遵循哪些基本原则?其主要内容有哪些?

2. 数据的预处理包括哪些内容?如何进行数据的订正?数据如何排序?

3. 什么是统计分组?统计分组的作用有哪些?

4. 统计分组的关键是什么?统计分组应该遵循哪些原则?

5. 什么是分配数列?分配数列有哪些种类?

6. 简述统计表的概念、作用及设计要求。

7. 现实生活中常用的统计图有哪些？它们分别适用于什么资料？

四、应用题

某班同学的身高(单位:厘米)如下：

162	172	154	164	174	181	156	167	172	164	173	165	157
168	159	176	168	175	164	159	169	160	179	167	171	173
167	158	164	178	162	172	155	165	163	174	178	162	166
173	159	162	167	175	173	168	170					

要求:请根据该班学生身高编制一个组距式数列。

第四章　统计描述

教学目标

知识目标

1. 了解总量指标、相对指标和平均指标的含义。
2. 掌握各种相对指标和平均指标的计算方法。
3. 了解标志变异指标的含义及种类。
4. 掌握不同标志变异指标的计算方法。
5. 了解偏度和峰度的概念及计算方法。

技能目标

1. 具备对数据进行描述统计分析的能力。
2. 具备对数据描述统计分析的结果进行解释的能力。

走进统计

“被平均”

2019 年 3 月，一条关于“平均工资”的报告被顶上了热搜。报告显示：春节后招聘市场很火，平均薪资高达 6 014 元。上海连基层岗位薪资都高达 8 389 元。

每年的平均工资公布后，不少人都感觉“被平均”，觉得自己的薪资达不到这一水平。国家统计局表示，平均工资是指报告期内工资总额除以报告期平均人数，工资总额是指本单位在报告期内(季度或年度)直接支付给本单位就业人员的劳动报酬总额，包括计时工资、计件工资、奖金、津贴和补贴、加班加点工资、特殊情况下支付的工资。

有网友云：“拿我的工资和马云平均，我也能进福布斯。”

我们可以把这个案例放大到现实世界。据统计，全球最富有的 26 个人的财富总和，相当于最贫穷 38 亿人的财富总和。这 38 亿人构成全球一半人口。假设最富有的 26 人财富共 2 600 000 000 元，每人平均 100 000 000 元资产，那最贫穷的 38 亿人平均只有 0.68元的资产。

如果“被平均”一下呢？38 亿最贫穷的人，人均资产变为了 1.36 元，直接翻了一倍。

资源是不会平均分配的。比起均值，众数和中位数也许更能说明问题。

（续上）

以马云和网友的故事为例：假设 2 个网友的收入为 0，1 个网友的收入为 1 元，马云的收入为 100 元，那么统计数据的整体众数为 0。

将 4 个人的收入按顺序排列，排在最中间的两个数之和为 1，取个平均数，可以得出 4 个人年收入的中位数是 0.5。

收入的众数可以体现多数人的收入水平。收入的中位数可以让大家知道，自己的收入处在什么位置。

一份统计报告中，只要列出众数和中位数，就能得到相对中肯的结果。

提问：

(1) 在现实中，人们常用平均数来描述总体特征，但为什么会“失灵”？

(2) 众数和中位数为什么“相对中肯”？

参考答案

在对社会经济现象进行研究时，统计图表可以帮助我们对统计总体的整体分布情况建立一定的了解，但若要进一步探究总体的分布特征，就需要构建一系列的统计量，通过具体的指标数据来更准确、更清楚地描述总体特征。一般，从集中趋势、离中趋势、分布形态三个角度来分析统计描述的指标体系，如图 4.1 所示。

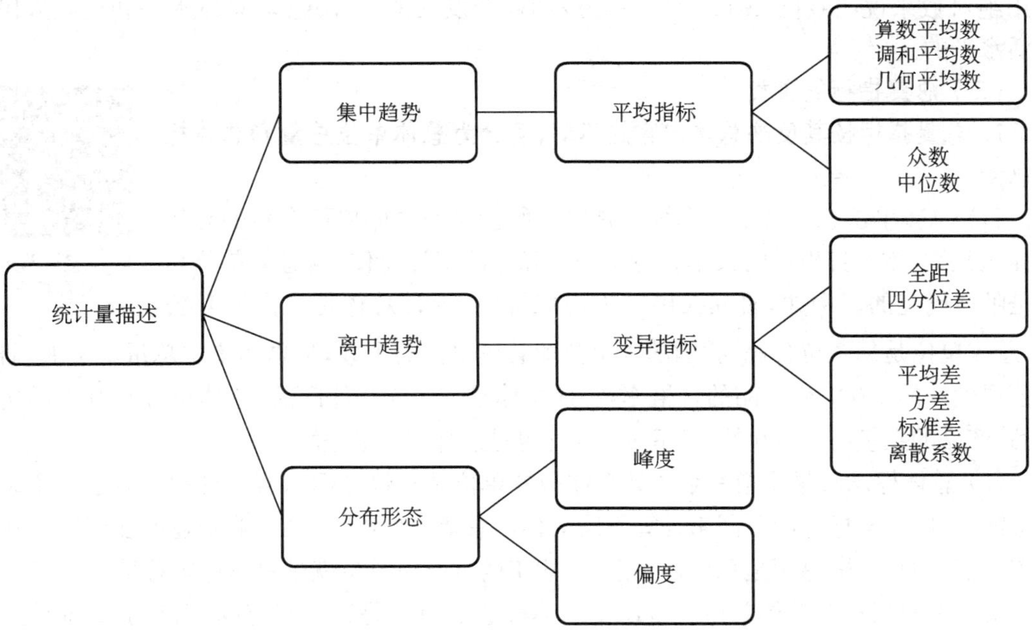

图 4.1　统计描述的指标体系

集中趋势是指一组数据向某一中心值靠拢的程度。它反映了一组数据中心点的位置所在。描述集中趋势的统计量有算数平均数、调和平均数、几何平均数、众数、中位数等平均指标。

离中趋势是指各变量值远离中心值的程度。它反映了各变量值之间的差异程度。描述离中趋势的统计量有全距、四分位差、平均差、方差、标准差、离散系数等变异指标。

分布形态是指总体分布的对称程度和峰值高低程度。描述分布形态的统计量有峰度、偏度等指标。

除此之外，我们还可以从汇总求和的角度构建总量指标、从相对比较的角度构建相对指标来对总体状况进行描述。

第一节　总量指标与相对指标

一、总量指标的概念与种类

（一）总量指标的概念

总量指标是用来反映社会经济现象在一定时间、空间条件下的总规模、总水平或总成果的统计指标。总量指标又称绝对数指标，是一种最基本的统计指标。例如，《2013 中国统计年鉴》资料表明，2012 年年末，我国总人口数为 135 404 万人，其中男性人口为 69 395 万人，女性人口为 66 009 万人，城镇人口为 71 182 万人，乡村人口为 64 222 万人。2012 年，国民总收入为 516 282.1 亿元，国内生产总值为 518 942.1 亿元，最终消费支出为 261 832.8亿元，全社会固定资产投资总额为 374 694.7 亿元等。这些都是总量指标，都是利用绝对数来说明我国 2012 年国民经济和社会发展的总体规模、总体水平和全国人民的生活水平的。

（二）总量指标的种类

2018 中国互联网发展报告

1. 总量指标按其反映总体内容的不同，可分为总体单位总量和总体标志总量

（1）总体单位总量是指一个统计总体中所包含的总体单位个数的总量指标，表示总体本身规模的大小。对于一个确定的统计总体，其总体单位总量是唯一确定的。例如，研究我国的人口状况时，统计总体是全国所有公民，总体单位是每一位公民，我国的人口数即总体单位的个数，是总体单位总量。又如，研究某公司生产的 1 000 件产品的合格率，统计总体是这 1 000 件产品，总体单位是其中的每件产品，产品的数量有 1 000 件，这里 1 000 件也是总体单位总量。

（2）总体标志总量是指一个统计总体中各单位某一数量标志值的总和。对于一个确定的总体，可以根据标志的不同来计算不同的标志总量。例如，以某工业企业的在职职工作为总体，职工的月工资总额是总体标志总量，职工的月产量总量就是总体标志总量。

某一总量指标是总体单位总量还是总体标志总量不是完全确定的，而是随着统计总体的改变而改变的。例如，研究某市工业企业的基本状况，统计总体是该市所有工业企业，总体单位是每家工业企业，则工业企业的数量是总体单位总量，而全部工业企业职工人数是总体标志总量。又如，研究某市工业企业职工的基本生活状况，则全部工业企业职工人数是总体单位总量，职工工资总额是总体标志总量。在上述这两个例子中，随着研究目的的不同，全部工业企业职工人数可以是总体单位总量，也可以是总体标志总量。

2. 总量指标按其反映总体时间状况的不同,可分为时期指标和时点指标

(1) 时期指标是反映社会经济现象在一段时间内发展变化结果的总量指标。例如,我国2012年实现国内生产总值518 942.1亿元,是指在2012年这1年的时间内,我国经济中所生产出的全部最终产品和劳务的市场价值总和。又如,产品的产量、商品销售额、工资总额、社会零售商品销售额等,都是时期指标。时期指标具有如下特点:①具有可相加性。时间上相邻的各短期指标相加能够得到相应更长时期的总量指标。例如,将某企业1月、2月、3月的月产量相加,可以得到该企业一季度的产量。②指标数值的大小与对应时期的长短直接相关。一般来讲,时期越长,指标数值就越大。很显然,1个季度的产量要多于1个月的产量。③指标数值必须连续登记。时期指标数值的大小取决于整个时期内所有时间上的发展状况,只有连续登记的时期指标才会准确。

(2) 时点指标是反映社会经济现象在某一时刻或某一时点上的数量状况的总量指标。例如,我国第六次全国人口普查的结果显示,全国总人口为1 339 724 852人,其中男性人口为686 852 572人,女性人口为652 872 280人;居住在城镇的人口为665 575 306人,居住在乡村的人口为674 149 546人。这些数据都对应于标准时点2010年11月1日零时。又如,基本单位数量、商品库存额、外汇储备额等,也都是时点指标。时点指标具有如下特点:①不具有可相加性。不同时点上的两个时点指标数值相加不具有实际意义。②指标数值的大小与登记时间的间隔长短无关。时点指标仅仅反映社会经济现象在某一具体时点上的数量,间隔时间的长短不对指标数值的大小产生影响。③指标数值是不连续登记的。时点指标没有必要进行连续登记,或不可能连续登记,例如,没必要也不可能连续登记一个国家的人口总数。

二、相对指标的概念与种类

(一) 相对指标的概念

分析一种社会经济现象,仅仅利用总量指标是远远不够的。为了对现象做深入的了解,有必要分析现象之间或总体各构成部分之间的数量联系,即需要将有关指标进行对比,这就必须计算相对指标。

相对指标是用两个有联系的指标进行对比所得的比值来反映社会经济现象相对数量特征和数量关系的综合指标。相对指标也称相对数,其数值有无名数和有名数两种表现形式。无名数是一种抽象化的数值,是把对比的分母指标抽象成1、10、100或1 000等,用系数、倍数、成数、百分数或千分数表示。例如,甲的身高是乙的身高的1.5倍,即把乙的身高抽象化成1。有名数是把对比的两个指标的计量单位对比后作为相对数的计量单位,表示事物的密度、强度和普遍程度等。例如,人均粮食产量用“千克/人”表示,人口密度用“人/平方千米”表示等。

从相对数的角度对地球村进行画像

(二) 相对指标的种类

随着统计分析目的的不同,将两个相互联系的指标数值进行对比,可以采取不同的比较标准(即对比的基础),从而形成不同的相对数指标。相对数指标一般有计划完成程度相对指标、结构相对指标、比例相对指标、比较相对指标、强度相对指标和动态相对指标六种形式。

1. 计划完成程度相对指标

1) 计划任务为绝对数

其计算公式为：

$$\text{计划完成程度相对指标}=\frac{\text{实际完成数}}{\text{计划任务数}}\times 100\%$$

[例 4.1] 某企业某年劳动生产率计划达到 10 000 元/人，某种产品计划单位成本为 100 元，该企业实际劳动生产率达到 9 200 元/人，该产品实际单位成本为 90 元，求计划完成程度相对指标。

解：

$$\text{劳动生产率计划完成程度相对指标}=\frac{\text{劳动生产率实际完成数}}{\text{劳动生产率计划任务数}}\times 100\%$$

$$=\frac{9\ 200}{10\ 000}\times 100\%=92\%$$

$$\text{产品单位成本计划完成程度相对指标}=\frac{\text{产品单位成本实际完成数}}{\text{产品单位成本计划任务数}}\times 100\%$$

$$=\frac{90}{100}\times 100\%=90\%$$

计算结果表明，该企业劳动生产率计划完成程度相对指标是 92%，即没有完成计划任务，实际比计划少了 8%。而某产品单位成本计划完成程度相对指标是 90%，即超额完成计划任务，超额了 10%。

若计划期与执行期非同期，执行期包括在计划期中。计划完成程度相对指标表示计划执行的进度。其计算公式为：

$$\text{计划完成程度相对指标}=\frac{\text{累计至报告期止实际完成量}}{\text{计划全期计划任务量}}\times 100\%$$

在检查中长期计划的完成情况时，根据计划指标的性质不同，计划完成程度相对指标的计算可分为水平法和累计法。

(1) 水平法。用水平法检查计划完成程度就是根据计划末期(最后 1 年)实际达到的水平与计划规定的同期应达到的水平相比较，来确定全期是否完成计划。要注意的是，水平法的应用是建立在计划期内各年的水平逐年增长的基础上。其计算公式如下：

$$\text{计划完成程度相对指标}=\frac{\text{中长期计划末期实际达到的水平}}{\text{中长期计划末期计划达到的水平}}\times 100\%$$

[例 4.2] 某企业的 5 年计划规定最后 1 年的产量应达到 810 万件，实际执行情况如表 4.1所示。求该企业产量 5 年计划完成程度相对指标。

表 4.1 某企业 5 年计划实际完成情况 单位：万件

年份	第一年	第二年	第三年	第四年				第五年			
				第一季度	第二季度	第三季度	第四季度	第一季度	第二季度	第三季度	第四季度
产量	330	450	580	180	185	195	210	220	230	240	250

解：

$$计划完成程度相对指标=\frac{计划末期实际达到的水平}{计划末期计划达到的水平}\times 100\%$$
$$=\frac{220+230+240+250}{810}=116.05\%$$

计算结果表明，该企业超额16.05%完成产量5年计划。

如果长期计划任务超额完成，通常要进一步计算提前期。采用水平法计算，只要在连续1年时间(即连续12个月，可以跨年度)内实际完成水平达到最后1年计划水平，就算完成了计划任务，余下的时间就是提前期。[例4.2]中，该企业实际从5年计划的第四年第二季度到第五年第一季度连续1年时间内产量刚好达到了计划期最后1年计划产量810万件水平，完成了5年计划，那么第五年第二季度到第五年第四季度即三个季度的时间就是提前期。

(2) 累计法。累计法就是将整个计划期间实际完成的累计数与同期计划任务数相比较，来确定计划完成程度的方法。其计算公式如下：

$$计划完成程度相对指标=\frac{中长期计划期内实际累计完成量}{中长期计划期内计划任务量}\times 100\%$$

[例4.3]　某地区“十一五”期间计划5年固定资产投资总额为1 900亿元，实际各年投资情况如表4.2所示。求该地区“十一五”期间固定资产投资的计划完成程度相对指标。

表4.2　某地区“十一五”期间固定资产投资完成情况　　单位：亿元

年份	第一年	第二年	第三年	第四年				第五年			
				第一季度	第二季度	第三季度	第四季度	第一季度	第二季度	第三季度	第四季度
固定资产实际投资额	330	350	380	100	105	115	120	125	135	140	145

解：

$$计划完成程度相对指标=\frac{中长期计划期内实际累计完成量}{中长期计划期内计划任务量}\times 100\%$$
$$=\frac{330+350+380+100+105+115+120+125+135+140+145}{1\ 900}\times 100\%$$
$$=107.63\%$$

计算结果表明，该地区超额7.63%完成“十一五”固定资产投资计划。

长期计划任务超额完成，同样要计算提前期。累计法提前期的计算，只要从中长期计划期初开始至某一时间止，所累计实际完成数刚好达到计划任务数，就是完成了计划。余下的时间就是提前期。[例4.3]中，第一年至第五年第三季度末实际完成投资总额刚好等于计划任务1 900亿元，第五年的第四季度就是提前完成的时间，即提前一个季度完成计划任务。

2）计划任务为相对数

计划任务为相对数时，计划完成程度相对指标的计算公式为：

$$计划完成程度相对指标=\frac{实际完成百分数}{计划任务百分数}\times100\%$$

公式中的实际完成百分数和计划任务百分数都是建立在原来基数的基础上，即“增长为原来的百分之多少”或“减少为原来的百分之多少”。如果百分数以增长率、降低率等形式来表示，则计划完成程度相对指标的计算公式为：

$$计划完成程度相对指标=\frac{1+实际增长率}{1+计划增长率}\times100\%$$

$$计划完成程度相对指标=\frac{1-实际降低率}{1-计划降低率}\times100\%$$

［**例 4.4**］ 某企业某产品产量计划要求增长 10%，同时单位成本计划要求下降 5%，而实际产量增长了 12%，实际单位成本下降了 8%，求计划完成程度相对指标。

解： $$产量计划完成程度相对指标=\frac{1+实际增长率}{1+计划增长率}\times100\%=\frac{1+12\%}{1+10\%}\times100\%=101.82\%$$

$$单位成本计划完成程度相对指标=\frac{1-实际降低率}{1-计划降低率}\times100\%$$

$$=\frac{1-8\%}{1-5\%}\times100\%=96.84\%$$

计算结果表明，产量计划完成程度大于 100%，说明超额完成计划任务，超额 1.82%。单位成本降低计划完成程度小于 100%，说明实际成本比计划成本有所降低，也超额完成了成本降低计划任务。

3）计划任务为平均数

在实际管理工作中，也有很多以平均数来表示的计划任务，如平均工资、平均产量、平均销售额等。计划任务为平均数的计划完成程度相对指标的计算公式为：

$$计划完成程度相对指标=\frac{实际完成平均数}{计划任务平均数}\times100\%$$

［**例 4.5**］ 某企业提高员工待遇，计划员工的平均工资上升至每月 2 600 元，实际员工的平均工资上升至每月 2 800 元。求计划完成程度相对指标。

解： $$计划完成程度相对指标=\frac{实际完成平均数}{计划任务平均数}\times100\%=\frac{2\,800}{2\,600}\times100\%=107.69\%$$

计算结果表明，该企业员工平均工资计划完成程度大于 100%，说明超额完成了计划任务。

2. 结构相对指标

1）概念及计算公式

研究社会经济现象总体时，不仅要掌握其总量特征，而且要揭示总体的内部构成，亦即要对总体内部的结构进行数量分析，这就需要计算结构相对指标。

结构相对指标就是在统计分组的基础上，将各组(或部分)的单位数与总体单位总数进行对比，或以各组(或部分)的标志总量与总体的标志总量进行对比，以比值反映总体内部结构的一种相对指标。它一般用百分数表示，计算公式为：

$$\text{结构相对指标} = \frac{\text{总体中某部分数值}}{\text{总体总数值}} \times 100\%$$

公式中，“总体中某部分数值”与“总体总数值”既可以是同一总体的部分与总体的单位总量，也可以是同一总体的部分与总体的标志总量。概括地说，结构相对指标就是部分与全体对比所得出的比重或比率。由于对比的基础是同一总体的总数值，所以各部分(或组)所占比重之和应当等于100%或1。

[例4.6] 某工厂有两个生产车间，一车间和二车间的人数及月生产量如表4.3所示。分别求出人数的结构相对指标和月产量的结构相对指标。

表4.3 某工厂两车间的人数及月产量资料

车间编号	车间人数(人)	月产量(万吨)
一车间	35	580
二车间	65	920
合　计	100	1 500

解:一、二车间的人数结构相对指标分别为：

$$\text{一车间人数结构相对指标} = \frac{35}{100} \times 100\% = 35\%$$

$$\text{二车间人数结构相对指标} = \frac{65}{100} \times 100\% = 65\%$$

一、二车间的月产量结构相对指标分别为：

$$\text{一车间月产量结构相对指标} = \frac{580}{1\ 500} \times 100\% = 38.67\%$$

$$\text{二车间月产量结构相对指标} = \frac{920}{1\ 500} \times 100\% = 61.33\%$$

2) 结构相对指标的应用

(1) 反映社会经济现象在一定时间、地点条件下的内部构成。例如，恩格尔系数是食品支出总额占个人消费支出总额的百分比，是国际上通用的衡量居民生活水平高低的一项重要指标，一般随居民家庭收入和生活水平的提高而下降。国际上常常用恩格尔系数来衡量一个国家和地区人民生活水平的状况。根据联合国粮农组织提出的标准，恩格尔系数在59%以上为贫困，50%～59%为温饱，40%～50%为小康，30%～40%为富裕，低于30%为最富裕。改革开放以来，我国城镇和农村居民家庭恩格尔系数逐年下降，2012年我国城镇居民家庭恩格尔系数为36.2%，我国农村居民家庭恩格尔系数为39.3%。这说明我国农村和城镇居民家庭生活处于富裕阶段。

(2) 反映社会经济现象构成的变动规律。例如，从表4.4的资料中我们可以看出

1980—2012年我国农业人口在总人口中所占的比重呈现出平稳下降的趋势，这是伴随经济发展、工业化程度提高和社会进步而产生的必然结果。

表4.4　我国1980—2012年人口及农业人口所占百分比重

年份	我国人口数量(万人)	农业人口数量(万人)	农业人口所占百分比重
1980年	98 705	79 565	80.61%
1985年	105 851	80 757	76.29%
1990年	114 333	84 138	73.59%
1995年	121 121	85 947	70.96%
2000年	126 743	80 837	63.78%
2005年	130 756	74 544	57.01%
2010年	134 091	67 113	50.05%
2011年	134 735	65 656	48.73%
2012年	135 404	64 222	47.43%

（资料来源：《2012中国统计年鉴》。）

(3) 反映所研究现象总体的质量特征和人、财、物的利用情况。例如，文盲率、入学率、青年受高等教育人口比率等可从文化教育方面表明人口的质量；产品的合格率、优质品率、高新技术品率、商品损耗率等可表明企业的工作质量；出勤或缺勤率、设备利用率等，则可反映企业的人、财、物的利用状况。

(4) 有助于分清主次，确定工作重点。例如，在物资管理工作中，采用ABC分析法，其基本原理就是对影响经济活动的因素进行分析，按各种因素的影响程度的大小分为A、B、C三类，实行分类管理。采用这种方法的依据，就是根据对统计资料的分析，计算结构相对指标，如表4.5所示。

表4.5　某物资企业物资分类表

类别	占资金的比重	占品种的比重
A	80%	20%
B	15%	30%
C	5%	50%

由表4.5可见，首先应重点抓好A类物资的管理，其次要注意B类物资的处理，就可以控制资金的95%，获得较好的经济效果。

3. 比例相对指标

1) 概念及计算公式

比例相对指标是通过总体中某一部分数值与总体中另一部分数值进行静态对比，从而反映总体中各个组成部分之间的比例关系和均衡状况的综合指标。其计算公式为：

$$\text{比例相对指标}=\frac{\text{总体中某一部分数值}}{\text{总体中另一部分数值}}\times 100\%$$

比例相对指标的数值一般用百分数、比例、比值或连比的形式表示。例如，2012 年我国城镇人口数为 71 182 万人，农村人口数为 64 222 万人，城镇人口数与农村人口数的比值约为 110.84%。2012 年，我国男性人口数为 69 395 万人，女性人口数为 66 009 万人，男性人口与女性人口之比约为 1.05∶1。又如，某学校教学人员为 900 人，非教学人员为 100 人，则教学人员数量是非教学人员数量的 9 倍。再如，2013 年，我国第一、第二、第三产业产值之比为 10.0∶43.9∶46.1。

2）比例相对指标的应用

(1) 反映客观总体在某特征方面的构成。与结构相对指标一样，比例相对指标也能反映客观总体在某特征方面的构成。在实际应用中，比例相对指标与结构相对指标可以相互转化。将一总体的各结构相对指标进行对比，就可以得到比例相对指标，将比例相对指标各数值相加作为分母，各部分与其对比可以得到相应的结构相对指标。例如，2013 年年末我国城镇人口数为 73 111 万人，乡村人口数为 62 961 万人，城镇人口占总人口的 53.73%，乡村人口占总人口的 46.27%，城镇人口与乡村人口之比为 1.16∶1。

(2) 反映事物间的协调平衡关系。客观存在的各现象在各特征方面的构成具有一定的平衡关系。比例相对指标可以反映现象总体各部分之间的比例关系，有助于认识客观事物是否符合按比例协调发展的要求，参照有关标准，可以判断比例关系是否合理。在宏观经济管理中，这对于研究和分析整个国民经济和社会发展是否协调均衡具有重要的意义。

4. 比较相对指标

1）概念及计算公式

比较相对指标是将不同地区、部门或单位之间的同类指标数值作静态对比而得出的综合指标，表明同类事物在不同空间条件下的差异程度或相对状态的相对数指标。比较相对指标可以用百分数、倍数和系数表示。其计算公式为：

$$\text{比较相对指标} = \frac{\text{某地区(部门、单位)某一现象数值}}{\text{另地区(部门、单位)同一现象数值}} \times 100\%$$

[例 4.7] 两个类型相同的工业企业，甲企业某年的全员劳动生产率为 18 542 元/人·年，乙企业全员劳动生产率为 21 560 元/人·年，求两个企业全员劳动生产率的比较相对指标。

解：

$$\text{比较相对指标} = \frac{\text{甲企业某年全员劳动生产率}}{\text{乙企业同年全员劳动生产率}} \times 100\% = \frac{18\,542}{21\,560} \times 100\% = 86\%$$

2）比较相对指标的应用

用来对比的两个性质相同的指标数值，其表现形式可以是绝对数指标，也可以是相对数指标或平均数指标。在经济管理工作中，比较相对指标的应用很广泛，如在企业之间、车间之间或班组之间进行各种质量指标的对比，将各项技术经济指标与国家规定的标准条件进行对比，将企业产品的质量水平与世界先进水平进行对比，借以找差距、挖潜力、定措施，为提高企业的经营管理水平提供依据。

为了对比不同空间的特征差异，要求公式中分子和分母两个指标所代表的现象必须是同性质、同类型的现象，并且指标所对应的时间必须相同。此外，比较基数的选择要根据资料的特点及研究目的而定。

[例 4.8] 甲、乙企业是两个类型相同的工业企业,甲企业某年的全员劳动生产率为 17 200 元/人·年,乙企业全员劳动生产率为 20 000 元/人·年。如以乙企业的全员劳动生产率作为比较标准,计算结果说明甲企业全员劳动生产率是乙企业的 86%;如果以甲企业全员劳动生产率作为比较标准,则表明乙企业全员劳动生产率是甲企业的 116.28%。这两种计算方法的角度不同,但都能说明问题,具体以哪个指标作为比较的基础,应根据研究目的和哪种方法能更确切地说明问题的实质而定。

5. 强度相对指标

1) 概念及计算公式

强度相对指标是指在同一地区或单位内,两个性质不同但有一定关联的总量指标数值进行对比,以表明现象之间的相对强度、密度和普遍程度的相对数指标。其计算公式为:

$$\text{强度相对指标} = \frac{\text{某一总量指标数值}}{\text{另一性质不同但有关联的总量指标数值}}$$

[例 4.9] 2013 年我国国土面积为 960 万平方千米,全国人口总数为 136 072 万人,全年国内生产总值为 568 845 亿元,则我国每平方千米土地的人口数及每人所分摊的国内生产总值分别为:

$$\text{每平方千米土地的人口数} = \frac{\text{全国人口数}}{\text{我国国土面积}} = \frac{136\ 072}{960} = 141.74(\text{人} / \text{平方千米})$$

$$\text{每人分摊的国内生产总值} = \frac{\text{国内生产总值}}{\text{全国人口数}} = \frac{5\ 688\ 450\ 000}{136\ 072} = 41\ 804.71(\text{元} / \text{人})$$

利用强度相对数指标来说明社会经济现象的强弱程度时,经常采用人均指标来反映一个国家的经济实力,如按全国人口数计算的人均钢产量、人均粮食产量等。这种强度相对指标的数值越大,表明一个国家的经济发展程度越高,经济实力越强。

由于强度相对指标是两个性质不同但有关联的总量指标数值之比,所以在多数情况下,其计量单位是由分子与分母原有单位组成的双重单位表示的,如人口密度用人/平方千米、人均钢产量用吨/人等。但有少数的强度相对指标因其分子与分母的计量单位相同,可以用千分数或百分数表示其指标数值,以人口自然增长率为例,其计算公式为:

$$\text{人口自然增长率} = \frac{\text{年内人口自然增长量}}{\text{年平均人口数}} \times 1\ 000‰ = \frac{\text{年内出生人口数} - \text{年内死亡人口数}}{\text{年平均人口数}} \times 1\ 000‰$$

有部分反映社会服务行业的负担情况或保证程度的强度相对指标,其分子和分母可以互换位置,形成正指标和逆指标。一般来说,正指标的数值越大,说明现象的强度、密度越大;逆指标的数值越大,说明现象的强度、密度越小。

[例 4.9]中,141.74 人/平方千米是指我国每平方千米土地上分布有 141.74 个人,其指标数值越大,说明人口密度越大,是正指标。其逆指标为:

$$\text{每人拥有国土面积数量} = \frac{\text{我国国土面积}}{\text{全国人口数}} = \frac{9\ 600\ 000}{1\ 360\ 720\ 000} = 0.007(\text{平方千米} / \text{人})$$

2) 强度相对指标的应用

(1) 反映和说明客观总体的经济实力或社会服务能力。强度相对指标比总量指标更能准确反映和说明一个国家、地区或部门的经济实力或社会服务能力。例如，2013 年，我国国内生产总值为 568 845 亿元，粮食产量为 60 194 万吨，全社会固定资产投资额为 447 074 亿元，全年货物进出口总额为 258 267 亿元。这些总量指标大多排在世界前列，但是如果按相应的强度相对数——人均国内生产总值、人均粮食产量、人均固定资产投资额、人均货物进出口额排序，则要远远落后于很多国家，但是这个评价很符合我国作为发展中国家的基本国情。

(2) 可以进行国家之间、地区之间的比较，以确定发展不平衡和发展的差距。通过强度相对指标数值的大小，可以对比不同国家或不同地区在该指标上的差距和发展的不平衡状态。

6. 动态相对指标

1) 概念及计算公式

动态相对指标是将同一现象在不同时期的两个指标数值进行动态对比而得到的相对数指标，反映现象随时间发展变化的方向和程度。它一般用百分数或倍数表示，也称为发展速度。其计算公式为：

$$\text{动态相对指标} = \frac{\text{报告期水平}}{\text{基期水平}}$$

公式中，要研究的时期称为报告期，和报告期进行对比的时期称为基期。基期的选择既可以是某一固定时期，也可以是报告期的前一期。例如，2013 年我国国内生产总值为 568 845亿元，2012 年为 519 322 亿元，2000 年为 89 404 亿元，如果将 2000 年选作基期，则 2013 年的国内生产总值与 2000 年的国内生产总值对比，可得出发展速度为 636.26%；如果将 2012 年选作基期，则 2013 年的国内生产总值与 2012 年的国内生产总值对比，可得出发展速度为109.54%。两个动态相对指标分别说明了在 2000 年和 2012 年基础上 2013 年国内生产总值的发展速度。

2) 动态相对指标的应用

(1) 反映现象的变动方向和变动程度。动态相对指标的值＞1，说明报告期水平＞基期水平，现象是增长的；动态相对指标的值＝1，说明报告期水平＝基期水平，现象没有变动；动态相对指标的值＜1，说明报告期水平＜基期水平，现象是减少的。而且指标值越大，说明增长或减少的幅度越大。

(2) 反映现象的变动过程及变动规律。将不同时间的动态相对指标按照时间的先后顺序排列起来，可以观察客观总体在时间上发展变动的过程及变动规律。

综上，六种相对指标的比较如表 4.6 所示。

表 4.6 六种相对指标的比较

<table>
<tr><td>不同时期比较</td><td colspan="5">同一时期比较</td></tr>
<tr><td rowspan="4">动态相对指标</td><td>不同现象比较</td><td colspan="4">同类现象比较</td></tr>
<tr><td rowspan="3">强度相对指标</td><td>不同总体比较</td><td colspan="3">同一总体中</td></tr>
<tr><td rowspan="2">比较相对指标</td><td>部分与部分比较</td><td>部分与总体比较</td><td>实际与计划比较</td></tr>
<tr><td>比例相对指标</td><td>结构相对指标</td><td>计划完成程度相对指标</td></tr>
</table>

第二节 平均指标

一、平均指标的概念与特点

(一) 平均指标的概念

平均指标又称统计平均数，是指在同质总体内将总体各单位某一数量标志的差异抽象化，用于反映总体在具体条件下一般水平的指标。简言之，平均指标是说明同质总体内某一数量标志在一定历史条件下一般水平的综合指标。

在社会经济现象同质总体中，每个总体单位都有区别于其他单位的数量特征，具体表现为数值大小不等、水平高低不一，这主要因为各个单位的标志值是由多种因素交错影响的结果。

例如，要研究某企业职工的工资水平，每个职工的工资不尽相同，它要受工龄、学历、专业能力和水平、技术职称、企业经济效益等诸多因素的综合影响。但是，处在同一个同质总体中的各个单位，都受一般基本条件和共同起作用的因素的影响，所以就某一数量标志而论，它们在具体数值上的差异总有一定的限度，在一定时间、地点条件下，客观上存在该数量标志值的一般水平。平均指标就是表明同类社会经济现象在一定时间、地点条件下所达到的一般水平的综合指标。它的数值表现就是平均数，所以平均指标通常称为统计平均数。

(二) 平均指标的特点

(1) 将总体各单位标志值的差异抽象化。它可能与总体中各单位所有标志值都不相同，但又作为代表值来反映这些单位标志值的一般水平。

(2) 只能就同类现象进行计算。计算平均指标的各单位必须具有同类性质，这是计算平均指标的前提。

(3) 能反映总体变量值的集中趋势。从总体变量分布的情况看，多数现象的分布服从钟形分布，即不管用什么技术方法求得的平均数，都是靠近分布的中间，而不会在两头。这就说明多数标志值集中在平均数附近，所以平均指标是标志值集中趋势的测度数。

二、数值平均数

数值平均数是将总体各单位数量标志值通过一定的数学公式计算出来所得到的集中趋势指标。它可分为算术平均数、调和平均数和几何平均数三种。

(一) 算术平均数

算术平均数是用总体标志总量除以总体单位总量，它是计算社会经济现象平均指标最常用方法和最基本形式。这是因为社会经济生活中存在的大量情况是：社会经济现象总体的标志总量为总体中各个单位标志值的算术和。例如，企业职工的工资总额是每个职工工资加总而得到的；某校学生总人数是全校各班人数的总和。在这种情况下，平均指标最适合采用算术平均数的形式，其计算公式如下：

$$\text{算术平均数}=\frac{\text{总体标志总量}}{\text{总体单位总量}}$$

延伸阅读

注意区分强度相对指标和平均指标

一些强度相对指标在表现形式上带有“平均”的意义，非常容易与平均指标混淆。但强度相对指标与统计平均指标有着根本的区别。平均指标是同一总体中的总体标志总量与总体单位总量之比，是将总体各单位的某一数量标志值加以平均；而强度相对数指标是两个性质不同但有联系的总量指标数值之比，表明相对数量的对比关系。

例如，农民劳动生产率为平均指标，而平均每人拥有的粮食产量则为强度相对指标。两者的计算公式分别为：

$$\text{农民劳动生产率} = \frac{\text{全国粮食产量}}{\text{全国种粮农民人数}}$$

$$\text{平均每人拥有的粮食产量} = \frac{\text{全国粮食产量}}{\text{全国人口数}}$$

平均指标是在一个同质总体内标志总量和单位总量的比例关系。它要求标志总量和单位总量相适应，即标志总量必须是总体各单位标志值的总和。例如，计算100个工人的平均工资，作为分子的工资总额只能是这100个工人工资的总和。

强度相对指标的分子、分母是两个不同总体现象总量，不存在各个标志值与各个单位相对应的问题。例如，全国人均粮食产量是全国粮食总产量与全国平均人口数之比，反映粮食生产与人口发展的密切关系。但是粮食产量并非全国人口每个人都具有的标志，粮食总产量不直接依附全国人口数，所以是强度相对指标。

在实际工作中，由于掌握的资料不同，算术平均数可以分为简单算术平均数和加权算术平均数两种形式。

1. 简单算术平均数

简单算术平均数是对每一个标志值一一加总得到的标志总量除以单位总量求出的平均指标。它适用于未分组资料。其计算公式为：

$$\bar{x} = \frac{x_1 + x_2 + \cdots + x_n}{n} = \frac{\sum x}{n}$$

式中：$\bar{x}$—— 算术平均数；

x—— 各单位标志值；

$\sum$—— 总和符号；

n ——总体单位数。

［例 4.10］ 某学校有10个班级，各班人数分别为36、41、40、38、37、38、42、40、36、42人，求平均每班人数。

解： $\bar{x} = \frac{x_1 + x_2 + \cdots + x_n}{n} = \frac{36+41+40+38+37+38+42+40+36+42}{10} = 39$(人)

2. 加权算术平均数

如果原始资料中每一个标志值只出现一次，且总体单位数较少，适合采用简单平均数。如果有些标志值出现若干次，就应该运用加权算术平均数。其计算公式如下：

$$\bar{x}=\frac{\sum xf}{\sum f}$$

式中：f ——标志值出现的次数。

［例 4.11］ 对商学院会计专业的毕业生进行薪酬的问卷调查，以获取毕业生起始薪酬的有关信息。表 4.7 显示了收集到的 15 名同学的薪酬数据，其中 5 名同学的薪酬为 2 100 元，3 名同学的薪酬为 2 300 元，4 名同学的薪酬为 2 400 元，其余 3 名同学的薪酬为 2 700 元，求 15 名同学平均薪酬。

解：计算如表 4.7 所示。

表 4.7　某商学院 15 名毕业生薪酬一览表

薪酬(元) x	人数(人) f	总薪酬(元) xf
2 100	5	10 500
2 300	3	6 900
2 400	4	9 600
2 700	3	8 100
合计	15	35 100

$$\bar{x}=\frac{\sum xf}{\sum f}=\frac{35\ 100}{15}=2\ 340(\text{元})$$

这说明加权算术平均数是在分配数列的条件下计算，它必须先求出每组的标志总量，并加总取得总体的标志总量，然后除以总体单位总数。

从加权算术平均数的计算公式可见，平均数的大小不仅取决于总体各单位标志值 (x)，同时也决定于各标志值出现的次数(f)。次数多的标志值对平均数的影响要大些，次数少的标志值对平均数的影响也相应小些。也就是说，当标志值比较大，而次数(f) 多时，平均数就接近大的一方；当标志值比较小，而次数(f) 多时，平均数就接近标志值小的一方。标志值的次数(f) 多少对平均数大小的影响具有权衡轻重的作用，所以称为权数。这种用权数计算算术平均数的方法称为加权算术平均数法。

权数除用总体各组单位数(即频数)形式表示外，还可以用比重(即频率)形式表示。因此，便有另一种加权算术平均数形式，就是用标志值乘以相应的频率。其计算公式为：

$$\bar{x}=x_1\frac{f_1}{\sum f}+x_2\frac{f_2}{\sum f}+\cdots+x_n\frac{f_n}{\sum f}=\sum x\frac{f}{\sum f}$$

在[例 4.11]的商学院薪酬调查中，薪酬构成资料如表 4.8 所示。

表 4.8 薪酬构成情况

薪酬(元) x	薪酬构成 $\frac{f}{\sum f}$	$x\frac{f}{\sum f}$
2 100	33.33%	700
2 300	20.00%	460
2 400	26.67%	640
2 700	20.00%	540
合 计	100.00%	2 340

$$\text{平均薪酬} = 2\,100 \times 33.33\% + 2\,300 \times 20\% + 2\,400 \times 26.67\% + 2\,700 \times 20\% = 2\,340(\text{元})$$

由此可见,权数的权衡轻重作用,说到底体现在各组单位数占总体单位数的比重的大小上。也就是说,权数对于算术平均数的影响作用,不决定于权数本身数值的大小,而决定于作为权数的各组单位数占总体单位数的比重大小。哪一组的单位数所占的比重大,哪一组标志值对平均数的影响就大。因此,当各组的单位数相等或各组单位数所占的比重相等时,权数对各组的作用都一样,就失去了加权的意义了。

即当 $f_1 = f_2 = \cdots = f_n$ 时,加权算术平均数的计算公式为:

$$\bar{x} = \frac{\sum xf}{\sum f} = \frac{f\sum x}{nf} = \frac{\sum x}{n}$$

[例 4.11]中,如果各种薪酬所占的比重都一样,则平均薪酬为:

$$\bar{x} = \frac{\sum x}{n} = \frac{2\,100 + 2\,300 + 2\,400 + 2\,700}{4} = 2\,375(\text{元})$$

不难看出,简单算术平均数和加权算术平均数之间并没有根本的区别,因为给一个变量值乘上一个权数与多次地加总这个变量值,意义上是相同的。

这里应该说明一点,在组距分配数列条件下计算加权算术平均数,照理可用各组距的实际平均数乘以相应的权数来计算。但在实际编制的组距数列中,很少计算组平均数,一般用各组组中值来代替计算。当然,这种计算方法具有一定的假定性,即假定各组内部的标志值是均匀分布或在组中值两侧是对称分布的。在此前提下,组距越小,计算得到的平均数越接近于实际的平均数,即近似程度决定于组距大小。

[例 4.12] 某班学生"统计学"课程考试成绩资料如表 4.9 所示,求全班学生的平均考分。

解:

$$\bar{x} = \frac{\sum xf}{\sum f} = \frac{3\,180}{40} = 79.5(\text{分})$$

表 4.9　某班学生“统计学”课程考试成绩

考分	组中值 x	人数(人) f	总分数(分) xf
60 分以下	55	3	165
60～70 分	65	5	325
70～80 分	75	10	750
80～90 分	85	15	1 275
90 分以上	95	7	665
合计	—	40	3 180

计算加权算术平均数会遇到权数选择问题，在分配数列条件下，一般来说，次数就是权数。但也有次数是不合适的权数，这在由相对数或平均数求平均数时经常遇到。

[例 4. 13]　某市某局所属 20 个企业产值计划完成情况的组距分配数列资料如表 4.10 所示。

表 4.10　某市某局 20 个企业产值计划完成情况

计划完成程度	组中值 x	企业数	计划任务数(万元) f	实际完成数(万元) xf
90%～100%	95%	8	120	114
100%～110%	105%	6	600	630
110%～120%	115%	6	380	437
合　计	—	20	1 100	1 181

[例 4. 13]的平均对象是各企业完成产值计划百分比。为了计算整个局产值计划平均完成程度，是用企业数为权数呢？还是用计划产值为权数？企业数虽是完成产值计划不同程度的次数，但并不是合适的权数。因为各企业规模大小不同，产值多少也有差别，正确计算产值计划平均完成百分比，需用计划产值来加权，这样，才适合这一指标的性质，即从实际产值和计划产值的对比中来确定。其加权算术平均数的计算为：

$$\bar{x}=\frac{\sum xf}{\sum f}=\frac{1\ 181}{1\ 100}=107.36\%$$

小故事

(二) 调和平均数

调和平均数是变量值倒数的算术平均数的倒数，因此又称倒数平均数。在社会经济统计中，往往由于缺乏总体的单位数资料，不能直接采用算术平均数计算，这时，就需要把算术平均数的形式加以改变，而采用另一种计算方法——调和平均数来进行计算。所以，实际工作中，它主要是作为算术平均数的变形来使用，其主要特点是用特定的权数

($m=xf$) 加权，其变量值多为相对数或平均数。调和平均数也有简单调和平均数与加权调和平均数两种。

1. 简单调和平均数

当所掌握的资料未分组时，我们采用简单调和平均数法。这是将各标志值倒数进行简单算术平均，再取这一平均数的倒数。所以说，调和平均数是各个变量值倒数的算术平均数的倒数。其计算公式为：

$$\bar{x}=\frac{n}{\sum\frac{1}{x}}$$

式中：$\bar{x}$—— 调和平均数；

x—— 被平均的变量值；

n ——变量值的项数。

2. 加权调和平均数

当所掌握的资料是已分组的情况下，我们采用加权调和平均数法来进行计算，它是各变量值倒数的加权算术平均数的倒数。其计算公式为：

$$\bar{x}=\frac{m_1+m_2+\cdots+m_n}{\frac{m_1}{x_1}+\frac{m_2}{x_2}+\cdots+\frac{m_n}{x_n}}=\frac{\sum m}{\sum\frac{m}{x}}$$

[例 4.14] 某种商品在三个贸易市场上的销售情况如表 4.11 所示。求该种商品的平均价格。

表 4.11 某商品在三个贸易市场上的销售情况

市场	平均价格(元/千克) x	销售额(元) m	销售量 $\frac{m}{x}$
甲	2.00	60 000	30 000
乙	2.50	60 000	24 000
丙	2.40	60 000	25 000
合计	—	180 000	79 000

解：

$$\bar{x}=\frac{\sum m}{\sum\frac{m}{x}}=\frac{180\ 000}{79\ 000}=2.28(\text{元})$$

[例 4.15] 已知某工业集团公司有三个企业，其计划完成程度情况如表 4.12所示。请计算这三个企业的平均计划完成程度。

表 4.12 某公司各企业计划完成程度情况

企业	计划完成程度 x	计划产值(万元) f	实际产值(万元) xf
甲	95%	1 200	1 140
乙	105%	12 800	13 440
丙	115%	2 000	2 300
合计	—	16 000	16 880

解:平均计划完成程度$=\dfrac{\text{各单位实际产值之和}}{\text{各单位计划产值之和}}$,本例中已掌握了计划完成程度($x$)和计划产值($f$),所以在计算三个企业总的平均计划完成程度时,依据已知的两项资料,计算各单位实际产值,即用各单位计划产值与各单位计划完成百分数相乘,采用加权算术平均数公式计算。平均计划完成程度的计算为:

$$\text{平均计划完成程度}=\frac{\sum xf}{\sum f}=\frac{16\ 880}{16\ 000}=105.5\%$$

如果只掌握各单位计划完成程度(x)和实际产值(m),如表 4.13 所示,在计算总的平均计划完成程度时,用 m 作权数,采用调和平均数公式计算。

表 4.13 某公司各企业计划完成程度情况

企业	计划完成程度 x	实际产值(万元) m	计划产值(万元) $\frac{m}{x}$
甲	95%	1 140	1 200
乙	105%	13 440	12 800
丙	115%	2 300	2 000
合计	—	16 880	16 000

$$\text{平均计划完成程度}=\frac{\sum m}{\sum \frac{m}{x}}=\frac{16\ 880}{16\ 000}=105.5\%$$

从上述计算中可以看到,加权调和平均数实际上是加权算术平均数的变形。两者在计算方法上没有本质的区别,只是根据掌握的资料不同,采用不同的计算过程罢了。当掌握相对数或平均数的基本公式的分母资料,而缺少分子资料,就应该采用加权算术平均数的计算方法;当掌握相对数或平均数的基本公式的分子资料,而缺少分母资料,就应该采用加权调和平均数的计算方法。

(三) 几何平均数

几何平均数又称对数平均数,它是若干项变量值连乘积开其项数次方的算术平方根。

当所掌握的变量值本身是比率的形式，而且各比率的乘积等于总的比率，就应采用几何平均数的计算方法来计算平均比率。

几何平均数分为简单几何平均数和加权几何平均数两种。

1. 简单几何平均数

其计算公式为：

$$\bar{x} = \sqrt[n]{x_1 \times x_2 \times \cdots \times x_n} = \sqrt[n]{\prod x}$$

式中：$\bar{x}$—— 几何平均数；

x—— 被平均的变量值；

n—— 变量值的项数；

$\prod$ ——连乘符号。

2. 加权几何平均数

其计算公式为：

$$\bar{x} = \sqrt[f_1+f_2+\cdots+f_n]{x_1^{f_1} \times x_2^{f_2} \times \cdots \times x_n^{f_n}} = \sqrt[\sum f]{\prod x^f}$$

式中：f ——变量值对应出现的次数。

可见，当有某个变量值为零或负数时，不宜用几何平均数的计算方法求平均数。

几何平均数是计算平均速度和平均比率比较适合的一种方法。凡是若干个变量值(一般表现为速度或比率)的连乘积等于总速度或总比率时，求其平均值就应该用几何平均数的计算方法。

计算几何平均数时，由于变量值个数较多，需要开多次方，为了计算上的方便，我们通常利用对数进行计算。对于简单几何平均数，有：

$$\lg \bar{x} = \frac{1}{n}(\lg x_1 + \lg x_2 + \cdots + \lg x_n) = \frac{1}{n}\sum \lg x$$

对于加权几何平均数，有：

$$\lg \bar{x} = \frac{1}{\sum f}(f_1 \lg x_1 + f_2 \lg x_2 + \cdots + f_n \lg x_n)$$

［**例 4.16**］ 某流水生产线有前后衔接的五道工序。某日各工序产品的合格率分别为95%、92%、90%、85%、80%(见表 4.14)，求整个流水生产线产品的平均合格率。

表 4.14 某企业各车间的产品合格率资料

工序	产品合格率 x	合格率的对数 $\lg x$
1	95%	1.977 7
2	92%	1.963 8
3	90%	1.954 2
4	85%	1.929 4
5	80%	1.903 1
合计	—	9.728 2

解:由于产品合格率是在前道工序的合格产品基础上计算的,所以产品合格率的总和并不等于各个工序的总合格率,因此不能采用算术平均数计算车间产品平均合格率。上述五道工序的产品合格率的连乘积等于产品的总合格率,这就符合计算几何平均数的基本要求,所以采用几何平均数计算产品平均合格率:

$$\bar{x}=\sqrt[n]{\prod x}=\sqrt[5]{95\% \times 92\% \times 90\% \times 85\% \times 80\%}=88.24\%$$

利用几何平均数计算平均发展速度,请见第五章时间数列。

三、位置平均数

位置平均数是通过查找位置,将找到位置对应的数值作为集中趋势指标值。它包括众数和中位数两种。

(一) 众数

众数是总体中出现次数最多的标志值,它能直观地说明客观现象分配中的集中趋势。在实际工作中,我们有时需要利用众数代替算术平均数来说明社会经济现象的一般水平。例如,集贸市场上某种商品一天的价格可能有几次变化,其中成交量最多的那一个价格就是众数价格;在大批量生产的女士皮鞋中,37 码是销售量最多的尺码,则这个 37 码就是众数,可代表女士皮鞋尺码的一般水平,宜大量生产,而其余尺码生产量就要相对少一些,这样才能满足市场上大部分消费者的需要。

根据掌握资料情况的不同,我们在计算众数时要选择适当的方法:

(1) 如果掌握的资料是单项式数列,找出出现最多次数的标志值就是众数。

[**例 4.17**] 某种商品的价格情况如表 4.15 所示。

表 4.15 某种商品销售价格分组资料

价格(元)	销售数量(千克)
2.0	20
2.4	60
3.0	180
4.0	80
5.0	50
合　计	390

本例中,众数就是价格 3.0 元,因为这个标志值所出现的次数最多。

(2) 如果掌握的资料是组距式数列,应先确定众数组,再利用比例插值法推算众数的近似值。

为求众数,应先确定数列的众数组。具体的众数值按下列计算公式近似地确定:

$$m_0=l+\frac{\Delta_1}{\Delta_1+\Delta_2}\times d$$

式中:m_0—— 众数;

l—— 众数组的下限；

Δ_1—— 众数组次数与前一组次数之差；

Δ_2—— 众数组次数与后一组次数之差；

d ——众数组组距。

这个公式的含意是:众数组的下限须要加上众数组组距的一部分数量,这一部分数量取决于前一组与后一组频数的大小。

[例 4.18] 以表 4.16 中某企业工人日产量的资料为例来说明众数的计算方法。

本例最多次数的组,其标志值为 70～80,即为众数组。

表 4.16　某企业工人日产量资料

按日产量分组	工人人数(人)
60 千克以下	10
60～70 千克	19
70～80 千克	50
80～90 千克	36
90～100 千克	27
100～110 千克	14
110 千克以上	8
合　计	164

本例的众数为：

$$m_0 = 70 + \frac{50-19}{(50-19)+(50-36)} \times 10 = 70 + 6.89 = 76.89(\text{元})$$

本例中,众数等于 70 加上 6.89,也就是占了组距(10)的半数以上,因为后一组的频数(36)大于前一组的频数(19)。

众数的计算有一定条件,如果遇到所有标志值的频数都是一样的分配数列,则不存在众数。在某些场合,不是一个标志值,而是两个或两个以上标志值具有最大的频数,那就是两个众数或多众数,研究众数也就显得无意义了。

(二) 中位数

如果把现象总体中的各单位标志值按由小到大顺序排列,居于数列中间位置的那个标志值就是中位数。可见,中位数把全部标志值分成两个部分,一半标志值比它大,另一半标志值比它小,而且比它大的标志值个数等于比它小的标志值个数。因此在许多场合,我们用中位数来表示现象的一般水平。例如,在进行产品质量控制中,对所生产的产品随机抽取几个进行观察,若计算其平均数比较麻烦,只要看中位数的大小,就可知道其一般水平如何了。

1. 资料未分组

在标志值未经分组的情况下,确定中位数的方法是相对简单的:先把各单位按标志值由小到大顺序排列,如果总体单位数为奇数,则处于 $\frac{n+1}{2}$(n 代表总体单位数) 位置的标志值是中位数,如果总体单位数为偶数,那么中位数就是位次为$\frac{n}{2}$和$\frac{n}{2}+1$的两个标志值的平均数。

[**例 4.19**] 甲乙两班组工人分别为 5 人和 6 人,每人日产零件数如下:

甲班组——20, 23, 26, 28, 30

乙班组——20, 23, 26, 28, 30, 32

甲组中位数位置为 3[(5+1)÷2],即第 3 位工人的日产量 26 件为中位数。

乙组中位数位置介于 3(6÷2)与 $4\left(\frac{6}{2}+1\right)$之间,即第 3 位和第 4 位工人日产量的算术平均数 27 件[(26+28)÷2]为中位数。

2. 资料已分组

1) 单项式分配数列

资料经过分组编成单项式分配数列的情况下,也是按上面所讲的方法来确定中位数的位置。以表 4.15 为例,中位数的位置是在 195 千克和 196 千克之间。

即:

$$\frac{\sum f}{2}=\frac{390}{2}=195\text{ 和 }\frac{\sum f}{2}+1=196$$

因为总体已经分了组,所以用 $\sum f$ 来代表总体单位数。

现在把销售量做向上累计到第三组(20+60+180),即已超过 196,由此确定中位数的值为 3.0。

2) 组距式分配数列

组距数列条件下计算中位数较为复杂。接下来用表 4.16 资料来说明它的计算方法。

第一步:计算 $\frac{\sum f}{2}$,确定中位数的所在组。

为了确定分配数列中的中点位置,要用整个数列的总次数除以 2,即 82(164÷2)。在组距分配数列中,各组距数值已按大小顺序排列。这样,计算各组累计数至第三组止为 79(10+19+50),至第四组止为 115(79+36)。可见,第四组包括第 80 人至第 115 人,第 82 人就在这一组里。所以,中位数应在日产量为 80~90 元的组内。

第二步:计算中位数的近似值。

假定中位数所在组内的各个数值是均匀分布的,这样,可从中位数在该组内的位次,按比例推算它的近似值。本例中,中位数在该组内的位次为 3(82−79),它与全组工人数的比例为 0.083 3(3÷36),按该组组距数值 10(90−80)加以推算,则为 0.833(10×0.083 3)。于是,从中位数所在组的下限数值加上 80.833(80+0.833),即为中位数。

从以上计算过程中,可以推导出中位数的计算公式:

$$m_e=l+\frac{\frac{\sum f}{2}-s_{m-1}}{f_m}\times d$$

式中:m_e—— 中位数;

l—— 中位数所在组的下限;

f_m—— 中位数所在组的次数；

s_{m-1}—— 中位数所在组以下各组的累计次数；

$\sum f$—— 总次数；

d ——中位数所在组的组距。

将上面资料按此公式代入计算如下：

$$m_e = 80 + \frac{\frac{164}{2} - 79}{36} \times 10 = 80.83$$

从以上关于众数和中位数的计算可以看出，它不像算术平均数那样，把总体各个单位标志值差异抵消，因而应该把它们看成为对现象总体一般水平描述的重要补充指标。

在实践中，众数和中位数常用来代替算术平均数，或者与算术平均数同时使用。当现象总体包含有极大或极小标志值的单位时，尤其适合于计算众数和中位数。因为这些对于总体不太有代表性的标志值会影响算术平均数的数值，但不影响众数和中位数的数值。众数与中位数也就成为非常有价值的统计分析指标。

房价的平均数与中位数

四、正确运用平均指标的原则

正确计算和运用平均指标来分析社会经济现象，应该注意以下几个原则。

(一) 平均指标只能用于同质总体

平均指标所处理的是同质的大量现象。只有在同质总体中，总体各单位才具有共同的特征，从而才能计算它们的平均数来反映现象的一般水平；否则，计算的平均数就会把现象的本质差异掩盖起来，不能起到说明事物及其规律性的作用。

(二) 用组平均数补充说明总平均数

许多平均指标的计算，是在科学分组的基础上进行的。应该重视影响总平均数的各个有关因素的作用，通过计算组平均数对总平均数做补充说明，来揭示现象内部结构的影响，从而克服认识上的片面性。

例如，当掌握到甲乙两地粮食平均亩产资料的时候，就不要对这两地生产管理水平仓促下结论。要知道影响粮食平均亩产的因素很多，如地势、作物品种等，以它们作为分组标志，看看所分组的平均亩产与总平均亩产是否一致，然后找原因，做结论。请看表 4.17 关于甲乙两地粮食生产实际资料。

表 4.17 甲乙两地粮食生产实际资料

按地势分组	甲地			乙地		
	播种面积(亩)	总产量(千克)	平均亩产(千克)	播种面积(亩)	总产量(千克)	平均亩产(千克)
旱地	190	72 200	380	200	64 000	320
水田	70	44 800	640	300	186 000	620
合 计	260	117 000	450	500	250 000	500

表4.17中,甲地的粮食平均亩产(450千克)低于乙地的粮食平均亩产(500千克)。但甲地不论是旱地还是水田的粮食亩产量均比乙地的亩产量高。这种总平均数与组平均数不一致的现象,原因在于旱田和水田的生产水平不一致。水田的粮食产量水平高于旱田许多,两地各自的水田、旱田的比例相差较大,这一结构性的差异导致总平均亩产甲地低于乙地。所以,为了客观地分析某一社会经济现象一般水平变动的情况,必须用组平均数补充说明总平均数。

(三) 用分配数列补充说明平均数

平均数只是说明现象的共性,即一般水平,而把总体各单位数量标志值的差异给抽象掉了,掩盖了总体各单位的差异及其分配情况。为了比较深入地说明问题,在利用平均数对社会经济现象进行分析时,还要结合原来的分配数列,分析平均数在原数列中所处的位置,以及各单位标志值在平均数上下的分布情况。

(四) 平均数和典型事例结合运用

任何事物的发展都是不平衡的,在同一总体中,既有先进部分,也有后进部分,我们不能满足于一般状况。如果在分析研究时,我们只掌握一般情况而忽视个别情况,不注意发现先进,找出后进,促使后进转化,就会犯错误。所以,为了丰富对事物的认识,在应用平均数时,我们需要结合个别的典型事物,研究先进和落后的典型,发现新生事物,加以总结和推广,推动事物的发展。

(五) 平均指标要与变异指标结合运用

详见本章第三节内容。

第三节　标志变异指标

一、标志变异指标的概念

标志变异指标也称标志变动度、离散程度或离中程度,是反映总体中各单位标志值差别大小程度的指标。

平均指标是将总体中各单位的标志值差异抽象化,以反映各单位在这一标志上一般水平的指标。通过平均指标,我们只看出被研究现象的共性,而看不出差异性。但是在同质总体中各单位标志值的差异还是客观存在的,因此,我们还必须进一步对被抽象化的各单位标志值的变异程度进行测定。

在统计分析中,我们在计算总体标志值的平均数的同时,进一步测定标志变异指标,这对于全面认识总体的特征、探讨其变动的规律性、进行科学管理与预测等都有重要的意义。

从人人平等到
贫富差距拉开

二、标志变异指标的作用

标志变异指标在统计分析研究中的作用主要有如下几个方面:

(1) 变异指标是评价平均数代表性的依据。一般而言,标志变异指标愈大,说明平均数的代表性愈小;而标志变异指标愈小,说明平均数的代表性愈大。把平均指标与变异指标结合起来运用,才能使统计分析更完整、内容更充实,从而能更深刻地认识所研究现象的本质。

[例 4.20] 甲乙两组工人日产量(件)资料如下:

甲组:20, 40, 60, 70, 80, 100, 120

乙组:67, 68, 69, 70, 71, 72, 73

显然,甲乙两组的平均日产零件都是 70 件,但甲组各工人日产件数相差很大,分布很分散;而乙组各工人日产件数相差不大,分布相对集中。因此,虽然甲乙两组工人日产量的平均数都是 70,对甲组来讲,其代表性要小得多;对乙组来说,代表性相对较大。

(2) 变异指标可以说明现象变动的均匀性或稳定性程度。例如,考察一批产品的质量情况,如电灯泡的耐用时间、轮胎的行驶里程等,测定其标志变动度。如果标志变动度大,则说明产品质量不稳定;如果标志变动度小,则产品质量显得稳定。又如,对某一新品种的种子做试验,除确定这一品种作物所达到的平均收获水平外,还要研究它在生产中的稳定程度。如果这种作物在各地块上的收获率和平均水平比较接近,差异程度较小,说明该品种作物产量上具有较大稳定性,标志着该品种为良种作物,可以推广种植。

(3) 变异指标在抽样中起重要作用。在组织抽样之前,需要事先测定总体各单位某数量标志值的差异程度,来确定必要的样本容量。标志变异大,要抽较多的单位,这样可以提高样本指标的代表性;标志变异小,则可只抽必要的样本单位数,以减少调查费用。

三、标志变异指标的种类

常用的测定标志变动程度的指标主要有全距、平均差、标准差和离散系数。下面分别加以介绍。

(一) 全距

全距又称极差,是总体各单位中的最大标志值与最小标志值之差,用来说明标志值变动范围的大小。通常用 R 表示。

$$R = m_{\max} - m_{\min}$$

[例 4.21] 某车间 7 名工人的日产零件数为 20、40、60、70、80、100、120 件,其中,最高日产零件数为 120 件,而最低日产零件数只有 20 件。全距用 R 表示,即 R 为 100 件 (120 − 20)。

如果资料为组距数列,可以用最高组上限和最低组下限之差来近似地表示全距;但当有开口组时,若不知极端数值,则无法求全距。

全距的优点在于计算方便,易于理解。在工业生产过程中,全距常被用来检查产品质量的稳定性和进行质量控制。在正常的生产条件下,产品质量性能指标(如强度、硬度、浓度、长度等)的差距总是在一定的范围内波动的。如果差距超过了一定范围,就说明生产可能出现毛病,必须采取防范措施。利用全距指标进行产品质量检查和控制,可以及时发现问题,采取相应措施,保证产品的质量。

但全距这个指标很粗略,它只考虑数列极端值差异,而不管中间数值的差异情况,也不受次数分配的影响,因而不能全面反映总体各单位标志值的变异程度。

(二) 平均差

平均差是各单位标志值对其算术平均数的离差绝对值的平均数,通常用 A. D. 表示。由于各标志值对其算术平均数的离差之和等于零,因此,计算平均差时,采用离差的绝对值

形式（$|x-\bar{x}|$）。平均差能够综合反映总体中各单位标志值变动的影响。平均差愈大，表示标志变动度愈大，则平均数代表性愈小；反之，平均差愈小，表示标志变动度愈小，则平均数代表性愈大。

根据资料是否分组，平均差的计算可分为简单平均式和加权平均式。

1. 简单平均式

在资料未经分组或变量数列的次数完全相等时，我们采用简单平均式。其计算公式为：

$$A.D.=\frac{\sum|x-\bar{x}|}{n}$$

式中：$A.D.$—— 平均差；

x—— 各标志值；

$\bar{x}$—— 各标志值的平均数；

n ——项数。

［例 4.21］ 有两组人的年龄（岁）资料如下：

甲组：10，20，50，80，90

乙组：10，50，50，50，90

这两组人的平均年龄都是 50 岁，很明显乙组 5 个人的年龄差异要比甲组小，但从全距计算的结果来看，却都是 80 岁（90－10），无法进行比较。甲乙两组年龄资料用平均差计算如表 4.18 所示。

表 4.18 甲乙两组年龄资料

甲组			乙组		
年龄（岁）x	离差 $x-\bar{x}$	离差绝对值 $\|x-\bar{x}\|$	年龄（岁）x	离差 $x-\bar{x}$	离差绝对值 $\|x-\bar{x}\|$
10	－40	40	10	－40	40
20	－30	30	50	0	0
50	0	0	50	0	0
80	30	30	50	0	0
90	40	40	80	40	40
合计	0	140	合计	0	80

$$A.D_{甲}=\frac{\sum|x-\bar{x}|}{n}=\frac{140}{5}=28(岁)$$

$$A.D_{乙}=\frac{\sum|x-\bar{x}|}{n}=\frac{80}{5}=16(岁)$$

计算结果表明，在平均数相等的情况下，甲组的平均差大于乙组的平均差，说明甲组的平均数的代表性小于乙组。

2. 加权平均式

在资料已经分组、形成分配数列且各组次数不等时，我们应采用加权平均式。其计算公式为：

$$A.D=\frac{\sum|x-\bar{x}|f}{\sum f}$$

式中：$A.D$—— 平均差；

x—— 各标志值；

$\bar{x}$—— 各标志值的平均数；

f ——各组标志值的次数。

[例 4.22] 某企业职工日产量分组资料如表 4.19 所示，试计算平均差。

表 4.19 某企业职工日产量资料

按日产量分组(件)	组中值 x	工人数(人) f	日总产量 xf	离差 $x-\bar{x}$	离差绝对值 $\|x-\bar{x}\|$	离差绝对值加权 $\|x-\bar{x}\|f$
20～30	25	10	250	−17	17	170
30～40	35	70	2 450	−7	7	490
40～50	45	90	4 050	3	3	270
50～60	55	30	1 650	13	13	390
合计	—	200	8 400	—	—	1 320

解：

$$\bar{x}=\frac{\sum xf}{\sum f}=\frac{8\,400}{200}=42(\text{件})$$

$$A.D=\frac{\sum|x-\bar{x}|f}{\sum f}=\frac{1\,320}{200}=6.6(\text{件})$$

(三) 标准差

标准差又称均方差，是测定数据离散程度最重要和最常用的指标，通常用 σ 表示。总体各单位的标志值对算术平均数离差的平方的算术平均数称为方差。方差的平方根即为标准差。标准差的意义与平均差基本相同，也是根据各个标志值对其算术平均数的平均离差后再来计算的。但其采用平方的方法消除正负离差，因此在数学处理上比平均差更为合理。其计算公式也依资料不同，分为简单式和加权式两种。

1. 简单平均式

在资料未经分组或变量数列的次数完全相等时，计算标准差采用简单平均式，其计算公式为：

$$\sigma=\sqrt{\frac{\sum(x-\bar{x})^2}{n}}$$

[例 4.23] 承[例 4.21]，仍以甲乙两组年龄资料为例，介绍标准差的计算(见表 4.20)。

表 4.20　甲乙两组年龄离差、离差平方计算表

甲组			乙组		
年龄(岁) x	离差 $x-\bar{x}$	离差平方 $(x-\bar{x})^2$	年龄(岁) x	离差 $x-\bar{x}$	离差平方 $(x-\bar{x})^2$
10	−40	1 600	10	−40	1 600
20	−30	900	50	0	0
50	0	0	50	0	0
80	30	900	50	0	0
90	40	1 600	80	40	1 600
合计	0	5 000	合计	0	3 200

$$\sigma_{甲}=\sqrt{\frac{\sum(x-\bar{x})^2}{n}}=\sqrt{\frac{5\,000}{5}}\approx 31.6(岁)$$

$$\sigma_{乙}=\sqrt{\frac{\sum(x-\bar{x})^2}{n}}=\sqrt{\frac{3\,200}{5}}\approx 25.3(岁)$$

计算结果表明，乙组的标准差比甲组小，其平均年龄 50 岁有较好的代表性。

2. 加权平均式

在资料已经分组、形成分配数列且各组次数不等时，应采用加权平均式。其计算公式为：

$$\sigma=\sqrt{\frac{\sum(x-\bar{x})^2 f}{\sum f}}$$

[例 4.24]　承[例 4.22]，现仍以该企业职工日产量资料为例，介绍标准差的计算(见表 4.21)。

表 4.21　标准差计算表

按日产量分组(件)	组中值 x	工人数(人) f	日总产量 xf	离差 $x-\bar{x}$	离差平方 $(x-\bar{x})^2$	离差平方加权 $(x-\bar{x})^2 f$
20～30	25	10	250	−17	289	2 890
30～40	35	70	2 450	−7	49	3 430
40～50	45	90	4 050	3	9	810
50～60	55	30	1 650	13	169	5 070
合计	—	200	8 400	—	—	12 200

由表 4.21 计算得：

$$\sigma=\sqrt{\frac{\sum(x-\bar{x})^2 f}{\sum f}}=\sqrt{\frac{12\,200}{200}}\approx 7.8(件)$$

计算结果表明，标准差愈大，标志变动程度愈大；标准差愈小，标志变动程度愈小。

3. 是非标志的标准差

在社会经济统计中，有时把某种社会经济现象的全部单位分为具有其一性质的单位和不具有某一性质的单位两组。例如，将全部产品分为合格品和不合格品两组、将全部农作物播种面积中分为受灾与非受灾面积两组等。这种用"是""否"或"有""无"来表示的标志，称为非标志。

通常，用 0 表示总体中不具有某种性质的单位的标志值，用 1 表示总体中具有某种性质的单位的标志值。全部总体单位数用 N 表示，具有所研究标志值的单位数用 N_1 表示，不具有所研究标志值的单位数用 N_0 表示，则 $N=N_1+N_0$。如果用结构相对指标来表示这两种标志单位数的分配情况，则有：

具有某种标志值(1)的单位数在全部单位数中的比重为：

$$p=\frac{N_1}{N}$$

不具有某种标志值(0)的单位数在全部单位数中的比重为：

$$q=\frac{N_0}{N}$$

由此可推知：

$$p+q=1$$

是非标志的标准差计算公式为：

$$\sigma=\sqrt{\frac{\sum(x-\bar{x})^2 f}{\sum f}}=\sqrt{\frac{(1-p)^2N_1+(0-p)^2N_0}{N_1+N_0}}=\sqrt{\frac{q^2N_1+p^2N_0}{N}}$$
$$=\sqrt{q^2p+p^2q}=\sqrt{pq(p+q)}=\sqrt{pq}$$

(四) 离散系数

是非标志的

标准差

全距、平均差和标准差都有与平均指标相同的计量单位，也就是与各单位标志值的计量单位相同。前述各种变异指标都是反映总体各单位标志值差异的绝对或平均指标，其数值的大小不仅受到离散程度的影响，而且还受数列水平(即标志值本身的水平)高低的影响。因此，在对比分析中，不宜直接用上述各种标志变异指标来比较不同水平数列之间的标志离散程度，必须用反映标志变异程度的相对指标来比较，即用离散系数来进行比较。

离散系数也称变异系数。各种标志变异指标都可以通过计算离散系数来反映总体各单位标志值的相对离散程度，但最常用的是根据标准差与算术平均数对比的离散系数(即标准差系数，用 V_σ 表示)来反映。其计算公式为：

$$V_\sigma=\frac{\sigma}{\bar{x}}\times 100\%$$

离散系数值越小，说明平均数代表性就越好；离散系数值越大，则平均数代表性就越差。

[例 4.25]　有甲乙两组水平不同的工人日产量(件)资料，试比较其离散程度。

甲组：60，65，70，75，80

乙组：2，5，7，9，12

解：计算得：$\bar{X}_{甲}=70$(件)，$\sigma_{甲}=7.07$(件)

$\bar{X}_{乙}=7$(件)，$\sigma_{乙}=3.41$(件)

若根据 $\sigma_{甲}>\sigma_{乙}$，认为甲组离散程度大于乙组，或乙组的平均数的代表性高于甲组，都是不妥的。因为这两组的水平相差悬殊，应计算其离散系数来比较。

$$\bar{V}_{甲}=\frac{7.07}{70}\times100\%=10.1\%$$

$$\bar{V}_{乙}=\frac{3.41}{7}\times100\%=48.7\%$$

计算结果表明，并非甲组离散程度大于乙组，而是乙组大于甲组，或者说，乙组的平均日产量代表性低于甲组。

在统计实践中，我们经常需要比较不同标志的变异，而离散系数提供了广泛比较的可能性。例如，同一地区的小麦和稻谷收获率的变异，通过离散系数来比较是不成问题的。而像工人的年龄与技能、工龄与工资级别、农田施肥量与收获率等标志变异的比较，似乎是不可想象的。但是相对指标的理论启示我们，用离散系数完全可以比较这些标志的变异程度。所以，离散系数既可以用于比较不同现象总体同一标志的变异，也可用于比较同一总体不同标志的变异。

第四节　偏 度 与 峰 度

一、偏度的概念与计算

(一) 偏度的概念

偏度是指数据分布的偏斜方向和程度。偏度通常分为右偏(或正偏)与左偏(或负偏)两种。它们是以对称分布为标准相比较而言的。在对称分布的情况下，平均数、中位数与众数是合而为一的，即 $\bar{x}=M_e=M_0$，如图 4.2 所示。在偏态分布的情况下，平均数、中位数与众数是分离的。

如果众数在左边、平均数在右边，即数据的极端值在右边、数据分布曲线向右延伸，则称为右偏，如图 4.3 所示。因为众数的数值较小，平均数的数值较大，平均数与众数之差为正值，所以右偏又称正偏。如果众数在右边、平均数在左边，即数据的极端值在左边、数据分布曲线向左延伸，则称为左偏，如图 4.4 所示。由于众数的数值较大，平均数的数值较小，平均数与众数之差为负值，所以，左偏又称负偏。

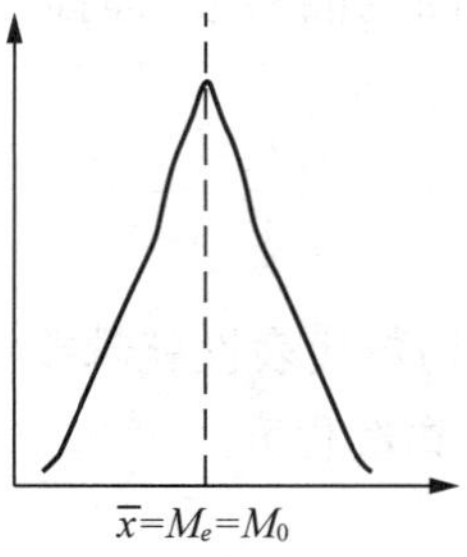

图 4.2　对称形

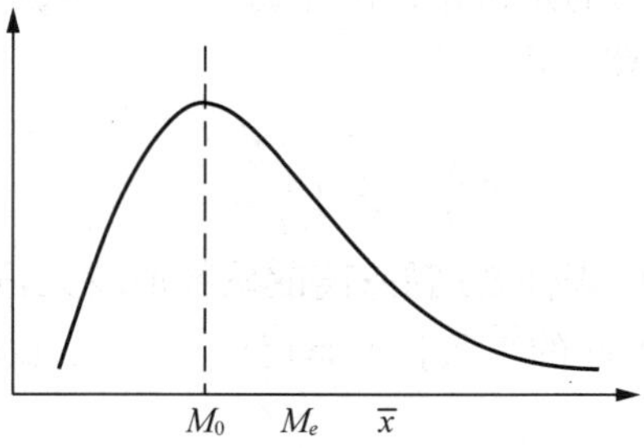

图 4.3　右偏形

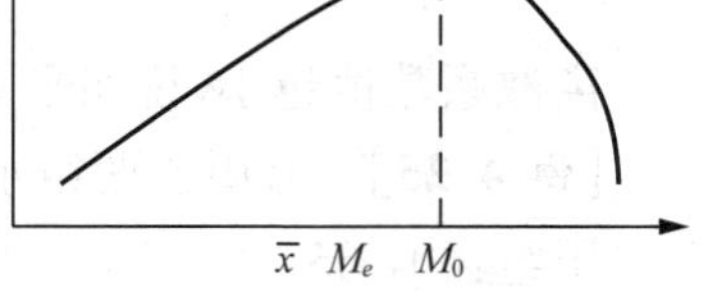

图 4.4　左偏形

测定偏度的指标是偏态系数。

(二) 偏态系数的计算

偏度的计算一般采用算术平均数与众数相比较的方法，利用算术平均数、中位数与众数之间的关系来测定偏态。即：

$$偏态 = \bar{x} - M_0$$

可见，算术平均数与众数之间的差值愈大，偏态的绝对数愈大，表示次数分布的非对称程度愈大；反之，表示次数分布的非对称程度愈小。

偏态的绝对数往往受数据本身大小的影响，而且因其带有计量单位，不同总体的偏态绝对数往往具有不同的意义。因而，偏态的绝对数不能直接用于对比不同总体的偏态程度。为此，我们需要计算偏态的相对数。偏态的相对数是偏态的绝对数与其标准差之比，称为偏态系数，用 SK 表示，即：

$$SK = \frac{\bar{x} - M_0}{\sigma} = \frac{3(\bar{x} - M_e)}{\sigma}$$

依据经验：偏态系数的变动范围在 -3 与 $+3$ 之间。$\bar{x} > M_0$ 时，偏态系数为正值，属于正偏；$\bar{x} < M_0$ 时，偏态系数为负值，属于负偏。0 表示对称分配，$+3$ 表示极右偏态，-3 表示极左偏态。

二、峰度

(一) 峰度的概念

峰度是指次数分布曲线顶峰的尖平程度，是次数分布的又一重要特征。统计上，我们常以正态分布曲线为标准，来观察比较某一次数分布曲线的顶端尖顶或平顶以及尖平程度的大小。

根据变量值的集中与分散程度，峰度一般可表现为尖顶峰度、平顶峰度和正态峰度三种形态。当变量值的次数在众数周围分布比较集中，使次数分布曲线比正态分布曲线顶峰更为隆起尖峭时，这种峰度称为尖顶峰度；当变量值在众数周围分布较为分散，使次数分布曲线较正态分布曲线更为平缓时，这种峰度称为平顶峰度(见图 4.5)。可见，尖顶峰度或平顶峰度都是相对正态分布曲线的标准峰度而言的。

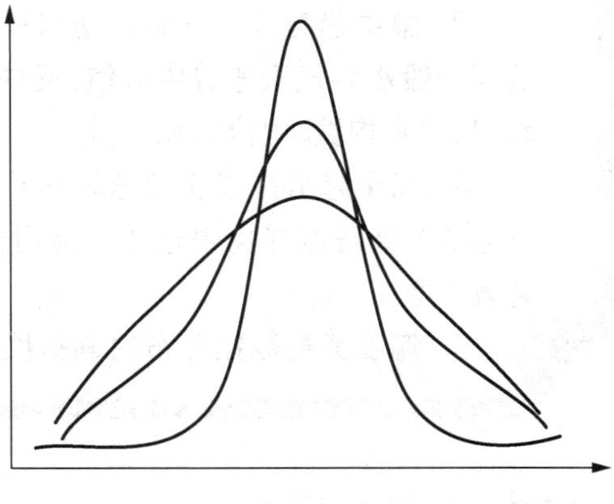

图 4.5　尖顶、正态与平顶

(二) 峰度的测定

峰度的测定，一般是采用统计动差方法，即以四阶中心动差 V_4 为测定依据，将 V_4 除以其标准差的四次方 σ^4，以消除单位量纲的影响，便于不同次数分布曲线的峰度比较，从而得到以无名数表示的相对数，即为峰度的测定值(K)。峰度的计算公式为：

$$K = \frac{V_4}{\sigma^4} = \frac{\frac{\sum (x - \bar{x})^4}{n}}{\sigma^4} = \frac{\sum (x - \bar{x})^4}{n\sigma^4}$$

如果是分组资料，则上述公式应为：

$$K=\frac{V_4}{\sigma^4}=\frac{\dfrac{\sum(x-\bar{x})^4 f}{\sum f}}{\sigma^4}=\frac{\sum(x-\bar{x})^4 f}{\sigma^4\sum f}$$

当次数分布为正态分布曲线时，$K=3$，以此为标准就可比较分析各种次数分布曲线的峰度；当 $K>3$ 时，表示分布曲线呈尖顶峰度，为尖顶曲线，说明变量值较为密集地分布在众数的周围，K 值越大于3，分布曲线的顶端越尖峭；当 $K<3$ 时，表示分布曲线呈平顶峰度，为平顶曲线，说明变量值的次数分布比较均匀地分散在众数的两侧，K 值越小于3，则分布曲线的顶峰就越平缓。一般当 K 值接近于1.8时，分布曲线呈水平矩形分布形态，说明各组变量值的次数相同；当 K 值小于1.8时，次数分布曲线趋向U形分布。在实际统计分析中，我们通常将偏度和峰度结合起来运用，以判断变量分布是否接近于正态分布。

补充说明：通常正态分布的峰度值为3，但习惯上以0为基准，所以Excel、Minitab、JMP等企业用软件加以修正，因而会产生负值。

本章小结

1. 指标按照表现形式的不同可以分为总量指标、相对指标和平均指标。

2. 统计描述包括集中趋势和离中趋势的描述，偏态和峰态的测度。

3. 集中趋势是指一组数据向其中心值靠拢的倾向，测度集中趋势也就是寻找数据一般水平代表值或中心值；反映集中趋势的指标主要有算术平均数、调和平均数、几何平均数、中位数和众数。

4. 离中趋势是指反映总体各单位标志值的差别大小程度的综合指标，说明标志值的分散程度或离中趋势。常用的衡量离中趋势指标有全距、平均差、标准差、离散系数。

5. 偏度衡量数据分布的偏斜程度，峰度衡量数据分布的扁平程度。

趣味阅读

平均数之漫谈

如同任何事物具有两重性一样，有些统计结果也不可能是绝对真理。以平均数为例，平均数只说明一组数据的一般水平，它是各个具体数据的高度浓缩和概括，但是我们却丢失了很多信息。实际上，平均数的含义就像一个天平的支点，如果两边加重一样，而不管重量是多少，它总能保持平衡。例如，3，4，5的均值为4；2，4，6的均值为4；而1，4，7的均值还是4。很显然，这些数据是有差别的。

（续上）

再举一个生活化的例子，请你考虑一下，如果一个人头部放在暖炉上，而脚放在冰箱里，从平均意义上说，他应当感到很舒适，对吗？一个更为现实的例子，我们去市场买东西，假设有一种电视机的平均寿命为10年，且产品质量比较稳定，相互之间差别不足1年。而另外一种电视机的平均寿命也是10年，但这种电视机质量很不稳定，运气好的话能使用20年，否则可能只使用两三年，你会买哪一种电视机呢？因此，有时候我们还真的不能"以貌取物"，而只相信平均数。

抽样调查在统计中应用得十分广泛，它的核心思想是在某一类事物中，只选取其中一小部分，根据这一小部分的情况来判定整个事物的情况。我们很多人可能都下过厨房，做过菜汤，每当做完后，不少人还喜欢用小勺品尝一下，以判断整个汤的咸淡是否合适。应该说它的准确性是很高的。这是因为盐经高温后在汤中得到了比较充分的溶解，一锅汤的味道应该是基本一致的。同样是品尝咸淡，当我们吃小葱拌豆腐时，情况就完全不同。如果从这道菜的上面品尝，你会感到很咸；而从菜的底部品尝，你肯定觉得太淡了。请你不妨考虑一下，这又是为什么呢？

事物之间的相互关系有时是十分复杂的，如果我们考虑问题不全面，就很可能闹出笑话来。比如，有一个百岁老人，其智商极高，平时有吸烟嗜好。假如把这句话反过来说，吸烟可使人聪明且能长寿，这岂不是天大的误会！统计结果中出现的这些假象，完全是因为我们使用不当造成的，我们不能因此而怀疑统计的科学性。恰恰相反，如果我们掌握了应有的统计知识，我们不仅不会被这样的雕虫小技所迷惑，相反它能使我们拥有一双火眼金睛。时下商业广告很多，而有些广告我们还真的应该对其做一番审视。让我们随身携带统计这把钥匙，去打开知识之门和智慧之门吧！

（资料来源：成都市统计局.统计——我们生活中的一把钥匙[EB/OL].(2011-11-11)[2019-07-08].http://www.cdstats.chengdu.gov.cn/htm/detail_36003.html.）

实训项目：Excel在统计数据集中趋势与离中趋势分析中的应用

【实训目标】 了解各种综合指标的特点、应用场合及其在经济工作中的地位。
掌握综合指标在经济中的分析方法。
掌握应用统计软件(Excel)操作手段计算描述统计量进行统计分析的技能。

【实训内容】 未分组资料与分组资料的集中趋势与离中趋势分析。

一、由未分组资料描述集中趋势与离中趋势

(一) 利用"描述统计"工具描述集中趋势与离中趋势

［例4.26］ 根据某企业甲车间30名工人日产量资料，计算各类平均数和标准差。日产量资料如下(单位：件)：

36	49	34	47	33	43	38	42	32	34	38	46	43	39	35
30	26	42	41	36	44	40	37	37	25	45	29	43	31	36

操作步骤：

(1) 启动 Excel，将 30 名工人日产量据资料输入 A1：A30 单元格区域。

(2) 打开“数据”菜单，点击“数据分析，从其对话框中选择“描述统计”，如图 4.6 所示。单击“确定”按钮后，打开“描述统计”对话框，在输入区域中输入“＄A＄1：＄A＄30”，在输出区域中输入“＄C＄1”，其他复选项可根据需要选定，如图 4.7 所示。

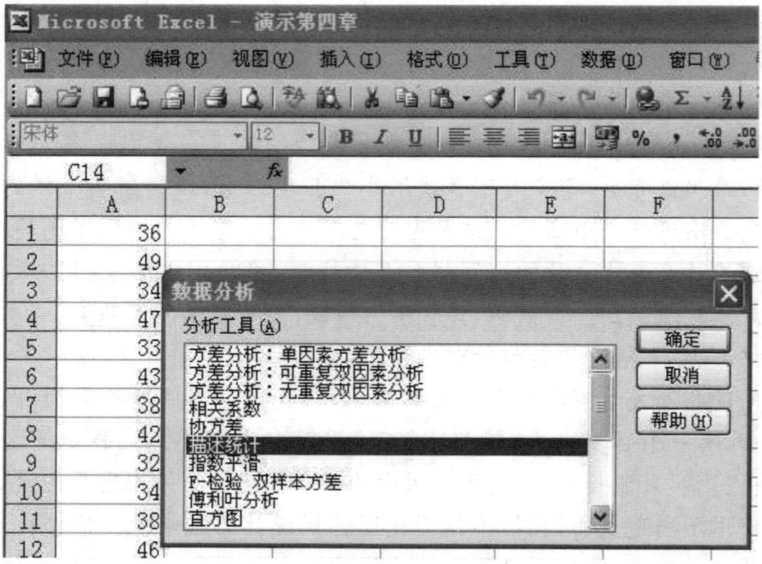

图 4.6 “数据分析”工具

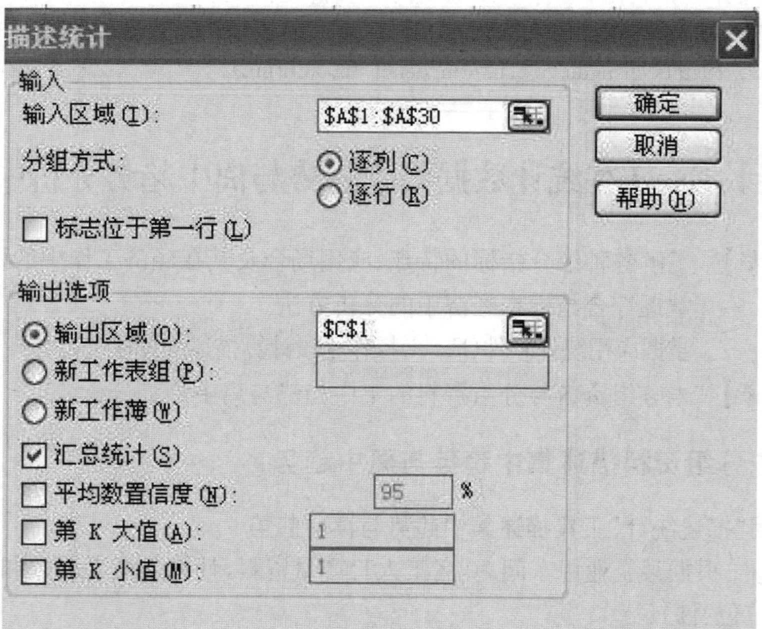

图 4.7 “描述统计”窗口

(3) 单击“确定”按钮，出现如图 4.8 所示结果。

	A	B	C	D	E	F
1	36		列1			
2	49					
3	34		平均	37.7		
4	47		标准误差	1.12		
5	33		中位数	37.5		
6	43		众数	36		
7	38		标准差	6.14		
8	42		方差	37.67		
9	32		峰度	-0.52		
10	34		偏度	-0.22		
11	38		区域	24		
12	46		最小值	25		
13	43		最大值	49		
14	39		求和	1131		
15	35		观测数	30		
16	30					
17	26					

图 4.8 “描述统计”结果

根据描述统计结果显示，甲车间 30 名工人日产量一般为 37.7 件，有一半工人的日产量高于 37.5 件，一半低于 37.5 件。出现次数最多的是 36，说明大多数工人能够生产 36 件。标准差 6.14 件，说明工人的水平差距不大。效率最高的工人每天可生产 49 件，效率最低的工人每天仅生产 25 件。整个数列分布呈轻微左偏，弱平顶的状态。

(二) 利用箱形图描述集中趋势与离中趋势

箱形图又称盒须图、盒式图或箱线图，因形状如箱子而得名。它在各种领域也经常被使用，常见于品质管理。它主要用于反映原始数据分布的特征，还可以进行多组数据分布特征的比较。它主要包含六个数据节点，将一组数据从大到小排列，分别计算出其上边缘、上四分位数[①] Q3、中位数、下四分位数 Q1、下边缘，还有一个异常值。

Excel2016 版中自带箱形图，可直接绘制。现以[例 4.26]中的数据为例，说明箱形图的绘制过程。

操作步骤：

(1) 在 Excel 中输入数据。

(2) 选中数据，打开“插入”菜单，选择“图表”→打开“所有图表”→“箱形图”。

(3) 调整样式设置，添加数据标签，得到图 4.9 箱形图，各数据节点的解释如图 4.9

---

① 四分位数是指在统计学中把所有数值由小到大排列并分成四等份，处于三个分割点位置的数值。

所示。

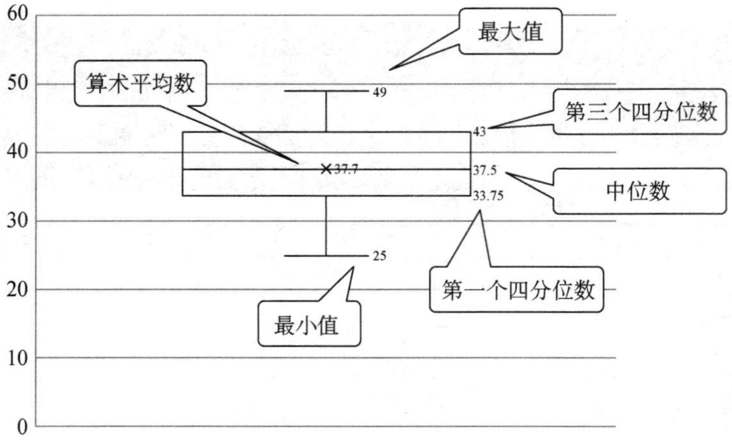

图 4.9　箱形图

二、由已分组资料描述集中趋势与离中趋势

［**例 4.27**］　根据甲、乙两个班组工人日产量资料(见表 4.22)，计算平均数、标准差及标准差系数，分析对比两个班组工人情况。

表 4.22　甲、乙两个班组工人日产量资料

甲班			乙班		
日产量 x	工人数 f	总日产量 xf	日产量 x	工人数 f	总日产量 xf
5	6	30	8	11	88
7	10	70	12	14	168
9	12	108	14	7	98
10	8	80	15	6	90
13	4	52	16	2	32
合计	40	340	合计	40	476

操作步骤：

(1) 将分组资料输入 Excel。

(2) 编辑公式并计算各种指标，在这里以甲班的数据为例说明计算过程。

A. 计算各组日生产量总数 xf：在 C3 单元格输入公式"＝A3 * B3"，填充至 C7 单元格；在 C8 单元格输入公式"＝SUM(C3：C7)"。

B. 计算日产量平均数：在 C11 单元格输入公式"＝C8/B8"，计算结果为 8.5 件。

C. 计算 $(x-\bar{x})^2 f$：在 D3 单元格输入公式"＝B3 * (A3－＄C＄11)^2"，填充至 D7 单元格；在 D8 单元格输入公式"＝SUM(D3：D7)"。

D. 计算标准差：在 C12 单元格输入公式"＝SQRT(D8/B8)"，计算结果为 2.22 件。

E. 计算离散系数：在 C13 单元格输入公式“＝C12/C11 ∗ 100）”，计算结果为 26.77％。

可以采用同样的方法来计算乙班的有关数据，如图 4.10 所示。

宋体　12　B I U　%

C13　=C12/C11*100

	A	B	C	D	E	F	G	H
1		甲　班				乙　班		
2	日产量x	工人数f	xf	$(x-\bar{x})^2 f$	日产量x	工人数f	xf	$(x-\bar{x})^2 f$
3	5	6	30	73.5	8	11	88	167.31
4	7	10	70	22.5	12	14	168	0.14
5	9	12	108	3	14	7	98	30.87
6	10	8	80	18	15	6	90	57.66
7	13	4	52	81	16	2	32	33.62
8	合计	40	340	198	合计	40	476	289.6
9								
10		甲班：				乙班：		
11		平均数	8.5			平均数	11.9	
12		标准差	2.22486			标准差	2.690725	
13		变异系数%	26.17482			变异系数%	22.61113	

图 4.10　未分组资料计算结果

【拓展练习】

为了了解当下大学生的消费情况，某调研机构随机抽取了某市 99 名大学生进行跟踪调查，取得了他们 3 月份的消费金额，如下所示：

1 586	1 749	891	875	1 067	1 175	1 661	1 431	1 213
1 309	903	1 408	1 295	1 393	1 148	1 094	1 160	1 070
1 253	861	1 254	1 381	1 138	1 566	1 092	1 385	1 411
1 540	1 162	943	971	1 199	1 321	1 144	1 295	1 200
1 432	732	845	1 205	1 162	1 026	1 121	812	1 214
702	1 071	718	835	1 070	1 409	1 078	1 467	1 088
1 399	1 476	1 246	915	1 488	1 171	1 072	1 217	1 207
1 313	1 241	1 158	1 254	1 160	1 488	1 342	966	1 037
1 269	1 055	1 186	944	1 116	1 106	1 266	1 163	1 399
1 326	1 195	1 398	1 282	655	1 372	1 272	1 298	1 225
1 191	854	852	1 087	1 197	1 204	1 268	814	1 053

要求：请选择合适的指标对其进行分析，并回答以下问题：

（1）99 名大学生的月消费额平均为多少？（结合众数、中位数分析）

（2）对消费额的分布情况做简单评价。

（3）大学生中的贫富差别大吗？

挑战性统计实践

各小组按照第二章挑战性统计实践中的调查方案开展调查工作。对回收的调查表进行整理。

要求:

(1) 对调查资料进行审核、订正。

(2) 根据研究任务的要求,确定应整理的指标名称。

(3) 对统计资料进行汇总,计算各指标。

(4) 绘制箱形图。

(5) 对各指标值与图进行解释,撰写规范文档。

课后练习

一、单选题

1. 算术平均数的基本形式是(　　)。

A. 同一总体不同部分对比

B. 不同总体两个有联系的指标数值对比

C. 总体部分数值与总体数值对比

D. 总体标志总量与同一总体单位总量对比

2. 某单位的生产小组工人工资资料如下:90 元、100 元、110 元、120 元、128 元、148 元、200 元,计算结果均值为 $\bar{x}=128$ 元,标准差为(　　)。

A. $\sigma=33$　　B. $\sigma=34$

C. $\sigma=34.23$　　D. $\sigma=35$

3. 众数是总体中(　　)项的标志值。

A. 位置居中　　B. 数值最大

C. 出现次数较多　　D. 出现次数最多

4. 某工厂新工人月工资 400 元,工资总额为 200 000 元,老工人月工资 800 元,工资总额 80 000 元,则平均工资为(　　)元。

A. 600　　B. 533.33

C. 466.67　　D. 500

5. 变异指标说明变量的(　　)趋势。

A. 变动　　B. 集中

C. 离中　　D. 一般

6. 标准差指标数值越小,则反映变量值(　　)。

A. 越分散,平均数代表性越低　　B. 越集中,平均数代表性越高

C. 越分散,平均数代表性越高　　D. 越集中,平均数代表性越低

7. 在抽样推断中,应用比较广泛的指标是(　　)。

A. 全距　　B. 平均差
C. 标准差　　D. 标准差系数
8. 分配数列各组变量值不变，每组次数均增加25%，加权算术平均数的数值(　　)。
A. 增加25%　　B. 减少25%
C. 不变化　　D. 无法判断
9. 对下列资料计算平均数，适宜于采用几何平均数的是(　　)。
A. 对某班同学的考试成绩求平均数
B. 对一种产品的单价求平均数
C. 由相对数或平均数求其平均数
D. 计算平均比率或平均速度时
10. 一班和二班“统计学”课程平均考试成绩分别为78.6分和83.3分，成绩的标准差分别为9.5分和11.9分，可以判断(　　)。
A. 一班的平均成绩有较大的代表性
B. 二班的平均成绩有较大的代表性
C. 两个班的平均成绩有相同代表性
D. 无法判断

二、多选题

1. 总量指标(　　)。
A. 是计算相对指标和平均指标的基础
B. 是反映国情和国力的重要指标
C. 是实行社会管理的重要依据
D. 可用来比较现象发展的结构和效益水平
E. 只能根据有限总体计算
2. 分子与分母不可互换计算的相对指标有(　　)。
A. 计划完成程度相对指标　　B. 动态相对指标
C. 结构相对指标　　D. 强度相对指标
E. 比较相对指标
3. 根据全距来说明标志变异程度，(　　)。
A. 没有考虑中间标志值的变异程度　　B. 没有考虑总体各单位的分布状况
C. 能反映所有标志值的变异程度　　D. 取决于平均数的大小
E. 仅考虑最大标志值与最小标志值的影响
4. 对比两个计量单位不同的变量数列标志值的离散程度，应使用(　　)。
A. 平均差　　B. 全距
C. 均方差系数　　D. 标准差
E. 平均差系数
5. 不受极端值影响的平均指标有(　　)。
A. 算术平均数　　B. 调和平均数
C. 几何平均数　　D. 众数
E. 中位数

三、简答题

1. 计算和应用集中趋势指标时应注意哪些问题?
2. 什么是集中趋势指标?它有哪些具体种类?它有何作用?
3. 加权算术平均数和加权调和平均数有何区别与联系?
4. 算术平均数与强度相对数有何区别?
5. 在什么情况下需用几何平均数反映被研究现象的集中趋势?
6. 简述算术平均数、中位数、众数三者之间的关系。
7. 什么是标准差系数?为什么有了标准差还要计算标准差系数?
8. 什么是是非标志?其平均数和标准差是什么?
9. 什么是离中趋势指标?它有哪些具体种类?它有何作用?
10. 如何对任意两个总体集中趋势指标的代表性进行比较?

四、计算题

1. 某乡镇所属30个行政村的农户年收入资料如表4.23所示。

表4.23 某乡镇所属30个行政村的农户年收入资料

按农户年收入分组	行政村数(个)	各组农户占农户总数
5 000元以下	3	10%
5 000～10 000元	3	10%
10 000～15 000元	6	20%
15 000～20 000元	9	30%
20 000～25 000元	6	20%
25 000元以上	3	10%
合　计	30	100%

要求:请计算该乡镇农户的年平均收入。

2. 某地甲、乙两个农贸市场三种主要蔬菜价格及销售额资料如表4.24所示。

表4.24 某地甲、乙两个农贸市场三种主要蔬菜价格及销售额资料

品　种	价　格(元/千克)	销售额(万元)	
		甲市场	乙市场
A	3.0	75.0	37.5
B	2.8	72.8	44.8
C	4.2	42.0	88.2

要求:试计算并比较该地区哪个农贸市场蔬菜平均价格高,并说明原因。

3. 某地区抽样调查职工家庭收入资料如表4.25所示。

表 4.25 职工家庭收入资料

按平均每人月收入分组(元)	职工户数(户)
1 000～2 000	46
2 000～3 000	60
3 000～4 000	90
4 000～5 000	110
5 000～6 000	75
6 000～7 000	85
7 000～8 000	36
8 000～9 000	14

要求：

(1) 计算职工家庭平均每人月收入(用算术平均数公式)。

(2) 依下限公式计算确定中位数和众数。

(3) 简要说明其分布特征。

4. 某公司所属三个工厂计划完成程度相对指标如表 4.26 所示。

表 4.26 某公司所属三个工厂计划完成程度相对指标

工厂	计划完成程度	实际产值(万元)
A	95%	1 140
B	105%	13 440
C	120%	2 400
合计	—	16 980

要求:试计算该公司平均计划完成程度。

5. 某工厂生产某种零件,要经过四道工序,各道工序的合格率分别为 98%、95%、92%、90%。

要求:试计算该零件的平均合格率。

6. 某厂三个车间一季度生产情况如下：

一车间实际产量为 180 件,完成计划 90%;二车间实际产量 250 件,完成计划 100%;三车间实际产量 315 件,完成计划 105%。三个车间产品产量的平均计划完成程度为 $98.33\%\left(\frac{90\%+100\%+105\%}{3}\right)$。

另外,一车间产品单位成本为 20 元/件,二车间产品单位成本为 18 元/件,三车间产品单位成本 16 元/件,则三个车间平均单位成本为 18 元/件$\left(\frac{20+18+16}{3}\right)$。

要求:请分析上述平均指标的计算是否正确,如不正确,请说明理由并改正。

7. 已知甲班"统计学"课程期末考试成绩如表 4.27 所示。

表 4.27　甲班“统计学”课程期末考试成绩

按开始成绩分组	人数(人)
60 分以下	4
60～70 分	15
70～80 分	30
80～90 分	16
90 分以上	5
合计	70

又知乙班“统计学”课程期末考试平均成绩为 78 分，标准差为 12 分。

要求：试比较甲、乙两个班“统计学”课程平均考试成绩代表性的高低。

8. 某厂有甲、乙两个工人班组，每个班组有 10 名工人，每个班组每个工人的月生产量记录如下：

甲班组：20、40、60、70、80、100、120、70、55、25

乙班组：67、68、69、70、71、72、73、70、75、65

要求：

(1) 计算甲、乙两个班组工人该月平均每人产量。

(2) 计算全距、平均差、标准差及标准差系数，并比较甲乙两个班组的该月平均每人产量的代表性。

第五章　时间数列

教学目标

知识目标

1. 掌握时间数列的概念与种类。
2. 掌握各种水平和速度指标的计算方法。
3. 了解长期趋势、季节变动的测定。

技能目标

1. 具备正确编制时间数列的基本能力。
2. 具备计算各种水平指标和速度指标的能力。
3. 具备从数量方面研究社会经济现象发展趋势的技能。

走进统计

明年的商品房平均销售价格大约是多少

商品房平均销售价格是指一个城市各地区、各类商品房的平均成交价格。它是反映房价变化情况的主要指标,国家统计局定期公布这类数据。商品房平均销售价格是一个绝对数,反映了某一时期、某个地区总体房价的平均水平,可以用于各地区之间的横向比较。虽然它能反映总体房价的水平,但却不能简单地用它来反映房价的涨跌情况,因为价格包含了住宅的区域、品质、环境等结构因素。例如,近年来商品房品质逐步提升,特别是装修、环境等品质有了明显改善,这些因素都可能反映在价格的变化中。表 5.1 反映了湖北省 2000—2017 年的商品房平均销售价格的变化情况。

表 5.1　湖北省 2000—2017 年的商品房平均销售价格

年份	商品房平均销售价格(元)	年份	商品房平均销售价格(元)
2000 年	1 368	2004 年	1 671.67
2001 年	1 363	2005 年	2 263.26
2002 年	1 456	2006 年	2 555.66
2003 年	1 506	2007 年	3 053.12

（续上）

（续表）

年份	商品房平均销售价格(元)	年份	商品房平均销售价格(元)
2008 年	3 001	2013 年	5 266
2009 年	3 532	2014 年	5 513
2010 年	3 743	2015 年	5 863
2011 年	4 486.39	2016 年	6 724
2012 年	5 042.79	2017 年	7 675

（资料来源：国家统计局。）

提问：

(1) 从商品房平均销售价格这个数列中，你能获得什么信息？

(2) 哪年的商品房平均销售价格增长幅度最大？哪年的商品房平均销售价格增长速度最快？

(3) 能否依据现有数据来预测未来的商品房平均销售价格？

参考答案

第一节　时间数列概述

一、时间数列的概念

时间数列又称动态数列或时间序列，是把反映某一现象的同一指标在不同时间上的取值，按时间的先后顺序排列所形成的一个数列。

时间数列包括现象所属的时间和统计指标在一定时间条件下的数值两个构成要素。现象所属的时间可长可短，可以以日为时间单位，也可以以年为时间单位，甚至更长。例如，根据某公司近几年销量数据的统计资料编制时间数列，如表 5.2 所示。

表 5.2　某上市公司近年销量数据统计资料

年份	2015 年	2016 年	2017 年	2018 年
销售量(万件)	510	593	623	690
销售量增长率	—	16%	5%	11%
平均价格(元)	50	58	62	75

二、时间数列的分类

根据指标形式的不同，时间数列可分为总量指标时间数列、相对指标时间数列和平均指标时间数列三类。

(一) 总量指标时间数列

总量指标时间数列又称绝对数时间数列，是指由一系列同类的总量指标数值所构成的时间数列。例如,表 5.2 中第 2 行“销售量”,就是一个总量指标时间数列。总量指标时间数列反映事物在不同时间上的规模、水平等总量指标,又分为时期数列和时点数列。

1. 时期数列

在总量指标时间数列中,若数列指标反映的是社会经济现象在一段时间内发展过程的总量,这个数列就是时期数列。

时期数列有以下三个特点:

(1) 时期数列中各项指标值反映现象在一段时期内发展过程的总量。

(2) 时期数列中指标数值的大小与其对应的时期长短密切相关。

(3) 各项指标值随着现象的发展连续登记,指标值可以相加,相加后的指标值反映现象在更长时期内发展过程的总量。

2. 时点数列

在总量指标时间数列中,若数列指标反映的是社会经济现象在某一时点上的总量水平,这个数列就是时点数列。

时点数列有以下三个特点:

(1) 时点数列中各项指标值反映现象在一定时点上的发展状况。

(2) 各项指标值的大小与其时点间隔的长短没有直接关系。

(3) 各项指标值只能按时点所表示的瞬间进行非连续登记,指标值相加没有实际经济意义,不能直接相加。

(二) 相对指标时间数列

相对指标时间数列是指由一系列同类的相对指标数值所构成的时间数列。它反映社会经济现象数量对比关系的发展过程。由于各期相对指标的对比基数不同,所以各项指标数值不能直接相加。例如,表 5.2 中第 3 行“销售增长率”,就是一个相对指标时间数列。

(三) 平均指标时间数列

时间数列中的统计指标若为平均指标,则该数列为平均指标时间数列。它可以反映社会经济现象一般发展水平的发展变化过程。例如,表 5.2 中第 4 行“平均价格”,就是一个平均指标时间数列。

三、时间数列的编制原则

编制时间数列的目的,在于通过数列中各项指标值对比,说明社会经济现象的发展过程和规律性。因此,为了保证同一时间数列中指标值的可比性,即数列中前后各项指标值可以相互比较,时间数列的编制应遵守以下几个基本原则。

(一) 时间的可比性

对于时期数列,时期长短应该一致。由于时期数列数值的大小,与时期长短成正比。时期愈长指标值愈大;反之,则愈小。因此,时期数列中各项指标值所属的时期长短应该前后一致,才能进行对比;如果时期长短不同,应进行必要的调整。

对于时点数列,时间间隔最好相等。由于时点数列指标值的大小与时点间隔的长短没有直接关系,理论上时点间隔可以不一致,但是为了便于对比分析,时点间隔也应力求一致。

(二) 空间的可比性

在进行时间数列分析时,要查明所依据的指标值所包括的地区范围、隶属关系范围等是否前后一致。只有范围一致才能对比;如有变动,应进行必要调整。

例如,某市在编制近 10 年 A 区常住人口的时间数列时,发现该市 1 年前将 A 区的部分地块划到了 B 区。那么最后 1 年统计得到的 A 区人口数实际上是没有包括划到 B 地块的人口数,而前 9 年的统计结果却是包括的,因此,必须对此做出适当的调整,以保证空间的可比性。

(三) 指标口径的可比性

指标口径是指指标所代表的经济内容的内涵。一般来说,只有同质的现象才能进行动态对比,才能表明现象发展变化的过程及趋势。在经济分析中,经常存在着这样一种情况,有些指标从指标名称上看,在不同时间上它并没有什么变化,但随着时间的推移,其经济内容却发生了很大的变化。

例如,国家统计局于 2012 年 12 月 1 日起统一城镇和农村居民收入指标口径。老口径对城镇居民按"可支配收入"统计,对农村居民按"纯收入"统计。新口径农村居民收入指标统一改为按可支配收入统计。那么在编制农村居民收入指标的时间数列时,需要对 2012 年前与 2012 年后的指标数值进行调整,统一指标口径,才能做对比分析。

(四) 指标的计算方法和计量单位方面的可比性

指标的计算方法和计量单位应该一致。各个指标的计算方法如果不一致,不便于动态对比。指标数值的计量单位也应该一致;否则,也不可比。

四、时间数列的四类影响因素

影响时间数列的因素可以归纳为长期趋势、季节变动、循环变动、不规则变动四类。

(一) 长期趋势

长期趋势是指社会经济现象由于受到某些决定性因素的作用,在一段较长时间内持续向上或向下运动的态势,在统计学中常记作 T。例如,在近几年的经济发展过程中,房价在较长时间内存在着持续上涨的趋势。

(二) 季节变动

季节变动是指客观现象因受自然条件、社会风俗习惯等原因的影响,在一个日历年度内完成的周期性波动,在统计学中常记作 S。在商业销售活动过程中,常常会有"销售旺季"或"销售淡季"的术语,这些术语表明产品的销量是受到季节影响的。季节变动并不仅仅指代 1 年中的四季,它可以指代任何一种周期性的变化。

(三) 循环变动

循环变动又称周期性波动,是指现象在 1 年以上时间内出现涨落相间的波动,在统计学中常记作 C。周期性的活动通常是由商业和经济活动引起的。不同于趋势变动,它不是朝着同一个方向的变化,而是有涨有落的交替变动;不同于季节变动,季节变动通常有固定的变化规律,周期大多数情况下是 1 年,而循环变动则没有固定的规律,且周期多在 1 年以上,周期长短不一。

(四) 不规则变动

不规则变动是指社会经济现象受临时的、偶然的因素或不明原因而引起的无规则、无周期变动,在统计学中常记作 I。

从上面的描述可以看出,时间数列的影响因素分为四类,即长期趋势 (T),季节变动 (S)、循环变动(C)、不规则变动(I)。时间数列中某一个指标的每一个取值是上述四类因素共同影响的结果。按照四种因素对时间数列的影响方式不同，时间数列可分解为乘法模型和加法模型两种，两者的表现形式如下：

乘法模型：$y = T \times S \times C \times I$

加法模型：$y = T + S + C + I$

五、时间数列的分析方法

(一) 描述分析法

描述分析法是指通过计算一系列时间数列分析指标（包括发展水平、发展速度）来揭示现象的发展状况和发展变化程度的方法。

(二) 构成要素分解法

构成要素分解法是指将时间数列看作是由长期趋势、季节变动、循环变动和不规则变动四类因素构成，通过对这些因素的分解分析，揭示现象随时间变化而演变的规律，并在揭示这些规律的基础上，假定事物今后的发展趋势遵循这些规律，以作为未来预测依据的方法。

时间序列分析

第二节　水平分析指标

将时间数列中的各个指标值进行比较分析，可以对现象的发展变化有一定的了解，但是缺乏对发展变化的具体定量分析。为了更好地揭示出现象动态发展变化的数字特征，需要在编制时间数列的基础上，计算一系列的水平指标。

时间数列的水平指标有发展水平、平均发展水平、增长量与平均增长量四种。

一、发展水平

发展水平 (a_i) 是指时间数列中某一指标的各项指标数值。它反映某种社会经济现象在一定时期或时点所达到的规模和水平，通常用 a_i 表示。

a_0，a_1，a_2，…，a_n 表示时间数列中各个时期或时点的发展水平。发展水平是最基本的动态分析指标。发展水平可以是总量指标、相对指标或平均指标。

发展水平按照其在时间数列中的不同位置可以分为最初发展水平、中间发展水平和最末发展水平。处于时间数列中第一期的指标数值，称为最初发展水平 (a_0)；处于时间数列最后一期的指标数值，称为最末发展水平(a_n)；处于第一期和最后一期之间的指标数值，称为中间发展水平。在做动态指标比较分析时，将作为对比基准期的时期称为基期，其指标值也相应地被称为基期发展水平；将用以分析研究的时期称为报告期，其指标值被称为报告期发展水平。

如表 5.3 所示，某公司 2015 年职工的月平均工作量是 1 230 件，称其为该数列的最初发展水平；2018 年的职工月平均工作量是 1 563 件，称其为该数列的最末发展水平。若将 2018 年职工的月平均工作量与 2015 年的做对比分析，则 2015 年是基期，2018 年是报告期。

最初发展水平、最末发展水平、基期水平和报告期水平并不是固定不变的，而是随着研究目的和时间的变化而变化。发展水平一般用文字“发展到”“增加到”“降低到”“减少到”等来表述。

表 5.3　某公司近年职工月平均工作量统计资料

年份	2015 年	2016 年	2017 年	2018 年
职工月平均工作量(件)	1 230	1 356	1 479	1 563

小思考

如何对表 5.3 中所呈现的信息进行表述？

参考答案

二、平均发展水平

平均发展水平是指将时间数列中不同时间的发展水平加以平均而得到的平均数，又称序时平均数或动态平均数。它是将时间数列中各个时间上的指标数值消除其差异化所计算出的平均数，可以反映现象在某一个时期内的一般发展水平。

平均发展水平与一般平均数都反映现象的一般水平，但两者之间却有区别：一般平均数是根据同一时期总体标志总量与总体单位总量对比得到的，是根据变量数列计算的，从静态上说明在某个具体的时间，总体某个数量标志的一般水平；平均发展水平则是根据时间数列中不同时间指标值的总和与时间项数对比得到，是根据时间数列计算的，从动态上说明某一现象在不同时间数值的一般水平。

在动态指标分析过程中，计算平均发展水平能够分析社会经济现象的动态变化，可以反映社会经济现象在一段时间内达到的一般水平；可以消除经济现象在短期内波动的影响，便于观察其趋势和规律；可以对时间长短不等的时期数列指标进行对比。

时间数列中指标的性质不同，平均发展水平的计算方法也不同。下面分别介绍不同时间数列的平均发展水平的计算方法。

(一) 总量指标时间数列的平均发展水平

总量指标时间数列分为时期数列和时点数列，其性质和特点不同，因而其平均发展水平的计算方法也不相同。

1. 时期数列的平均发展水平

时期数列各项指标值的时间间隔一般相等，其指标数值的大小与时间的长短联系紧密，可以直接用简单算术平均法来计算平均发展水平。计算公式为：

$$\bar{a}=\frac{a_1+a_2+a_3+\cdots+a_n}{n}=\frac{\sum a}{n}$$

式中：$\bar{a}$—— 平均发展水平；

a—— 各期指标数值；

n ——时期项数。

[**例 5.1**]　某公司 4 月份的净收益为 1 588 万元，5 月份的净收益为 1 558 万元，6 月份的净收益为 1 753 万元，求该公司月平均净收益。

解： $$\bar{a}=\frac{\sum a}{n}=\frac{1\ 588+1\ 558+1\ 753}{3}=1\ 633(\text{万元})$$

2. 时点数列的平均发展水平

由于不可能掌握现象发展过程中每一时点上的数字，只能间隔一段时间后统计其余额。所以时点数列在计算平均发展水平时存在这样的假设：假定在某一时间间隔内现象的增减变动比较均匀或波动不大，从而可以用$\frac{\text{期初水平}+\text{期末水平}}{2}$代表这一段时间间隔之内的一般水平，如图 5.1 所示。

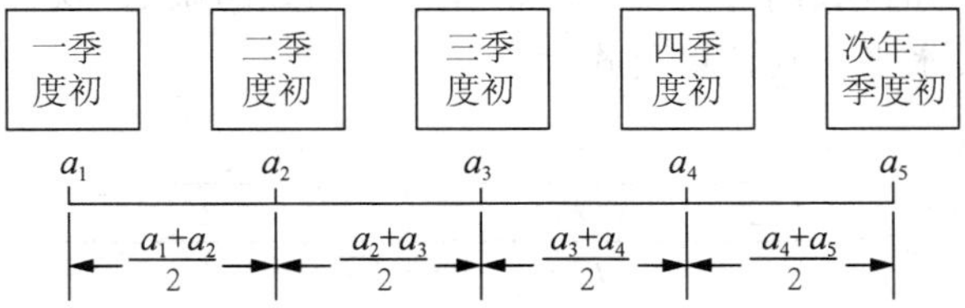

图 5. 1 时点数列的平均发展水平

时点数列中两个指标值之间总存在着一定的时间间隔。根据时间间隔的特征，时点数列又分为间隔相等的时点数列和间隔不等的时点数列。其计算平均发展水平的方法也不同。

1) 间隔相等的时点数列

当掌握间隔相等的各期期末或期初资料时，可以采用下述公式计算：

$$\bar{a}=\frac{\frac{a_1+a_2}{2}+\frac{a_2+a_3}{2}+\cdots+\frac{a_{n-1}+a_n}{2}}{n-1}$$

$$=\frac{\frac{a_1}{2}+a_2+a_3+\cdots+a_{n-1}+\frac{a_n}{2}}{n-1}$$

［**例 5. 2**］ 某企业月末员工人数资料如表 5.4 所示，计算各月和第一季度的平均员工人数。

表 5.4 某企业月末工人数资料

月份	12 月	1 月	2 月	3 月
月末职工人数(人)	156	206	246	326

解： 1 月平均员工人数$=\frac{156+206}{2}=181$(人)

2 月平均员工人数$=\frac{206+246}{2}=226$(人)

3 月平均员工人数$=\frac{246+326}{2}=286$(人)

第一季度平均员工人数$=\frac{181+226+286}{3}=231$(人)

将上述计算过程合并，计算第一季度平均员工人数为：

$$\bar{a}=\frac{\frac{156+206}{2}+\frac{206+246}{2}+\frac{246+326}{2}}{4-1}=231(\text{人})$$

以上是对间隔相等的时间数列计算平均发展水平的方法，也称首末折半法。这种方法假定两个时点之间的指标数值是均匀变化的，但实际中均匀变化的状态是非常少的，所以计算的结果只是个近似值。

2）间隔不相等的时点数列

当时间间隔不相等时，我们可以采用加权算术平均数的做法，以时间间隔长短 t_i 作为权数，计算加权平均发展水平。其计算公式为：

$$\bar{a}=\frac{\frac{a_1+a_2}{2}t_1+\frac{a_2+a_3}{2}t_2+\cdots+\frac{a_{n-1}+a_n}{2}t_{n-1}}{t_1+t_2+\cdots+t_{n-1}}$$

［例 5.3］ 某仓库某年的库存量资料如表 5.5 所示，试计算全年的月平均库存量。

表 5.5 某仓库某年的库存量资料

月份	1 月初	4 月初	7 月初	12 月末
库存量(吨)	200	245	360	205

解：全年的月平均库存量为：

$$\bar{a}=\frac{\frac{200+245}{2}\times 3+\frac{245+360}{2}\times 3+\frac{360+205}{2}\times 6}{12}=272.5(\text{吨})$$

（二）相对指标时间数列和平均指标时间数列的平均发展水平

相对指标和平均指标都属于派生指标，是由两个总量指标对比形成的。由于各相对数或平均数的分母不同，所以不能直接将不同时间的相对指标和平均指标相加计算平均发展水平，而应该根据时期数列和时点数列平均发展水平的求法，分别计算构成相对指标或平均指标的分子项和分母项的平均发展水平，然后再将它们对比求出相对指标或平均指标的平均发展水平。其计算公式为：

$$\bar{c}=\frac{\bar{a}}{\bar{b}}$$

式中：$\bar{a}$—— 分子数列的平均发展水平；

$\bar{b}$—— 分母数列的平均发展水平；

$\bar{c}$ ——相对指标或平均指标数列的平均发展水平。

如果分子项或分母项是时期指标，则按照时期指标的计算方法计算平均发展水平；如果分子项或分母项是时点指标，则按照时点指标的计算方法计算。

［例 5.4］ 某企业产值和工人人数的资料如表 5.6 所示，请计算第二季度工人月平均劳动生产率。

表 5.6 某企业产值和工人人数的资料

月份	3月	4月	5月	6月
月末职工人数(人)	850	830	870	880
总产值(万元)	1 090	1 086	1 098	1 080

解:劳动生产率是一个相对指标,等于总产值除以工人人数。将每月的总产值除以相应月份的月平均工人人数①,可得到各月的劳动生产率,构建的相对指标时间数列如表 5.7 所示。

表 5.7 某企业工人劳动生产率的资料

月份	3月	4月	5月	6月
劳动生产率(万元/人)	—	1.29	1.29	1.23

现在要计算第二季度工人月平均劳动生产率,即 4 月、5 月、6 月的月平均劳动生产率,并不能直接用(1.29+1.29+1.23)÷3 求得,因为相对指标不能直接相加。因此,应采用 $\bar{c}=\dfrac{\bar{a}}{\bar{b}}$ 的做法,分别求分子与分母的平均发展水平,再进行对比。

首先,计算总产值的月平均数 $\bar{a}$:

$$\bar{a}=\frac{1\,086+1\,098+1\,080}{3}=1\,088\ (\text{万元})$$

其次,计算工人人数的月平均数 $\bar{b}$:

$$\bar{b}=\frac{\dfrac{850+830}{2}+\dfrac{830+870}{2}+\dfrac{870+880}{2}}{3}=\frac{\dfrac{850}{2}+830+870+\dfrac{880}{2}}{3}$$

$$=855(\text{人})$$

最后,计算工人月平均劳动生产率 $\bar{c}$:

$$\bar{c}=\frac{\bar{a}}{\bar{b}}=\frac{1\,088}{855}=1.272\,5(\text{万元}/\text{人})$$

计算结果表明,该企业第二季度工人月平均劳动生产率为 1.272 5 万元/人。

三、增长量

增长量是指时间数列中报告期发展水平与相比较的基期发展水平之差。其计算公式为:

$$\text{增长量}=\text{报告期发展水平}-\text{基期水平}$$

$$\Delta a_i=a_i-a_0$$

① 4 月的平均工人人数=(850+830)÷2=840(人),5 月的平均工人人数=(830+870)÷2=850(人),6 月的平均工人人数=(870+880)÷2=875(人)。

或：

$$\Delta a_i = a_i - a_{i-1}$$

增长量反映了某种经济现象报告期相比基期增加或减少的绝对数量。一般而言，分析的目的不同，选择的基期也就不同。因此，根据基期的不同，增长量可以分为逐期增长量和累计增长量。

（一）逐期增长量

逐期增长量是指在时间数列中报告期发展水平与其前一期发展水平的差值。说明了现象在一段时间内逐期增加或减少的数量。其公式为：

$$a_1 - a_0,\ a_2 - a_1,\ \cdots,\ a_n - a_{n-1}$$

（二）累计增长量

累计增长量是指在时间数列中报告期发展水平与某一固定基期发展水平的差值。说明现象在一段时间内累计增加或减少的数量。其公式为：

$$a_1 - a_0,\ a_2 - a_0,\ \cdots,\ a_n - a_0$$

（三）逐期增长量和累计增长量的关系

1. 累计增长量等于各对应逐期增长量之和

$$a_n - a_0 = (a_1 - a_0) + (a_2 - a_1) + \cdots + (a_n - a_{n-1})$$

2. 逐期增长量等于相邻两期的累计增长量之差

$$a_n - a_{n-1} = (a_n - a_0) - (a_{n-1} - a_0)$$

［**例 5.5**］ 根据某公司工业总产值的发展水平，计算增长量指标，如表 5.8 所示。

表 5.8　某公司产值增长量计算表

分析指标＼年份	2015 年	2016 年	2017 年	2018 年
发展水平：工业总产值（万元）	500	584	623	678
逐期增长量（万元）	—	84	39	55
累计增长量（万元）	—	84	123	178

从表 5.8 可以看出，2016 年绝对增长量最高，达到 84 万元；2017 年最低，仅 39 万元。相较于 2015 年，2018 年的产值增长了 178 万元。

四、平均增长量

平均增长量是指时间数列中各逐期增长量的平均发展水平。它说明某现象在一段时期内平均每期增加或减少的数量，一般用简单算术平均法计算。其计算公式为：

$$\Delta a = \frac{(a_1 - a_0) + (a_2 - a_1) + \cdots + (a_n - a_{n-1})}{n}$$

$$= \frac{a_n - a_0}{n}$$

根据表 5.8 中的资料,可以计算平均增长量:

$$\Delta a = \frac{678-500}{3} = \frac{178}{3} = 59.33(\text{万元})$$

计算结果表明,2015—2018 年,该公司工业总产值平均每年增长 59.33 万元。

第三节 速度分析指标

一、发展速度

发展速度是反映社会经济现象发展变化的相对指标,是时间数列中两个不同时期发展水平指标对比的结果。它表示报告期的发展水平为基期的几倍或百分之几。计算结果一般用倍数或百分数表示。其计算公式为:

$$\text{发展速度} = \frac{\text{报告期发展水平}}{\text{基期发展水平}}$$

根据对比的基期不同,发展速度可以分为定基发展速度和环比发展速度两种。

(一) 定基发展速度

定基发展速度是将报告期发展水平与某一固定基期水平相比所得到的相对数。它说明社会经济现象在一段时间内总的发展方向和速度,即报告期水平是固定基期水平的多少倍或百分之多少。其计算公式为:

$$\text{定基发展速度}:\frac{a_1}{a_0},\ \frac{a_2}{a_0},\ \frac{a_3}{a_0},\ \cdots,\ \frac{a_n}{a_0}$$

(二) 环比发展速度

环比发展速度是将报告期发展水平同与之相邻的前一期发展水平相比所得到的相对数。它说明社会经济现象逐期的发展方向和速度,即报告期水平是上一期的多少倍或百分之多少。其计算公式为:

$$\text{环比发展速度}:\frac{a_1}{a_0},\ \frac{a_2}{a_1},\ \frac{a_3}{a_2},\ \cdots,\ \frac{a_n}{a_{n-1}}$$

(三) 定基发展速度和环比发展速度之间的数量关系

(1) 相邻若干个环比发展速度的连乘积等于最后一期的定基发展速度。计算公式为:

$$\frac{a_n}{a_0} = \frac{a_1}{a_0} \times \frac{a_2}{a_1} \times \frac{a_3}{a_2} \times \cdots \times \frac{a_n}{a_{n-1}}$$

(2) 相邻定基发展速度之比等于环比发展速度。计算公式为:

$$\frac{a_n}{a_{n-1}} = \frac{a_n}{a_0} \div \frac{a_{n-1}}{a_0}$$

[例 5.6] 根据某公司工业总产值的发展水平,计算速度分析指标,如表 5.9 所示。

表 5.9　发展速度计算表

分析指标＼年份	2015 年	2016 年	2017 年	2018 年
发展水平:工业总产值(万元)	400	550	620	760
定基发展速度	—	137.5%	155.0%	190.0%
环比发展速度	—	137.5%	112.7%	122.6%

二、平均发展速度

各期的环比发展速度不同,表明了现象的发展速度有快有慢。为了把握现象在一定时期内的一般发展速度,就需要计算平均发展速度,即计算环比发展速度的平均数。其计算公式为:

$$\bar{x}=\sqrt[n]{\frac{a_1}{a_0}\times\frac{a_2}{a_1}\times\frac{a_3}{a_2}\times\cdots\times\frac{a_n}{a_{n-1}}}=\sqrt[n]{\frac{a_n}{a_0}}$$

［例 5.7］　某公司总产值 2018 年为 800 亿元,规划于 2028 年达到 30 000 亿元。那么,这 10 年中平均每年的发展速度必须等于多少,才能够实现目标?

解:　$\bar{x}=\sqrt[n]{\frac{a_n}{a_0}}=\sqrt[10]{\frac{30\ 000}{800}}=143.7\%$

则在这 10 年中,每年的发展速度达到 143.7%,2028 年才能够达到目标。

三、增长速度

增长量是报告期水平相对基期水平增减的绝对水平;增长速度则是报告期水平相对基期水平增减的相对程度。其计算公式为:

$$\text{增长速度}=\frac{\text{增长量}}{\text{基期发展水平}}=\frac{\text{报告期发展水平}-\text{基期发展水平}}{\text{基期发展水平}}$$

$$=\frac{\text{报告期发展水平}}{\text{基期发展水平}}-1=\text{发展速度}-1$$

(1) 当发展速度大于 1 时,增长速度为正值,表明现象增长的程度。

(2) 当发展速度小于 1 时,增长速度为负值,表明现象减慢的程度。

增长速度由于选取的基期不同,又可以分为定基增长速度和环比增长速度。计算公式如下:

$$\text{定基增长速度}:\frac{a_1-a_0}{a_0},\ \frac{a_2-a_0}{a_0},\ \cdots,\ \frac{a_n-a_0}{a_0}$$

或:

$$\frac{a_1}{a_0}-1,\ \frac{a_2}{a_0}-1,\ \cdots,\ \frac{a_n}{a_0}-1$$

$$\text{环比增长速度}:\frac{a_1-a_0}{a_0},\ \frac{a_2-a_1}{a_1},\ \cdots,\ \frac{a_n-a_{n-1}}{a_{n-1}}$$

或:

$$\frac{a_1}{a_0}-1,\ \frac{a_2}{a_1}-1,\ \cdots,\ \frac{a_n}{a_{n-1}}-1$$

［例 5.8］　某县玉米产量连年增长,2015 年比 2014 年增长了 5%,2016 年比 2015 年增长了 8%,2017 年比 2016 年增长了 10%。试问该县 2014 年以来,这 3 年玉米产量的增长速度如何?

解：　2017年相较于2014年的发展速度＝(1＋5%)×(1＋8%)×(1＋10%)＝124.7%

2017年相较于2014年的增长速度＝124.7%－1＝24.7%

计算结果表明，该县3年来的玉米产量共增长了24.7%。

四、平均增长速度

平均增长速度是各个环比增长速度的平均数，但是它不能根据各环比增长速度直接计算，而是应该根据发展速度和增长速度的关系，先计算平均发展速度，再通过减1(或减100%)来计算。计算公式为：

$$\text{增长速度} = \text{发展速度} - 1$$
$$\text{平均增长速度} = \text{平均发展速度} - 1$$

［例5.9］　承［例5.8］，该县3年来玉米产量共增长了24.7%，试问3年中平均每年的增长速度为多少？

解：
$$\text{平均每年的增长速度} = \sqrt[3]{24.7\% + 100\%} - 100\% = 7.64\%$$

计算结果表明，该县3年来的玉米产量平均每年增长了7.64%。

五、增长1%绝对值

通常，在对经济现象进行研究时，基数大，发展速度慢；基数小，发展速度快。所以高速度可能会掩盖低水平，低速度可能会掩盖高水平。因此对现象进行动态分析时，需要既看速度，又看水平，才能避免研究结果的片面性。

斯大林在分析经济增长相对程度与绝对增长量的关系时，最早提出了“增长1%绝对值”指标，即每增长一个百分点而增加的绝对数量。它将水平分析和速度分析相结合，为逐期增长量与环比增长速度之比。计算公式如下：

$$\text{增长1\%绝对值} = \frac{\text{逐期增长量}}{\text{环比增长速度(\%)} \times 100} = \frac{a_i - a_{i-1}}{\dfrac{a_i - a_{i-1}}{a_{i-1}} \times 100} = \frac{a_{i-1}}{100}$$

因此，增长1%绝对值又可表示为基期水平除以100。

［例5.10］　湖北省2007—2017年商品房平均销售价格如表5.10所示。请结合水平指标与速度指标，说明这10年来湖北省的房价情况。

表5.10　湖北省2007—2017年商品房销售平均价格

年份	商品房平均销售价格(元)	年份	商品房平均销售价格(元)
2007年	3 053.12	2013年	5 266
2008年	3 001.00	2014年	5 513
2009年	3 532.00	2015年	5 863
2010年	3 743.00	2016年	6 724
2011年	4 486.39	2017年	7 675
2012年	5 042.79		

解：计算各项水平分析指标与速度分析指标，如表 5.11 所示。

表 5.11　指标计算表

年份	商品房平均销售价格(元)	逐期增长量(元)	累计增长量(元)	环比发展速度(%)	定基发展速度(%)	环比增长速度(%)	定基增长速度(%)	增长 1%绝对值(元)
2007 年	3 053.12	—	—	—	—	—	—	—
2008 年	3 001.00	−52.12	−52.12	98.29	98.29	−1.71	−1.71	30.53
2009 年	3 532.00	531.00	478.88	117.69	115.68	17.69	15.68	30.01
2010 年	3 743.00	211.00	689.88	105.97	122.60	5.97	22.60	35.32
2011 年	4 486.39	743.39	1 433.27	119.86	146.94	19.86	46.94	37.43
2012 年	5 042.79	556.40	1 989.67	112.40	165.17	12.40	65.17	44.86
2013 年	5 266.00	223.21	2 212.88	104.43	172.48	4.43	72.48	50.43
2014 年	5 513.00	247.00	2 459.88	104.69	180.57	4.69	80.57	52.66
2015 年	5 863.00	350.00	2 809.88	106.35	192.03	6.35	92.03	55.13
2016 年	6 724.00	861.00	3 670.88	114.69	220.23	14.69	120.23	58.63
2017 年	7 675.00	951.00	4 621.88	114.14	251.38	14.14	151.38	67.24

$$平均增长量 = \frac{4\ 621.88}{10} = 462.19(元)$$

$$平均发展速度 = \sqrt[10]{251.38\%} = 109.66\%$$

$$平均增长速度 = 109.66\% - 100\% = 9.66\%$$

首先，分析水平与速度的平均指标。从上述数据可以看出，湖北省的房价在 2007—2017 年这 10 年间，以平均每年 462.19 元的涨幅上升，平均增长速度达到 9.66%。

其次，以 2007 年为基期，分析 10 年来的增长量与增长速度。2017 年的房价比 2007 年增长了 4 621.88 元，增长速度高达 151.38%，翻了一倍不止。

再次，以与之相邻的前一期为基期，分析增长量与增长速度。10 年来仅 2008 年房价出现小幅度下降，其他年份均为上涨。2017 年涨幅最大，高达 951 元。2011 年增长速度最快，达到 19.86%，其次是 2009 年达到 17.69%。

最后，分析增长 1%绝对值。2017 年增长 1%绝对值最高，达到 67.24 元，意味着每增长一个百分点，房价平均上涨 67.24 元。尽管 2011 年的增长速度最快，但结合绝对数来看，2017 年湖北省房价的形势是最不乐观的。

发展速度与增长速度

第四节　长期趋势测定

现象在相当长的时期内，受某些因素的影响，会呈现持续增长或不断下降的趋势。长期趋势的测定，则是指通过运用一定的数学变换方法，将原始的时间数列数据，加工成一个新的趋势值数列，以揭示出现象发展变化的趋势。

分析时间数列的长期趋势，能够描述社会经济现象在较长时期内发展变化的基本状态，以便进一步研究发展变化的规律；能够为预测事物未来的发展情况提供依据；能够为研究季节变动时消除长期趋势的影响提供依据。

测定长期趋势的方法很多，常见的有扩大间隔法、移动平均法和最小平方法。

全球人口趋势

一、扩大间隔法

当时间数列中的各指标数值上下波动，使现象变化规律不明显时，我们可以通过扩大数列中时间间隔的方法来计算较大时距单位的数据，以反映现象发展变化的趋势。

[例 5.11]　表 5.12 是某公司设备台数的时间数列，请运用扩大间隔法测定其发展变化趋势。

表 5.12　某公司设备台数的时间数列

月份	1 月	2 月	3 月	4 月	5 月	6 月	7 月	8 月	9 月	10 月	11 月	12 月
设备台数(台)	60	62	73	65	67	72	73	61	73	68	78	65

解： 根据表 5.12 绘制折线图，如图 5.2 所示。

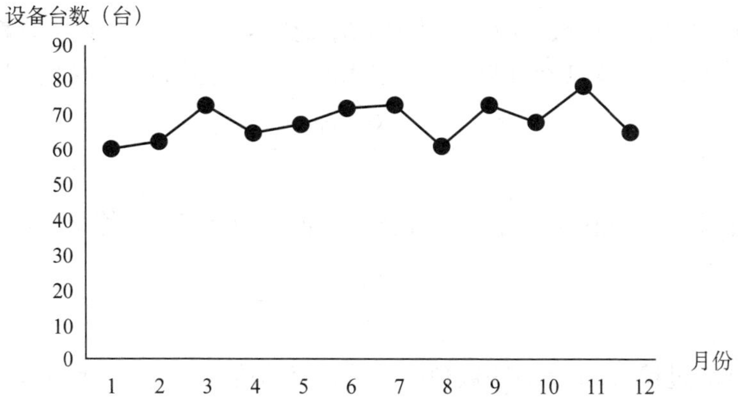

图 5.2　设备台数的散点图

由图 5.2 可知，各月设备台数的时间数列，呈现出不明显的数据变化规律，所以需要对其进行加工。通过扩大间隔的方法，以 1 个季度(3 个月)为新的时间间隔，将各月数据相加，得到新的时间数列，如表 5.13 所示。

表 5.13　扩大间隔后计算的设备台数

季度	1 季度	2 季度	3 季度	4 季度
设备台数(台)	195	204	207	211

根据表 5.13 绘制折线图，如图 5.3 所示。可见，扩大间隔后能更清楚地发现数据波动的增长趋势。

在对长期趋势进行测定时，需注意同一数列前后的时距单位应当一致。时间间隔的长短，应当以时距扩大后的数列能够正常反映长期趋势为准。以月、季为时距单位的数列，扩大为以年为时距单位，可以消除季节变动的影响。

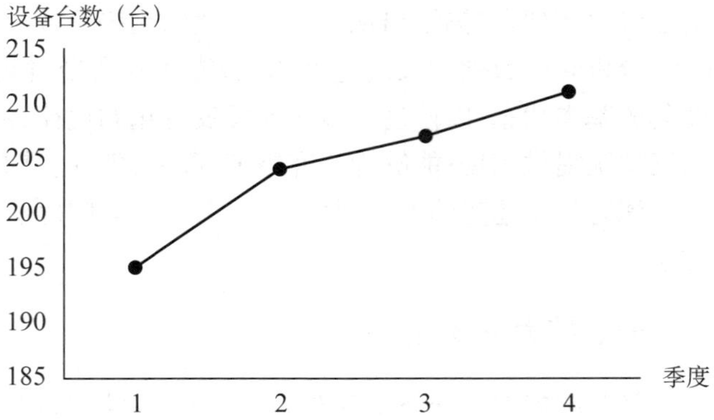

图 5.3　扩大间隔后的散点图

扩大间隔法虽然计算比较简便，但是由于时间间隔扩大后，新数列的数据项减少，可能不利于对未来的现象进行预测分析，不能满足消除长期趋势、分析季节变动和循环变动的需要。

二、移动平均法

移动平均法是指通过扩大时间数列的时间间隔，并按一定间隔长度逐期移动，分别计算出一系列的移动平均数的方法。这些平均数所形成的新的时间数列对原数列的波动起到修匀的作用，削弱了原时间数列中季节变动、循环变动及短期偶然因素的影响，从而呈现出现象发展变化的趋势。

假设对一个 10 年的时间数列做 3 项移动平均，时间数列中每一年的指标数值用 Y_i 表示，移动平均值用 MA 表示。第 1 个 3 年平均可以用前 1～3 年指标数值的和除以 3 计算得到：

$$MA(3)=\frac{Y_1+Y_2+Y_3}{3}$$

第 2 个 3 年移动平均值可以用 2～4 年指标数值的和除以 3 计算得到：

$$MA(3)=\frac{Y_2+Y_3+Y_4}{3}$$

继续这个计算过程，直到将时间数列中最后 3 年的值（即 8～10 年）相加后除以 3，得到最后 3 年的移动平均值：

$$MA(3)=\frac{Y_8+Y_9+Y_{10}}{3}$$

计算年度的时间数列数据时，所选取的时间间隔应该尽量选择奇数，这样移动平均值正好对在时间间隔的中点，如第一个移动平均值，应对在第二年。因此，计算 3 年时间间隔的移动平均值，不能得到第一年和最后一年的移动平均值。

综上所述，移动平均数的计算需注意以下问题：

（1）从时间数列的第一项数值开始计算，求移动项数内的平均数，逐项移动，逐项平均，直到最终数据完成。

（2）时间间隔项 N 尽量用奇数。如果用奇数项平均，计算一次就能够得到移动平均趋势值；如果用偶数项平均，移动平均值对在中间两个时间的中点，则需要两次移动平均才能得到移动平均趋势值。例如,对一个 10 年的时间数列做 4 项移动平均,第一个移动平均数应对在第 2、第 3 年的中点,所以不能一次性地得到趋势值。而应对得到的移动平均数再做一次 2 项移动平均,使趋势值与时间对上,才能得到最终的移动平均趋势值。

(3) 时间间隔 N 的选取,与现象发展的周期和周期长度相关。若现象以四个季度为周期变化,那么 N 应取 4。N 取值较大,则移动平均呈现的长期趋势较好,但是会损失部分有效信息;N 取值较小,则可能得到的趋势效果较差。在实际应用过程中,我们应该针对具体情况对 N 取值。

[例 5.12] 根据表 5.14 中 2008—2016 年早稻产量,运用移动平均法测定早稻产量的长期趋势。

表 5.14 移动平均法示例表 单位:万吨

年份	早稻产量	3 年移动平均	5 年移动平均
2008 年	3 159.51	—	—
2009 年	3 335.49	3 209.56	—
2010 年	3 133.68	3 248.20	3 246.622
2011 年	3 275.43	3 246.04	3 297.420
2012 年	3 329.00	3 339.31	3 310.562
2013 年	3 413.50	3 381.23	3 357.566
2014 年	3 401.20	3 394.47	3 358.000
2015 年	3 368.70	3 349.17	—
2016 年	3 277.60	—	—

(资料来源:国家统计局网站。)

解:根据表 5.14 绘制折线图,如图 5.4 所示。

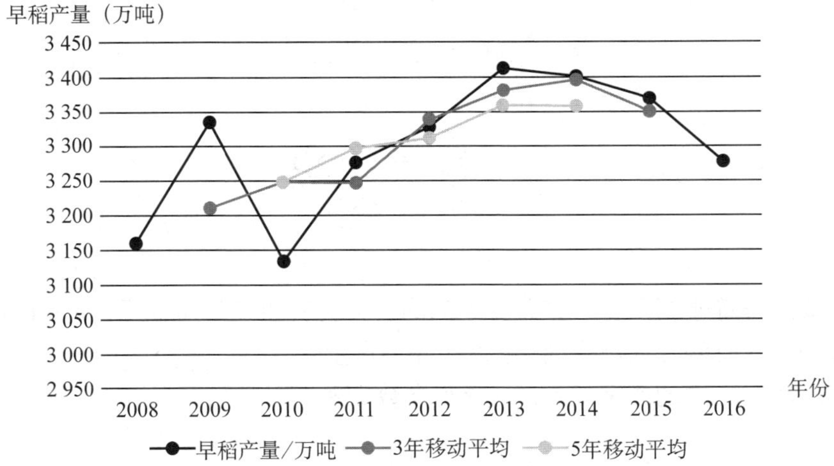

图 5.4 2008—2016 年早稻产量的 3 年和 5 年移动平均值

从原数列可以大致看出,我国的早稻产量尽管在某些年份有些下降,但从长期观察看总的趋势是逐步上升了。从 3 年和 5 年移动平均得到的新数列,能更明显地看出早稻产量长期向上的发展趋势。

三、最小平方法

对时间数列做趋势研究，除了可以更好地发现现象发展变化的趋势外，还可以借由趋势对未来做预测分析。最小平方法是最常用的趋势确定的方法，既适用于线性趋势预测，也适用于非线性趋势预测。这里只介绍运用最小平方法做线性趋势预测。

最小二乘法

线性趋势是指现象数据随着时间的推移呈现持续上升或下降的线性变化规律。如果这种趋势能够延续下去，则可以对未来的数据进行预测。

当现象的发展按照线性趋势变化时，可以用下列趋势方程来描述：

$$\hat{Y}=a+bt$$

式中：$\hat{Y}$—— 时间数列中指标值 Y 的预测值；

t—— 时间序号；

a—— 趋势线在 Y 轴上的截距；

b ——斜率。

在趋势方程中，a 和 b 是未知数，需要通过最小平方法（最小二乘法）求得。

最小平方法要求满足以下两个基本条件：

$$\begin{cases}\sum(Y-\hat{Y})^2=\text{最小值}\\ \sum(Y-\hat{Y})=0\end{cases}$$

其中，Y 为实际值，$\hat{Y}$ 为预测值。

将 $\hat{Y}=a+bt$ 代入上面两个基本条件中，根据数学分析中的极值原理，用偏微法可得到计算趋势方程中 a 和 b 两个参数所需的标准方程：

$$\begin{cases}\sum Y=na+b\sum t\\ \sum tY=a\sum t+b\sum t^2\end{cases}$$

求解得到：

$$\begin{cases}b=\dfrac{n\sum tY-\sum t\sum Y}{n\sum t^2-\left(\sum t\right)^2}\\ a=\bar{Y}-b\bar{t}\end{cases}$$

[例 5.13] 某企业近年来生产某种产品的有关资料如表 5.15 所示，试分析资料中反映的长期趋势的拟合模型，并预测该企业 2022 年的产量。

解： 将表 5.15 中的数字代入公式求得参数 a 和 b：

$$\begin{cases}b=6.4\\ a=32.96\end{cases}$$

所求得拟合直线趋势方程为：

$$\hat{Y}=32.96+6.4t$$

将各年的序数值 t 代入到拟合方程，可以得到各年产品产量的趋势值。根据趋势值绘制折线图,如图 5.5 所示。

如果预测 2022 年的产量,则将时间 $t=15$ 代入方程,2022 年的年产量预测值为:

$$Y_{2022}=32.96+6.4\times15=128.96(\text{万件})$$

表 5.15　最小平方法趋势直线计算表

年份	时间 t	产品产量(万件) Y	tY	t^2	$\hat{Y}$
2008 年	1	37	37	1	39.4
2009 年	2	42	84	4	45.8
2010 年	3	53	159	9	52.2
2011 年	4	63	252	16	58.6
2012 年	5	67	335	25	65.0
2013 年	6	73	438	36	71.4
2014 年	7	79	553	49	77.8
2015 年	8	82	656	64	84.2
2016 年	9	91	819	81	90.6
2017 年	10	97	970	100	97.0
2018 年	11	101	1 111	121	103.4
合计	66	785	5 414	506	—

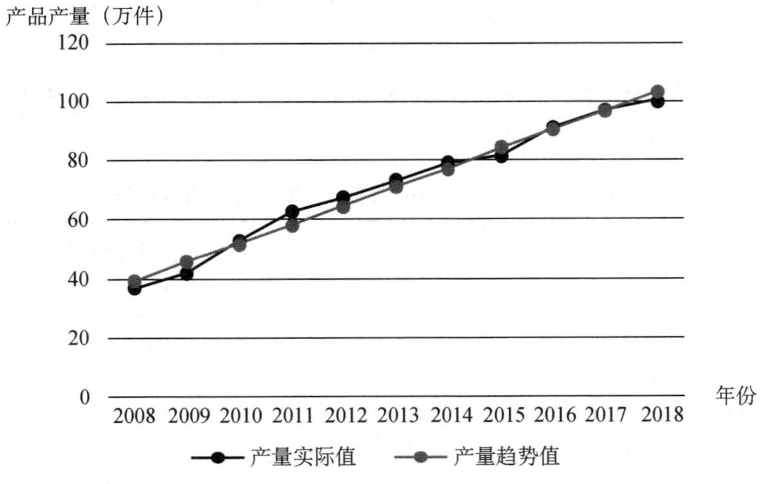

图 5.5　2008—2018 年产品实际产量和产量趋势值对比图

第五节　季节变动测定

季节变动是指某些社会经济现象,由于受自然因素和社会条件、人们的消费习惯的影响,在 1 年之内或更短的周期内,随着季节的变化而引起的一种有规律的变动。在现实生活中,季节变动是一种常见的现象。例如,农业生产中蔬菜和水果的生产量、食品生产中不同种类食品的产量、工业生产中的服装类型等,都受到外部环境和季节的影响而形成有规则的周期性变动。

季节变动有以下三个特征：

(1) 按照一定的周期进行，是有规律的变动。

(2) 每年会重复进行。

(3) 每个周期的变动程度大体相同。

测定季节变动通常有两种方法：按月(季)平均法和剔除长期趋势法。

一、按月(季)平均法

按月(季)平均法是指当现象不存在长期趋势或长期趋势不明显的情况下，测定季节变动的一种方法。该方法对月份或季节的历史数据，计算其季节比率，用以反映现象季节变动的方向和程度。

季节比率是指在一个年度内某一月份或季度的数值占全年平均数值的大小。如果现象没有季节变动，则季节比率为100%；如果某个月份或季节存在季节变动，则季节比率应该大于或小于100%。

计算季节比率的步骤如下：

(1) 计算各年同月(季)的平均数。

(2) 计算全期各月(季)的总平均数。

(3) 计算季节比率。计算公式为：

$$\text{季节比率}=\frac{\text{各月(季)平均数}}{\text{全期各月(季)总平均数}}$$

[例5.14] 以某公司2013—2017年各季的销售额(万元)资料为例，说明计算季节比率的计算过程(见表5.16)。

表5.16 某公司2013—2017年各季季节比率的计算

年份 季度	2013年 (1)	2014年 (2)	2015年 (3)	2016年 (4)	2017年 (5)	5年同季销售额合计 (6)=(1)+(2)+(3)+(4)+(5)	季平均数 (7)=(6)÷5	季节比率
1	110.3	113.6	115.2	115.0	115.5	569.6	113.9	107.9%
2	102.3	108.6	108.7	110.1	110.1	539.8	108.0	102.2%
3	96.1	97.1	97.3	98.5	98.8	487.8	97.6	92.4%
4	98.3	103.6	104	104.3	105.0	515.2	103.0	97.6%
全年	407	422.9	425.2	427.9	429.4	2112.4	105.6	100.0%

季节比率是以百分数表示各季(月)水平比全期总水平(100%)高或低的程度，即季节变动的一般规律。在上述数据中，可以发现第三季度的销售额最低，仅为总平均水平的92.4%；第一季度的销售额最高，达到总平均水平的107.9%。可以认为，第一、第二季度为旺季，第三、第四季度为淡季。

时间序列——去季节性因素

二、剔除长期趋势法

剔除长期趋势法就是在现象具有明显的长期趋势的情况下，测定季节变动的方法。其基本过程是先运用移动平均法剔除长期趋势，然后再运用按月(季)平均法计算季节变差或季节比率测定季节变动程度。因此，这种方法事实上是移动平均法和按月(季)平均法的综合应用。

以表 5.16 的资料为例，计算过程如下。

(一) 采用四项移动平均法，求出趋势值

由于采用偶数平均，必须两次移动才能够得到趋势值 $\hat{Y}$，如表 5.17 所示。

表 5.17 移动平均求得趋势值表

年份	季度	销售额 Y(万元)	四项移动平均	二次移正得趋势值 $\hat{Y}$
2013 年	1	110.3	—	—
	2	102.3	101.8	—
	3	96.1	102.6	102.2
	4	98.3	104.2	103.4
2014 年	1	113.6	104.4	104.3
	2	108.6	105.7	105.1
	3	97.1	106.1	105.9
	4	103.6	106.2	106.1
2015 年	1	115.2	106.2	106.2
	2	108.7	106.3	106.3
	3	97.3	106.3	106.3
	4	104.0	106.6	106.4
2016 年	1	115.0	106.9	106.8
	2	110.1	107.0	106.9
	3	98.5	107.1	107.0
	4	104.3	107.1	107.1
2017 年	1	115.5	107.2	107.1
	2	110.1	107.4	107.3
	3	98.8	—	—
	4	105.0	—	—

(二) 从所得到的原数列中，剔除长期趋势值

由于时间数列可分解为加法模型和乘法模型两种，所以剔除长期趋势的方法也有两种，分别是减法和除法。如果采用加法模型，则用减法剔除；如果采用乘法模型，则用除法剔除，如表 5.18 所示。

表 5.18　移动平均趋势剔除法

年份 (1)	季度 (2)	销售额(万元) Y (3)	趋势值 (4)	剔除趋势值 $Y-\hat{Y}$ (5)=(3)−(4)	 $Y\div\hat{Y}$ (6)=(3)÷(4)
2013 年	1	110.3	—	—	—
	2	102.3	—	—	—
	3	96.1	102.2	−6.1	0.940 7
	4	98.3	103.4	−5.1	0.951 0
2014 年	1	113.6	104.3	9.3	1.089 4
	2	108.6	105.1	3.5	1.033 7
	3	97.1	105.9	−8.8	0.916 7
	4	103.6	106.1	−2.5	0.976 1
2015 年	1	115.2	106.2	9.0	1.085 0
	2	108.7	106.3	2.5	1.023 1
	3	97.3	106.3	−9.0	0.915 5
	4	104	106.4	−2.4	0.977 2
2016 年	1	115	106.8	8.3	1.077 3
	2	110.1	106.9	3.2	1.029 6
	3	98.5	107.0	−8.5	0.920 2
	4	104.3	107.1	−2.8	0.973 9
2017 年	1	115.5	107.1	8.4	1.078 1
	2	110.1	107.3	2.8	1.026 5
	3	98.8	—	—	—
	4	105	—	—	—

(三) 如果采用的是加法模型,则计算季节变差

将各季的 $Y-\hat{Y}$ 的数据重新排列,如表 5.19,分别计算各季的平均数,即为季节变差(SV)。四个季度的季节变差之和应等于 0,如果不等于 0,则应将不为 0 的余数平均分摊到各季平均数之上。

在本例中,四个季度的季节变差之和为 0.45[8.75+3.00+(−8.10)+(−3.20)],因此校正数为 0.112 5(0.45÷4),最终调整后的季节变差 (SV) 应为各季的平均数减去 0.112 5(见表 5.19)。

表 5.19　季节变差 SV 计算过程

季度 年份	1	2	3	4
2013 年	—	—	−6.10	−5.10
2014 年	9.30	3.50	−8.80	−2.50

（续表）

季度 / 年份	1	2	3	4
2015 年	9.00	2.50	−9.00	−2.40
2016 年	8.30	3.20	−8.50	−2.80
2017 年	8.40	2.80	—	—
合计	35.0	12.0	−32.4	−12.8
平均数	8.75	3.00	−8.10	−3.20
校正数	0.112 5	0.112 5	0.112 5	0.112 5
季节变差（*SV*）	8.637 5	2.887 5	−8.212 5	−3.312 5

（四）如果采用的是乘法模型，则计算季节比率

将各季的 $Y \div \hat{Y}$ 的数据重新排列，如表 5.20 所示，分别计算各季的平均数，即为季节比率（*SI*）。

表 5.20　季节比率 SI 的计算过程

季度 / 年份	1	2	3	4
2013 年	—	—	94.07	95.10
2014 年	108.94	103.37	91.67	97.61
2015 年	108.50	102.31	91.55	97.72
2016 年	107.73	102.96	92.02	97.39
2017 年	107.81	102.65	—	—
合计	433.0	411.3	369.3	387.8
平均数	108.244	102.819	92.328	96.955
校正比率	0.999 136	0.999 136	0.999 136	0.999 136
季节比率（*SI*）	108.15	102.73	92.25	96.87

四个季度的季节比率之和应该等于 400%。如果是月度资料则比率应该是 1 200%。但是在本例中，四个季度的季节比率之和是 400.346（108.244＋102.819＋92.328＋96.955），所以需要对数据进行校正。校正比率为 0.999 136（400÷400.346），用此校正比率分别乘以各个季度的平均数，则得到最终调整后的季节比率（*SI*），这样四个季度的季节比率之和为 400%。

季节性分析

本 章 小 结

1. 时间数列是指将某种现象某一个统计指标在不同时间上的各个数值，按时间先后顺序排列而形成的数列。它包括总量指标时间数列(绝对数时间数列)、相对指标时间数列和平均指标时间数列。

2. 影响时间数列的因素可以归纳为长期趋势、季节变动、循环变动、不规则变动。按照四种因素对时间数列的影响方式不同，时间数列可分解为乘法模型和加法模型两种。

3. 时间数列的水平分析指标有：发展水平、平均发展水平、增长量与平均增长量四种。发展水平是指时间序列中某一指标的各项指标数值；平均发展水平是将时间数列中不同时间的发展水平加以平均而得到的平均数；增长量是指报告期发展水平与相比较的基期发展水平之差；平均增长量是指时间数列中各逐期增长量的平均数。

4. 时间数列的速度分析指标有发展速度、平均发展速度、增长速度与平均增长速度四种。发展速度是时间数列中两个不同时期发展水平指标对比的结果；平均发展速度是一段时期内各环比发展速度的平均数；增长速度则是报告期水平相对基期水平增减的相对程度；平均增长速度是各个环比增长速度的平均数，用平均发展速度－1来计算。

5. 增长1%绝对值是时间数列的水平与速度分析相结合的指标，为逐期增长量与环比增长速度之比，又可表示为基期水平除以100。

6. 长期趋势测定的方法有扩大间隔法、移动平均法和最小平方法。

7. 季节变动测定的方法有按月(季)平均法和剔除长期趋势法。

趣味阅读

利用百度指数进行趋势分析

百度指数作为一款基于百度网民搜索行为的数据分析工具，一方面可以对关键词搜索趋势进行分析，另一方面可以深度挖掘舆情信息、市场需求、用户画像等多方面的数据特征。

关键词的搜索趋势是百度指数最核心也最基本的功能，通过观察搜索指数的高低，人们可以判断该关键词(如品牌词、明星名人、热点事件等)最近一段时间(或不同地域、不同终端等)的关注热度，进而分析原因，帮助决策。大体上，搜索趋势可分为以下几种。

1. 周期型搜索趋势

周期型搜索趋势又可分为以周、月、年为周期的趋势变化。由于这类词的搜索行为具有周期性，因此可以预测未来搜索趋势或者对比历史同期水平。例如，“快乐大本营”某周的收视指数高于以往是因为请了某些明星还是做了哪些宣传？“双十一”的搜索指数今年不增反降是由于品牌认知接近饱和吗？

（续上）

如“百度指数”“简书”这类词的趋势是以周为周期的，且在周末降为波谷（见图5.6）；“快乐大本营”“酷狗音乐”这类词则在周末升为波峰（见图5.7）。原因是前者多为工作性质的关键词（用户多在工作日搜索），后者多为娱乐性质的关键词（用户多在周末搜索）。

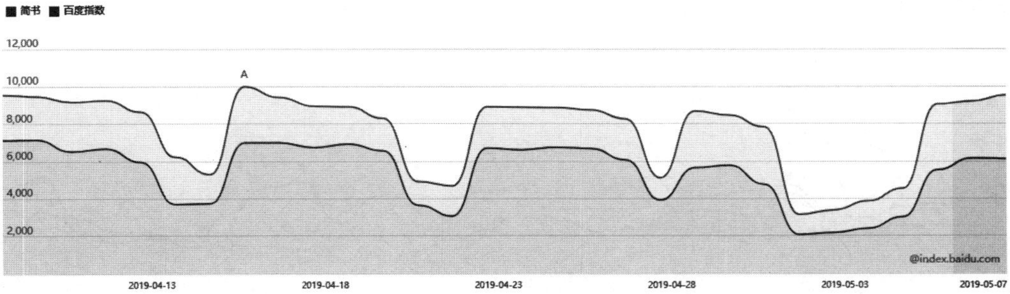

图5.6 “百度指数”“简书”百度指数搜索结果

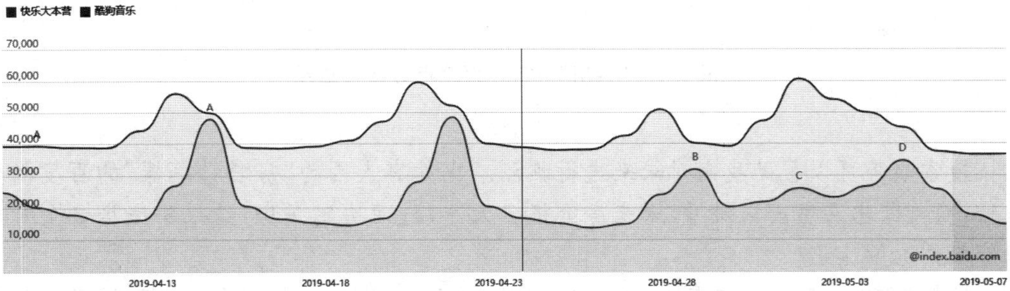

图5.7 “快乐大本营”“酷狗音乐”百度指数搜索结果

2. 突发型搜索趋势

突发型搜索趋势的关键词多为一些新流行的网络热词、热点事件、近期上映的剧、电影等，这类关键词的特点是前期指数较低或指数为0（未被收录），某个时间点突然陡增（或被自动收录），后又迅速下降至较低水平，在趋势图上留下一个尖尖的波峰。这类关键词我们可以通过趋势图来判断其热度大小及热点周期。

例如，2019年4月“奔驰女车主哭诉维权”的视频在网络大火，“奔驰”的搜索在4月出现了明显的小高峰，之后就迅速回落（见图5.8）。

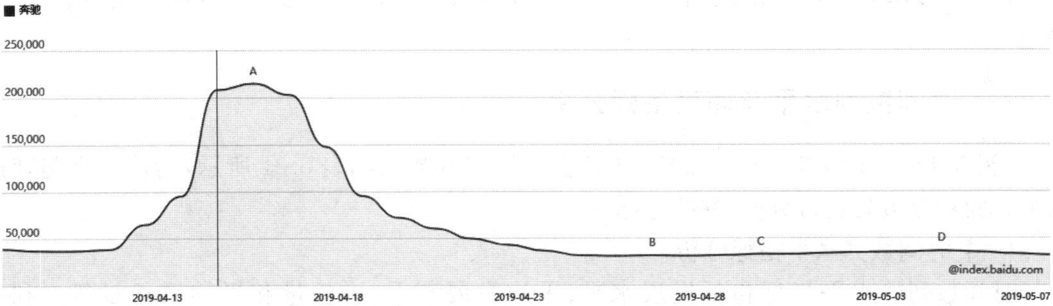

图5.8 “奔驰”百度指数搜索结果

（续上）

3. 不定型搜索趋势

这类关键词的搜索行为没有明显的规律，但指数的高低起伏间往往有着更深层次的原因（如宣传推广、国家政策、竞品影响、时间季节、作弊等），如“买房”“买车”等关键词（见图 5.9）。

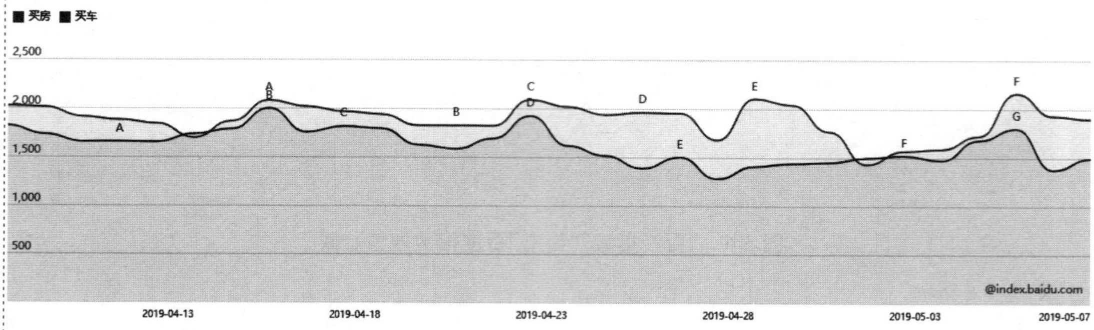

图 5.9　“买房”“买车”百度指数搜索结果

搜索趋势可以帮助我们对未来进行预测。比如有人因为“房贷计算器”的百度指数暴涨，而判断出买房需求激增，未来房价将会大涨，进而决定买房，结果买完房 2 个月后房价真的大幅上涨。

（资料来源：焦金珂.如何更有针对性地利用百度指数进行数据分析[EB/OL].(2016-12-20)[2019-07-08].http://www.sohu.com/a/122123486_355145.）

实训项目：Excel 在时间数列分析中的应用

【**实训目标**】　培养学生应用 Excel 计算时间数列分析指标的能力。

培养学生应用 Excel 测定长期趋势、季节变动的能力。

培养学生正确解读指标内涵、进行综合表达的能力。

【**实训内容**】　时间数列水平与速度指标分析、长期趋势测定、季节变动测定、循环变动测定。

一、时间数列水平与速度指标分析

［**例 5.15**］　武汉市 2002—2011 年社会平均工资数据如表 5.21 所示，请从水平与速度两个方面对该数列进行分析，并陈述结论。

（一）时间数列水平指标分析

时间数列的水平指标包括发展水平、平均发展水平、增长量和平均增长量等。利用 Excel 计算各项指标的步骤如下：

表 5.21 武汉市 2002—2011 年社会平均工资 单位:元

年份	平均月工资	年份	平均月工资
2002 年	1 035.17	2007 年	2 077.67
2003 年	1 170.00	2008 年	2 435.75
2004 年	1 335.33	2009 年	2 780.00
2005 年	1 533.75	2010 年	3 095.58
2006 年	1 750.08	2011 年	3 537.67

(1) 在 Excel 表格中输入各年份的平均月工资,如图 5.10 所示。

	A	B	C
1	年份	平均月工资	
2	2002	1035.17	
3	2003	1170	
4	2004	1335.33	
5	2005	1533.75	
6	2006	1750.08	
7	2007	2077.67	
8	2008	2435.75	
9	2009	2780	
10	2010	3095.58	
11	2011	3537.67	
12			

图 5.10 武汉市 2002—2011 年平均月工资

(2) 计算逐期增长量:在 C3 单元格中输入公式"=B3-B2",并用鼠标拖拽复制公式至 C4:C11 单元格区域。

(3) 计算累计增长量:在 D3 单元格中输入公式"=B3-$B$2",并用鼠标拖拽复制公式至 D4:D11 单元格区域。

(4) 计算平均增长量:在 E11 单元格中输入公式"=D11/(2011-2002)"。

计算结果如图 5.11 所示。

	A	B	C	D	E
1	年份	平均月工资	逐期增长量	累积增长量	平均增长量
2	2002	1035.17			
3	2003	1170	134.83	134.83	
4	2004	1335.33	165.33	300.16	
5	2005	1533.75	198.42	498.58	
6	2006	1750.08	216.33	714.91	
7	2007	2077.67	327.59	1042.5	
8	2008	2435.75	358.08	1400.58	
9	2009	2780	344.25	1744.83	
10	2010	3095.58	315.58	2060.41	
11	2011	3537.67	442.09	2502.5	278.06

图 5.11 增长量计算结果

(二) 时间数列速度指标分析

时间数列的速度指标包括环比发展速度、环比增长速度、定基发展速度、定基增长速度、平均增长速度等。我们可再新建一表格，将原时间数列复制过来。利用 Excel 计算各项指标的步骤如下：

（1）计算环比发展速度：在 C3 单元格中输入公式“＝B3/B2”，并用鼠标拖拽复制公式至 C4：C11 单元格区域。

（2）计算环比增长速度：在 D3 单元格中输入公式“＝C3－100％”，并用鼠标拖拽复制公式至 D4：D11 单元格区域。

（3）计算定基发展速度：在 E3 单元格中输入公式“＝B3/＄B＄2”，并用鼠标拖拽复制公式至 E4：E11 单元格区域。

（4）计算定基增长速度：在 F3 单元格中输入公式“＝E3－100％”，并用鼠标拖拽复制公式至 F4：F11 单元格区域。

（5）计算平均增长速度：在 G11 单元格中输入公式“＝POWER(E11，1/9)－100％”。

（三）增长 1%绝对值

计算增长 1％绝对值：在 H3 单元格中输入公式“＝B2/100”，并用鼠标拖拽复制公式至 H4：H11 单元格区域。计算结果如图 5.12 所示。

	A	B	C	D	E	F	G	H
1	年份	平均月工资	环比发展速度	环比增长速度	定基发展速度	定基增长速度	平均增长速度	增长1%绝对值
2	2002	1035.17						
3	2003	1170.00	113.02%	13.02%	113.02%	13.02%		10.35
4	2004	1335.33	114.13%	14.13%	129.00%	29.00%		11.70
5	2005	1533.75	114.86%	14.86%	148.16%	48.16%		13.35
6	2006	1750.08	114.10%	14.10%	169.06%	69.06%		15.34
7	2007	2077.67	118.72%	18.72%	200.71%	100.71%		17.50
8	2008	2435.75	117.23%	17.23%	235.30%	135.30%		20.78
9	2009	2780.00	114.13%	14.13%	268.55%	168.55%		24.36
10	2010	3095.58	111.35%	11.35%	299.04%	199.04%		27.80
11	2011	3537.67	114.28%	14.28%	341.75%	241.75%	14.63%	30.96

图 5.12　发展速度与增长速度计算结果

（四）绘制时间序列图，总结陈述

绘制以时间为横轴、以平均工资为纵轴的折线图，插入二维折线图，并选择数据，如图 5.13所示，输出结果如 5.14 所示。

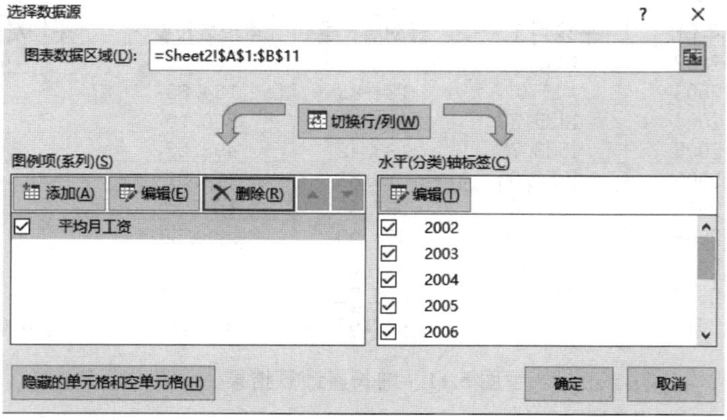

图 5.13　绘制图形选择数据源

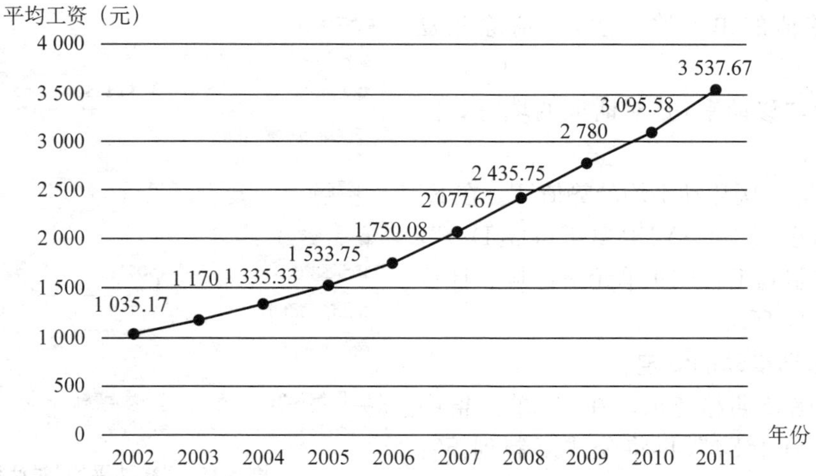

图 5.14 2002—2011 年平均月工资时间数列

根据图 5.14，结合各种水平分析指标与速度分析指标，对 2002—2011 年武汉市平均月工资的情况进行陈述。具体表达类同于［例 5.10］。

三、长期趋势、季节变动、循环变动的测定

［例 5.16］ 根据图 5.15 中企业连续 20 个季度的商品销售资料，测定其长期趋势、季节变动和循环变动。

（一）长期趋势测定

用二次移动平均求出长期趋势值 T。操作步骤如下：

（1）计算四期移动平均趋势值。在 D3 单元格输入公式“＝AVERAGE(C2:C5)”，再将公式复制到 D4:D19 单元格区域。也可以用“移动平均”分析工具，在“数据”菜单选择“数据分析”项，在弹出的“数据分析”对话框的“分析工具”列表中选择“移动平均”，调出“移动平均”对话框（见图 5.16），其主要选项含义如下：

	A	B	C
1	年份	季度	销售额
2	2013	1	110.3
3		2	102.3
4		3	96.1
5		4	98.3
6	2014	1	113.6
7		2	108.6
8		3	97.1
9		4	103.6
10	2015	1	115.2
11		2	108.7
12		3	97.3
13		4	104
14	2016	1	115
15		2	110.1
16		3	98.5
17		4	104.3
18	2017	1	115.5
19		2	110.1
20		3	98.8
21		4	105

图 5.15 企业连续 20 个季度的商品销售资料

输入区域：在此输入待分析数据区域的单元格范围。该区域必须包含四个以上数据单元格的单列组成。

标志位于第一行：如果输入区域的第一行中包含标志项，则选中此复选框；反之，不选该复选框，Excel 将在输出表中生成适宜的数据标志。

间隔：在此输入移动平均的项数 N。默认间隔为 3。

输出区域：在此输入对输出表左上角单元格的引用。此分析工具的输出区域必须与输入区域在同一工作表中。因此，“新工作表”和“新工作簿”选项均不可使用。

图表输出：选择此项可以在输出表中生成一个嵌入直方图。

标准误差：如果要在输出表的一列中包含标准误差值，请选中此复选框；如果只需要没

有标准误差值的单列输出表，则清除此复选框。

本例中，“移动平均”对话框的填写如图 5.16 所示。

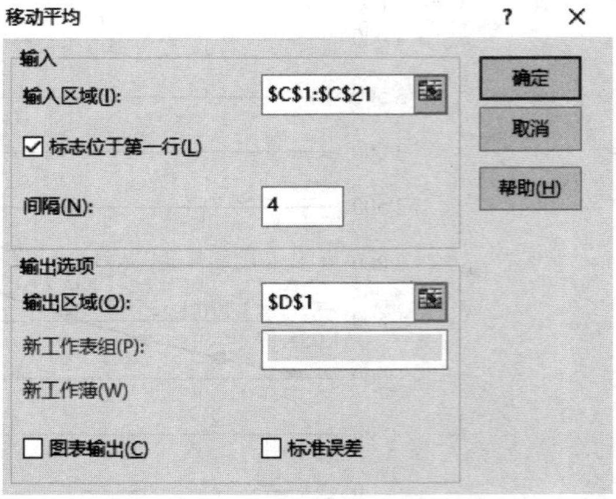

图 5.16 “移动平均”对话框

(2) 计算二次移动平均趋势值 T。在 E4 单元格输入公式“＝AVERAGE(D3:D4)”，再将公式复制到 E5:E19 单元格区域。计算结果如图 5.17 所示。

(二) 季节变动的测定。

(1) 剔除长期趋势值。在 F4 单元格中输入公式“＝C4/E4”，再将公式复制到 F5:F19 单元格区域。

(2) 计算季节指数(比率)。在 G2 单元格中输入公式“＝AVERAGE(F6,F10,F14,F18)/AVERAGE($F4:$F19)＊100”，并将公式复制到 G3 单元格；在 G4 单元格输入公式“＝AVERAGE(F4,F8,F12,F16)/AVERAGE($F$4:$F$19)＊100”，并将公式复制到 G5 单元格。

此时已经计算出季节指数，再用“复制”→“选择性粘贴”→“数值”命令将季节指数的值复制到其他年份。

	A	B	C	D	E	F	G
1	年份	季度	销售额（万元）	四期移动平均	二次移动平均趋势值T	剔除长期趋势值%	季节指数%
2	2013	1	110.3	-	-	-	108.1506
3		2	102.3	101.8	-	-	102.7301
4		3	96.1	102.6	102.2	94.0658	92.2485
5		4	98.3	104.2	103.4	95.1022	96.8708
6	2014	1	113.6	104.4	104.3	108.9427	108.1506
7		2	108.6	105.7	105.1	103.3670	102.7301
8		3	97.1	106.1	105.9	91.6686	92.2485
9		4	103.6	106.2	106.1	97.6092	96.8708
10	2015	1	115.2	106.2	106.2	108.5001	108.1506
11		2	108.7	106.3	106.3	102.3059	102.7301
12		3	97.3	106.3	106.3	91.5549	92.2485
13		4	104	106.6	106.4	97.7214	96.8708
14	2016	1	115	106.9	106.8	107.7283	108.1506
15		2	110.1	107.0	106.9	102.9573	102.7301
16		3	98.5	107.1	107.0	92.0238	92.2485
17		4	104.3	107.1	107.1	97.3856	96.8708
18	2017	1	115.5	107.2	107.1	107.8054	108.1506
19		2	110.1	107.4	107.3	102.6454	102.7301
20		3	98.8	-	-	-	92.2485
21		4	105	-	-	-	96.8708

图 5.17 “季节变动”计算结果

(三) 循环变动测定。

(1) 剔除季节变动。在 H4 单元格中输入公式“＝F4/G4＊100”，然后将公式复制到 G5:G19 单元格区域。

(2) 进行移动平均(取 3 项)消除不规则变动。在 I5 单元格中输入公式“＝AVERAGE(H4:H6)”，然后将公式复制到 I6:I18 单元格区域。此过程计算的结果是循环变动。计算结果如图 5.18 所示。

	A	B	C	D	E	F	G	H	I
1–2	年份	季度	销售额（万元）	四期移动平均	二次移动平均趋势值T	剔除长期趋势值%	季节指数%	剔除季节变动%	循环变动%
3	2013	1	110.3	-	-	-	108.1506	-	-
4		2	102.3	101.8	-	-	102.7301	-	-
5		3	96.1	102.6	102.2	94.0658	92.2485	101.9700	-
6		4	98.3	104.2	103.4	95.1022	96.8708	98.1742	100.2922
7	2014	1	113.6	104.4	104.3	108.9427	108.1506	100.7324	99.8422
8		2	108.6	105.7	105.1	103.3670	102.7301	100.6201	100.2413
9		3	97.1	106.1	105.9	91.6686	92.2485	99.3714	100.2512
10		4	103.6	106.2	106.1	97.6092	96.8708	100.7623	100.1523
11	2015	1	115.2	106.2	106.2	108.5001	108.1506	100.3232	100.2242
12		2	108.7	106.3	106.3	102.3059	102.7301	99.5871	99.7195
13		3	97.3	106.3	106.3	91.5549	92.2485	99.2481	99.9044
14		4	104	106.6	106.4	97.7214	96.8708	100.8780	99.9119
15	2016	1	115	106.9	106.8	107.7283	108.1506	99.6096	100.2363
16		2	110.1	107.0	106.9	102.9573	102.7301	100.2212	99.8624
17		3	98.5	107.1	107.0	92.0238	92.2485	99.7564	100.1697
18		4	104.3	107.1	107.1	97.3856	96.8708	100.5314	99.9896
19	2017	1	115.5	107.2	107.1	107.8054	108.1506	99.6808	100.0433
20		2	110.1	107.4	107.3	102.6454	102.7301	99.9176	-
21		3	98.8	-	-	-	92.2485	-	-
22		4	105	-	-	-	96.8708	-	-

图 5.18 "循环变动"计算结果

（四）绘制销售额、长期趋势、季节变动、循环变动的折线图。

插入二维折线图，并选择数据，输出结果如图 5.19 至图 5.22 所示。

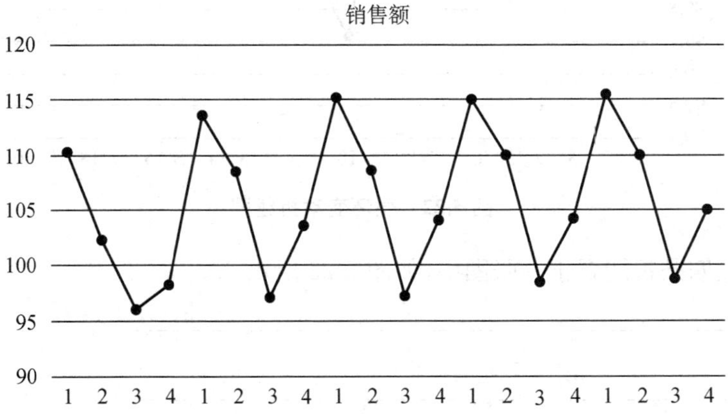

图 5.19 销售额折线图

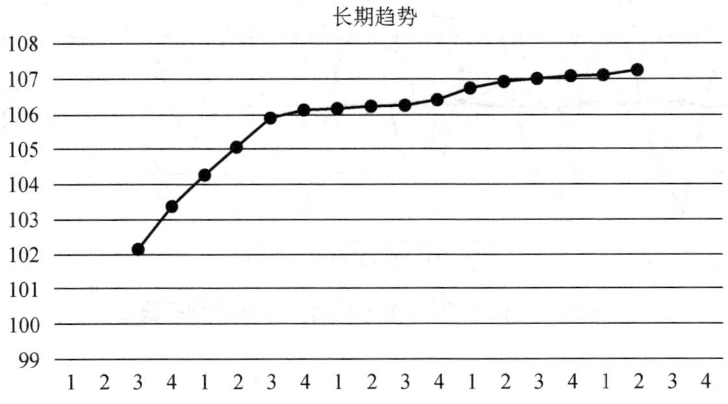

图 5.20 长期趋势折线图

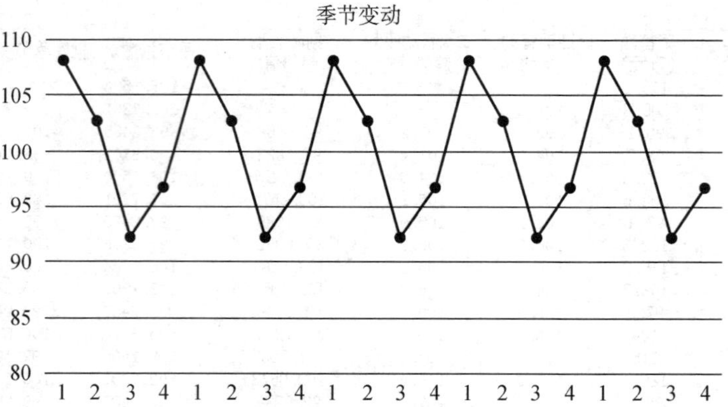

图 5.21　季节变动折线图

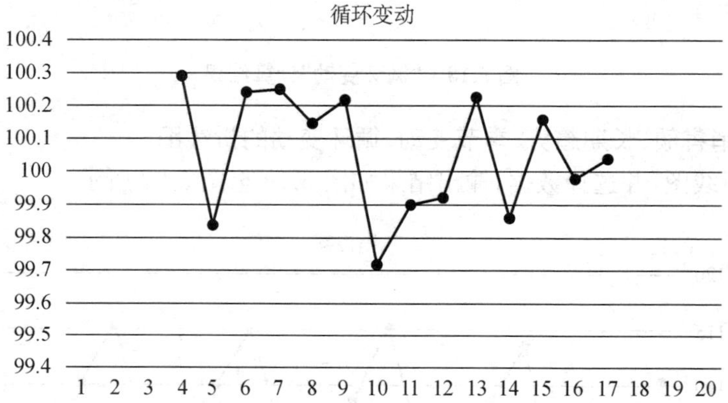

图 5.22　循环变动折线图

如果将以上四条折线置于一张图中,如图 5.23 所示。

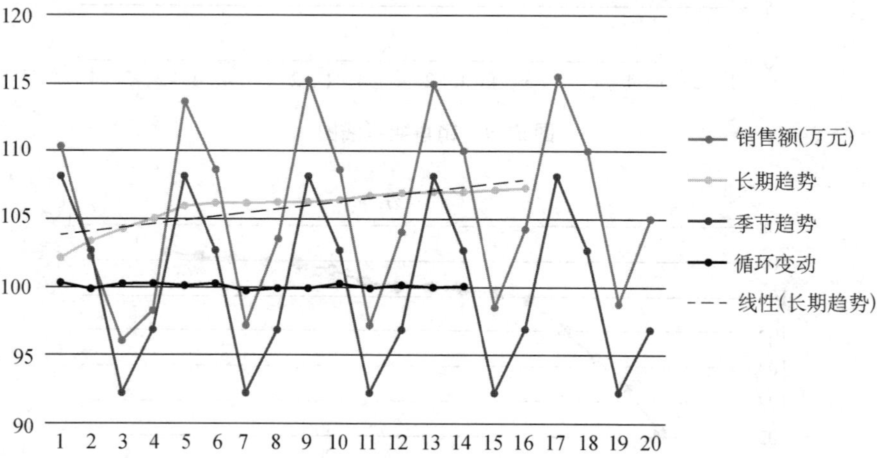

图 5.23　长期趋势、季节趋势和循环变动折线图

【拓展练习】

某公司是一家全国零售连锁商店,销售多种商品,主要包括家用棉织物商品、家具、食品、礼品和保健美容商品等。表 5.22 中的数据显示了该公司在 2005—2018 年年底统计的开店数量。

表 5.22 2005—2018 年年底的开店数量

年份	开店数量	年份	开店数量
2005 年	38	2012 年	241
2006 年	45	2013 年	311
2007 年	61	2014 年	396
2008 年	80	2015 年	519
2009 年	108	2016 年	629
2010 年	141	2017 年	721
2011 年	186	2018 年	809

要求：

(1) 绘制折线图。

(2) 添加线性趋势线并显示公式 ($\hat{Y}=a+bX$)。

(3) 添加二项式趋势线并显示公式 ($\hat{Y}=a+b_1X+b_2X^2$)。

(4) 运用(2)～(3)的预测方程，预测该公司 2019—2020 年的开店数量。

(5) 如何解释(4)中两种预测的差异？你认为应该运用哪种预测？为什么？

课后练习

一、单选题

1. 时间数列在长时期内呈现出来的某种持续向上或持续下降的变动称为(　　)。

A. 趋势　　B. 季节性　　C. 周期性　　D. 随机性

2. 下列数列中，属于时间数列的是(　　)。

A. 学生按学习成绩分组形成的数列

B. 1 个月内每天某一固定时点记录的气温按度数高低排列形成的序列

C. 工业企业按产值高低形成的数列

D. 降水量按时间先后顺序排列形成的数列

3. 某企业的商品销售量每年固定增长 1 万件，则该企业商品销售量的环比增长速度(　　)。

A. 年年下降　　B. 年年增长　　C. 年年不变　　D. 无法判断

4. 某高校 2013—2019 年按年排列的年末在校学生数的时间数列是(　　)。

A. 相对数时间数列　　B. 平均数时间数列

C. 时期数列　　D. 时点数列

5. 下列时间数列中，属于平均指标时间数列的是(　　)。

A. 年末总人口　　B. 出勤率

C. 人均消费水平　　　　　　　　　　D. 人口自然增长率

6. 定基发展速度与环比发展速度之间的关系表现为(　　)。

A. 定基发展速度等于其相应的各个环比发展速度的连乘积

B. 定基发展速度等于其相应的各个环比发展速度之和

C. 定基发展速度等于其相应的各个环比发展速度之商

D. 以上都不对

7. 已知环比增长速度为10.3%、9.6%、7.8%、9.2%,则定基增长速度为(　　)。

A. 10.3%×9.6%×7.8%×9.2%

B. (10.3%×9.6%×7.8%×9.2%)−100%

C. 110.3%×109.6%×107.8%×109.2%

D. (110.3%×109.6%×107.8%×109.2%)−100%

8. 下列等式中,不正确的是(　　)。

A. 发展速度=增长速度+1

B. 定基发展速度=相应各环比发展速度的连乘积

C. 定基增长速度=相应各环比增长速度的连乘积

D. 平均增长速度=平均发展速度−1

9. 假定某产品产量2015年比2010年增长63%,则该产品2010—2015年的平均发展速度为(　　)。

A. $\sqrt[5]{63\%}$　　B. $\sqrt[5]{163\%}$　　C. $\sqrt[6]{63\%}$　　D. $\sqrt[6]{163\%}$

10. 根据各季度商品销售额数据计算的季节指数分别为:一季度120%,二季度80%,三季度100%,四季度103%。不受季节因素影响的是(　　)。

A. 第一季度　　B. 第二季度　　C. 第三季度　　D. 第四季度

二、多选题

1. 下列数列中,属于时点数列的有(　　)。

A. 全国第六次人口普查数　　　　　B. 某省近5年的钢铁产量

C. 某商场各季末商品库存量　　　　D. 某商场2005—2011年商品销售额

E. 某市近3年企业数

2. 编制时间数列应遵循的基本原则有(　　)。

A. 时期长短应该相等

B. 总体范围应该一致

C. 指标的经济内容应该相同

D. 指标的计算方法、计算价格和计量单位应该一致

E. 指标的变化幅度应该一致

3. 用于分析现象发展水平的指标有(　　)。

A. 发展速度　　　　　　　　　　B. 发展水平

C. 平均发展水平　　　　　　　　D. 增长量

E. 平均增长量

4. 下列指标构成的时间数列中,属于时期数列的有(　　)。

A. 全国每年大专院校毕业生人数　　B. 某企业2015年职工人数

C. 某商店各月末商品库存额　　　　D. 某企业职工工资总额

E. 某农场历年年末生猪存栏数。

5. 某公司产品产量 2010 年比 2009 年提高 2%，2011 年与 2010 年对比为 95%，2012 年为 2009 年的 1.2 倍，2013 年该公司年产量为 25 万吨，比 2012 年多 10%，2014 年产量达 30 万吨，2015 年产量为 37 万吨，则发展速度指标为(　　)。

A. 2015 年为以 2009 年为基期的定基发展速度为 158.4%

B. 2015 年以 2009 年为基期的定基发展速度为 195.4%

C. 2009 年至 2015 年平均发展速度为 111.8%

D. 2009 年至 2015 年平均发展速度为 110.0%

E. 2013—2014 年环比发展速度为 120%

三、简答题

1. 简述时期数列和时点数列的特点和区别。
2. 影响时间数列变动的因素有哪些？
3. 什么是发展速度？发展速度如何分类？不同种类的发展速度之间有什么关系？
4. 什么是增长量？什么是增长 1%的绝对值？
5. 测定时间数列的长期趋势有哪些方法？

四、计算题

1. 某企业 2014—2018 年的成本时间数列分析如表 5.23 所示。

表 5.23　成本时间数列分析表　　金额单位:万元

年份	成本	与上年比较			
		增长量	发展速度	增长速度	每增长 1%的绝对值
2014 年	180	—	—	—	—
2015 年		10			
2016 年			120%		
2017 年				8%	
2018 年		25			

要求:根据各水平分析指标与速度分析指标之间的数学关系，填写表 5.23 中各空格。

2. 某商店 2017 年商品销售额资料如表 5.24 所示。

表 5.24　销售额资料　　单位:万元

日期	1 月 1 日	1 月 31 日	3 月 31 日	4 月 30 日	7 月 31 日	9 月 30 日	12 月 31 日
销售额	162	184	186	206	220	226	232

要求:试计算该年平均销售额。

3. 某工厂 2016 年上半年工人数和工业总产值资料如表 5.25 所示。

表 5.25 工人数和工业总产值资料

月份	月初工人数(人)	总产值(万元)
1	1 850	250
2	2 050	272
3	1 950	271
4	2 150	328
5	2 216	374
6	2 190	373

该工厂 7 月初工人数为 2 250 人。

要求:根据上述资料计算以下指标:

(1) 上半年平均工人数。

(2) 上半年月平均总产值。

(3) 上半年月平均劳动生产率。

4. 某工厂的工业总产值 2012 年比 2010 年增长 7%,2014 年比 2012 年增长 10.5%,2016 年比 2014 年增长了 7.8%,2018 年比 2016 年增长了 14.65。

要求:计算该工厂 2010—2018 年的下述指标:

(1) 总发展速度。

(2) 总增长速度。

(3) 年平均发展速度。

(4) 年平均增长速度。

5. 某企业 2019 年 3～6 月的工业增加值和月末全员人数如表 5.26 所示。

表 5.26 工业增加值和月末全员人数资料

月份	3 月	4 月	5 月	6 月	7 月
工业增加值(万元)	11.0	12.6	14.6	16.3	18.0
月末全员人数(人)	2 000	2 000	2 200	2 200	2 300

要求:计算该企业第二季度的下列指标:

(1) 各月的劳动生产率。

(2) 月平均劳动生产率。

(3) 季度劳动生产率。

6. 某集团的两个分公司 2018 年 10 月份产值与每日工人人数资料如表 5.27 所示。

表 5.27 产值与每日工人人数资料

分公司	总产值(万元)	工人人数(人)		
		1～11 日	12～21 日	22～31 日
A	100	300	320	350
B	120	332	360	382

要求:分别计算两个分公司的月劳动生产率,以及该集团综合的月劳动生产率。

7. 某城市 2013—2017 年某产品各季度销售量如表 5.28 所示。

表 5.28　某城市 2013—2017 年某产品各季度销售量资料　　单位:件

年份	第一季度	第二季度	第三季度	第四季度
2013 年	1 600	1 150	1 200	1 630
2014 年	1 800	1 400	1 560	1 820
2015 年	2 000	1 500	1 600	2 260
2016 年	2 100	1 680	2 020	2 400
2017 年	2 460	2 700	2 760	2 800

要求:

(1) 剔除长期趋势,求季节变差。

(2) 剔除长期趋势,求季节比率。

第六章　统计指数

教学目标

知识目标

1. 理解指数的意义及指数编制原理。
2. 掌握综合指数的计算方法。
3. 掌握利用指数体系进行两因素分析的方法。

技能目标

1. 具备计算综合指数和平均数指数的能力。
2. 具备应用指数体系进行两因素分析和计算的能力。
3. 具备运用指数体系研究社会经济现象发展趋势的技能。

走进统计

2017 年“双十一”活动的“猫狗大战”

2017 年 11 月 11 日上午，天猫宣布 11 日 9 点零 4 秒，天猫“双十一”成交金额达 1 000 亿元(总耗时 9 小时零 4 秒)；京东也于此日宣布，从 11 月 1 日零点到 11 月 11 日 7 点，下单金额累积达 1 000 亿元(总耗时 10 天 7 个小时)。

“不得不承认京东数学很好”，11 月 11 日上午，在千牛直播现场被问及如何看待京东宣布“双十一”期间 11 天下单金额达 1 000 亿元时，阿里巴巴集团市场公关委员会主席王帅回答。王帅补充说：“只要京东自己愿意，可以把 1 年的下单金额都算成‘双十一’跨年大活动的下单总额，能让自己开心不是一件坏事，这样天猫 1 天的交易量肯定超不过京东 1 年的了”。

11 月 11 日下午，京东集团 CMO 徐雷在朋友圈做出回应。徐雷称：“搞不明白，为啥你家可以提前预售 20 多天开卖然后算 1 天销售额，我家不能正常开门做买卖只算 11 天购物季销售额，这不是数学问题，这是逻辑学问题。你有本事让商家 20 多天开门不做买卖，我只有本事 11 天①好好做买卖。”

① 2017 年京东“双十一”活动期为 2017 年 11 月 1～11 日，每日不同专场。

（续上）

假如取得了京东与天猫“双十一”的相关数据(见表 6.1)，请从相对数的角度来回答如下两个问题：

(1) 哪家的活动力度更大?

(2) 哪家的活动效果更好?

表 6.1 2017 年京东与天猫“双十一”活动前后部分商品的价格与销售量

商品	京东				天猫			
	活动前价格(元)	“双十一”价格(元)	10.1～10.11 累计销售量(万件)	11.1～11.11 累计销售量(万件)	活动前价格(元)	“双十一”价格(元)	10.1～10.11 累计销售量(万件)	11.11 销售量(万件)
鞋子	399	309	1.35	2.06	399	319	3.01	4.10
毛巾	25	21	2.36	4.51	25	22	3.14	3.51
洗衣机	1999	1499	6.55	7.12	1999	1488	5.14	6.45
吹风机	108	88	1.22	2.11	108	78	0.89	2.10
核桃	32	28	2.40	3.55	32	25	3.10	2.10
水杯	275	245	3.14	4.12	275	245	4.10	4.52
图书	101	88	2.78	3.12	101	78	3.86	4.69
笔	3	2.5	1.24	2.12	3	2.8	1.01	2.10
面霜	189	145	3.65	3.89	189	154	3.45	3.65
包包	288	208	4.32	5.12	288	198	4.65	5.21
牙刷	15	13	1.24	2.11	15	13	1.55	2.45
洗衣液	36	25	2.54	2.65	36	26	2.98	3.58
音箱	201	188	2.36	3.44	201	178	3.55	4.22
拖把	341	321	3.14	4.22	341	327	4.69	5.98
奶瓶	118	98	4.15	5.44	118	91	5.12	5.98
围巾	299	268	5.17	6.12	299	289	6.10	6.87
电脑	5999	5599	6.12	7.10	5999	5499	6.30	6.98

第一节 统计指数的概念、作用和种类

一、统计指数的概念

统计指数是用来测定社会经济现象总体的变动方向和程度的，能够反映某一现象在一段时期内的发展情况的指标。人们最早开始研究的统计指数是物价指数，随着社会经济的发展，指数的应用范围也在不断拓展，指数的概念也发生了变化，从最早的只是反映个别商品的个体指数延伸到了反映现象动态变化的各种相对数。

统计指数的含义有广义和狭义之分。广义的统计指数是指所有反映社会经济现象数量变动或差异程度的相对数。狭义的统计指数是指用来综合反映那些不能直接相加的复杂社会经济现象总体在不同时间上数量变动的相对数。例如，零售物价指数是反映所有零售商品价格总变动的动态相对数。不同时期的食品、服装、日用品等零售商品的综合变动情况，由于它们各自的使用价值和计量单位不同，不能够在数量上直接相加，因而无法将不同时期的零售物价进行比较分析。这类不能直接加总的复杂经济现象需要通过狭义的统计指数来说明其发展变化的情况。本章讨论的指数均指狭义概念的指数。

［例 6.1］ 某市场上零售的三种商品的价格资料如表 6.2 所示，p 表示商品的价格，p_0 表示基期价格，p_1 表示报告期价格。

表 6.2　某零售市场上三种商品价格资料

商品名称	单位	零售价格（元）p		价格比
		p_0（2017 年）	p_1（2018 年）	$k_p=\frac{p_1}{p_0}\times 100\%$
粳米	吨	2 600	3 200	123%
小麦	吨	2 400	2 100	88%
花生油	千克	15	13	87%

根据上述资料，如果只考察个别商品的价格变动情况，只需将报告期价格与基期价格直接对比就可以得到。由表 6.2 中的最后一列可知，三种商品的价格指数分别为 123%、88%、87%，说明粳米价格增长了 23%，小麦和花生油的价格分别下降了 12%和 13%。

如果要归纳这三种商品的价格综合变动情况，不能直接将三种商品的价格加总进行对比。因为不同商品有不同的使用价值，其计量单位也不同，直接加总求和不具有任何经济意义。此时，我们需通过其他计算方法来求得统计指数。

二、统计指数的作用

统计指数被广泛地应用于分析研究社会经济现象数量关系的变化。其主要作用如下：

（一）分析复杂现象总体的变动方向和程度

例如，在价格综合变动的研究中，统计指数可以综合测定多种不同商品的价格整体变化情况和方向，其作用在于对不能直接汇总的多种商品的价格进行综合比较，通过计算出总指数，来反映它们的变动状态和程度。

（二）分析复杂现象总体变动中各因素的影响方向和程度

社会经济现象的变动是由诸多因素综合影响的结果。运用统计指数，我们可以分析各个构成因素对现象的影响程度和方向。

三、统计指数的种类

(一) 个体指数与总指数

按照所反映的对象范围的不同，统计指数可分为个体指数和总指数。个体指数是反映单个项目现象数量变动的动态相对数，如表 6.2 中计算的价格比即为三个个体指数。总指数是反映多个项目组成的、不能直接相加的复杂现象总体数量变动的动态相对数，如研究不同类型的商品销售量总指数、商品价格总指数等。

(二) 数量指标指数与质量指标指数

按照所反映指标的性质不同，统计指数可分为数量指标指数和质量指标指数。数量指标指数是反映总体在规模上数量变动的指数，如产品销售量指数、职工人数指数等。质量指标指数是反映社会经济现象相对水平或平均水平的统计指标的指数，如劳动生产率的指数、产品单位成本指数等。

(三) 综合指数和平均数指数

按照计算方法的不同，统计指数可分为综合指数和平均数指数。综合指数是通过同度量因素将多种不能同度量现象的数值，改变为能同度量的数值，然后进行对比，以反映现象综合变动的指标。平均数指数是以个体指数为基础，通过加权平均的方法计算得出的指数。这两种指数相互独立，但又存在着内在联系。

国家数据

第二节　综合指数

总指数的编制方式一般分为综合指数和平均数指数两种。其中，综合指数是总指数的基本形式。如果某一个总量指标受两个或两个以上的因素影响，要研究其中某一个因素的变化对总量指标的影响，则需要固定其他影响因素，这种方法计算的总指数就是综合指数。

设商品的销售额为 PQ，销售价格为 P，销售量为 Q。若需要分析两个不同时期的销售价格(P) 的变化对商品销售额(PQ) 的影响，则需要固定销售量(Q)。综合指数的计算公式为：

$$\frac{\sum P_1 Q}{\sum P_0 Q}$$

其中：P_1—— 报告期价格；

P_0——基期价格。

这种指数称为质量指标指数。

若需要分析两个不同时期的销售量 (Q) 的变化对商品销售额(PQ) 的影响，则需要固定销售价格(P)，此时，综合指数的计算公式为：

$$\frac{\sum Q_1 P}{\sum Q_0 P}$$

其中：Q_1—— 报告期销售量；

Q_0——基期销售量。

这种指数称为数量指标指数。

一般来说,综合指数中两个相乘的因素(P 和Q),其中一个因素在分子和分母中代表基期、报告期两种不同水平的因素称为指数化因素,如质量指标指数中的 P;另一个因素称为同度量因素,在分子和分母中保持相同的代表时期,如质量指标指数中的 Q。但是,同度量因素到底固定于哪一个代表时期,不同的研究目标有不同的选择。

一、数量指标指数

数量指标指数是说明总变动指标中数量指标变动情况的指数,如销售量指数、生产量指数等。

[例 6.2] 根据表 6.3 中某公司三种商品的销售量和价格资料,计算三种商品销售量综合指数,并说明该公司整体销售量发生了怎样的变化。

表 6.3 某公司三种商品销售量指数

商品名称	计量单位	销售量		价格(元)		销售额(元)		
		Q_0	Q_1	P_0	P_1	P_0Q_0	P_1Q_1	P_0Q_1
外套	件	500	520	700	720	350 000	374 400	364 000
帽子	顶	200	160	80	84	16 000	13 440	12 800
运动鞋	双	220	280	500	490	110 000	137 200	140 000
合计	—	—	—	—	—	476 000	525 040	516 800

解:根据上述资料计算三种商品销售量的个体指数如下:

外套销售量的个体指数=520÷500×100%=104%

帽子销售量的个体指数=160÷200×100%=80%

运动鞋销售量的个体指数=280÷220×100%=127.27%

上述个体指数表示外套的销售量增长了 4%,帽子的销售量下降了 20%,运动鞋的销售量增长了 27.27%。现在需要说明三种商品整体销售量变动的方向和程度,则需要通过计算综合指数来解决。

由于三种商品的计量单位不同、使用价值不同,销售量无法直接加总,不能直接确定销售量的总变动。为了解决这个问题,具体方法及步骤如下。

(一) 确定同度量因素,解决复杂现象总体在研究指标上不能直接相加的问题

基期三种商品的销售量分别为:外套 500 件,帽子 200 顶,运动鞋 220 双。这三种商品的实物量单位不同,不能直接加总求和,因此无法求出 $\sum Q_0$ 和 $\sum Q_1$,两者不能直接对比,也就无法计算数量指标指数。

由于销售量×价格=销售额,上述三种商品的计量单位不同,但是通过经济关系中的价格(P),将不能加总的销售量过渡为可以加总的销售额 PQ,此时价格(P)就是销售量的同度量因素。同度量因素一方面起着媒介作用,另一方面在指数计算中起着加权作用。

在同一个经济关系中,数量指标和质量指标互为同度量因素,也就是数量指标的同度量因素是质量指标,质量指标的同度量因素是数量指标。

(二) 确定指数化因素

[例6.2]要求计算的是销售量综合指数,则其指数化因素是销售量。将同度量因素(P)固定在同一时期,而分子和分母则代表销售量在基期和报告期的不同取值。计算公式如下:

$$\frac{\sum Q_1 P}{\sum Q_0 P}$$

从计算公式中可以看出,综合指数的计算实际是两个销售额的对比。这两个销售额的变化中只有一个因素在变动,即Q这个因素,一个是报告期水平Q_1,另一个是基期水平Q_0。而同度量因素即价格P是不变化的。所以,分子、分母相比结果的经济意义是销售量的综合变动程度,即是在两个时期的价格相同的情况下测定的销售量的变化。

(三) 选择同度量因素所属时期

同度量因素所属时期的选择非常重要,应根据编制指数的具体任务以及实际经济内容来确定。最为普遍的选择方法是:数量指标综合指数将质量指标作为同度量因素,并将其固定在基期。用$\bar{k}_Q$代表销售量综合指数,其计算公式为:

$$\bar{k}_Q = \frac{\sum Q_1 P_0}{\sum Q_0 P_0}$$

式中:P_0—— 基期价格;

Q_0—— 基期销售量;

Q_1—— 报告期销售量;

$\sum Q_0 P_0$——基期的总销售额。

[例6.2]中,三种商品的销售量指数为:

$$\bar{k}_Q = \frac{\sum Q_1 P_0}{\sum Q_0 P_0} = \frac{516\ 800}{476\ 000} \times 100\% = 108.57\%$$

该结果表明三种商品销售量综合增长8.57%。尽管有的商品的销售量下降了,但由于其他商品增长抵消的结果,商品销售量总的情况是增长的。由于销售量的变化而增加的销售额为:

$$\sum Q_1 P_0 - \sum Q_0 P_0 = 516\ 800 - 476\ 000 = 40\ 800(\text{元})$$

数量指标综合指数的同度量因素所属时期的选择,除了采用基期以外,也可以采用某一固定时期,其计算方式为:

$$\bar{k}_Q = \frac{\sum Q_1 P_n}{\sum Q_0 P_n}$$

式中:P_n ——某一固定时期的价格。

二、质量指标指数

质量指标指数是说明总变动指标中质量指标变动情况的指数。质量指标综合指数的编制与数量指标综合指数的编制原理相同，只是同度量因素的固定时期不同。质量指标指数将数量指标作为同度量因素，并将其固定在报告期，用符号 $\bar{k}_P$ 表示，其计算公式为：

$$\bar{k}_P=\frac{\sum P_1Q_1}{\sum P_0Q_1}$$

式中：P_1—— 报告期价格；

P_0—— 基期价格；

Q_1—— 报告期销售量；

$\sum P_1Q_1$—— 报告期的总销售额。

［例 6.3］ 根据表 6.3 的资料计算三种商品价格综合指数，说明该公司所销售的商品的价格在整体上发生了怎样的变化。

解：商品价格个体指数计算公式为：

外套价格个体指数＝720÷700×100％＝102.86％

帽子价格个体指数＝84÷80×100％＝105％

运动鞋价格个体指数＝490÷500×100％＝98％

上述个体指数表明外套价格增长了 2.86％，帽子价格增长了 5％，运动鞋价格下降了 2％。现在需要说明三种商品的销售价格总的变动方向和变动程度，要通过计算价格综合指数来解决。三种商品价格综合指数如下：

$$\bar{k}_p=\frac{\sum P_1Q_1}{\sum P_0Q_1}=\frac{525\ 040}{516\ 800}\times 100\%=101.6\%$$

计算结果表明，该公司销售的商品价格整体上增长了 1.6％。由于价格增长而增加的销售额为：

$$\sum P_1Q_1-\sum P_0Q_1=525\ 040-516\ 800=8\ 240(\text{元})$$

编制综合指数的重点是同度量因素的选择。在实际统计工作中，综合指数编制的一般原则是：计算数量指标指数，将作为同度量因素的质量指标固定在基期；计算质量指标指数，将作为同度量因素的数量指标固定在报告期。但是这个原则不是固定不变的，可视研究对象的不同情况而定。

上证指数

第三节　平均数指数

平均数指数是从个体指数出发，以平均数形式表现的总指数。它是计算总指数的另一种方法。平均数指数与综合指数一样，都是为了说明数量指标和质量指标的变化程度，以分析总指标在变动过程中受不同因素的影响程度。

两者的区别如下：

(1) 在收集资料上，综合指数的计算需要全面的资料，包括基期、报告期的数量指标和质量指标；而平均数指数则不需要。

（2）在计算方法上，综合指数的计算是先综合、后对比；平均数指数是先对比、后综合。

平均数指数分为加权算术平均数指数和加权调和平均数指数两种。

一、加权算术平均数指数

加权算术平均数指数是指采用加权算术平均数的形式，根据个体指数进行计算，以反映全部个体事物的平均变动程度的总指数。

［例 6.4］ 某商场三种商品销售量和基期销售额资料如表 6.4 所示，请计算三种商品销售量总指数。

表 6.4　三种商品销售量和个体指数

商品名称	计量单位	销售量		销售量个体指数	基期销售额（元）	基期销售额×个体指数
		Q_0	Q_1	$k_Q=Q_1\div Q_0$	P_0Q_0	$k_QP_0Q_0$
外套	件	500	520	104%	350 000	364 000
帽子	顶	200	160	80%	16 000	12 800
运动鞋	双	220	280	127.272 7%	110 000	140 000
合计	—	—	—	—	476 000	516 800

解： 销售量总指数的计算公式为：

$$\bar{k}_Q=\frac{\sum Q_1P_0}{\sum Q_0P_0}$$

若以此公式计算，需要获得三种商品 Q_0、Q_1、P_0 的取值。但是已知条件中缺少 P_0，只有销售额 P_0Q_0。所以，需要以上述公式为基础进行变形，构建加权算术平均数指数来求解。

加权算术平均数指数的计算过程为：

（1）计算个体指数。将报告期的指标除以基期的指标，得到数量指标的个体指数（$k_Q=\frac{Q_1}{Q_0}$）。

（2）确定基期的价值指标（P_0Q_0）的数据。

（3）以个体指数为变量，以基期价值指标为权数，用加权算术平均法计算总指数。计算公式如下：

$$\bar{k}_Q=\frac{\sum Q_1P_0}{\sum Q_0P_0}=\frac{\sum \frac{Q_1}{Q_0}Q_0P_0}{\sum Q_0P_0}=\frac{\sum k_Q\times P_0Q_0}{\sum P_0Q_0}$$

由此，销售量总指数为：

$$\bar{k}_Q=\frac{\sum k_Q\times P_0Q_0}{\sum P_0Q_0}=\frac{516\ 800}{476\ 000}\times100\%=108.57\%$$

计算结果表明，销售量总指数为108.57%，即该商场的三种商品报告期的销售量比基期平均增长了8.57%。分子与分母的差额表明由于销售量增长了8.57%使得销售额增长了40 800元(516 800－476 000)。

该计算结果与采用综合指数的计算结果完全相同。这表明，加权算术平均数指数事实上是综合指数的变形，两者虽然表现形式不同，但是结果和经济内容是一致的。

二、加权调和平均数指数

加权调和平均数指数是指采用加权调和平均数的形式，根据个体指数进行计算，以反映全部个体事物的平均变动程度的总指数。

［例6.5］ 某商场三种商品价格和报告期资料如表6.5所示，请计算三种商品价格总指数。

表6.5　三种商品价格和个体指数

商品名称	计量单位	价格			报告期销售额 P_1Q_1	报告期销售额÷个体指数 $\frac{1}{k_P}P_1Q_1$
		P_0	P_1	$k_P=P_1/P_0$		
外套	件	700	720	102.857 1%	374 400	364 000
帽子	顶	80	84	105%	13 440	12 800
运动鞋	双	500	490	98%	137 200	140 000
合计	—	—	—		525 040	516 800

解:价格总指数的计算公式为：

$$\bar{k}_P=\frac{\sum P_1Q_1}{\sum P_0Q_1}$$

加权调和平均指数的计算过程为：

(1) 计算个体指数。将报告期的指标除以基期的指标，得到质量指标的个体指数($k_P=\frac{P_1}{P_0}$)。

(2) 确定报告期的价值指标(P_1Q_1)的数据。

(3) 以个体指数为变量，以报告期价值指标为权数，用加权调和平均法计算总指数。计算公式如下：

$$\bar{k}_P=\frac{\sum P_1Q_1}{\sum P_0Q_1}=\frac{\sum P_1Q_1}{\sum\frac{P_0}{P_1}P_1Q_1}=\frac{\sum P_1Q_1}{\sum\frac{1}{k_P}P_1Q_1}$$

由此，价格总指数为：

$$\bar{k}_P=\frac{\sum P_1Q_1}{\sum \frac{1}{k_P}P_1Q_1}=\frac{525\ 040}{516\ 800}\times 100\%=101.6\%$$

计算结果表明，价格总指数为101.6%，即该商场三种商品的报告期价格比基期平均增长了1.6%。分子与分母的差额表明由于价格增长了1.6%使得销售额增长了8 240元(525 040−516 800)。该计算结果与采用综合指数的计算结果完全相同。这表明，加权调和平均指数事实上是综合指数的变形，两者虽然表现形式不同，但是结果和经济内容是一致的。

综上所述，加权算术平均指数($\bar{k}_Q$)和加权调和平均指数($\bar{k}_P$)是综合指数的变形。编制数量指标综合指数时，一般用基期总量指标为权数计算加权算术平均指数($\bar{k}_Q$)；编制质量指标综合指数时，一般用报告期总量指标为权数计算加权调和平均指数($\bar{k}_P$)。计算公式为：

$$\bar{k}_Q=\frac{\sum k_Q\times P_0Q_0}{\sum P_0Q_0}$$

$$\bar{k}_P=\frac{\sum P_1Q_1}{\sum \frac{1}{k_P}P_1Q_1}$$

指数平均数指标

第四节　指数体系与因素分析

一、构建指数体系

(一) 指数体系的概念

在经济现象中，许多经济总量是多个因素相结合的结果，通常表现为数量指标和质量指标的连乘积。如：

销售额 = 销售量 × 价格

产品产值 = 产品产量 × 产品价格

同样的，经济现象的变动也可以表现为数量指标因素和质量指标因素变动的连乘积。如：

销售额指数 = 销售量指数 × 价格指数

产品产值指数 = 产品产量指数 × 产品价格指数

这种经济上有联系、在数量上存在对等关系的三个或三个以上的指数所构成的整体，就称为指数体系。比如：

$$销售额指数=\frac{\sum P_1Q_1}{\sum P_0Q_0}$$

$$销售量指数=\frac{\sum P_0Q_1}{\sum P_0Q_0}$$

$$价格指数 = \frac{\sum P_1 Q_1}{\sum P_0 Q_1}$$

可以构建如下指数体系：

$$\frac{\sum P_1 Q_1}{\sum P_0 Q_0} = \frac{\sum P_0 Q_1}{\sum P_0 Q_0} \times \frac{\sum P_1 Q_1}{\sum P_0 Q_1}$$

指数体系中各指数之间的数量关系，反映在上述式子中的相对数之间，表现为乘积关系；反映在下述式子中的绝对数之间，表现为总和关系：

$$\sum P_1 Q_1 - \sum P_0 Q_0 = \left(\sum P_0 Q_1 - \sum P_0 Q_0\right) + \left(\sum P_1 Q_1 - \sum P_0 Q_1\right)$$

（二）指数体系的作用

(1) 建立了指数体系，能够更好地对现象进行因素分析。利用指数体系，我们可以从相对数和绝对数两个方面分析现象受各个因素变动的影响。

(2) 指数体系还可以在各个指数之间进行相互推算。在三个指数形成的指数体系中，已知其中任意两个指数，可以推算出第三个指数。

二、双因素指数体系分析

因素分析法是从数量上分析现象总变动受各因素影响的方向、程度及绝对数量。在经济管理中，因素分析法对于揭露矛盾、挖掘潜力、发现现象的变化规律有着重要作用。因素分析法的内容包括相对数分析和绝对数分析。本节主要介绍总量指标双因素分析。

［例 6.6］ 某商场三种产品销售情况资料如表 6.6 所示。

表 6.6　某商场三种产品销售情况

商品名称	计量单位	销售量		价格（元）		销售额（元）	
		Q_0	Q_1	P_0	P_1	P_0Q_0	P_1Q_1
羽绒服	件	120	150	2 600	2 800	312 000	420 000
连衣裙	条	150	200	2 300	2 100	345 000	420 000
袜子	双	1 500	1 600	9.8	11	14 700	17 600
合计	—	—	—	—	—	671 700	857 600

由表 6.6 可以看出，2018 年的总销售额比 2017 年增长了 185 900 元(857 600－671 700)。总销售额的变动是由销售量和价格两个因素的变化共同作用的结果，为了确定销售量和价格分别对总销售额产生的影响程度，需要构建双因素指数体系，从相对数和绝对数两个方面分析销售额变动的原因。

以表 6.6 为例，总量指标双因素分析的主要方法和步骤如下。

（一）从相对数与绝对数两方面反映销售额的变化

(1) 相对数方面：反映销售额总的相对变动程度，即计算销售额总指数。

$$\bar{k}_{PQ} = \frac{\sum P_1 Q_1}{\sum P_0 Q_0} = \frac{857\ 600}{671\ 700} \times 100\% = 127.68\%$$

(2) 绝对数方面：反映销售额变化的绝对差额，即计算报告期比基期增加的销售额。

$$\sum P_1Q_1-\sum P_0Q_0=857\ 600-671\ 700=185\ 900(\text{元})$$

计算结果表明，报告期销售额比基期增长了 27.68%，增加了 185 900 元，这种变动是由销售量和价格两个因素变动的共同影响造成的。

(二) 从相对数方面反映销售量、价格的综合变化

(1) 计算销售量指数：

$$\bar{k}_Q=\frac{\sum P_0Q_1}{\sum P_0Q_0}=\frac{2\ 600\times150+2\ 300\times200+9.8\times1\ 600}{671\ 700}\times100\%=\frac{865\ 680}{671\ 700}\times100\%=128.88\%$$

(2) 计算价格指数：

$$\bar{k}_P=\frac{\sum P_1Q_1}{\sum P_0Q_1}=\frac{857\ 600}{2\ 600\times150+2\ 300\times200+9.8\times1\ 600}\times100\%=\frac{857\ 600}{865\ 680}\times100\%=99.07\%$$

(三) 从绝对数方面分别反映销售量、价格的变化对销售额的影响

(1) 由于销售量的变化而影响的销售额为：

$$\sum P_0Q_1-\sum P_0Q_0=865\ 680-671\ 700=193\ 980(\text{元})$$

(2) 由于价格的变化而影响的销售额为：

$$\sum P_1Q_1-\sum P_0Q_1=857\ 600-865\ 680=-8\ 080(\text{元})$$

(四) 构建指数体系，进行综合分析

把以上指数联系起来，组成以下指数体系。

(1) 在相对数方面：

$$\frac{\sum P_1Q_1}{\sum P_0Q_0}=\frac{\sum P_0Q_1}{\sum P_0Q_0}\times\frac{\sum P_1Q_1}{\sum P_0Q_1}$$

即：127.68%=128.88%×99.07%

(2) 在绝对数方面：

$$\sum P_1Q_1-\sum P_0Q_0=(\sum P_0Q_1-\sum P_0Q_0)+(\sum P_1Q_1-\sum P_0Q_1)$$

即：185 900=193 980+(−8 080)

以上指数体系表明，该商场三种商品销售额报告期比基期增长了27.68%，是销售量提高了28.88%和价格降低了 0.93%两个因素共同影响的结果；由于销售量的增加而增加的销售额为 193 980 元，由于价格的降低而减少的销售额为 8 080 元，两个因素共同作用，使销售额总共增加了 185 900 元。

延伸阅读

多因素指数体系分析

总量指标的多因素分析是双因素分析的直接延伸，其方法和步骤基本类似。所不同的是，双因素分析对因素如何排序没有严格规定，而多因素分析的因素排序需要遵循两

（续上）

个原则：一是量的因素在前，质的因素在后；二是相邻两个因素的乘积必须有经济意义。

由于：

产值 = 产量 × 价格

产值指数 = 产量指数 × 价格指数

如果将产值变动转化为三因素分析，排列顺序和建立的体系一般为：

产值 = 员工人数 × 人均产量 × 价格

产值指数 = 员工人数指数 × 人均产量指数 × 价格指数

若以 A、B、C 分别代表员工人数、人均产量、价格，则有：

$$\frac{\sum A_1B_1C_1}{\sum A_0B_0C_0}=\frac{\sum A_1B_0C_0}{\sum A_0B_0C_0}\times\frac{\sum A_1B_1C_0}{\sum A_1B_0C_0}\times\frac{\sum A_1B_1C_1}{\sum A_1B_1C_0}$$

［例 6.7］ 对表 6.7 中提供的资料按照多因素指数体系的要求构建指数体系。

表 6.7 多因素分析资料

商品种类	员工人数(人)		人均产量(件/人)		价格(元/件)		产值(元)			
	A_0	A_1	B_0	B_1	C_0	C_1	$A_0B_0C_0$	$A_1B_1C_1$	$A_1B_0C_0$	$A_1B_1C_0$
甲	50	60	100	120	26	32	130 000	230 400	156 000	187 200
乙	30	48	86	108	35	42	90 300	217 728	144 480	181 440
合计	—	—	—	—	—	—	220 300	448 128	300 480	368 640

解：

$$\text{产值指数}=\frac{\sum A_1B_1C_1}{\sum A_0B_0C_0}=\frac{448\ 128}{220\ 300}\times100\%=203.42\%$$

$$\text{产值变动绝对额}=\sum A_1B_1C_1-\sum A_0B_0C_0=448\ 128-220\ 300=227\ 828(\text{元})$$

$$\text{员工人数指数}=\frac{\sum A_1B_0C_0}{\sum A_0B_0C_0}=\frac{300\ 480}{220\ 300}\times100\%=136.40\%$$

$$\text{人均产量指数}=\frac{\sum A_1B_1C_0}{\sum A_1B_0C_0}=\frac{368\ 640}{300\ 480}\times100\%=122.68\%$$

$$\text{价格指数}=\frac{\sum A_1B_1C_1}{\sum A_1B_1C_0}=\frac{448\ 128}{368\ 640}\times100\%=121.56\%$$

$$\text{员工人数变动对产值变动影响的绝对额}=\sum A_1B_0C_0-\sum A_0B_0C=300\ 480-220\ 300=80\ 180(\text{元})$$

$$\text{人均产量变动对产值变动影响的绝对额}=\sum A_1B_1C_0-\sum A_1B_0C_0=368\ 640-300\ 480=68\ 160(\text{元})$$

$$\text{价格变动对产值变动影响的绝对额}=\sum A_1B_1C_1-\sum A_1B_1C_0=448\ 128-368\ 640=79\ 488(\text{元})$$

综合以上分析，得：

$$203.42\% = 136.40\% \times 122.68\% \times 121.56\%$$
$$227\ 828 = 80\ 180 + 68\ 160 + 79\ 488$$

上面两个等式表明，产值上升 103.42%，是由于员工人数上升 36.40%、人均产量上升 22.68%和价格上升 21.56%共同作用的结果。产值增长了 227 828 元，是因为员工人数上升使产值增长80 180元、人均产量上升使产值增长 68 160 元、价格上涨使产值增长 79 488 元三者综合影响的结果。

本章小结

1. 指数是综合反映社会经济现象总体数量变动的相对数。按所反映的对象范围的不同，指数可分为个体指数和总指数；按所反映指标的性质不同，指数可分为数量指标指数和质量指标指数；按计算方法的不同，指数可分为综合指数和平均数指数。

2. 平均数指数是综合指数变形权数的平均指数，分为加权算术平均数指数与加权调和平均数指数。

3. 指数体系是指经济上具有一定联系，并且具有一定的数量对等关系的三个或三个以上的指数所构成的整体。

趣味阅读

高跟鞋消费指数

当经济繁荣时，女人们喜欢撒着欢地刷卡买单，到处都是剁手党；当经济下滑时，女人就变着法子省钱。闻香识女人，看女人就能懂经济。从女人穿戴品牌的整体销量趋势上，能分析出一个国家的经济态势，没有比这更硬的指标了。

女人能顶经济半边天，然而从近期的市场数据来看，女人们有些“不给力”了。一系列与女性消费相关的鞋业、珠宝首饰、化妆品乃至快时尚品牌①，都遭遇经济下滑压力，营收利润下降。达芙妮国际发布的 2018 年中期业绩显示，截至 2018 年 6 月 30 日，达芙妮国际的营业额为 22.59 亿港元，同比下降 17.33%；净利润亏损为 4.93 亿港元，同比下降了 35.19%。2018 年上半年同店销售跌幅 9.1%，净关闭 416 个销售点。遭受重创的远不止达芙妮一家。此前星期六、哈森、Crocs 等多个国内、外的鞋类品牌，都传出了盈利下滑、业绩缩水甚至关店的消息。

这种惨况不能简单归咎于某家企业自身的策略失当，女性整体消费力走弱才是更深层次的原因。《欲望都市》里有一句经典台词：“踩上高跟鞋，我就能看到整个世界。”高跟

① 快时尚品牌是指快速时尚品牌，其价格便宜、上新速度快、紧跟时尚潮流，如 ZARA、H&M、UNIQLO(优衣库)等。

（续上）

鞋是全球女性心目中时尚优雅的象征。但随着经济下滑，钱包里的钱少了，女人们出入高档场所消费、夜场狂欢的机会也就少了，高跟鞋自然被闲置了。女人们乐于穿着价格相对低廉、不失时尚感的平底鞋出门。根据 NPD 的数据，2015 年，小方跟鞋在全球的销售量上升了 13%，低跟鞋和平底鞋的销量在走高。

（资料来源：李光斗.闻香识女人：高跟鞋指数、床垫指数和文胸指数预示经济兴衰.[EB/OL].(2016-11-29)[2019-07-08].http://www.sohu.com/a/120206884_500666.）

实训项目：Excel 在指数编制中的应用

【实训目标】 培养学生应用 Excel 工具编制综合指数和平均数指数的能力。
培养学生构建指数体系并进行因素分析的能力。

【实训内容】 编制综合指数、构建指数体系、影响因素分析。

统计指数的计算主要用到的是 Excel 的公式和公式复制功能。尤其是当所研究总体包括的个体很多时，公式复制功能就显得非常重要了。下面就如何在 Excel 中实现综合指数和平均数指数计算，以及在 Excel 中进行因素分析的方法进行说明。

一、应用 Excel 编制综合指数

［例 6.8］ 根据本章“走进统计”表 6.1 中 2017 年京东与天猫“双十一”活动前后部分商品的价格与销售量，比较两个平台的活动力度与效果。即通过编制销售量综合指数和价格综合指数，分析京东与天猫两个平台商品销售量和价格的综合变动情况。

操作步骤：

(1) 在 Excel 中录入京东“双十一”活动前后商品的价格和销量数据，如图 6.1 所示。

(2) 计算各商品的 P_0Q_0。在 F4 单元格中输入“=B4 * D4”，并拖动鼠标将公式复制到 F5:F20 单元格区域。

(3) 计算各商品的 P_1Q_1。在 G4 单元格中输入“=C4 * E4”，并拖动鼠标将公式复制到 G5:G20 单元格区域。

(4) 计算各商品的 P_0Q_1。在 H4 单元格中输入“=B4 * E4”，并拖动鼠标将公式复制到 H5:H20 单元格区域。

(5) 计算 $\sum P_0Q_0$、$\sum P_1Q_1$ 和 $\sum P_0Q_1$。选定 F4:F20 单元格区域，单击“开始”菜单上的“Σ自动求和”按钮，在 F21 单元格出现该列的求和数值，得到 $\sum P_0Q_0$。运用相同的方法计算 $\sum P_1Q_1$ 和 $\sum P_0Q_1$。

(6) 计算销售量综合指数 $\bar{k}_Q=\dfrac{\sum Q_1P_0}{\sum Q_0P_0}$。在 C23 单元格中输入“=H21/F21 * 100”，即得到销售量综合指数。

（7）计算价格综合指数 $\bar{k}_P=\dfrac{\sum P_1Q_1}{\sum P_0Q_1}$。在 C24 单元格中输入“＝G21/H21＊100”，即得到价格综合指数。

	A	B	C	D	E
1	京东				
2	商品	活动前价格（元）	“双十一”价格（元）	10.1~10.11 累计销售量（万件）	11.1~11.11 累计销售量（万件）
3		P_0	P_1	Q_0	Q_1
4	鞋子	399	309	1.35	2.06
5	毛巾	25	21	2.36	4.51
6	洗衣机	1999	1499	6.55	7.12
7	吹风机	108	88	1.22	2.11
8	核桃	32	28	2.40	3.55
9	水杯	275	245	3.14	4.12
10	图书	101	88	2.78	3.12
11	笔	3	2.5	1.24	2.12
12	面霜	189	145	3.65	3.89
13	包包	288	208	4.32	5.12
14	牙刷	15	13	1.24	2.11
15	洗衣液	36	25	2.54	2.65
16	音箱	201	188	2.36	3.44
17	拖把	341	321	3.14	4.22
18	奶瓶	118	98	4.15	5.44
19	围巾	299	268	5.17	6.12
20	电脑	5999	5599	6.12	7.10
21	合计	-	-	-	-
22					

图 6.1　京东 2017 年“双十一”活动前后各商品价格与销售量数据

计算结果如图 6.2 所示。可见，京东“双十一”（11.1～11.11）相较 10.1～10.11，商品价格平均下降了11.83%，销售量平均上升了 15.87%。

	A	B	C	D	E	F	G	H	I
1	京东								
2	商品	活动前价格（元）	“双十一”价格（元）	10.1~10.11 累计销售量（万件）	11.1~11.11 累计销售量（万件）				
3		P_0	P_1	Q_0	Q_1	P_0Q_0	P_1Q_1	P_0Q_1	
4	鞋子	399	309	1.35	2.06	538.65	636.54	821.94	
5	毛巾	25	21	2.36	4.51	59	94.71	112.75	
6	洗衣机	1999	1499	6.55	7.12	13093.5	10672.9	14232.9	
7	吹风机	108	88	1.22	2.11	131.76	185.68	227.88	
8	核桃	32	28	2.40	3.55	76.8	99.4	113.6	
9	水杯	275	245	3.14	4.12	863.5	1009.4	1133	
10	图书	101	88	2.78	3.12	280.78	274.56	315.12	
11	笔	3	2.5	1.24	2.12	3.72	5.3	6.36	
12	面霜	189	145	3.65	3.89	689.85	564.05	735.21	
13	包包	288	208	4.32	5.12	1244.16	1064.96	1474.56	
14	牙刷	15	13	1.24	2.11	18.6	27.43	31.65	
15	洗衣液	36	25	2.54	2.65	91.44	66.25	95.4	
16	音箱	201	188	2.36	3.44	474.36	646.72	691.44	
17	拖把	341	321	3.14	4.22	1070.74	1354.62	1439.02	
18	奶瓶	118	98	4.15	5.44	489.7	533.12	641.92	
19	围巾	299	268	5.17	6.12	1545.83	1640.16	1829.88	
20	电脑	5999	5599	6.12	7.10	36713.9	39752.9	42592.9	
21	合计	-	-	-	-	57386.2	58628.7	66495.5	
22									
23	销售量综合指数（%）		115.87						
24	价格综合指数（%）		88.17						

图 6.2　京东销售量综合指数和价格综合指数计算过程图

(8) 运用相同的方法，计算天猫“双十一”活动前后的销售量综合指数和价格综合指数，如图 6.3 所示。

	A	B	C	D	E	F	G	H
1	天猫							
2	商品	活动前价格（元）	“双十一”价格（元）	10.1～10.11累计销售量（万件）	11.11销售量（万件）			
3		P_0	P_1	Q_0	Q_1	P_0Q_0	P_1Q_1	P_0Q_1
4	鞋子	399	319	3.01	4.10	1200.99	1307.9	1635.9
5	毛巾	25	22	3.14	3.51	78.5	77.22	87.75
6	洗衣机	1999	1488	5.14	6.45	10274.9	9597.6	12893.6
7	吹风机	108	78	0.89	2.10	96.12	163.8	226.8
8	核桃	32	25	3.10	2.10	99.2	52.5	67.2
9	水杯	275	245	4.10	4.52	1127.5	1107.4	1243
10	图书	101	78	3.86	4.69	389.86	365.82	473.69
11	笔	3	2.8	1.01	2.10	3.03	5.88	6.3
12	面霜	189	154	3.45	3.65	652.05	562.1	689.85
13	包包	288	198	4.65	5.21	1339.2	1031.58	1500.48
14	牙刷	15	13	1.55	2.45	23.25	31.85	36.75
15	洗衣液	36	26	2.98	3.58	107.28	93.08	128.88
16	音箱	201	178	3.55	4.22	713.55	751.16	848.22
17	拖把	341	327	4.69	5.98	1599.29	1955.46	2039.18
18	奶瓶	118	91	5.12	5.98	604.16	544.18	705.64
19	围巾	299	289	6.10	6.87	1823.9	1985.43	2054.13
20	电脑	5999	5499	6.30	6.98	37793.7	38383	41873
21	合计	-	-	-	-	57926.4	58016	66510.3
22								
23	销售量综合指数（%）		114.82					
24	价格综合指数（%）		87.23					

图 6.3　天猫销售量综合指数和价格综合指数计算过程图

根据计算结果可知，天猫“双十一”(11.11)相较 10.1～10.11，商品价格平均下降了 12.77%，销售量平均上升了 14.82%。

二、构建指数体系

［例 6.9］ 根据图 6.2 和图 6.3，从相对数与绝对数两方面构建指数体系，比较 2017 年天猫与京东的双十一活动力度与效果，并陈述结论。

操作步骤：

(1) 计算销售额的相对变动。以京东为例，在 C25 单元格中输入公式“=G21/F21 * 100”，得到销售额总指数。

(2) 计算销售额的绝对变动。在 H25 单元格中输入公式“=G21－F21”，得到销售额变动的绝对数。

(3) 计算由销售量变动引起的销售额的变动。在 H23 中单元格输入公式“=H21－F21”，得到由销售量变动引起的销售额变动的绝对数。

(4) 计算由价格变动引起的销售额的变动。在 H24 单元格中输入公式“=G21－H21”，得到由价格变动引起的销售额的变动的绝对数。

(5) 对天猫的数据做类似处理，计算结果如图 6.4 和图 6.5 所示。

(6) 构建指数体系。

	A	B	C	D	E	F	G	H
1	京东							
2	商品	活动前价格（元）	"双十一"价格（元）	10.1~10.11累计销售量（万件）	11.1~11.11累计销售量（万件）			
3		P_0	P_1	Q_0	Q_1	P_0Q_0	P_1Q_1	P_0Q_1
4	鞋子	399	309	1.35	2.06	538.65	636.54	821.94
5	毛巾	25	21	2.36	4.51	59	94.71	112.75
6	洗衣机	1999	1499	6.55	7.12	13093.5	10672.9	14232.9
7	吹风机	108	88	1.22	2.11	131.76	185.68	227.88
8	核桃	32	28	2.40	3.55	76.8	99.4	113.6
9	水杯	275	245	3.14	4.12	863.5	1009.4	1133
10	图书	101	88	2.78	3.12	280.78	274.56	315.12
11	笔	3	2.5	1.24	2.12	3.72	5.3	6.36
12	面霜	189	145	3.65	3.89	689.85	564.05	735.21
13	包包	288	208	4.32	5.12	1244.16	1064.96	1474.56
14	牙刷	15	13	1.24	2.11	18.6	27.43	31.65
15	洗衣液	36	25	2.54	2.65	91.44	66.25	95.4
16	音箱	201	188	2.36	3.44	474.36	646.72	691.44
17	拖把	341	321	3.14	4.22	1070.74	1354.62	1439.02
18	奶瓶	118	98	4.15	5.44	489.7	533.12	641.92
19	围巾	299	268	5.17	6.12	1545.83	1640.16	1829.88
20	电脑	5999	5599	6.12	7.10	36713.9	39752.9	42592.9
21	合计	-	-	-	-	57386.2	58628.7	66495.5
22								
23	销售量综合指数（%）	115.87	销售量变动引起的销售额的变动（万元）					9109.29
24	价格综合指数（%）	88.17	价格变动引起的销售额的变动（万元）					-7866.83
25	销售额总指数（%）	102.17	销售额的绝对变动（万元）					1242.46

图 6.4　京东销售额变动情况计算过程图

	A	B	C	D	E	F	G	H	I
1	天猫								
2	商品	活动前价格（元）	"双十一"价格（元）	10.1~10.11累计销售量（万件）	11.11销售量（万件）				
3		P_0	P_1	Q_0	Q_1	P_0Q_0	P_1Q_1	P_0Q_1	
4	鞋子	399	319	3.01	4.10	1200.99	1307.9	1635.9	
5	毛巾	25	22	3.14	3.51	78.5	77.22	87.75	
6	洗衣机	1999	1488	5.14	6.45	10274.9	9597.6	12893.6	
7	吹风机	108	78	0.89	2.10	96.12	163.8	226.8	
8	核桃	32	25	3.10	2.10	99.2	52.5	67.2	
9	水杯	275	245	4.10	4.52	1127.5	1107.4	1243	
10	图书	101	78	3.86	4.69	389.86	365.82	473.69	
11	笔	3	2.8	1.01	2.10	3.03	5.88	6.3	
12	面霜	189	154	3.45	3.65	652.05	562.1	689.85	
13	包包	288	198	4.65	5.21	1339.2	1031.58	1500.48	
14	牙刷	15	13	1.55	2.45	23.25	31.85	36.75	
15	洗衣液	36	26	2.98	3.58	107.28	93.08	128.88	
16	音箱	201	178	3.55	4.22	713.55	751.16	848.22	
17	拖把	341	327	4.69	5.98	1599.29	1955.46	2039.18	
18	奶瓶	118	91	5.12	5.98	604.16	544.18	705.64	
19	围巾	299	289	6.10	6.87	1823.9	1985.43	2054.13	
20	电脑	5999	5499	6.30	6.98	37793.7	38383	41873	
21	合计	-	-	-	-	57926.4	58016	66510.3	
22									
23	销售量综合指数（%）	114.82	销售量变动引起的销售额的变动（万元）					8583.9	
24	价格综合指数（%）	87.23	价格变动引起的销售额的变动（万元）					-8494.36	
25	销售额总指数（%）	100.15	销售额的绝对变动（万元）					89.54	
26									

图 6.5　天猫销售额变动情况计算过程图

京东相对数指数体系：102.17％＝115.87％×88.17％

京东绝对数指数体系：1 242.46＝9 109.29＋(－7 866.83)

天猫相对数指数体系：100.15％＝114.82％×87.23％

天猫绝对数指数体系：89.54＝8 583.9＋(－8 494.36)

(7) 陈述结论。

首先，解读指数体系。

京东“双十一”(11.1～11.11)相较10.1～10.11，其销售额整体增长了2.17％，是商品销量平均上升15.87％和价格平均下降11.83％两因素共同作用的结果。从绝对数来看，销售额增加了1 242.46万元，其中，由于销售量的增长使销售额整体增加了9 109.29万元，而由于价格的降低使得销售额整体减少了7 866.83万元。

天猫“双十一”(11.11)相较10.1～10.11，其销售额整体增长了0.15％，是商品销量平均上升14.82％和价格平均下降12.77％两因素共同作用的结果。从绝对数来看，销售额增加了89.54万元，其中，由于销售量的增长使销售额整体增加了8 583.9万元，而由于价格的降低使得销售额整体减少了8 494.36万元。

其次，比较活动力度。

从价格上来看，京东的价格平均下降11.83％，天猫的价格平均下降12.77％。所以两个平台价格下降幅度相差不大，天猫的活动力度稍微大一点。

最后，比较活动效果。

从销售量来看，京东的销售量平均上升15.87％，天猫的销售量平均上升14.82％，京东的效果更好一些。

从销售额来看，京东的销售额增加了1 242.46万元，天猫的销售额增加了89.54万元，京东的效果更好一些。

【拓展练习】

上海证券交易所编制股价指数，定开业日1990年12月19日为基日，指数为100，经测算，基日市价总值为9.67亿元，假设1992年1月3日开盘指数为568.769，不含新股的市价总值为55亿元，且当日有一只新股发行上市，发行量为0.22亿股，当日新股开盘价为15元。1月3日，这只新股的收盘价为16元。

要求：计算下列条件下1月3日收盘指数：

(1) 假设上海证券交易所从1990年12月19日到1991年1月3日期间从未增发过新股。

(2) 假设1月3日除新股外，其他全部股票价位都未发生变动。

延伸阅读

股指计算相关知识

1. 股票价格指数的计算

股票价格指数的计算方法很多，一般以发行量为权数进行加权综合。计算公式为：

$$股价指数=\frac{报告期股票市值}{基期股票市值}\times 100$$

（续上）

（1）基期加权法：拉氏指数。其采用基期发行量或者成交量为权数。计算公式为：

$$股票市值 = 收盘价 \times 基期发行量(成交量)$$

（2）报告期加权法：派氏指数。其采用报告期发行量或者成交量为权数。计算公式为：

$$股票市值 = 收盘价 \times 报告期发行量(成交量)$$

目前，世界上大多数股票指数都是派氏指数。

2. 上海证券交易所指数

上证综合指数（简称上证指数）由上海证券交易所编制，于1991年7月15日公开发布，上证指数以“点”为单位，基日定为1990年12月19日。基日指数定为100点。样本为所有在上海证券交易所挂牌上市的股票（包括A股和B股），其中新上市的股票在挂牌的当日纳入股票指数的计算范围。

上证指数是一个以报告期发行股数为权数的加权综合股价指数。计算公式为：

$$报告期指数 = \frac{报告期采样股的市价总值}{基期采样股的市价总值} \times 100$$

$$市价总值 = \sum(单个股票收盘价 \times 发行股数)$$

当市价总值出现非交易因素的变动时，采用除数修正法来修正原固定除数，以维持指数的连续性，修正计算公式为：

$$本日股价指数 = \frac{本日市价总值}{新基准市价总值} \times 100$$

$$新基准市价总值 = 修正前基准日市价总值 \times \frac{修正前市价总值 + 市价总值变动额}{修正前市价总值}$$

课后练习

一、单选题

1. 进行指数因素分析的基础是（　　）。

A. 指标体系　　B. 综合指数　　C. 统计指数体系　　D. 平均指数

2. 在统计指数体系中，总变动指数（对象指数）等于各因素指数的（　　）。

A. 乘积　　B. 相除之商　　C. 总和　　D. 相减之差

3. 将指数分为数量指标指数和质量指标指数，是将指数按（　　）分类

A. 所反映的现象范围不同　　B. 所采用的基期不同

C. 所编制的方法不同　　D. 所反映的现象的特征不同

4. 如果零售价格指数上涨15%，销售量指数下降10%，则销售额（　　）。

A. 有所增加　　B. 有所减少　　C. 没有变化　　D. 无法判断

5. 下列指数中，属于个体指数的是(　　)。

A. 海尔电冰箱的价格指数　　B. 衣着类价格指数

C. 商品价格总指数　　D. 服务类价格指数

6. (　　)指数是综合指数的变形

A. 数量指数　　B. 质量指数　　C. 动态指数　　D. 平均数

7. 下列指数中，属于质量指数的是(　　)。

A. 单位成本指数　　B. 工人人数指数

C. 销售量指数　　D. 产品产量指数

8. 统计指数划分为个体指数和总指数的依据是(　　)。

A. 反映的对象范围不同　　B. 指标性质不同

C. 采用的基期不同　　D. 编制指数的方法不同

9. 指数划分为综合指数和平均指数的依据是(　　)。

A. 按指数所反映的对象的范围不同　　B. 按指数所反映的现象特征不同

C. 按总指数的计算方法不同　　D. 按确定同度量因素原则不同

10. 某工厂总生产费用，今年比去年上升了 50%，产量增加了 25%，则单位成本提高了(　　)。

A. 5%　　B. 2%　　C. 75%　　D. 20%

11. 某企业职工工资总额，今年比去年减少了 2%，而平均工资上升 5%，则职工人数减少(　　)。

A. 3%　　B. 10%　　C. 7%　　D. 6.7%

二、多选题

1. 下列指数中，属于数量指数的有(　　)。

A. 产量指数　　B. 产品成本指数

C. 产品销售量指数　　D. 劳动生产率指数

E. 职工人数指数

2. 下列关于居民销售价格指数的说法中，正确的有(　　)。

A. 当居民消费价格指数大于 100 时，说明报告期与基期相比综合物价上升

B. 当居民消费价格指数等于 100 时，说明报告期与基期相比综合物价上升 100%

C. 当居民消费价格指数等于 100 时，说明报告期与基期相比综合物价没有变化

D. 当居民消费价格指数等于 100 时，说明报告期与基期相比综合物价下降 100%

E. 当居民消费价格指数小于 100 时，说明报告期与基期相比综合物价下降

3. 在指数体系中，(　　)。

A. 一个总值指数等于两个(或两个以上)因素指数的代数和

B. 一个总值指数等于两个(或两个以上)因素指数的乘积

C. 存在相对数之间的数量对等关系

D. 存在绝对变动额之间的数量对等关系

E. 各指数都是综合指数

4. 对某商店某时期商品销售额变动情况进行分析，其指数体系为(　　)。

A. 销售量指数
B. 销售价格指数
C. 总平均价格指数
D. 销售额指数
E. 个体指数

5. 在编制综合指数时,必须先(　　)。

A. 计算个体指数
B. 确定指数化因素
C. 固定同度量因素
D. 选择同度量因素所属的时期
E. 选择代表商品

三、简答题

1. 什么是指数?指数的分类有哪些?
2. 什么是同度量因素?什么是指数化因素?
3. 综合指数和平均数指数各自有什么特点?
4. 什么是指数体系?如何利用指数体系进行指数分析?
5. 对多因素现象的变动影响分析,在方法上要注意哪些问题?

四、计算题

1. 某商场出售三种商品的销售量和价格资料如表 6.8 所示。

表 6.8　三种商品的销售量和价格资料　　　　金额单位:元

商品名称	计量单位	销售量 Q		价格 P	
		基期 Q_0	报告期 Q_1	基期 P_0	报告期 P_1
甲	件	50	52	200	280
乙	个	30	25	100	110
丙	袋	40	50	400	450

要求:

(1) 计算三种商品的销售额总指数。
(2) 计算三种商品的价格综合指数。
(3) 计算三种商品的销售量综合指数。

2. 某市几种主要副食品的零售价和销售量资料如表 6.9 所示。

表 6.9　几种主要副食品的零售价和销售量资料

商品名称	基　期		报告期	
	零售价(元/千克)	销售量(万吨)	零售价(元/千克)	销售量(万吨)
蔬菜	0.8	5.00	0.9	5.20
猪肉	16.4	4.46	17.0	5.52
鸡蛋	8.8	1.20	9.6	1.15
海鲜	58.5	1.15	70.0	1.30

要求:

(1) 计算各商品零售物价的个体指数。
(2) 计算四种商品物价总指数。

(3) 计算由于全部商品价格变动使该市居民增加支出的金额。

3. 某厂生产三种产品的有关资料如6.10表所示。

表6.10　产品的有关资料

产品名称	生产费用(万元)		2018年比2017年产量增长率
	2017年	2018年	
甲	500	520	30%
乙	360	420	25%
丙	258	326	40%

要求：

(1) 计算三种商品的生产费用综合指数。

(2) 计算产量综合指数。

(3) 由于产量增长而增加的生产费用。

(4) 根据指数体系，计算单位成本综合指数。

4. 某公司所属三个企业生产同一种产品，产品的总成本和价格资料如表6.11所示。

表6.11　产品的总成本和价格资料

产品名称	总成本(万元)		价格变动率
	基期	报告期	
甲	45.6	53.8	+3%
乙	30.0	33.8	−6%
丙	55.2	58.5	0

要求：

(1) 计算三种商品的价格总指数。

(2) 计算三种商品的销售量总指数。

5. 某集团所属三个分公司生产某种产品，它们的单位产品成本和产量资料如表6.12所示。

表6.12　产品的单位成本和产量资料

工厂	产量(万件)		每件成本(元)	
	2018年	2019年	2018年	2019年
甲	10	15	2.5	2.4
乙	10	10	2.4	2.4
丙	10	25	2.2	2.0

要求：

(1) 计算平均成本指数，并分析由于平均成本下降所节约的总成本金额。

(2) 计算产量指数，并分析由于产量的变化所影响的总成本金额。

第七章　抽样推断

教学目标

知识目标

1. 理解抽样推断的定义及相关概念。
2. 理解抽样误差的概念及影响因素。
3. 掌握抽样平均误差的计算方法。
4. 理解抽样分布的内涵。
5. 掌握点估计与区间估计的计算方法。

技能目标

1. 具备运用统计分析工具进行抽样推断的能力。
2. 具备正确解读抽样平均误差、置信区间、置信度的能力。

走进统计

坠落的飞机不说话

第二次世界大战期间，在欧洲和太平洋地区的盟军战机以惊人的速度被击落。1943年8月的一天，由盟军联合发起的空袭中，超过60架B-17、B-24被击落。损失率如此之高，美国空军指挥官坐不住了，几名高级军官从战场飞往华盛顿，直奔哥伦比亚大学统计学教研室，找到统计学教授亚伯拉罕·沃尔德。

沃尔德教授带领一组统计学家来到前线。他在各个部队走访了一圈，然后制作了陆军航空队所用的B-17、B-24等轰炸机大尺寸模型。紧接着，只要有执行任务的轰炸机航空队返航，统计学家们就在第一时间去机场，详细地记录下每一架飞机的损伤情况，随后在模型上用墨汁将所有被击中的部位涂黑。

2个月过去了，在统计学家面前的轰炸机模型上，除了几个很小的区域还是机身原来的颜色以外，其他全被涂黑了。很多地方显然是被反复涂过多次，墨汁都已经像油漆一样凝结成厚厚的一层。

在陆军航空队司令部会议室里，沃尔德教授指着模型，解释了机身被涂黑意味着什么，航空队高层马上建议加强对这些伤痕累累部位的装甲。

（续上）

但沃尔德教授的建议却恰恰相反："让厂家给轰炸机上这些没有被涂成黑色的部位，尽快增加装甲。"

在采取沃尔德的建议后，盟军轰炸机部队战损大幅下降。

（资料来源：国防时报排头兵."坠毁的飞机不会说话"：改变二战进程的统计学家[EB/OL].(2018-04-08)[2019-07-08].http://www.sohu.com/a/227587304_594189.）

提问：

（1）为什么沃尔德教授认为应加强没有涂黑色部位的装甲，而不是涂黑色部位的装甲？

（2）这个故事给我们什么启示？

参考答案

第一节　抽样推断概述

一、抽样推断的概念与作用

（一）抽样推断的概念

抽样推断是在抽样调查的基础上，利用样本的实际资料计算样本指标，并推算总体相应数量特征的一种统计分析方法。

抽样推断的主要内容包括全及指标推断和假设检验。这两方面内容虽然都是利用样本的信息，对总体做出估计或判断，但它们所解决问题的着重点是不同的。

全及指标未知，借由抽样指标估计全及指标，这种推断叫全及指标推断；如果全及指标已知（或假设已知），需要利用统计量检验已知的全及指标是否靠谱，此时的推断即为假设检验。

例如，想要了解全校学生平均每月的生活费支出情况，因为进行全面调查费用较高，采用抽样调查的方式，由 100 个学生组成的样本计算得到其平均每月的生活费支出额为 1 250 元，由此推断全校学生平均每月的生活费支出额为 1 250 元，即为全及指标推断；如果已有人得出论断，全校学生平均每月的生活费支出额为 1 600 元，而你并不知道该论断是否可信，通过样本得到的 1 250 元来对此进行检验，判断全校学生平均每月的生活费支出额为 1 600元是否可信，即为假设检验。

全及指标推断将在本章第四节详述，假设检验将在第八章详述。

（二）抽样推断的作用

1. 了解某些客观现象不宜或不能进行全面调查的总体情况

（1）调查具有破坏性。某些具有破坏性的实验，如手机的防水性能测试，若对全部产品进行检验，必然会对产品造成不同程度的损害，影响其正常销售，因此必须采用抽样，以样本资料推断总体的质量状况。

（2）理论上全面调查可行，而实际不可行。例如，调查水库中鱼的数量，因总体过大，且各总体单位过于分散，进行全面调查实际不可行，也必须采用抽样推断。

（3）全面调查实际可行，但不必要。有些社会经济现象可以进行全面调查，但调查范围太广导致调查成本过高，因此不必要对其进行全面调查，采用抽样推断可节省人力、费用、时间，并可提高资料的准确性。

2. 对全面调查的结果加以补充或修正

全面调查由于范围广、工作量大、参加人员多，往往容易发生登记性误差和计算误差。我们可以在全面调查后，随机抽取一部分单位重新调查一次，将这些单位两次调查的资料进行对照与比较，计算其差错率，并据以对全面资料加以修正，以提高全面调查资料的准确性。

3. 对某种总体的假设进行检验，判断其真伪，以做出正确的决策

例如，新工艺、新技术的改革是否能收到明显的效果，我们需要先对总体做出一些假设，然后利用抽样推断法，根据样本资料对所做的假设进行检验，再做出判断。

二、几个基本概念

（一）全及总体、抽样框与抽样总体

全及总体又称总体，是指所要认识的研究对象全体。它是由研究范围内具有某种共同性质的全体单位所组成的集合体。总体的单位数通常都是很大的，甚至是无限的，用 N 来表示。

抽样框又称抽样范围，是指可以选择作为样本的总体单位的名册。抽样框可以是现有资料，如大学生的花名册、企业名录、会员名册等，也可以根据抽样需要自行编制。

抽样总体又称样本，它是从全及总体中随机抽取出来，作为代表这一总体的那部分单位组成的集合体。样本的单位数总是有限的，用 n 来表示。n 也称为样本容量，一般说来，我们把 $n \geqslant 30$ 个单位的样本称为大样本，把 $n < 30$ 个单位的样本称为小样本。

例如，通过抽样调查了解武汉市中学生的消费情况，武汉市所有中学的学生就是全及总体，将这些中学的学生名册汇总，即得到抽样框，再从中抽取 100 名学生，这 100 名学生就构成抽样总体（样本）。

有以下三点需要注意：

(1) 作为推断对象的总体是唯一且确定的，但样本不唯一且不确定。

(2) 抽样框与全及总体不总是完全一致的。抽样框有时会偏离总体。例如，想了解某地区 9 岁孩子的体重情况，根据该地区正规小学提供的学生名单进行抽样。名单上的学生们即构成抽样框，然而，事实上，可能有部分 9 岁的孩子没有接受学校教育或是没有在正规的学校接受教育，那么总体中就有部分单位未进入抽样框，导致抽样框与总体不一致的情况发生。

(3) 要做到抽样框和总体完全一致是比较困难的。抽样框总会有一些抽样误差，但是只要将其控制在一定的范围内，是可以接受的。

应用 Excel 从抽样框中抽取样本

（二）重复抽样与不重复抽样

重复抽样是指从总体 N 个单位①中抽取 1 个容量为 n 的样本②，每次从总体抽取 1 个单位，连续抽取 n 个，每次抽出的单位，将其结果登记后又放回，重新参加下一次抽选的抽样。

不重复抽样是指从总体 N 个单位中抽取 1 个容量为 n 的样本，每次从总体抽取 1 个单位，

① 单位是总体单位的简称，是指组成总体的每一个个体。

② 样本是指从总体中抽取的若干单位，是集合的概念。

连续抽取 n 个，但每次抽出的单位，将其结果登记后不再放回参加下一次抽选的抽样。

重复抽样和不重复抽样的最大区别是：重复抽样每次抽选都是独立的，即前一次抽选不影响后一次抽选，每个单位中选或不中选的机会在各次抽选中是相同的；而不重复抽样每次抽选不是独立的，即前一次抽选会影响下一次抽选，每个单位中选或不中选的机会在各次抽选中是不相同的。

延伸阅读

样本容量与样本个数

样本容量表示一个样本中所包含的单位数。样本个数又称样本可能数目，它是指从一个总体中可能抽取多少个样本。样本个数的多少与样本容量、抽样方法有关。

例如，从10人的总体中抽取3人作为样本，则样本容量为3。若采用重复抽样，样本个数为1 000(10^3)；若采用不重复抽样，样本个数为720(10×9×8)。

(三) 全及指标与抽样指标

1. 全及指标

全及指标又称总体指标，是指根据总体各单位的标志值或标志属性计算的，反映总体数量特征的综合指标。由于总体是唯一的，所以各全及指标值也是唯一的。抽样推断中所要估计的主要全及指标有总体平均数、总体成数和总体标准差。

基于数量标志计算的全及指标有总体平均数和总体标准差(或总体方差)。其计算公式分别为：

$$\text{总体平均数：}\bar{X}=\frac{\sum X}{N}\text{(简单式)}$$

或：

$$\bar{X}=\frac{\sum XF}{\sum F}\text{(加权式)}$$

$$\text{总体标准差：}\sigma=\sqrt{\frac{\sum(X-\bar{X})^2}{N}}\text{(简单式)}$$

或：

$$\sigma=\sqrt{\frac{\sum(X-\bar{X})^2F}{\sum F}}\text{(加权式)}$$

基于品质标志计算的全及指标是总体成数。总体成数一般用 P 来表示，是指总体中具有某种性质的单位数(N_1)在总体全部单位数(N)中所占的比重。其计算公式为：

$$\text{总体成数：}P=\frac{N_1}{N}$$

如果品质标志表现只有是和非两种，则总体标准差的计算公式为：

$$\text{总体标准差：}\sigma_p=\sqrt{P(1-P)}$$

2. 抽样指标

抽样指标又称样本指标，是指根据样本各单位标志值或标志属性计算的综合指标。抽样指标是用来估计全及指标的，因此和常用的全及指标相对应，有样本平均数、样本标准差和样本成数、样本成数的标准差等，以小写字母表示，计算公式分别为：

$$样本平均数：\bar{x}=\frac{\sum x}{n}（简单式）$$

或：

$$\bar{x}=\frac{\sum xf}{\sum f}（加权式）$$

$$样本标准差：s=\sqrt{\frac{\sum(x-\bar{x})^2}{n}}（简单式）$$

或：

$$s=\sqrt{\frac{\sum(x-\bar{x})^2 f}{\sum f}}（加权式）$$

$$样本成数：p=\frac{n_1}{n}$$

$$标准差：s_p=\sqrt{p(1-p)}$$

需要指出的是，因为样本不唯一，所以样本指标的取值会随着不同的样本而发生变化；样本指标不唯一，是随机变量。

第二节　抽取样本的几种组织方式

一、纯随机抽样

纯随机抽样也称简单随机抽样，是最简单的抽取样本的方式，是指除了抽样框的名单外，不需要利用任何其他信息，既不分类也不排队，按照随机原则直接从总体 N 个单位中抽取 n 个单位作为样本的抽样方式。

纯随机抽样适用于均匀总体，即具有某种特征的单位均匀地分布于总体的各个部分，使总体的各部分都是同分布的。

小思考

八宝粥中的均匀分布

想了解一锅八宝粥中的成分比例，只要搅拌均匀后，舀一勺查看，就能对整锅八宝粥的情况进行分析了。

同样的，总体中各单位如果也能"搅拌均匀"，那么采用纯随机抽样，样本中各单位的分布与总体类同，样本就可以很好地反映总体特征。

为了了解所在地区老年人的健康状况，下面是三位调查者小刘、小王、小张的样本，你认为谁的调查结果最接近实际情况？

小刘：在公园里随机拦截的100名老人。

小王：在医院里随机抽取的100名老年病人。

小张：他家同楼栋的10名老年邻居。

参考答案

纯随机抽样的具体抽选方式有直接抽选、抽签和随机数字表。随机数字表是将 0～9 的一个自然数重复按随机方式抽出，并根据出现先后顺序排列所编制的数字表格，如表 7.1 所示。

表 7.1　随机数字表(部分)

64	87	54	14	98	56	74	81	72	50	98	48	71	87	24
13	56	56	84	42	76	59	44	29	20	98	53	75	64	68
05	37	57	04	96	46	13	10	72	64	66	91	26	72	91
29	63	29	01	89	41	44	59	90	66	45	37	36	96	98
08	97	21	71	79	08	47	93	17	34	81	62	22	31	27
55	09	66	73	51	09	16	71	20	09	73	00	29	02	13
01	91	96	77	00	36	52	55	24	70	62	44	94	05	71
01	77	99	29	98	35	90	98	43	58	12	43	03	72	67
02	77	74	95	55	55	87	06	22	39	66	87	58	35	38
53	34	41	28	76	42	02	83	94	06	35	45	41	98	79
77	82	37	95	08	93	02	57	69	49	87	71	77	62	97
08	78	58	10	58	97	83	31	78	41	07	55	39	45	70
37	64	25	35	34	64	27	08	19	93	89	33	21	45	37
21	60	93	58	05	61	48	76	30	36	72	20	53	64	59
81	95	35	23	99	44	51	41	46	58	32	83	88	24	89
82	52	70	83	72	96	83	22	98	91	06	85	22	37	37
60	10	65	11	26	19	25	83	21	37	00	06	21	46	85
00	74	89	05	17	34	41	79	14	26	87	52	79	44	70
70	45	06	32	76	22	91	26	90	81	95	34	48	96	27
04	48	63	61	74	90	23	95	82	74	88	69	51	02	00
82	35	36	78	05	15	44	50	21	21	43	03	32	97	39
82	65	85	13	23	30	53	49	49	01	22	86	14	73	64
52	13	51	61	45	22	27	17	44	91	75	91	86	70	73
33	24	29	58	78	21	95	23	13	93	91	09	30	67	51
62	36	10	66	59	79	30	90	06	25	29	88	17	83	99
71	46	95	59	93	13	84	45	88	44	32	20	25	14	06
60	38	66	36	35	74	52	32	05	73	81	67	47	60	51
83	64	53	24	48	76	36	64	66	47	26	48	67	29	52
85	36	33	05	75	97	41	04	67	92	20	51	67	77	10

［**例 7.1**］　从某专业 90 名学生中抽取 10 名同学组成样本，用随机数字表进行抽样的步骤如下：

第一步，设计抽样框。对 90 名学生进行编号，分别为 01、02、……、90。

第二步，随机确定抽样的起点和方向。假设起点为第 6 行第 8 列，方向为从上至下。在随机数字表中可以查到，位于第 6 行第 8 列的数字为 3。需要注意的是，这里的“列”不是指表格的“列”，而是指每个数字为一“列”。

第三步，按第二步确定的方向依次读取编号，由此产生的10个样本单位的编号分别是35、70、99、55、87、50、05、53、80、39。

第四步，检查抽取的编号是否重复或超出抽样框范围，若存在这些问题，则需要继续抽取进行替换。本例中对第三步产生的编号进行检查，没有发现重复编号，但第三个编号99超出了抽样框0～90的范围，必须舍弃，所以继续读取下一个编号“37”。继续检查，发现并没有与之前抽取的编号重复，也没有超出范围。因此最终确定的样本单位的编号就是35、70、55、87、50、05、53、80、39、37。

如果调查总体为900名学生，仍然要从中抽取10名学生作为样本。那么抽样框的编号应是001～900，假设起点仍为第6行第8列，方向为从上至下，那么抽样起点仍为3，但产生的样本单位编号应按三位数进行读取，分别为351、700、998、555、876、508、058、534、805、399。检查发现第三个编号超出范围，所以继续读取，用下一个编号“372”替换。最终确定的样本单位应为351、700、555、876、508、058、534、805、399、372。

纯随机抽样的原理清晰、操作简单，所以在现实中应用较多，但它只适用于总体各单位分布比较均匀的情况；如果总体单位分布不均匀，所抽取的样本对总体的代表性会较差。

[例7.2]　某专业100人中，有90人是男生，10人是女生，按照纯随机抽样抽取样本，有很大的可能性抽中10个男生，导致样本不能很好地代表总体。

二、类型抽样

类型抽样又称分层抽样，是指先对总体各单位按一定标志加以分类，然后再从各类中按随机原则抽取单位构成样本的抽样方式。

通过分类，类型抽样可以把总体中标志值比较接近的单位归为一组，减少各组内的差异程度，再从各组抽取样本单位就有更大的代表性。在总体单位标志值大小悬殊的情况下，运用类型抽样比纯随机抽样效果更好。

类型抽样的关键是如何将规定的抽样单位数合理地分配给各组，即对总体进行分类后，每个组里应抽取多少单位。常见的类型抽样有以下两种做法。

(一) 等比例抽取

等比例抽取是指按总体中各组单位数占全及总体单位数的一定比例来抽取样本的类型抽样做法。单位数较多的组应该多取样，单位少的组则少取样，以保持各组样本单位数与样本总容量之比等于总体中各组单位数与全及总体单位数之比。即：

$$\frac{n_i}{n}=\frac{N_i}{N}$$

所以各组的样本单位数为：

$$n_i=\frac{nN_i}{N}$$

式中：n_i—— 各组抽取的样本单位数；

n—— 抽样单位总数；

N_i—— 各组总体单位数；

N ——全及总体单位数。

[**例 7.3**] 某专业 100 人中，有 90 人是男生，10 人是女生，按等比例类型抽样抽取 10 名同学，如何抽取样本？

解：(1) 将总体 100 人按性别分成两组，即男生、女生。

(2) 计算两组分别在总体中所占比重。

$$男生：\frac{90}{100}=90\% \quad 女生：\frac{10}{100}=10\%$$

(3) 计算样本中各组应分配的单位数。

$$男生：10\times\frac{90}{100}=9 \quad 女生：10\times\frac{10}{100}=1$$

(4) 按照纯随机抽样，从 90 名男生中抽取 9 名同学、从 10 名女生中抽取 1 名同学组成样本。

可见，相较于纯随机抽样，类型抽样所抽取的样本对总体的代表性更好一些。

(二) 不等比例抽取

不等比例抽取是指按照各组标志值的离散程度灵活分配各组抽样单位数的类型抽样做法。对于离散程度大的组，抽取样本单位数的比例相应要大些；反之，对于离散程度小的组，抽取样本的单位数的比例相应地可小些。各组单位数的计算公式为：

$$n_i=\frac{N_i\sigma_i}{\sum N_i\sigma_i}\cdot n$$

式中：n_i—— 各组抽取的样本单位数；

n—— 抽样单位总数；

N_i—— 各组总体单位数；

σ_i ——全及总体各组标准差。

如此分配抽样单位数，能使求得的抽样误差最小，所以不等比例抽取的类型抽样的做法符合最优分配原则。但总体中各组标准差的数据很难取得，所以不等比例抽取的类型抽样做法在实际中较少被采用。

三、等距抽样

等距抽样又称机械抽样，是指先将总体各单位按某一标志排队，然后按相等的距离抽取单位的抽样方式。这样可以保证所取得的样本单位比较均匀地分布在总体的各个部分，有较高的代表性。

按照排队标志的不同，等距抽样可分为无关标志排队和有关标志排队两种方式。

(1) 无关标志排队是指选择的排队标志与抽样调查所研究内容无关。例如，调查员工消费情况，可以将员工按员工号排队或按姓氏排队等。

(2) 有关标志排队是指选择的排队标志与抽样调查所研究内容有关。例如，调查员工消费情况，可以将员工按支出额排队等。

[**例 7.4**] 为了了解学生玩手机的情况，从 100 名学生中抽取 10 名作为样本进行调查，采用等距抽样的方式，该如何抽取样本？

解： (1) 确定抽样距离。抽样距离＝100÷10＝10。

(2) 确定排队标志。如果采用无关标志排队，可将学生按学号从小到大排队；如果采用有关标志排队，可将学生按日均手机使用时长从小到大排队。在1～10中抽取一随机数，作为样本的第一个单位，如第5位。

(3) 按相等的抽样距离进行抽取。10个样本单位的位置分别为：5、15、25、35、45、55、65、75、85、95。

四、整群抽样

整群抽样是指先将总体各单位划分为许多群，以群为单位从中随机抽取若干群作为样本，然后对所选中的群里所有单位进行全面调查，据以推算总体情况的抽样方式。

整群抽样是对所选中的群里所有单位进行全面调查，所以调查单位很集中，可以大大地简便抽样工作，节省经费开支。例如，要调查学生的手机使用情况，不是直接抽取学生，而是以学校为单位，从中抽取若干学校，然后对中选学校的全体学生进行调查，这样就方便多了。

在抽取"群"时，我们可以按纯随机抽样进行抽选，也可以按等距抽样进行抽选。

五、多阶段抽样

前面介绍的几种抽取样本的方式，都是从全及总体中直接抽取最终样本单位的抽样方式，属于单阶段抽样，适用于全及总体范围较小、调查单位比较集中的情形。

当总体范围较大、调查单位比较分散时，则需要把样本单位的抽取过程分为两个或几个阶段来进行，即多阶段抽样。

具体来说，先抽大单位(可以用类型抽样或等距抽样)，再在大单位中抽小单位(可用整群抽样或纯随机抽样)，在小单位中再抽更小的单位，最后汇总得到样本。

[例7.5] 对武汉市高校的教师情况进行调查。

第一阶段，先抽大单位。按高校类型分为重点一本、非重点一本、公办二本、民办二本，每类高校中按纯随机抽样抽取3所，一共抽取12所高校。

第二阶段，抽取小单位。对抽取的每所高校，按纯随机抽样抽取3个学院，一共抽取36个学院。

第三阶段，抽更小的单位。对每个抽取的学院，按整群抽样随机抽取3个专业，一共抽取108个专业。被抽中的108个专业中的所有教师构成样本。

第三节 抽样误差

一、抽样误差的概念及影响因素

(一) 抽样误差的概念

在用抽样指标对全及总体进行估计时，由于随机抽样的偶然性，抽样指标与全及指标间或多或少存在着一定的差距，这种差距就称为抽样误差。常见的抽样误差有样本平均数与总体平均数之差$(\bar{x}-\bar{X})$、样本成数与总体成数之差$(p-P)$。抽样误差是抽样所特有的误差,凡进行抽样就一定会产生抽样误差。

例如,某部门100名员工的平均工资($\bar{X}$)为5 000元,现随机抽取10名员工为样本,计算得到其平均工资($\bar{x}$)为5 011元,则抽样误差($\bar{x}-\bar{X}$)为11元(5 011－5 000)。如果重新抽取10名员工,计算得到其平均工资($\bar{x}$)为4 995元,则抽样误差($\bar{x}-\bar{X}$)为－5元(4 995－5 000)。

抽样误差既是一种代表性误差,也是一种随机性误差。

首先,无论多么严格地遵守随机原则进行抽样,无论抽样设计得多么完善,总还是有一部分单位不能进入抽样总体,使得抽样总体对全及总体的代表性不可能做到百分之百,因此,抽样误差是一种代表性误差。

其次,按随机原则进行抽样时,由于抽样总体的不同,会得到不同的抽样指标值,由此产生的误差各不相同。因此,抽样误差也是一种随机性误差。

(二)影响抽样误差的因素

(1)抽样单位数。在其他条件相同的情况下,样本单位数愈多,则抽样误差愈小;反之,样本单位数愈少,则抽样误差愈大。

(2)总体单位标志值的差异程度。总体单位标志值差异程度愈大,则抽样误差愈大;反之,总体单位标志值差异程度愈小,则抽样误差愈小。

(3)抽样方法。抽样方法不同,抽样误差也不相同。一般来说,重复抽样比不重复抽样误差要大些。

(4)抽样调查的组织形式。抽样调查的组织形式不同,如类型抽样与等距抽样,其抽样误差也不相同。

二、抽样平均误差

(一)抽样平均误差的概念

抽样误差的实质是抽样实际误差,即某一次抽样下样本指标与实际全及指标之间的差值($\bar{x}-\bar{X}$或$p-P$)。一个总体可能抽取很多个样本,由于样本指标的不唯一,使得抽样误差的取值各不相同。需要用一个指标来衡量抽样误差的一般水平,以代表任何一次抽样中抽样指标与全及指标之间的一般差异,即抽样平均误差,通常用抽样平均数的标准差或抽样成数的标准差来表示。计算公式如下:

$$\mu_{\bar{x}}=\sqrt{\frac{\sum(\bar{x}-\bar{X})^2}{M}}$$

$$\mu_P=\sqrt{\frac{\sum(p-P)^2}{M}}$$

式中:$\mu_{\bar{x}}$—— 抽样平均数的平均误差;

μ_p—— 抽样成数的平均误差;

M ——全部可能的样本数目。

[**例7.6**] 假设4个工人的日薪为甲60元、乙70元、丙80元和丁90元,现在按不重复抽样的方法从4个人中抽取3个人来估计4个人的平均日薪。

解:总体(即4个人)的平均日薪$=\frac{60+70+80+90}{4}=75$(元)

现在从 4 个人中选 3 个人出来作为样本，一共有以下 4 种可能：

可能	平均日薪	抽样误差
可能 1：甲乙丙	(60＋70＋80)÷3＝70	70－75＝－5
可能 2：甲乙丁	(60＋70＋90)÷3＝73.33	73.33－75＝－1.67
可能 3：甲丙丁	(60＋80＋90)÷3＝76.67	76.67－75＝1.67
可能 4：乙丙丁	(70＋80＋90)÷3＝80	80－75＝5

$$\text{抽样平均误差}\ \mu_{\bar{x}}=\sqrt{\frac{\sum(\bar{x}-\bar{X})^2}{M}}=\sqrt{\frac{(-5)^2+(-1.67)^2+1.67^2+5^2}{4}}=3.73(\text{元})$$

但是，按上述计算公式来计算抽样平均误差实际上是不可能的，因为既不可能知道总体平均数，也无法计算全部样本的抽样指标值。因此，在实际中，抽样平均误差一般是通过其他方法加以推算的。

(二) 抽样平均误差的计算

全及指标推断的主要内容包括以样本平均数推断总体平均数，以样本成数推断总体成数。因此抽样平均误差的计算，也分为样本平均数的抽样平均误差的计算与样本成数的抽样平均误差的计算两种。抽样误差受抽样单位数与总体单位标志值差异程度的影响，因此，抽样平均误差的计算中将抽样单位数 n 与标准差 σ 作为基础因素进行计算公式的构建。

1. 样本平均数的抽样平均误差

样本平均数的抽样平均误差又分重复抽样和不重复抽样两种情况。

(1) 重复抽样的条件下，计算公式如下：

$$\mu_{\bar{x}}=\frac{\sigma}{\sqrt{n}}$$

式中：σ—— 总体标准差；

n—— 样本单位数。

可见，抽样平均误差和总体标准差成正比，和样本单位数 n 的平方根成反比。

(2) 不重复抽样的条件下，计算公式如下：

$$\mu_{\bar{x}}=\frac{\sigma}{\sqrt{n}}\sqrt{\frac{(N-n)}{(N-1)}}$$

式中：N ——总体单位数。

与重复抽样公式对比可以发现，不重复抽样条件下的抽样平均误差等于重复抽样条件下的抽样平均误差乘以修正因子 $(\sqrt{(N-n)\div(N-1)})$。由于这个修正因子总是小于 1，因此不重复抽样条件下的抽样平均误差总是小于重复抽样条件下的抽样平均误差。但如果总体单位数 N 很大，这个修正因子就十分接近于 1，因而两种抽样平均误差相差很小。

当总体单位数远大于 1 时，不重复抽样平均误差的计算公式可以表示为如下近似式：

$$\mu_{\bar{x}}=\frac{\sigma}{\sqrt{n}}\sqrt{\left(1-\frac{n}{N}\right)}$$

[例 7.7] 以[例 7.6]的数据为例进行验证。4 个工人的日薪为甲 60 元、乙 70 元、丙

80 元和丁 90 元，平均日薪为 75 元，则总体标准差为：

$$\sigma=\sqrt{\frac{\sum(x-\bar{X})^2}{N}}=\sqrt{\frac{(60-75)^2+(70-75)^2+(80-75)^2+(90-75)^2}{4}}=11.18(\text{元})$$

[例 7.6]采用的是不重复抽样，按计算公式直接计算抽样平均误差：

$$\mu_{\bar{x}}=\frac{\sigma}{\sqrt{n}}\sqrt{\frac{(N-n)}{(N-1)}}=\frac{11.18}{\sqrt{3}}\times\sqrt{\frac{(4-3)}{(4-1)}}=3.73(\text{元})$$

此结果与[例 7.6]中由抽样平均误差的概念计算的结果 3.73 元 $\left(\mu_{\bar{x}}=\sqrt{\frac{\sum(\bar{x}-\bar{X})^2}{M}}\right)$ 完全相同。

延伸阅读

抽样平均误差的几个特点

(1) 样本平均数的平均数 ($\bar{\bar{x}}$) 等于总体平均数($\bar{X}$)。论证过程此处不详述，可通过[例 7.6]进行验证。[例 7.6]中由可能的 4 个样本计算的工人平均日薪分别为 70、73.33、76.67、80 元，样本平均数的平均数为 75 元 $\left(\frac{70+73.33+76.67+80}{4}\right)$，与总体平均数 75 元 $\left(\frac{60+70+80+90}{4}\right)$ 一致。

因此，$\mu_{\bar{x}}=\sqrt{\frac{\sum(\bar{x}-\bar{X})^2}{M}}=\sqrt{\frac{\sum(\bar{x}-\bar{\bar{x}})^2}{M}}$。

可见，抽样平均误差实质上就是样本平均数的标准差，所以也称抽样标准误差。

(2) 抽样平均数的标准差(即抽样平均误差)比总体标准差小得多，仅为总体标准差的 $1/\sqrt{n}$。

(3) 可以通过调整样本单位数 n 来控制抽样平均误差。例如，将样本单位数扩大为原来的 4 倍，则平均误差就缩小一半，而抽样平均误差允许增加 1 倍，则样本单位数只需要原来的 1/4 等。

2. 样本成数的抽样平均误差

抽样成数的平均误差表明各样本成数和总体成数绝对离差的一般水平。由于总体成数的标准差可以从总体成数推算出来，即：

$$\sigma_p=\sqrt{P(1-P)}$$

因此，我们很容易从抽样平均数的抽样平均误差和总体标准差的关系中推出抽样成数平均误差的计算公式。

(1) 重复抽样的条件下，计算公式为：

$$\mu_p = \sqrt{\frac{P(1-P)}{n}}$$

式中：P—— 总体成数；

n ——样本单位数。

(2) 不重复抽样的条件下，计算公式为：

$$\mu_p = \sqrt{\frac{P(1-P)}{n}\left(\frac{N-n}{N-1}\right)}$$

在总体单位数 N 很大的情况下，μ_p 的近似式为：

$$\mu_p = \sqrt{\frac{P(1-P)}{n}\left(1-\frac{n}{N}\right)}$$

需要注意的是，上述的四个计算公式中，总体标准差 σ、总体成数 P 通常是未知的，经常采用以下几种方法来代替：

(1) 用样本标准差 (S) 代替总体标准差(σ)，用样本成数(p) 代替总体成数(P)。

(2) 用历史资料代替。可以用过去同样问题全面调查或抽样调查的经验数据代替。

(3) 用小规模调查资料代替。在正式抽样调查之前，先组织小规模试验性抽样，用试验样本资料代替。

(三) 抽样平均误差的计算举例

[例 7.8] 为了了解学生上学期统计学考试的情况，从参与考试的 1 000 名学生中按不重复抽样的方法随机抽取 80 名，按成绩分组，如表 7.2 所示。

表 7.2 80 名学生统计学考试成绩分布

按成绩分组	组中值 x	人数(人) f	xf	$(x-\bar{x})^2 f$
60 分以下	55	7	385	2 800
60～70 分	65	21	1 365	2 100
70～80 分	75	25	1 875	0
80～90 分	85	19	1 615	1 900
90～100 分	95	8	760	3 200
合　计	—	80	6 000	10 000

要求：

(1) 计算样本学生的平均成绩与抽样平均误差。

(2) 计算样本学生的及格率(60 分以上为及格)与及格率的抽样平均误差。

解：(1) 样本学生的平均成绩 $\bar{x} = \dfrac{\sum xf}{\sum f} = \dfrac{6\ 000}{80} = 75$

样本学生的标准差 $\sigma = \sqrt{\dfrac{\sum(x-\bar{x})^2 f}{\sum f}} = \sqrt{\dfrac{1\ 000}{80}} = 11.18$

不重复抽样条件下：$\mu_x = \dfrac{\sigma}{\sqrt{n}}\sqrt{\left(1-\dfrac{n}{N}\right)} = \dfrac{11.18}{\sqrt{80}} \times \sqrt{\left(1-\dfrac{80}{1\ 000}\right)} = 1.2$

这说明,用样本学生的平均成绩来估计所有学生的平均成绩,其误差平均在 1.2 分左右。

(2) 样本学生的及格率 $p=\frac{n_1}{n}=\frac{73}{80}\times 100\%=91.25\%$

$$\text{不重复抽样条件下:}\mu_p=\sqrt{\frac{p(1-p)}{n}\left(1-\frac{n}{N}\right)}$$

$$=\sqrt{\frac{91.25\%\times(1-91.25\%)}{80}\times\left(1-\frac{80}{1\,000}\right)}$$

$$=3.03\%$$

这说明,用样本学生的及格率来估计所有学生的及格率,其误差平均在 3.03%左右。

三、抽样极限误差

抽样平均误差说明所有可能的样本指标值总的误差情况,但在实际进行抽样调查时,只抽取一个样本,这个样本误差的绝对值可能在抽样平均误差附近,也可能较远地偏离抽样平均误差。抽样调查一定会要求有一个允许误差的范围,这一允许误差的范围称为抽样极限误差或抽样误差范围,一般用 Δ 表示。

第四节　全及指标推断

全及指标推断是以样本指标值为基础来估计全及指标,其推断结果可以是一个数值,也可以是一个范围。具体推断的过程将在点估计与区间估计中详述。

一、抽样分布

抽样分布是以样本指标作为随机变量的概率分布,即针对一个总体,用固定的样本容量进行多次抽样,得到的一个有关样本指标的分布状态。只要掌握了一个样本指标的抽样分布,就可以得出该指标在各种可能取值上的概率,这是由样本指标来推断总体指标的前提。

[例 7.9] 以[例 7.6]中的样本均值为例,解释抽样分布的确切含义。

在[例 7.6]中,按不重复抽样的方法从 4 个人中抽取 3 个人,有 4 个可能的样本,已经计算出每个样本的均值(平均日薪),其值分别为 70、73.33、76.67、80 元。

以样本均值为分组标志构建分配数列,如表 7.3 所示。

表 7.3　样本均值的频数分布表

样本均值	频数	频率
70	1	25%
73.33	1	25%
76.67	1	25%
80	1	25%

从表 7.3 中,我们可以直接得出作为随机变量的样本均值在所有不同取值上的概率,从

而确定样本均值的抽样分布，即均值 70、73.33、76.67、80 分均有 25%的概率在某次抽样中出现。

以上只是为了更好地解释抽样分布的含义而列举的简单示例，在实际中，总体单位数、样本个数均远大于此例。例如，从一个由 10 000 人组成的总体中，抽取 36 个单位构成样本。如果采用重复抽样，则存在 $10\ 000^{36}$ 个可能样本；如果采用不重复抽样，则存在 $\dfrac{10\ 000!}{36!\ \times(10\ 000-36)!}$ 个可能样本。显然，通过手工操作来完成抽样分布是不现实的。借助计算机，有人曾就某城市 7 岁男孩的身高数据（总体均值为 120 cm，标准差为 5 cm）进行过类似的模拟。从总体中随机抽取了容量为 36 的 10 000 个样本，并计算出了每个样本的均值和标准差。虽然 10 000 个样本并没有涵盖问题中所有可能的样本，但从最后整理得出的频数分布图中，仍可以大致看出某些规律，如图 7.1 所示。

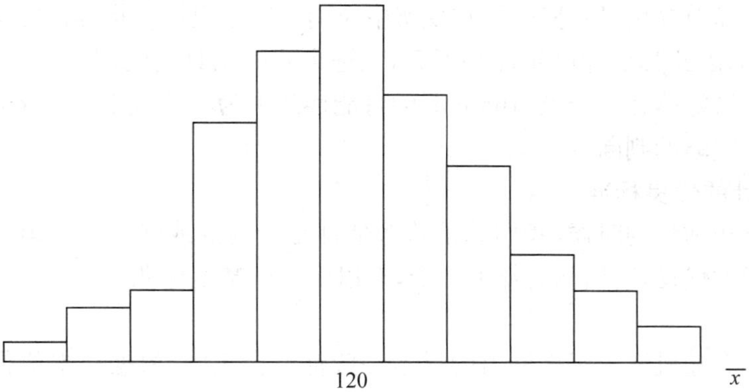

图 7.1 样本容量为 36 的 10 000 个样本均值的分布（总体均值为 120）

由图 7.1 可以看出，各个可能样本的均值的取值是有差异的，但其整体上的频数分布却有明显向总体均值（120）集中的倾向，显示出一种近乎对称的钟形分布的特征。这说明，样本均值与总体均值之间是存在某种联系的。

众多学者在不懈努力之下，终于发现了样本指标与总体指标之间的内在联系。数理统计的研究证明如下定理：

（1）由均值为 μ、方差为 σ^2 的正态总体中，抽取容量为 n 的样本时，样本均值 $\bar{x}$ 服从以 μ 为数学期望①、以 σ^2/n 为方差的正态分布，即 $\bar{x}\sim N(\mu,\sigma^2/n)$。此定理表明，在任意样本容量下，由正态总体派生出来的样本均值，都是服从正态分布的，而且是以总体均值为数学期望、以总体方差除以样本容量为方差的正态分布。

小故事

（2）由均值为 μ、方差为 σ^2 的任意总体中，抽取容量为 n 的样本时，当 n 趋近无穷大时，样本均值 $\bar{x}$ 服从以 μ 为数学期望、以 σ^2/n 为方差的正态分布，即 $\bar{x}\sim N(\mu,\sigma^2/n)$。此即中心极限定理。此定理适用于任意总体下 $\bar{x}$ 的抽样分布。依此定理，只要样

① 在概率论和统计学中，数学期望是试验中每次可能的结果乘以其出现概率的总和，是最基本的数学特征之一。它反映随机变量平均取值的大小。

本容量足够大，无论总体是否为正态分布，样本均值的抽样分布都可以用正态分布来近似表示，进而达到以样本均值来推断总体均值的目的。

二、点估计

(一) 点估计的概念

点估计是一种以点代面的估计方法。其具体做法是直接用样本指标代替总体指标，不考虑任何抽样误差的因素。即：

$$\bar{X} = \bar{x} \quad \bar{P} = \bar{p}$$

例如，从某高校抽取 100 名学生作为样本，计算得到样本的平均身高 $\bar{x}$ =165 cm，“统计学”课程的及格率 p =80%。则由此可以推断：该校所有的学生平均身高 $\bar{X}$ =165 cm，“统计学”课程的及格率 P =80%。

点估计方法简单易用、原理直观，在现实中应用较广。但样本指标值完全等于全及指标值的可能性极小，因此其估计可靠性并不高，只适合粗略估计的情况。在上例中，该校所有学生的平均身高恰好落在一个点(165 cm)的可能性几乎为 0，只能以 165 cm 对该校所有学生的身高做一个粗略的判断。

(二) 点估计的优良标准

对全及指标作估计的时候，我们总是希望估计是合理的或优良的。衡量一个样本指标是否是全及指标的优良估计，从总体上评价，有以下三个基本标准。

1. 无偏性

由于抽样具有随机性。每次抽出的样本一般都不会相同，根据样本值得到的点估计的值也不尽相同。单凭某一次抽取的样本来确定点估计的优良是不具有说服力的。因此，经过多次抽样后，将所有的点估计值平均起来，其结果若等于被估计的总体指标值本身，则称此估计量为无偏估计。

从上一节已经知道，抽样平均数的平均数等于总体平均数，抽样成数的平均数等于总体成数，即：

$$\bar{\bar{x}} = \bar{X} \quad \bar{p} = P$$

这说明以抽样平均数作为总体平均数的估计量，以抽样成数作为总体成数的估计量，是符合无偏性原则的。

2. 有效性

以抽样指标估计总体指标，要求作为优良估计量的方差应该比其他估计量的方差小。

打靶的时候，越接近红心，成绩越好。进行估计的时候也是，估计量越靠近目标，效果越“好”。这个“靠近”可以用方差来衡量。例如，样本平均数与样本中位数都是总体平均数的无偏估计量，但样本中位数抽样分布的方差要大于样本平均数，所以样本平均数是更为有效的估计量。

3. 一致性

以样本指标推断全及指标，要求当样本的单位数充分大时，样本指标也充分地靠近总体指标。

抽样平均数和抽样成数的抽样平均误差和样本单位数的平方根成反比例变化。样本单位数愈多,则平均误差便愈小;当样本单位数接近于总体单位数时,平均误差也就接近于零,也就是说,抽样平均数和抽样成数作为总体平均数和总体成数的估计量是符合一致性原则的。

(三)点估计在全面调查中的应用

抽样推断的作用之一是对全面调查的结果加以补充或修正。全面调查由于范围广、工作量大、参加人员多,往往容易发生登记性误差和计算误差。我们可以在全面调查之后,随机抽取一部分单位重新调查一次,用样本的差错率代替总体差错率,从而对全面调查的结果进行修正,以提高全面调查资料的准确性。差错率的计算公式为:

$$\text{差错率} = \frac{\text{抽样复查数} - \text{普查数}}{\text{普查数}} \times 100\%$$

[**例 7.10**] 某村有 5 000 户人家,2018 年年末,该村统计 60 岁以上老人人数,从下往上报的是 400 人,现抽 10%(500 户)再复查一下,发现有漏报,也有重报。作为样本的 500 户,之前上报数字是 35 人,实际复查为 41 人,总的来说是少报。请推断该村 60 岁以上老人人数。

解:计算样本差错率:$p = \dfrac{41 - 35}{35} \times 100\% = 17.14\%$

推断总体差错率:$P = 17.14\%$

对全面调查结果进行修正:$400 \times (1 + 17.14\%) = 469$(人)

由此推断,该村 60 岁以上老人约为 469 人。

三、区间估计

(一)区间估计的相关概念

1. 区间估计的内涵

区间估计是指以样本指标为基础,估计全及指标可能位于的区间范围,通常由样本指标加减抽样极限误差得到。即:

$$\bar{x} \Rightarrow \Rightarrow \bar{x} - \Delta \leqslant \bar{X} \leqslant \bar{x} + \Delta$$
$$p \Rightarrow p - \Delta \leqslant P \leqslant p + \Delta$$

点估计的缺陷在于:直接用样本指标代替总体指标,事实上总体指标值恰好等于某一次样本指标值的可能性极低,因此估计可靠性差。区间估计可以较好地解决这个问题。

例如,想了解某高校学生的身高状况,对该校的学生进行抽样,得到样本的平均身高为 165 cm,假设允许误差范围 Δ 为 1 cm,由此推断该校学生的平均身高在 164～166 cm 之间。显然,该校学生的平均身高落在 164～166 cm 的可能性远大于点估计推断的165 cm。因此,区间估计的精度高于点估计,在对估计精度有一定要求的情况下,我们更倾向于采用区间估计。

2. 置信区间与置信水平

置信区间是一种常用的区间估计方法,是指在一定的置信水平下由样本指标所构造的全及指标的估计范围,即有某种程度的把握认为该范围会包含真正的全及指标值。

置信水平也称置信度,是指所估计的置信区间包含全及指标真实值的概率。它表明估计的概率保证程度,通常取值为 95%,可以根据需要进行调整。

对于95%的置信水平，我们可以这样理解。对一个总体做100次抽样，每个样本均可构建一个置信区间，如图7.2所示，每条线段代表一个置信区间，绝大多数置信区间都包含真实的全及指标值，但也有少数例外，如右上角的线段。如果有95个置信区间都包含了全及指标的真实值，就称此方法构建的区间为“置信水平为95%的置信区间”（简称95%置信区间）。这就好像用渔网捞鱼，100次下去，大约有95次网到想要的鱼，但不知道现在这一网能否网到鱼。所以，95%的置信水平，也可以说，我们有95%的把握全及指标真实值在所估计的区间范围。

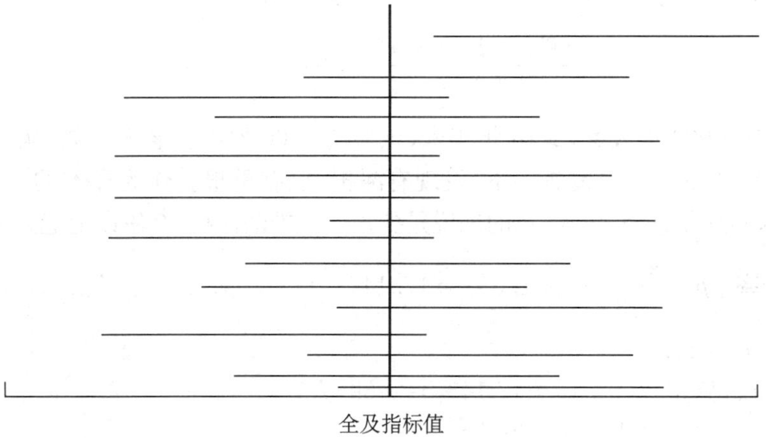

95%置信度

图7.2 置信区间图示

3. 精度与可靠性

精度是指估计的准确程度，通常用估计范围的上下限之间的距离表示，距离越小，则精度越高。

可靠性是指对全及指标真实值落在所估计的区间范围内的把握程度，通常用置信度表示。

区间估计的范围越大，实际的全及指标值在其范围之内的把握就越大，即估计的可靠性越大；反之，区间估计的范围越小，则越难保证实际的全及指标值在其范围之内，即估计的可靠性越小。

例如，在对上例中某高校学生的平均身高进行估计时，其实际的平均身高在估计区间160～170 cm（$\Delta=5$ cm）的可能性明显高于164～166 cm（$\Delta=1$ cm）。估计区间160～170 cm的可靠性更高。

但是，区间估计的范围越大，估计的精度越低。例如，一种极端的估计是，估计该校学生的平均身高在150～180 cm（$\Delta=15$ cm），这个范围的估计可靠性几乎为100%，但这个估计无精度可言。如果提高精度，则估计正确的把握性必然低于100%。可见，估计中精度要求与可靠性要求是一对矛盾。

综上，总体指标的区间估计必须同时具备样本指标、抽样误差范围和概率保证程度三个要素，抽样误差范围决定估计的精度，概率保证程度则决定估计的可靠性。现实中，我们总是希望估计的精度高、误差小，同时估计的可靠性又高，但这两者往往难以同时满足。统计学家Neyman认为，应先保证置信度，即估计的可靠性要求，再在这个前提下尽量提高精度。

(二) 总体均值的区间估计

在抽样分布中，如果总体服从正态分布，无论样本容量是大还是小，样本均值的抽样分布都服从正态分布。如果总体不服从正态分布，但只要是大样本（$n \geqslant 30$），样本均值的抽样分布也可以用正态分布来近似表示。所以，在实际的抽样中，绝大多数的情况都可以用正态分布下的置信区间来估计。基于此，在这里仅介绍正态分布下总体均值的置信区间的计算方法，对于小样本（$n < 30$）t 分布下的置信区间的计算可通过扫描二维码进行了解。

小样本下的置信区间

1. 计算步骤

（1）计算样本均值 $\bar{x}$。

（2）确定置信度。置信度是一个人为规定的数值，多大的置信度才合适，取决于对“区间中包含总体平均值”要求有多大的把握程度。

延伸阅读

为什么置信度通常取 95%？

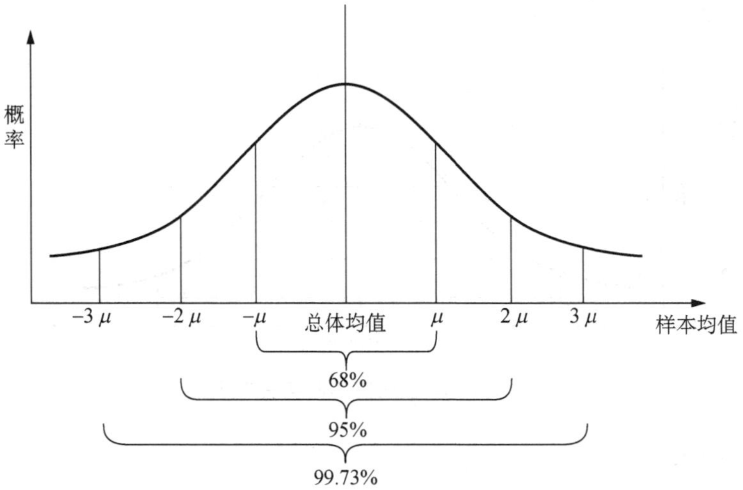

图 7.3 样本均值概率图

图 7.3 为样本均值概率图。根据中心极限定理，$\bar{x} \sim N(\mu, \sigma^2/n)$，即只要样本为大样本，任何一个总体的样本均值都会围绕在总体均值周围，且呈正态分布。而有 95% 的样本均值会落在 2 个标准误差范围内。

95% 的置信度是在精度与可靠性间的一个平衡。若置信度要求过高，如 99.7%，估计范围更大，但估计精度低；但若置信水平要求过低，如 68%，虽然精度提高了，但总体实际均值却有很大可能性不在所估计的区间范围内，那么就失去了抽样推断的意义了。

（3）计算抽样标准误差，即抽样平均误差。

重复抽样的条件下：

$$\mu_{\bar{x}}=\frac{\sigma}{\sqrt{n}}$$

不重复抽样的条件下：

$$\mu_{\bar{x}}=\frac{\sigma}{\sqrt{n}}\sqrt{\left(1-\frac{n}{N}\right)}$$

(4) 计算抽样极限误差。

$$\Delta_{\bar{x}}=Z_{\frac{\alpha}{2}}\mu_{\bar{x}}$$

式中：α——1-置信度；

$Z_{\frac{\alpha}{2}}$——通过查找标准正态分布表(见附表1)确定。

下面以95%的置信度为例，说明 $Z_{\frac{\alpha}{2}}$ 的查找过程。

如图7.4所示，正态分布曲线下方的面积代表概率"1"，阴影部分代表置信区间 (a, b) 所包括的概率为置信度95%。所以两端空白处的面积之和为1－95%＝5%，而两端是对称的，所以每块区域的面积为2.5%。在标准正态分布表中反查1－0.025＝0.975，0.975在表中对应的最左边第一列的值为1.9，对应的表格第一行的数值为0.06，所以 $Z_{0.025}=Z_{0.975}=1.96$。

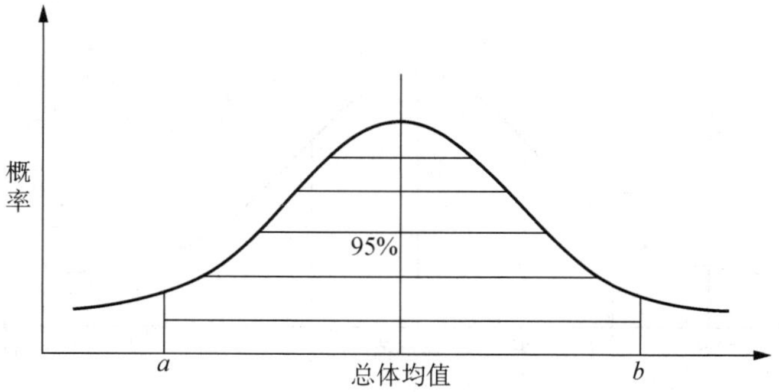

图7.4　样本均值的概率分布图

(5) 确定置信区间。

$$\bar{x}-\Delta_{\bar{x}}\leqslant\bar{X}\leqslant\bar{x}+\Delta_{\bar{x}}$$

2. 应用示例

[**例7.11**]　为了了解某地区大学生的消费情况，对当地一所大学进行抽样调查，按照重复抽样的方式随机抽取了400名大学生，计算得其平均月支出为1 200元，样本标准差为38.4。假设要求95%的概率保证程度，请估计该地区所有大学生的平均月支出额。

解： 抽样平均误差 $\mu_{\bar{x}}=\frac{\sigma}{\sqrt{n}}=\frac{38.4}{\sqrt{400}}=1.92$(元)

查找标准正态分布表，得：$Z_{0.025}=1.96$

抽样极限误差 $\Delta_{\bar{x}}=Z_{\frac{\alpha}{2}}\mu_{\bar{x}}=1.96\times1.92=3.76$(元)

构建置信区间 $1\ 200-3.76\leqslant\bar{X}\leqslant1\ 200+3.76$，即 $1\ 196.24\leqslant\bar{X}\leqslant1\ 203.76$

所以有95%的把握估计该地区所有大学生的平均月支出额在1 196.24～1 203.76元。

[**例7.12**]　为了了解某地区护士的收入情况，对当地三所医院按照不重复抽样的方式

随机抽取了150名护士(占全部护士人数的15%),计算得其平均月收入为6 150元,样本标准差为53.8。

要求:

(1) 在68%的概率保证程度下,估计该地区所有护士的平均年收入为多少?

(2) 在99%的概率保证程度下,估计该地区所有护士的平均年收入为多少?

解:(1) 抽样平均误差为:

$$\mu_x = \frac{\sigma}{\sqrt{n}}\sqrt{\left(1-\frac{n}{N}\right)} = \frac{53.8}{\sqrt{150}}\sqrt{(1-15\%)} = 4.05$$

查找标准正态分布表,$Z_{(1-0.68)/2}=Z_{0.16}=Z_{0.84}=1$。

抽样极限误差为:

$$\Delta_{\bar{x}} = Z_{\frac{\alpha}{2}}\mu_{\bar{x}} = 1\times 4.05 = 4.05(\text{元})$$

构建置信区间:

$$6\ 150-4.05 \leqslant \bar{X} \leqslant 6\ 150+4.05$$

即:

$$6\ 145.95 \leqslant \bar{X} \leqslant 6\ 154.05$$

所以有68%的把握估计该地区所有护士的平均月收入在6 145.95~6 154.05。

因此,有68%的把握估计该地区所有护士的平均年收入在6 145.95×12~6 154.05×12,即在73 751.4~73 848.6。

(2) 抽样平均误差为:

$$\mu_x = 4.05$$

查找标准正态分布表,$Z_{(1-0.99)/2}=Z_{0.005}=Z_{0.995}=2.58$。

抽样极限误差为:

$$\Delta_{\bar{x}} = Z_{\frac{\alpha}{2}}\mu_{\bar{x}} = 2.58\times 4.05 = 10.449(\text{元})$$

构建置信区间:

$$6\ 150-10.449 \leqslant \bar{X} \leqslant 6\ 150+10.449$$

即:

$$6\ 139.55 \leqslant \bar{X} \leqslant 6\ 160.45$$

所以有99%的把握估计该地区所有护士的平均月收入在6 139.55~6 160.45。

因此,估计该地区所有护士的平均年收入在6 139.55×12~6 160.45×12,即在73 674.6~73 925.4。

可见,置信度越高,区间估计范围越大,估计精度越低。

(三) 成数的区间估计

1. 计算步骤

成数的区间估计计算步骤与均值类似,具体如下:

(1) 计算样本成数:$p=\frac{n_1}{n}$。

(2) 计算抽样标准误差,即抽样平均误差。

重复抽样的条件下:

$$\mu_p=\sqrt{\frac{P(1-P)}{n}}$$

不重复抽样的条件下：

$$\mu_p=\sqrt{\frac{P(1-P)}{n}\left(1-\frac{n}{N}\right)}$$

(3) 计算抽样极限误差：

$$\Delta_p=Z_{\frac{\alpha}{2}}\mu_p$$

(4) 确定置信区间：

$$p-\Delta_p\leqslant P\leqslant p+\Delta_p$$

2. 应用示例

[例 7.13] 某城市想要估计教师行业中女性所占的比例，采取重复抽样方法随机抽取了 300 名教师，其中 180 人为女性。试以 95%的置信水平估计该城市教师中女性所占比例的置信区间。

解： 样本成数为：

$$p=\frac{n_1}{n}=\frac{180}{300}=60\%$$

抽样平均误差为：

$$\mu_p=\sqrt{\frac{P(1-P)}{n}}=\sqrt{\frac{60\%(1-60\%)}{300}}=2.83\%$$

抽样极限误差为：

$$\Delta_p=Z_{\frac{\alpha}{2}}\mu_p=1.96\times 2.83\%=5.55\%$$

构建置信区间：

$$60\%-5.55\%\leqslant P\leqslant 60\%+5.55\%$$

即：

$$54.45\%\leqslant P\leqslant 65.55\%$$

所以，以 95%的置信水平估计该城市教师中女性所占比例在 54.45%～65.55%。

[例 7.14] 某高校有学生 10 000 人，现在想了解学生对食堂的满意度，采用不重复抽样方法，随机抽取 500 人作为样本，调查结果显示，有 320 人表示满意，180 人表示不满意。试以 95%的置信水平估计该校所有学生对食堂满意度的区间范围。

解：

$$p=\frac{n_1}{n}=\frac{320}{500}=64\%$$

$$\mu_p=\sqrt{\frac{p(1-p)}{n}\left(1-\frac{n}{N}\right)}=\sqrt{\frac{64\%\times(1-64\%)}{500}\times\left(1-\frac{500}{10\ 000}\right)}=2.09\%$$

$$\Delta_p=Z_{\frac{\alpha}{2}}\mu_p=1.96\times 2.09\%=4.1\%$$

$$59.9\%\leqslant P\leqslant 68.1\%$$

所以，以 95%的置信水平估计该校所有学生对食堂满意度在 59.9%～68.1%。

本章小结

1. 抽样推断是在抽样调查的基础上，利用样本的实际资料计算样本指标，并据以推算总体相应数量特征的一种统计分析方法。抽样推断的主要内容包括全及指标推断和假设检验。

2. 全及总体又称总体，是指所要认识的研究对象全体；抽样总体是指从全及总体中随机抽取出来，作为代表这一总体的那部分单位组成的集合体。与之对应的指标分别称为全及指标、抽样指标。

3. 抽样平均误差表示任何一次抽样中抽样指标与全及指标之间的一般差异。它通常用抽样平均数的标准差或抽样成数的标准差来表示。

4. 点估计直接用样本指标代替总体指标，不考虑任何抽样误差的因素。即 $\bar{X}=\bar{x}$，$\bar{P}=\bar{p}$。点估计方法简单易用原理直观，在现实中应用较广，但估计可靠性不高。

5. 区间估计是指以样本指标为基础，估计全及指标可能位于的区间范围。该范围通常在一定的置信度要求之下构建，能较好地提高估计可靠性。

6. 总体均值的区间估计，关键是确定抽样极限误差 $\Delta_{\bar{x}}=Z_{\frac{\alpha}{2}}\mu_{\bar{x}}$，从而构建置信区间 $\bar{x}-\Delta_{\bar{x}}\leqslant\bar{X}\leqslant\bar{x}+\Delta_{\bar{x}}$。

7. 总体成数的区间估计，关键是确定抽样极限误差 $\Delta=Z_{\frac{\alpha}{2}}\mu_{p}$，从而构建置信区间 $p-\Delta_{p}\leqslant P\leqslant p+\Delta_{p}$。

趣味阅读

面包中的统计学

由于战争，德国有一个时期物资特别紧缺，对面包实行配给制：政府把面粉发给指定的面包房，面包师傅烤好了面包再发给居民。有一个统计学家，怀疑他所在区域的面包师傅私扣面粉，于是就天天称自己的面包。

几个月以后，他去找面包师傅，说："政府规定配给的面包是 400 克/个，因为模具和其他因素，你做的面包可能是 398、399 克/个，也可能是 401、402 克/个，但是按照统计学的正态分布原理，这么多天的面包重量平均应该等于 400 克/个，可是你给我的面包平均重量是 398 克/个。我有理由怀疑是你使用较小的模具，私吞了面粉。"面包师傅承认确实私吞了面粉，并再三道歉保证马上更换正常的模具。

又过了几个月，统计学家又去找这个面包师傅，说："虽然这几个月你给我的面包都在 400 克/个以上，但是这可能是因为你没有私吞面粉，也可能是因为你从面包里特意挑大的给我。同样根据正态分布原理，这么多天不可能没有低于 400 克/个的面包，所以我认为你只是特意给了我比较大的面包，而不是更换了正常的模具。我会立刻要求政府检查你的模具。"面包师傅只好当众认错道歉，接受处罚。

（资料来源：奔跑的阿贡. 不懂统计学？别怕，咱们来自学(1)[EB/OL].(2016-08-06)[2019-07-08].https://www.jianshu.com/p/ddffd4968595.）

实训项目:Excel 在区间估计中的应用

【实训目标】 培养学生应用 Excel 工具分析样本的能力。
培养学生抽样推断的思维方式。

【实训内容】 总体均值与成数的区间估计。

一、总体均值的区间估计

对总体均值做区间估计,关键是确定抽样极限误差 Δ。如果原始数据已知,可由数据分析中的“描述统计”工具确定 Δ;如果原始数据未知,则需借助 CONFIDENCE 函数计算 Δ,或借助 NORM.S.INV 函数计算 $Z_{\frac{\alpha}{2}}$,进而计算 Δ。

(一) 原始数据已知,利用“描述统计”工具计算抽样极限误差

用 Excel 进行区间估计的基本选项如下所示:

数据→数据分析→描述统计→汇总统计/平均数置信度。

[例 7.15] 为了了解某校大二学生的英语学习情况,随机从大二学生中抽取了 50 名同学进行调查,取得上学期英语期末考试成绩如下:

65	76	78	76	70	69	71	76	74	81
84	80	69	91	45	73	89	78	71	96
75	89	69	81	92	62	73	98	92	90
69	78	90	96	81	90	84	91	55	62
75	87	63	78	85	84	65	74	75	26

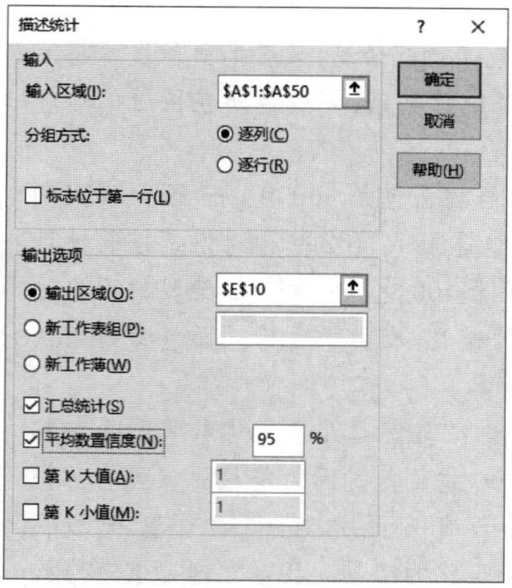

图 7.5 “描述统计”对话框

试以 95%的置信度估计该校大二学生的英语平均成绩的区间。

操作步骤:

(1) 打开“数据”菜单,点击“数据分析”工具[①],在数据分析中选择“描述统计”,打开“描述统计”对话框,如图 7.5 所示。

(2) 在“输入区域”将原始数据所在的区域选中,在“输出区域”任选一单元格,勾选“汇总统计”“平均数置信度”,并将“平均数置信度”设置为 95。

(3) 单击“确定”按钮,得到如表 7.4 所示的计算结果。

由描述统计的结果可知,95%置信度下抽样极限误差 $\Delta=3.777\ 151$,约为 3.78。样本均值 $\bar{x}=76.82$,由此推断 $76.82-3.78\leqslant\bar{X}\leqslant76.82+3.78$,

① 如果没有,则需先行加载。加载路径为“文件”→“选项”→“加载项”→“转到”→加载“分析工具库”。

即该校大二学生的英语平均成绩有95%的概率在73.04～80.6。

表7.4 “描述统计”计算结果

列1	
平均	76.82
标准误差	1.879 577
中位数	77
众数	78
标准差	13.290 61
方差	176.640 4
峰度	3.410 504
偏度	−1.261 81
区域	72
最小值	26
最大值	98
求和	3 841
观测数	50
置信度(95.0%)	3.777 151

(二) 原始数据未知，利用CONFIDENCE函数计算抽样极限误差

用CONFIDENCE函数进行区间估计的基本选项如下所示：

公式→插入函数→函数CONFIDENCE→各参数设置。

[例7.16] 为了了解企业员工的收入情况，随机抽取了100名员工进行调查，计算得到其月平均收入为4 150元，标准差为680元。试以95%的置信度估计该企业员工的月平均收入的区间。

操作步骤：

(1) 打开CONFIDENCE函数对话框。单击“公式”“插入函数”，在对话框的“函数分类”中选择“统计”，在函数名中选择“CONFIDENCE.NORM”函数。单击“确定”按钮，弹出“CONFIDENCE.NORM”函数对话框，如图7.6所示。

延伸阅读

两种CONFIDENCE函数

CONFIDENCE函数有两种，即CONFIDENCE. NORM与CONFIDENCE.T。CONFIDENCE.NORM使用正态分布，返回总体平均值的置信区间，在样本服从正态分布时使用；CONFIDENCE.T使用t分布，返回总体平均值的置信区间，在样本服从t分布时使用。

CONFIDENCE.T的应用可扫描二维码学习。

CONFIDENCE.T
函数的应用

(2) 设置对话框。各参数说明如下：

Alpha：即α，1－置信度。

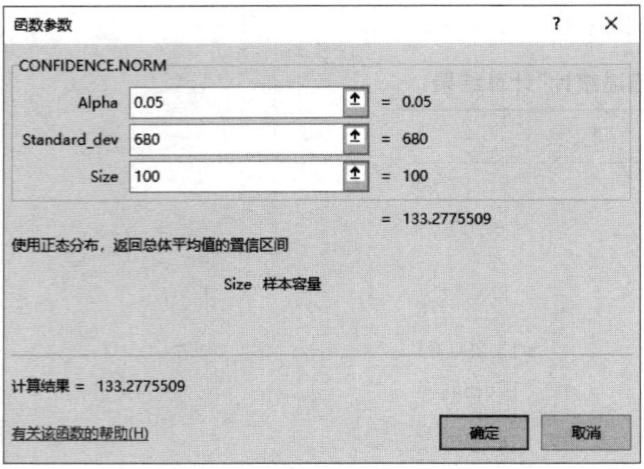

图 7.6 “CONFIDENCE.NORM”对话框

Standard_dev：即 σ，标准差。

Size：即 n，样本容量。

在本例中，在“Alpha”文本框中输入给定概率的显著水平“0.05”(1－95%)，在 Standard_dev 文本框中输入标准差“680”，在 Size 文本框中输入“100”。单击“确定”按钮，得到抽样极限误差 133.277 550 9，保留 2 位有效小数，即 133.28。

(3) 估计置信区间。由此推断置信区间为 4 150±133.28，即在 95%的置信度下，员工的月平均收入在4 016.72～4 283.28 元。

(三) 原始数据未知，利用 NORM.S.INV 函数计算抽样极限误差

NORM.S.INV 函数返回标准正态分布区间点，相当于借助函数实现了利用标准正态分布表查找 z 值的过程。当总体方差未知，且为小样本时，应利用 T.INV 函数，T.INV 函数的具体使用可扫描二维码学习。

T.INV 函数的具体使用

用 NORM.S.INV 函数进行区间估计的基本选项如下所示：

公式→插入函数→函数 NORM.S.INV→参数 Probability 设置。

[例 7.17] 仍沿用[例 7.16]资料，月平均收入为 4 150 元，标准差为 680 元。试以 95%的置信度估计该企业员工的月平均收入的区间。

操作步骤：

(1) 计算 $Z_{\frac{\alpha}{2}}$。单击“公式”“插入函数”，在对话框的“函数分类”中选择“统计”，在函数名中选择“NORM.S.INV”函数。单击“确定”按钮，弹出“NORM.S.INV”函数对话框，如图 7.7 所示。在参数 Probability 中输入 $\frac{\alpha}{2}$ 的值，即 0.025，单击“确定”按钮，即得到 $Z_{\frac{\alpha}{2}}$ 的值－1.959 963 985，保留 2 位有效小数，即－1.96。

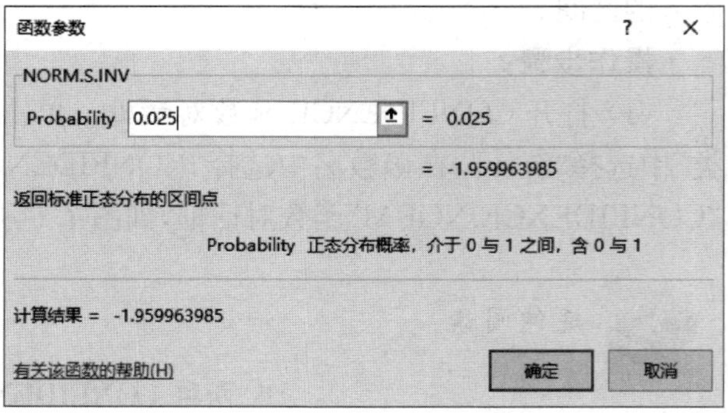

图 7.7 “NORM.S.INV”函数对话框

(2) 计算抽样极限误差：

$$\Delta_{\bar{x}} = Z_{\frac{\alpha}{2}}\mu_{\bar{x}} = Z_{\frac{\alpha}{2}}\frac{\sigma}{\sqrt{n}} = 1.96\times\frac{680}{\sqrt{100}} = 133.28$$

(3) 估计置信区间。由此推断置信区间为 4 150±133.28，即以 95%的概率保证估计员工的月平均收入在4 016.72～4 283.28 元。

二、总体成数的区间估计

［例 7.18］ 某高校对图书馆在学生中的满意度进行调查，从学生中随机抽选了 200 人作为样本，其中有 150 人表示满意。现要求以 95%的置信度估计该校所有学生对图书馆的满意度。

操作步骤：

(1) 计算样本成数。在任一空单元格，如 B1 单元格中输入"=150/200"，按 Enter 键确定，得到样本成数 0.75。

(2) 计算抽样平均误差。根据公式 $\mu_p=\sqrt{\frac{P(1-P)}{n}}$，在任一空单元格，如 B2 单元格中输入"=SQRT(0.75 * 0.25/200)"，或输入"=(0.75 * 0.25/200)^0.5"，按 Enter 键确定，得到抽样平均误差 0.031。

(3) 计算抽样极限误差。在 B3 单元格由"NORM.S.INV"函数计算 $Z_{\frac{\alpha}{2}}$ 的值，约−1.96。在 B4 单元格输入"=1.96 * B2"，按 Enter 键确定，得到抽样极限误差 0.06。

(4) 构建置信区间。在 B5 单元格输入"=B1+B4"，按 Enter 键确定，得到置信区间上限为 0.81；在 B6 单元格输入"=B1−B4"，按 Enter 键确定，得到置信区间下限为 0.69。

即以 95%的概率保证估计该校所有学生对图书馆的满意度在 69%～81%，如图 7.8 所示。

	A	B	C
1	样本成数	0.75	
2	抽样平均误差	0.031	
3	$Z_{\alpha/2}$	-1. 96	
4	抽样极限误差	0. 06	
5	置信区间上限	0. 81	
6	置信区间下限	0. 69	
7			
8			
9			

图 7.8 总体成数的区间估计

【拓展练习】

某高校为了了解学生的消费情况，按照随机原则抽取了 60 名学生，调查结果如表 7.5 所示。

表 7.5 60 名学生的月生活费 金额单位:元

编号	生活费水平	生源地	编号	生活费水平	生源地	编号	生活费水平	生源地	编号	生活费水平	生源地
1	880	0	10	1 340	1	19	850	1	28	1 040	1
2	1 910	0	11	1 260	1	20	820	1	29	1 400	0
3	830	0	12	1 850	1	21	1 170	0	30	1 500	0
4	1 170	1	13	1 560	0	22	1 170	1	31	1 270	0
5	1 120	0	14	1 270	1	23	950	0	32	2 000	0
6	1 500	0	15	1 670	0	24	1 970	1	33	1 230	0
7	1 340	1	16	1 960	1	25	1 460	1	34	1 480	0
8	1 630	1	17	1 290	1	26	1 640	1	35	1 480	0
9	1 400	1	18	1 850	1	27	1 370	0	36	1 460	1

（续表）

编号	生活费水平	生源地	编号	生活费水平	生源地	编号	生活费水平	生源地	编号	生活费水平	生源地
37	1 560	1	43	1 980	1	49	1 490	0	55	760	1
38	1 020	1	44	1 710	1	50	890	1	56	780	0
39	960	0	45	1 390	0	51	1 120	0	57	860	0
40	1 950	0	46	1 960	1	52	1 040	0	58	1 300	1
41	1 120	1	47	1 760	0	53	980	1	59	1 700	1
42	1 790	1	48	770	0	54	850	1	60	1 200	1

注：生源地中 0 表示省内，1 表示省外。

要求：

（1）利用 Excel 建立数据库。

（2）根据收集的原始数据计算样本的平均生活费。

（3）按点估计法推断全体学生的平均生活费。

（4）按 95%的置信度推断全体学生的平均生活费所在的区间。

（5）按点估计法推断全体学生中省内学生的比重。

（6）按 95%的置信度推断全体学生中省内学生的比重。

（7）撰写结论。

课后练习

一、单选题

1. 某品牌袋装糖果重量的标准是(425±2)克。为了检验该产品的重量是否符合标准，现从某日生产的这种糖果中随机抽查 20 袋，测得平均每袋重量为 427 克。下列说法中，错误的是(　　)。

A. 样本容量为 20　　B. 抽样误差为 2

C. 抽样极限误差为 2　　D. 427 是样本指标值

2. 设总体均值为 100，总体方差为 25，在大样本情况下，无论总体的分布形式如何，样本平均数的分布都服从或近似服从趋近于(　　)。

A. $N(100, 25)$　　B. $N(100, 5/\sqrt{n})$

C. $N(100/n, 25)$　　D. $N(100, 25/n)$

3. 在其他条件不变的情况下，要使置信区间的宽度缩小一半，样本量应增加(　　)。

A. 一半　　B. 1 倍　　C. 3 倍　　D. 4 倍

4. 重复抽样条件下的抽样平均误差与不重复抽样条件下的相比，(　　)。

A. 前者总是大于后者　　B. 前者总是小于后者

C. 两者总是相等　　D. 不能确定大小

5. 样本平均数和全及总体平均数(　　)。

A. 前者是一个确定值,后者是随机变量

B. 前者是随机变量,后者是一个确定值

C. 两者都是随机变量

D. 两者都是确定值

6. 在其他条件不变的情况下,提高估计的概率保证程度,其估计的精确程度(　　)。

A. 随之扩大　　B. 随之缩小　　C. 保持不变　　D. 无法确定

7. 在一定的抽样平均误差条件下,(　　)。

A. 扩大极限误差范围,可以提高推断的可靠程度

B. 扩大极限误差范围,会降低推断的可靠程度

C. 缩小极限误差范围,可以提高推断的可靠程度

D. 缩小极限误差范围,不改变推断的可靠程度

8. 反映样本指标与总体指标之间的平均误差程度的指标是(　　)。

A. 抽样误差系数　　B. 概率度

C. 抽样平均误差　　D. 抽样极限误差

9. 根据某地区关于工人工资的样本资料估计出该地区的工人平均工资的95%置信区间为(3 800, 3 900),那么下列说法中,正确的是(　　)。

A. 该地区平均工资有95%的可能性落在该置信区间中

B. 该地区平均工资有5%的可能性落在该置信区间中

C. 该置信区间有95%的概率包含该地区的平均工资

D. 该置信区间的误差不会超过5%。

10. 参数估计的类型有(　　)。

A. 点估计和无偏估计　　B. 无偏估计和区间估计

C. 点估计和有效估计　　D. 点估计和区间估计

11. 有一批零件共1 000箱,每箱有200个零件,现随机抽取20箱并检查这些箱中全部零件,此种抽样属于(　　)。

A. 纯随机抽样　　B. 类型抽样

C. 整群抽样　　D. 等距抽样

12. 当总体单位不很多且各单位间差异较小时宜采用(　　)。

A. 类型抽样　　B. 纯随机抽样

C. 整群抽样　　D. 两阶段抽样

13. 某大学想要了解学生上自习的情况,按学生年级进行分类,再从中抽取学生作为样本,此种抽样属于(　　)。

A. 纯随机抽样　　B. 类型抽样

C. 整群抽样　　D. 等距抽样

二、多选题

1. 在总体100个单位中,抽取40个单位,下列说法中,正确的有(　　)。

A. 样本个数40个　　B. 样本容量40个

C. 是一个大样本　　D. 是一个小样本

E. 一个样本有 40 个单位

2. 抽样推断中缩小抽样误差的方法有(　　)。

A. 缩小总体方差　　B. 适当增加抽样数目

C. 最大限度地增加抽样数目　　D. 改进抽样组织方式

E. 改重复抽样为不重复抽样

3. 用抽样指标估计总体指标应满足的要求有(　　)。

A. 一致性　　B. 准确性　　C. 客观性　　D. 无偏差

E. 有效性

4. 下列说法中,正确的有(　　)。

A. 全及总体是唯一确定的　　B. 样本指标是随机变量

C. 样本是唯一的　　D. 样本指标可有多个

E. 总体指标只有一个

5. 根据城市电话网 100 次通话调查,得知每次通话平均持续时间为 4 分钟,标准差为 2 分钟,在概率保证程度 68.27%的要求下,估计该市每次通话时间可能为(　　)分钟。

A. 3.7　　B. 3.9　　C. 4.1　　D. 4.2

E. 4.4

三、简答题

1. 什么是抽样推断? 它有什么作用?

2. 样本、样本框、总体有什么区别和联系?

3. 影响抽样误差的因素有哪些?

4. 什么是全及指标和样本指标? 两者有何联系和区别?

5. 实际误差、抽样平均误差和抽样极限误差有何联系与区别?

6. 什么是点估计? 什么是区间估计?

7. 区间估计的置信度该如何理解?

四、计算题

1. 某地区种植大白菜 5 000 亩,随机抽取 100 亩进行实割实测,测得结果如下:平均亩产量为 5 200 千克,样本的标准差为 58 千克。

要求:

(1) 若采用重复抽样,则抽样平均误差为多少?

(2) 若采用不重复抽样,则抽样平均误差为多少?

2. 对某种产品的质量进行抽样调查,计算其废品率。按 10%的比例从中抽取 200 件检验,发现有 6 件废品。

要求:

(1) 若采用重复抽样,则抽样平均误差为多少?

(2) 若采用不重复抽样,则抽样平均误差为多少?

3. 一个幼儿舞蹈培训机构做了一次调查,希望通过估计家长对每月在孩子舞蹈上的支付意愿来对课时定价进行参考,按 2%的比例随机抽取了 100 名家长,发现样本均值为 620 元,标准差为 24 元。假设 1 个月包括 4 个课时,样本采用不重复抽样的方式抽取。

要求:

（1）按点估计，由此可推断家长每月愿意为孩子在舞蹈上的花费为多少钱？该机构该如何定价？

（2）若要求推断有95%的可靠性，则由此可推断家长每月愿意为孩子在舞蹈上的花费为多少钱？该机构该如何定价？

4. 参考计算题第3题资料，假设按4%的比例随机抽取了200名家长，其他条件不变。

要求：

（1）求总体均值的95%置信区间。

（2）解释为何本题的置信区间较第3题短。

5. 某企业在更换了某牙膏品牌的包装后想知道消费者对新包装的满意程度，按重复抽样的方式随机抽取了300名顾客进行调查，其中有180名顾客对新包装表示满意。

要求：

（1）在90%的概率保证程度下，估计顾客对新包装的满意度。

（2）在99.73%的概率保证程度下，估计顾客对新包装的满意度。

第八章　假设检验

教学目标

知识目标

1. 理解假设检验的思想。
2. 掌握假设检验的判定程序。
3. 理解原假设、备择假设、显著性水平等相关概念的内涵。
4. 理解假设检验中的两类错误。
5. 掌握对总体均值与成数进行假设检验的方法。
6. 理解 p 值的内涵，掌握利用 p 值进行检验决策的方法。

技能目标

1. 具备运用统计分析工具进行假设检验的能力。
2. 具备正确解读检验统计量、陈述检验结论的能力。

走进统计

女 士 品 茶

20世纪20年代后期，在英国剑桥一个夏日的午后，一群大学的绅士们和他们的夫人们，还有来访者，正围坐在户外的桌旁，享用着下午茶。在品茶过程中，一位女士坚称，把茶加进奶里，或把奶加进茶里，不同的做法，会使茶的味道品起来不同。

在场的一帮科学精英们，对这位女士的“胡言乱语”嗤之以鼻。然而，在座的一个身材矮小、戴着厚眼镜、下巴上蓄着的短胡须的先生，却不这么看，他对这个问题很感兴趣。他兴奋地说道：“让我们来检验这个命题吧！”他开始策划一个实验。

在实验中，坚持茶有不同味道的那位女士被奉上8杯已经调制好的茶，其中，有的是先加茶后加奶制成的，有的则是先加奶后加茶制成的。蓄短胡须的先生为那位女士奉上第一杯茶，女士品了一小会儿，然后断言这一杯是先倒的茶后加的奶。这位先生不加评论地记下了女士的说法；然后，又奉上了第二杯……

那个留着短胡须的先生就是罗纳德·艾尔默·费歇尔(Ronald Aylmer Fisher)，当时他只有三四十岁。后来，他被授予爵士头衔。1935年，他写了一本叫《实验设计》(The

（续上）

Design of Experiments)的书，书的第 2 章就描述了他的“女士品茶”实验。

（资料来源：戴维·萨尔斯伯格. 女士品茶——统计学如何变革了科学和生活[M]. 南昌：江西人民出版社，2016.）

提问：

（1）如果女士对第一杯奶茶的判断正确，能否认为女士具有辨别奶与茶倾倒顺序的能力？

（2）如果女士对 8 杯奶茶的判断正确，能否认为女士具有辨别奶与茶倾倒顺序的能力？

参考答案

第一节　假设检验的基本问题

一、假设检验的思想及一般程序

(一) 假设检验的思想

在现实中，我们经常会遇到这样的问题，如某品牌的奶粉宣称其平均净重不低于 500 克，从消费者的利益出发，需要通过对其产品进行抽检来证明其净重是否与其宣称的相符，厂家是否存在缺斤少两、欺骗消费者的问题。

如果样本的平均净重低于 500 克，能否由此得出结论，该厂家的产品重量不合格，存在欺骗消费者的现象？

答案是不能的，因为存在样本的偶然性，即由于抽样的随机性使样本均值与总体均值之间存在抽样误差。也许实际上该厂家所有产品的平均净重是符合宣称标准的，但被抽中的单位恰好净重偏低。因此，需要通过假设检验，来判断样本的平均净重低于 500 克，到底是偶然性造成的，还是厂家的产品确实存在缺斤少两造成的。

所谓假设检验，就是事先对总体参数或总体分布形式做出一个假设，然后利用样本信息来判断原假设是否合理，即判断样本信息与原假设是否有显著性差异，从而决定是否拒绝原假设的检验。

延伸阅读

显著性差异

显著性差异并不是指样本指标与原假设之差的绝对数大，而是指非偶然性因素在其中的作用程度。在上例中，假设样本平均净重为 400 克，与厂家宣称的相差 100 克，可以说样本与原假设(500 克)相差甚远。但造成这 100 克差距的原因可能是厂家刻意缺斤少两造成的(非偶然因素)，也可能是样本的偶然性造成的，所以需要通过假设检验，来验证样本的 400 克与假设的 500 克之间是否存在显著性差异。若存在显著性差异，即认为这个差距确实是因为厂家缺斤少两造成的；若不存在显著性差异，则认为是样本的偶然性造成的。

(二) 假设检验的一般程序

(1) 提出假设,包括原假设与备择假设。

(2) 选择适当的统计量,并确定其分布形式。

(3) 选择显著性水平 α,确定临界值。

(4) 做出结论。

二、原假设与备择假设

假设检验的第一步,就是提出两种假设,即原假设与备择假设。

原假设是指研究者想收集证据予以反对的假设,也称零假设,用 H_0 表示。

备择假设是指研究者想收集证据予以支持的假设,也称研究假设,用 H_1 表示。

原假设和备择假设是相互对立的。如果原假设为真,则备择假设一定为假;反之亦然,如果备择假设为真,则原假设必然为假。确定原假设与备择假设在假设检验中非常重要,因为它直接关系到检验的结论。

(一) 原假设与备择假设的建立

一般而言,先确定备择假设,再确定原假设。备择假设基于研究者角度,用于支持研究者的想法。下面通过几个例子来说明原假设与备择假设的建立方法。

[**例 8.1**] 某种药丸的生产线规定每粒的重量为 50 毫克,超重或过轻都是严重的问题。质检员每天定时抽样检验,并做出是否停工的决策。请陈述用来检验药丸重量是否符合规定的原假设与备择假设。

解: 设生产线上所有药丸平均重量的真值为 μ。

如果 $\mu=50$,说明生产正常不需要停工;

如果 $\mu>50$ 或 $\mu<50$,则说明生产不正常必须立刻停工。

在此检验中,研究者想收集证据予以支持的假设,应是“生产过程不正常”。因为如果研究者事先认为生产过程正常,那就没有必要去检验了。正因为怀疑生产过程不正常,才需要去检验。所以建立的原假设和备择假设应是:

$H_0: \mu=50$ 生产正常

$H_1: \mu\neq 50$ 生产不正常

[**例 8.2**] 某品牌的奶粉宣称其平均净重不低于 500 克,从消费者的利益出发,需要通过对其产品进行抽检来证明其净重是否与其宣称的相符,厂家是否存在缺斤少两、欺骗消费者的问题。请陈述用来检验奶粉净重是否与其宣称相符的原假设与备择假设。

解: 设该品牌所有奶粉平均重量的真值为 μ。

如果 $\mu\geqslant 500$,说明奶粉净重与其宣称的相符,厂家诚信;

如果 $\mu<500$,则说明奶粉净重与其宣称的不相符,厂家不诚信。

在此检验中,研究者是从消费者利益出发,对厂家是持怀疑态度,因此研究者倾向于证明奶粉净重与其宣称的不相符。如果研究者对厂家是信任的,那就没有抽检的必要了。所以研究者想收集证据予以支持的假设,应是“$\mu<500$”。所以建立的原假设和备择假设应是:

$H_0: \mu\geqslant 500$ 奶粉净重与其宣称的相符

$H_1: \mu<500$ 奶粉净重与其宣称的不相符

[**例 8.3**] 某师范大学估计该校学生中女生占比超过 60%。为验证这一估计是否正

确,随机抽取了一个样本进行检验,请陈述用于检验的原假设与备择假设。

解: 设该校学生中女生所占比重的真值为 P。一般而言,师范大学中女生人数常常高于男生,所以研究者对该校的估计应该比较认同,其想收集证据予以支持的假设,应是"$P>60\%$"。所以建立的原假设和备择假设应是:

$H_0: P \leqslant 60\%$ 该校学生中女生占比小于或等于 60%

$H_1: P > 60\%$ 该校学生中女生占比大于 60%

通过上面的几个例子,对假设的陈述总结如下:

(1) 先确定备择假设,再确定原假设。因为备择假设是研究者想予以支持的,因此比较清楚,容易确定。由于原假设与备择假设相互对立,所以备择假设一旦确定下来,原假设也就容易确定了。

(2) 等号总是放在原假设上,这是假设检验的惯例。

(3) 尽管备择假设是"研究者想收集证据予以支持的",原假设是"研究者想收集证据予以反对的",但它们本质上是带有一定主观色彩的。所以,在面对同一问题时,不同的研究者可能提出截然相反的原假设和备择假设,这是十分正常的。只要符合研究者的最终目的,其所提出的假设就是合理的。

(二) 单侧检验与双侧检验

由上面的例子可以看出,对于总体均值的假设检验,其假设的陈述有三种形式:

$H_0: \mu = \mu_0 \quad H_1: \mu \neq \mu_0$

$H_0: \mu \geqslant \mu_0 \quad H_1: \mu < \mu_0$

$H_0: \mu \leqslant \mu_0 \quad H_1: \mu > \mu_0$

式中:μ——总体均值;

μ_0——假设的总体均值的具体数值。

在成数的假设检验中,μ 用 P 代替。

把备择假设具有特定的方向性,即含有"$>$"或"$<$"的假设检验,称为单侧检验(one-tailed test);把备择假设没有特定的方向性,即含有"$\neq$"的假设检验,称为双侧检验(two-tailed test)。

在单侧检验中,如果研究者感兴趣的方向为"$>$",称为右侧检验;如果研究者感兴趣的方向为"$<$",称为左侧检验。

上面的例子中,[例 8.1]($H_1: \mu \neq 50$)属于双侧检验,[例 8.2]($H_1: \mu < 500$)属于左侧检验,[例 8.3]($H_1: P > 60\%$)属于右侧检验。

三、检验结论的陈述

(一) 不拒绝≠接受

由于原假设与备择假设相互对立,非此即彼,所以假设检验的结果只有两种:拒绝原假设或不拒绝原假设。需要注意的是,不拒绝原假设≠接受原假设。

假设检验的结论都是基于原假设来陈述的,要么拒绝原假设,要么不拒绝原假设,而不能说接受原假设。接受原假设,意味着证明了原假设是真的,而事实上,当不能拒绝原假设时,也并不能证明原假设是真的,只是基于样本提供的证据还不足以推翻原假设。因此,当结论是不拒绝原假设时,实际并未给出明确的结论。

［例 8.4］ 某人家中被盗，他怀疑是邻居所为，就将邻居告上法庭。假设的陈述如下：

H_0：邻居不是小偷

H_1：邻居是小偷

按照疑罪从无的原则，被告人在审判前被认为是无罪的，即假设 H_0 为真，邻居不是小偷。审判中需要提供证据，假如有足够的证据与原假设不符，比如从被告家里找到了原告家里丢失的物品，那么就拒绝原假设，得出“邻居是小偷”的结论。

假如没有找到足够的证据证明邻居是小偷，并不能得出“邻居不是小偷”的结论。如果在被告家里并未找到原告家里丢失的物品，就能证明邻居不是小偷吗？不能。也许受限于当时的侦查技术，邻居在家里挖了一个暗格存放赃物，但未被发现。假设检验的结论都只是基于有限的样本信息，而当时搜集的证据，确实不足以推翻原假设，即不能证明邻居是小偷。但是，也不能因此接受原假设，得出“邻居不是小偷”的结论。所以，正确的结论应是：没有足够的证据证明邻居是小偷。实际上，本例并没有给出明确的结论。

需要注意的是：

(1) 当检验结论为拒绝原假设时，结论是明确的；当检验结论为不拒绝原假设时，结论是模糊的。

(2) 在现实中，针对一个具体的问题，模糊的结论会让人无所适从，所以大多数会采用“默认”的态度。例如，在［例 8.4］中，法庭需要做出判决，即认定邻居有罪或无罪。当结论是“没有足够的证据证明邻居是小偷”时，法庭会认定邻居无罪。所以，在实际中，可以将检验结论陈述为“可以接受原假设”，但这并不等于说确实接受它，证明邻居真的不是小偷。

(二) 检验结论的陈述示例

［例 8.5］ 某外卖平台宣称其接单到送至的时间不超过 30 分钟，现随机抽查了 50 单，检验事实与其宣称是否相符。

提出假设：$H_0:\mu\leqslant 30 \quad H_1:\mu>30$

若检验结论为拒绝原假设，则应得出结论：外卖平台的配送时间超过了 30 分钟，与其宣称不符。

若检验结论为不拒绝原假设，则应得出结论：样本提供的信息不足以推翻原假设，即就 50 单的样本信息不能证明外卖平台的配送时间超过了 30 分钟。可以认为，事实与外卖平台的宣称相符。

四、假设检验的两类错误与显著性水平

原假设与备择假设的对立性使得假设检验的结论只有两种：拒绝原假设或不拒绝原假设。理想的情况是：当原假设 H_0 为真时没有拒绝它，当 H_0 为假时拒绝它。而实际上，这样有可能出现两类错误：

第Ⅰ类错误：拒真。原假设 H_0 为真，却拒绝它。犯第一类错误的概率通常记为 α。

第Ⅱ类错误：采伪。原假设 H_0 为假，却不拒绝它。犯第二类错误的概率通常记为 β。

假设检验的两类错误如表 8.1 所示。

表 8.1　假设检验的两类错误

结论	实际	
	H_0 为真	H_0 为假
不拒绝 H_0	正确	第Ⅱ类错误 β
拒绝 H_0	第Ⅰ类错误 α	正确

［**例 8.6**］　一供应商以低于市场行情的价格处理一批原材料，某企业认为价格非常优惠想要购买，但又担心材料是因为存在质量问题才低价处理。

提出假设：H_0：材料质量没问题　H_1：材料质量有问题

做出决策：

(1) 不拒绝 H_0，购买。如果事实上材料质量真的没有问题，那这个决策无疑是正确的，可以给该企业节省成本。但如果事实上材料质量有问题，那么该企业就犯了第Ⅱ类错误，采伪，因为购买了质量不好的原材料而使该企业生产的产品质量下滑。

假设检验的两类错误图示

(2) 拒绝 H_0，不购买。如果事实上材料质量有问题，那这个决策自然是正确的，可以避免企业后期的损失。但事实上如果材料质量没有问题，那么该企业就犯了第Ⅰ类错误，拒真，错失购买便宜材料来降低企业生产成本的机会。

我们都希望推断的结论是正确的。但事实是，只要做出的结论是不拒绝 H_0，就有可能犯第Ⅱ类错误；只要做出的结论是拒绝 H_0，就有可能犯第Ⅰ类错误。在样本容量不变的情况下，要减小 α 就会使 β 增大，要增大 α 就会使 β 减小。我们自然是希望犯两类错误的概率都尽可能小，但实际上很难做到。在假设检验中，我们通常会先控制第Ⅰ类错误的发生概率。

显著性水平是指第Ⅰ类错误的发生概率，通常用 α 来表示。α 是由研究者事先规定的，常见的有 0.05、0.01 等。

小思考

哪种错误的危害更大

邻居被怀疑是小偷，接受审判。

提出假设：H_0：邻居不是小偷　H_1：邻居是小偷

可能的结果如表 8.2 所示。

表 8.2　两类错误举例

结论	实际	
	H_0 为真（邻居不是小偷）	H_0 为假（邻居是小偷）
不拒绝 H_0（判定无罪）	正确	第Ⅱ类错误（错放坏人）
拒绝 H_0（判定有罪）	第Ⅰ类错误（冤枉好人）	正确

哪种错误造成的危害更大？

五、检验统计量与拒绝域

检验统计量是指由样本信息计算得到的，据以对原假设与备选假设做出决策的某个样本统计量。

检验统计量实际上是对样本指标做标准化处理，其内涵是样本指标值距离假设值多少个标准差。计算公式为：

$$\text{检验统计量}=\frac{\text{样本指标值}-\text{假设值}}{\text{抽样标准误差}}$$

拒绝域是指能够拒绝原假设的检验统计量的所有可能取值的集合。假设检验就是根据检验统计量的值，决定是否拒绝原假设。把所有能够拒绝原假设的统计量的值聚集在一起，即构成拒绝域。拒绝域是由显著性水平 α 围成的区域，其边界值称为临界值，临界值一般通过查表取得。在给定的 α 下，拒绝域与临界值如图 8.1 所示。

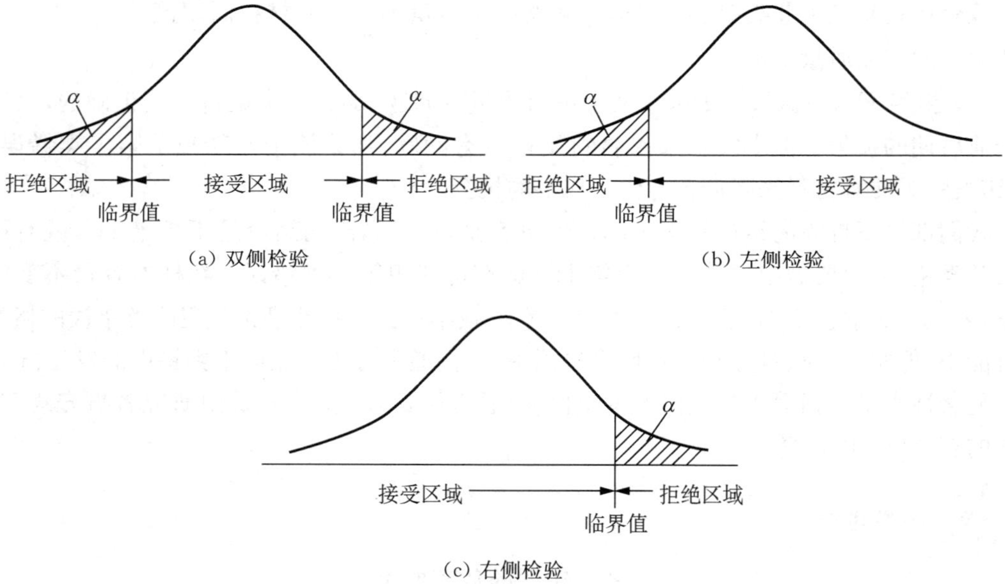

图 8.1　拒绝域与临界值

从图 8.1 可以得出利用统计量进行检验决策的准则如下：

双侧检验：|检验统计量|＞临界值，拒绝原假设。

左侧检验：检验统计量＜－临界值，拒绝原假设。

右侧检验：检验统计量＞临界值，拒绝原假设。

第二节　总体均值与成数的假设检验

本节关于均值与成数的假设检验，仅为针对一个总体的假设检验，对两个总体均值或成数之差的假设检验，本节略去不表。

一、总体均值的假设检验

对总体均值进行假设检验时，实质上，是希望证明样本均值与假设的总体均值的差异是否显著，即借助样本均值了解假设的总体均值是真或假。

在进行检验统计量选择时，需要考虑的有三个因素：

(1) 总体是否服从正态分布。

(2) 总体方差 σ^2 是否已知。

(3) 样本容量是大还是小。

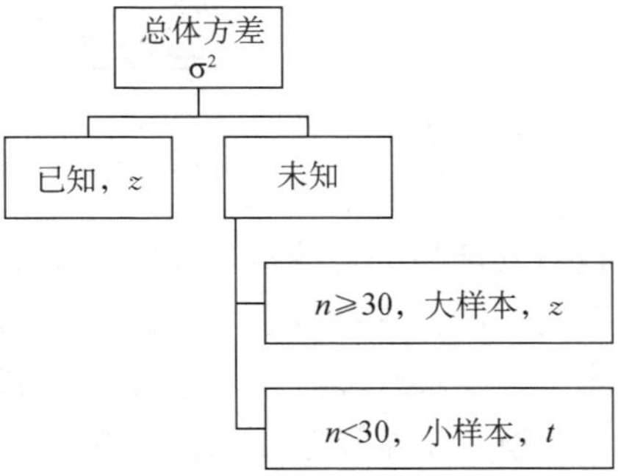

图 8.2 检验统计量 z 与 t 的选择

检验统计量有 z 和 t 两种，若样本均值经标准化后服从标准正态分布，则用 z；若服从 t 分布，则用 t。本节的内容都是以总体服从正态分布为前提的，因此，在确定检验统计量时，首先考虑的是总体方差 σ^2 是否已知，其次考虑的是大样本还是小样本的问题。检验统计量 z 与 t 的选择如图 8.2 所示。

t 分布

(一) 检验统计量 Z 的应用示例

如果总体方差 σ^2 已知，总体均值的检验统计量为：

$$z=\frac{\bar{x}-\mu_0}{\sigma/\sqrt{n}}$$

如果总体方差 σ^2 未知，但为大样本，可用样本方差 s^2 代替总体 σ^2，总体均值的检验统计量为：

$$z=\frac{\bar{x}-\mu_0}{s/\sqrt{n}}$$

[例 8.7] 某种药丸的生产线规定每粒的重量为 50 毫克，超重或过轻都是严重的问题。质检员每天定时抽样检验，并做出是否停工的决策。某天，质检员抽取了 60 粒进行检测，发现其平均重量为 51 毫克，样本标准差为 3 毫克。在 $\alpha=0.05$ 的显著性水平下，请问是否需要停工？

解：(1) 提出假设：

$H_0:\mu=50 \quad H_1:\mu\neq 50$

(2) 计算检验统计量。总体方差 σ^2 未知，但 $n=60$，为大样本，所以选 z。

$$z=\frac{\bar{x}-\mu_0}{s/\sqrt{n}}=\frac{51-50}{3/\sqrt{60}}=2.58$$

(3) 确定临界值。查找标准正态分布表，由于此检验为双侧检验，所以临界值为：

$$Z_{\frac{\alpha}{2}}=Z_{0.025}=1.96$$

(4) 得出结论。$z>1.96$，即检验统计量 z 值落在了右侧拒绝域，如图 8.3 所示。所以结论应是拒绝原假设，认为药丸的重量不等于 50 毫克，需要停工。

[例 8.8] 某品牌的奶粉宣称其平均净重不低于 500 克，从消费者的利益出发，需要通

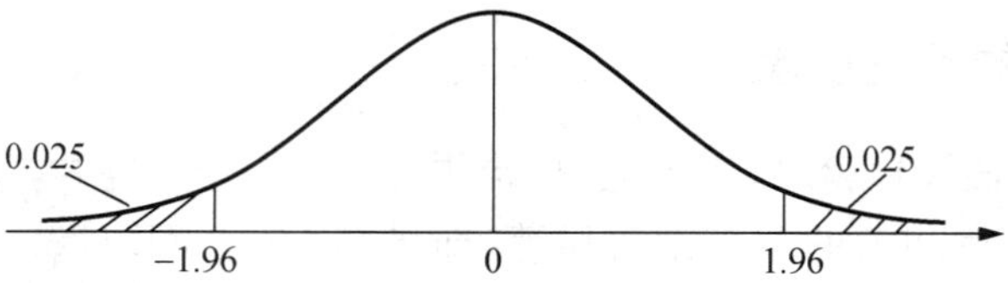

图 8.3 ［例 8.7］中的拒绝域

过对其产品进行抽检来证明其净重是否与其宣称的相符，厂家是否存在缺斤少两、欺骗消费者的问题。现抽取了 50 袋进行测量，发现其平均净重为 495 克，标准差为 6 克。取显著性水平 $\alpha=0.01$，请问厂家是否存在缺斤少两、欺骗消费者的问题。

解： 提出假设：$H_0: \mu \geqslant 500 \quad H_1: \mu < 500$

总体方差 σ^2 未知，但 $n=50$，为大样本，所以选 z。

$$z=\frac{\bar{x}-\mu_0}{s/\sqrt{n}}=\frac{495-500}{6/\sqrt{50}}=-5.89$$

因为此为左侧检验，查找标准正态分布表，$Z_\alpha=Z_{0.01}=2.33$，临界值应是 -2.33。

$z<-2.33$，所以检验统计量落在了拒绝域，如图 8.4 所示。

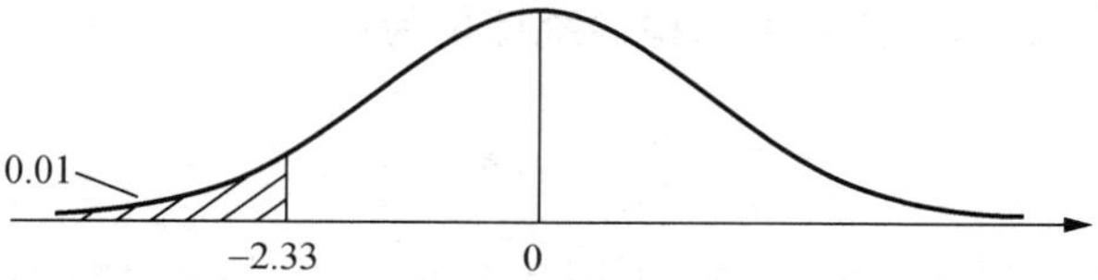

图 8.4 ［例 8.8］中的拒绝域

结论：拒绝原假设，厂家存在缺斤少两、欺骗消费者的问题。

［例 8.9］ 根据过去学校的记录，学生的统计学考试的平均分数为 65 分，标准差为 16 分。现在学校改革了教学方法，实施一学期后抽取 64 名学生做调查，得平均分数为 69 分。问该教学方法的改革是否有效？（$\alpha=0.05$）

解： 提出假设：$H_0: \mu \leqslant 65 \quad H_1: \mu > 65$

总体方差 $\sigma^2(\sigma=16)$ 已知，所以选 z。

$$z=\frac{\bar{x}-\mu_0}{\sigma/\sqrt{n}}=\frac{69-65}{16/\sqrt{64}}=2$$

此为右侧检验，查找标准正态分布表，确定临界值 $Z_\alpha=Z_{0.05}=1.645$。

$z>1.645$，所以检验统计量落在了拒绝域，如图 8.5 所示。

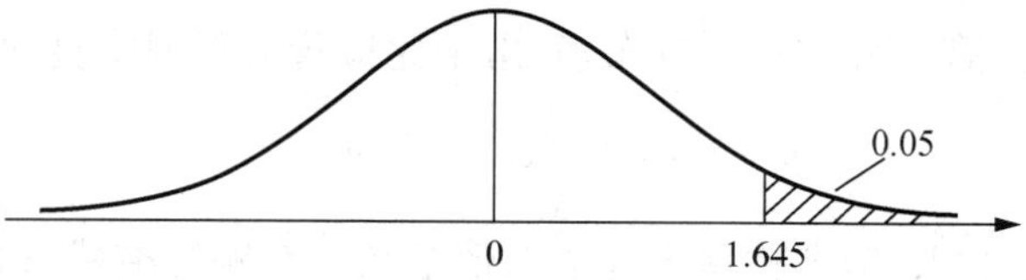

图 8.5 ［例 8.9］中的拒绝域

结论：拒绝原假设，该教学方法的改革有效。

(二) 检验统计量 t 的应用示例

当总体方差 σ^2 未知，且样本为小样本时，检验统计量不再服从标准正态分布，而是服从自由度①为 $n-1$ 的 t 分布。检验统计量 t 的计算公式为：

$$t=\frac{\bar{x}-\mu_0}{s/\sqrt{n}}$$

［例 8.10］ 某品牌手机商声称革新了技术后，手机待机时间可达到 48 小时。现从中随机抽取了 10 台进行测试，记录 10 台手机的待机时间如下：

50	50	45	49	50
45	45	50	46	48

请问：在 0.05 的显著性水平下，该品牌手机商的说法是否可信？

解： 计算样本均值 $\bar{x}=47.8$，标准差 $s=2.3$

提出假设：$H_0: \mu \geqslant 48 \quad H_1: \mu < 48$

总体方差 σ^2 未知，$n=10$，为小样本，所以检验统计量选 t。

$$t=\frac{\bar{x}-\mu_0}{s/\sqrt{n}}=\frac{47.8-48}{2.3/\sqrt{10}}=-0.27$$

此为左侧检验，查找 t 分布表(见附表 2)，查表得临界值 $t_\alpha(df)=t_{0.05}(10-1)=1.8331$，临界值应是 -1.8331。

$t>-1.8331$，所以检验统计量落在了接受域。

结论：可以接受原假设，没有充足的理由拒绝相信该品牌手机商。

需要注意的是，结论仅是没有充足的理由拒绝原假设，但并不能证明该品牌手机商宣称的 48 小时待机时间是真的。

二、总体成数的假设检验

对总体成数进行假设检验的步骤与对总体均值一致，只是在构建检验统计量时略有区别。仍然利用样本比率 p 与总体比率 P 之间距离多少个标准差来衡量，当 n 很大时，二项分布可以用正态分布来逼近。所以检验统计量 z 的计算公式为：

$$z=\frac{p-P_0}{\sqrt{\frac{P(1-P)}{n}}}$$

式中：P_0——假设的总体比率。

也有人用样本成数 p 代替总体成数 P，即 $z=\dfrac{p-P_0}{\sqrt{\dfrac{p(1-p)}{n}}}$

① 自由度(degree of freedom，df)是指计算某一统计量时，取值不受限制的变量个数。通常 $df=n-k$。其中，n 为样本数量，k 为被限制的条件数或变量个数，或计算某一统计量时用到其他独立统计量的个数。

[**例 8.11**] 某品牌洗发水了解到消费者对其产品的包装满意度较低，仅为 75%。现该品牌洗发水重新设计并更换包装后，随机抽取了 300 名消费者接受调查，其中 260 名对新包装表示满意。取显著性水平 $\alpha=0.05$，请问新包装是否有效地提高了消费者的满意度？

解： 计算样本满意度 $p=\dfrac{260}{300}=86.67\%$

提出假设：$H_0: P\leqslant 75\%$ $\quad H_1: P>75\%$

计算检验统计量 $z=\dfrac{p-P_0}{\sqrt{\dfrac{p(1-p)}{n}}}=\dfrac{86.67\%-75\%}{\sqrt{\dfrac{86.67\%(1-86.67\%)}{300}}}=5.95$

此为右侧检验，查找标准正态分布表，确定临界值 $Z_\alpha=Z_{0.05}=1.645$。

$z>1.645$，所以检验统计量落在了拒绝域。

结论：拒绝原假设，新包装有效地提高了消费者的满意度。

第三节 利用 p 值进行决策

一、p 值的内涵

p 值是指当原假设 H_0 为真时，所得到样本观察结果或更极端结果出现的概率，也称观察到的显著性水平。

p 值与原假设对或错的概率无关，它是关于数据的概率，p 值告诉我们，在某个总体的许多样本中，某一类数据出现的频繁程度。例如，班上有 50 名同学，其中有两名同学都叫张三，现从中抽取一名同学作为样本，记录该同学的名字，一共做了 100 次抽取，记录的名字如下：

张三 李四 王五 赵六 张三 钱七……

整理后发现"张三"出现了 5 次，那么叫张三的同学的样本的 p 值就是 0.05。也就是说，在某一次抽样中，样本张三出现的概率为 0.05。

那么，什么叫比样本观察结果更极端的概率呢？下面以抛硬币来说明这个问题。

例如，现在抛 1 000 次硬币，记下正面出现的次数，由中心极限定理可知，正面出现的次数的概率分布应近似正态分布，即 500 次出现正面的可能性是很大的，800 次或 200 次出现正面的可能性都较小。把 800 次正面的概率，与更极端的 800 次以上正面的概率加起来，就是 p 值(单侧 p 值)，如图 8.6 所示。

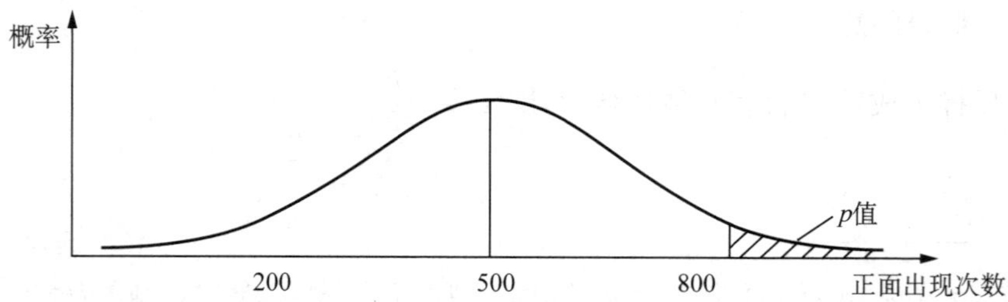

图 8.6 硬币正面出现的次数的概率分布图(单侧 p 值)

其实，200 次出现正面或更少的次数出现正面也是很极端的，把 200 次正面的概率，与更极端的 200 次以下正面的概率加起来，再加上 800 次及更极端的 800 次以上正面的概率，就是 p 值(双侧 p 值)，如图 8.7 所示。

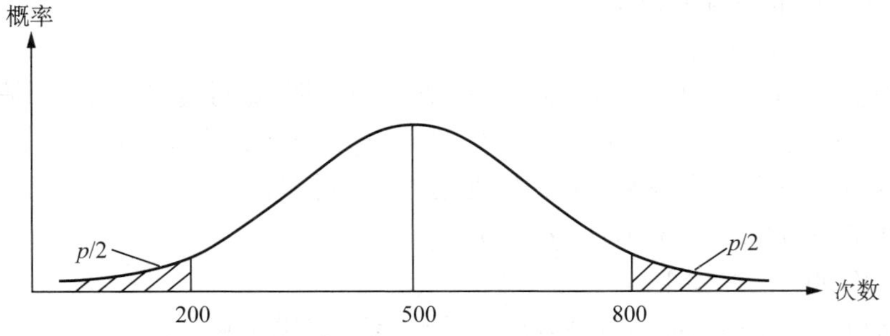

图 8.7　硬币正面出现的次数的概率分布图(双侧 p 值)

二、利用 p 值进行决策的规则

(一) 利用 p 值进行决策的基本思想

由于 p 值是指当原假设 H_0 为真时，所得到样本观察结果或更极端结果出现的概率。如果其值非常小，如 0.03，也就意味着在一次实验中出现该样本结果，或更极端结果出现的可能性是非常小的，做 100 次实验，该结果才出现 3 次。这就意味着这种小概率事件在一次实验中应该是不会出现的。如果现在就做了一次实验，居然就出现了该结果，那么就有充足的理由拒绝原假设。接下来以抛硬币为例来说明。

例如，甲乙两个同学用抛硬币打赌，出现正面甲赢，出现反面乙赢。但是由于硬币是甲同学拿出来的，乙同学担心硬币有问题被做了手脚，于是在正式打赌之前先做了一次实验。出于对同学的信任，假设硬币没有被甲做手脚。乙抛了两次，发现都是正面，虽然正面出现两次的概率为 0.25(0.5×0.5)，但也正常。他继续又抛了两次，仍然都是正面，正面出现 4 次的概率为 0.062 5(0.5^4)，他感觉有点不正常，但可能运气就是这么不好呢。乙继续抛，总共抛了 10 次，都出现的是正面，而出现该结果的概率仅为 0.000 98(0.5^{10})。也就是说，如果硬币没问题，那么需要做 1 000 次这样的实验(扔 10 次)，仅有 1 次会出现 10 次都为正面的情况。那么现在只做了一次实验，扔 10 次，按道理应该是不会出现这个结果的。然而，该结果居然出现了，这显然不合常理。所以只能推翻原假设(硬币没有被甲做手脚)，得出硬币已经被甲处理过了的结论。

(二) 利用 p 值进行决策的步骤

1. 给定显著性水平 α

显著性水平 α 是由研究者认为设定的，常见的有 0.05、0.01 等。实际上，α 是给定了一个“小概率”的标准，根据研究者的需要来指定。α 取 0.05，说明研究者认为在 100 次实验中出现 5 次的事件为小概率事件；α 取 0.01，则说明研究者认为在 100 次实验中出现 1 次的事件才是小概率事件，那么在这个条件下，某事件在 100 次实验中出现 5 次就不再是小概率事件了。

2. 计算 p 值

在现实中，我们一般都是借助统计软件(如 Excel、SPSS 等)得到 p 值，关于 p 值的计算在后面的实训部分会具体介绍。

3. 比较 p 值与 α，得出结论

不论是单侧检验还是双侧检验，用 p 值进行决策的准则皆为：

如果 P 值 $<\alpha$，拒绝原假设 H_0。

如果 P 值 $>\alpha$，不拒绝原假设 H_0。

［例 8.12］ 一个顾客买了一包标有 500 克重的红糖，觉得分量不足，于是找到监督部门。监督部门去商店称了 50 包红糖，计算得到 p 值为 0.005。在显著性水平 $\alpha=0.01$ 下，通过假设检验从统计的角度去判断厂家的红糖是否足够分量。

解： 提出假设：$H_0:\mu_0\geqslant 500$，$H_1:\mu_0<500$

已知 $P=0.005$，$\alpha=0.01$

$p<\alpha$，所以结论是拒绝原假设，即可以认为厂家的红糖不够分量。

延伸阅读

p 值与显著性水平 α

p 值与显著性水平是不同的概念，p 值是由样本数据决定的，而 α 是由研究者决定的。比如确定 $\alpha=0.05$，而此时的 $p=0.000\,8$，我们可以说，在显著性水平 0.05 下拒绝原假设。也可以根据 p 值，将 α 改为 0.001，因为 $p=0.000\,8<0.001$，结论仍是拒绝原假设，但此时出现第一类错误的概率就只有 1‰，而不是 5% 了。

根据数据产生的 p 值来减小 α，可以提高结果的精确性。这就好比一个身高 1.82 米的男生，可能更愿意被认为高于 1.8 米，而不是高于 1.5 米。尽管从数学的角度说高于 1.5米并没有错误。

本 章 小 结

1. 假设检验就是事先对总体参数或总体分布形式做出一个假设，然后利用样本信息来判断原假设是否合理，即判断样本信息与原假设是否有显著性差异，从而决定是否拒绝原假设。

2. 假设检验的一般程序包括提出假设（原假设与备择假设）、选择适当的统计量、选择显著性水平 α、确定临界值、得出结论。

3. 对总体均值进行假设检验，如果总体方差 σ^2 已知，总体均值的检验统计量为 $z=\dfrac{\bar{x}-\mu_0}{\sigma/\sqrt{n}}$；如果总体方差 σ^2 未知，但为大样本，可用样本方差 s^2 代替总体 σ^2，总体均值的检验统计量为 $z=\dfrac{\bar{x}-\mu_0}{s/\sqrt{n}}$；如果总体方差 σ^2 未知，且样本为小样本时，总体均值的检验统计量为 $t=\dfrac{\bar{x}-\mu_0}{s/\sqrt{n}}$。

4. 总体成数的假设检验，步骤与对总体均值一致，只是在构建检验统计量时略有区别。检验统计量 $z=\dfrac{p-P_0}{\sqrt{\dfrac{p(1-p)}{n}}}$。

5. p 值指的是当原假设 H_0 为真时，所得到样本观察结果或更极端结果出现的概率。在现实中，我们一般都是借助统计软件（如 Excel、SPSS 等）得到 p 值，再将其与给定的显著性水平 α 进行比较，如果 p 值 $<\alpha$，拒绝原假设 H_0；如果 p 值 $>\alpha$，不拒绝原假设 H_0。

趣味阅读

别轻易相信奇迹

有一天，你收到一封信，一个来自美国巴尔的摩市的股票经纪人建议你买某一只股票，因为他预测在下周这只股票会大涨。你并没当回事，但到了下个星期，你翻看了股票大盘，发现那只股票真的大涨。很快，你又收到这个股票经纪人的来信，他预测下个星期另一只股票会大跌。下个星期，这个预测又灵验了。这个股票经纪人连续 10 个星期给你来信预测，每一次都准得好像证券交易所是他开的一样。最后，他建议与你长期合作，把你的钱拿来由他投资。你会怎么做决定呢？

让我们引入数学，根据概率论，即使一个股市“白痴”，他随便猜测，每次得出一个正确的预测的概率是 50%，那么连续十次预测全部命中的概率是 1/1 024。这么低的概率，他都能百发百中，你是不是会对他惊为天人，放心地把钱交付给他去投资了呢？且慢，让我们看看这位股票经纪人的秘密。

第一周，这个股票经纪人发出了 10 240 封邮件，其中一半，姑且称为 A 组，预测股票会涨；另一半，姑且称为 B 组，预测股票会跌。第二周，股票涨了，这个经纪人就把 B 组人完全删掉，继续给预测成功 A 组人写信，依然是分成两半，一半预测某只股票会涨，另外一半预测则相反。这样一周一周下去，每一周经纪人都会淘汰掉一半的人，那么 10 周之后，经纪人手里就会剩下 10 个幸运儿，他们连续十次收到巴尔的摩市的股票经纪人的正确预测，很自然地认为这位经纪人就是位天才，那么这位经纪人很可能从这十个人身上狠捞一笔。

这样的手段，在电子邮件可以复制粘贴并且群发的今天，就更容易了，不过，上当的人还是不少。2008 年，英国 BBC 有一档真人秀节目，魔术师用相同的手段给成千上万的英国人发送赌马的邮件，最后他成功地让某些人相信了他具备某种超能力。这套把戏在我们生活中随处可见，它之所以能奏效，是因为它并不是彻头彻尾的欺骗，它是用真实信息让你得出错误结论。

（续上）

我们在做数学推理的时候要以这个故事为戒：面对大数据的分析，必须小心翼翼，同一个观察结果，可以倒推出多种可能的原因，让我们误入歧途的，不是事情的真伪，而是推理的时候，是否漏掉了某种假设。亚里士多德曾经说过，不可能发生的事情也会发生。尽管他没有提出概率的概念，但是你掌握了这个道理，就不会被巴尔的摩市的股票经纪人诱惑了，因为你会明白，如果有足够大的样本基数，那么，连续十次猜中股票这样的低概率事件，也会发生，所谓奇迹，一旦用数学推理来检验，很可能也就不足为奇了。

（资料来源：六百八军事.别轻易相信奇迹，你眼中的小概率事件，有条件可以做到百分之百[EB/OL].(2018-09-25)[2019-07-08].http://www.sohu.com/a/255627629_100199901.）

实训项目：SPSS 在假设检验中的应用

【实训目标】 培养学生应用 SPSS 工具对样本进行假设检验的能力。
培养学生建立假设检验的思维方式。

【实训内容】 SPSS 中数据的录入与导入，均值与成数的假设检验。

一、SPSS 简介

SPSS 是世界上最早的统计分析软件，其界面友好、功能强大、易学、易用，包含了几乎全部尖端的统计分析方法，具备完善的数据定义、操作管理和开放的数据接口以及灵活而美观的统计图表制作，在各类院校和科研机构中更为流行。

Excel 可以帮助人们进行简单的统计分析，其函数库中也有相关函数来计算 p 值，但从专业性的角度来说，一旦涉及深层次的数据分析，人们还是更倾向于用 SPSS 来解决。所以，在这里仅介绍应用 SPSS 对样本进行假设检验的方法。Excel 中的相关函数可扫描二维码进行了解。

应用 Excel 计算 p 值

（一）SPSS 主界面介绍

1. 数据编辑窗口

打开 SPSS 后，出现如图 8.8 所示的界面。与 Excel 类似，第一行为标题栏，第二行为菜单栏，第三行为工具栏。SPSS 有两个视图，数据视图与变量视图，一般打开后，系统默认的是数据视图。

数据视图用来显示数据的记录，和 Excel 中的数据表类似。一行代表一条记录，一列代表一个属性或变量(Variable)。在数据视图中，我们可以添加记录、修改记录，其操作与 Excel 类似。

变量视图是用来定义和显示数据集中的变量信息，如图 8.9 所示。其中：

名称：给出变量或属性的名称。

类型：选择变量的显示方式。

宽度：对字符型变量，该数值决定了能输入的字符串的长度。

小数：设定小数位的宽度。

标签：给变量更详细的说明或描述。在分析过程和结果显示中，可以选择显示变量名或变量标签。

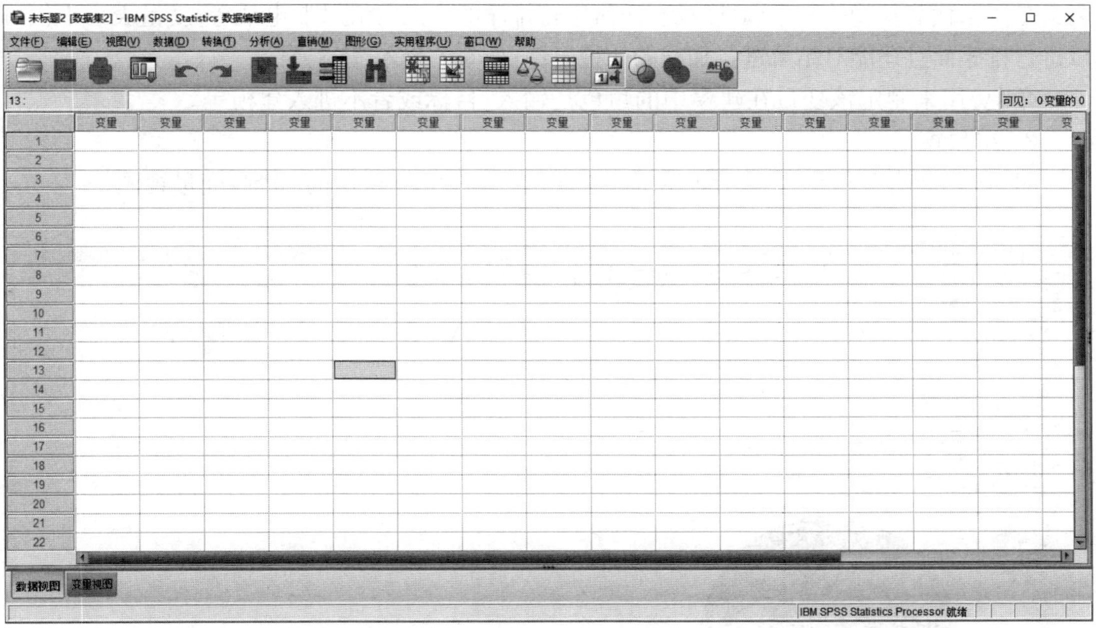

图 8.8 SPSS 主界面

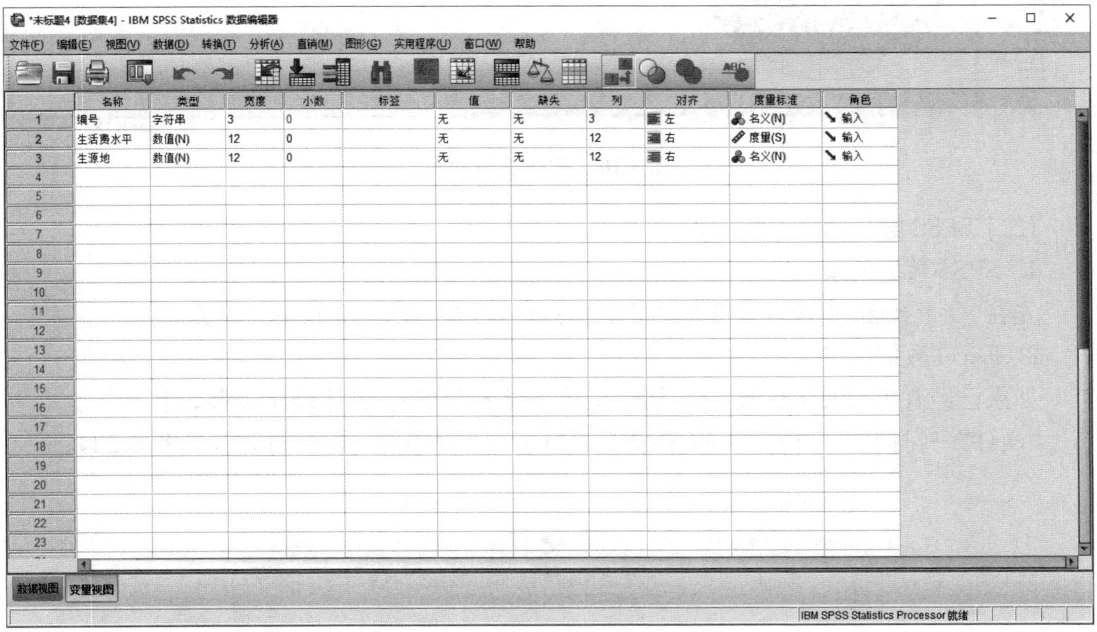

图 8.9 SPSS 变量视图

值：对变量值进行编码。

缺失：对数据中的缺失值进行编码。

列：设定该变量数据视图中列的宽度。

对齐方式：列数据的对齐方式。

度量标准：设定变量度量标准，有序号(Ordinal)、名义(Nominal)、度量(Scale)三种选择。其中，序号是用来定义等级差别的，如消费者的满意度，1、2 和 3 分别代表满意、一般和不满意；

名义是用来代表某物的一个属性，没有任何比较排序的意义，如性别、电话等；度量表示不仅可以进行排序而且还能对结果进行加减的一种属性，如职工收入、体重等。

角色：用来制定该变量在建模中的角色是输入、目标或者不进入建模等。

2. 结果窗口

SPSS 的所有分析结果均在结果窗口中显示，如图 8.10 所示的 SPSS 变量视图。

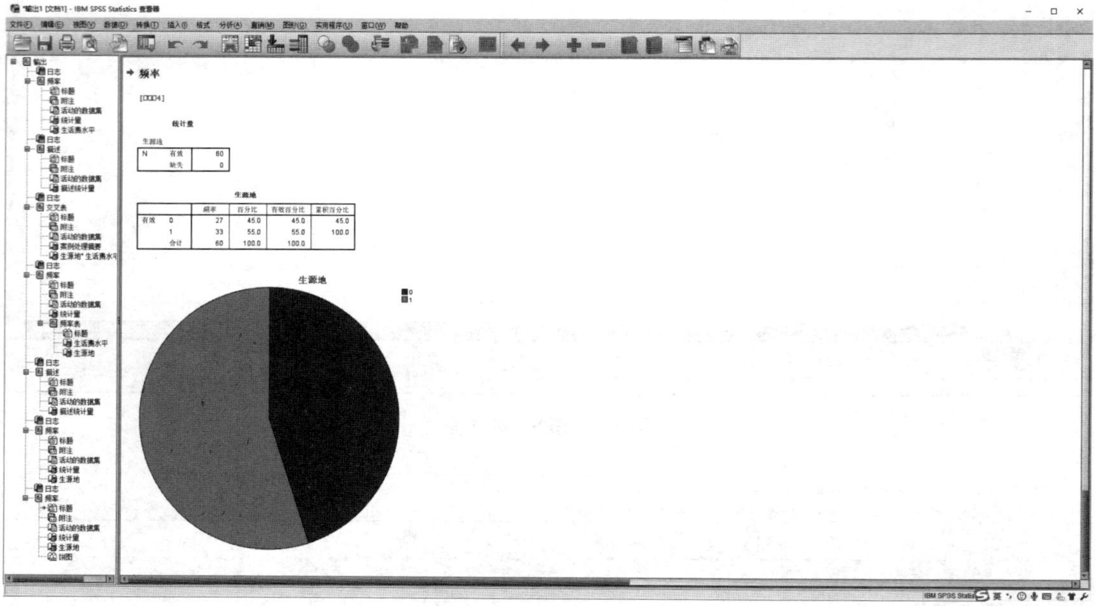

图 8.10　SPSS 变量视图

（二）SPSS 数据的录入与导入

1. SPSS 数据的录入

先在“变量视图”里设置好变量的相关信息后，再在“数据视图”中录入数据。

2. Excel 数据的导入

如果已经有了 Excel 数据文件，可直接将其导入 SPSS。具体操作步骤如下：

“文件”→“打开”→“数据”→文件类型选“Excel”→找到文件→“打开”(见图 8.11)。

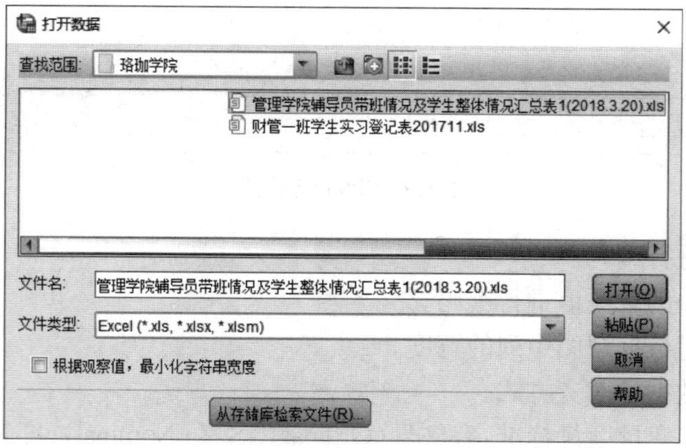

图 8.11　“打开数据”窗口

二、利用 SPSS 进行 p 值假设检验

（一）总体均值的假设检验

［例 8.13］ 一个顾客买了一包标有 500 克重的奶粉，觉得分量不足，于是找到监督部门。监督部门去该生产企业随机抽取了 50 包奶粉进行测重。通过假设检验从统计的角度去判断厂家的奶粉是否足够分量。50 包奶粉的重量如下所示：

501	498	505	503	500	495	497	503	504	501
495	503	502	498	497	502	498	502	497	503
495	495	499	501	496	505	499	495	499	503
502	498	497	495	505	500	496	496	501	497
501	498	499	499	501	498	500	496	500	502

将其录入 SPSS，如图 8.12 所示。

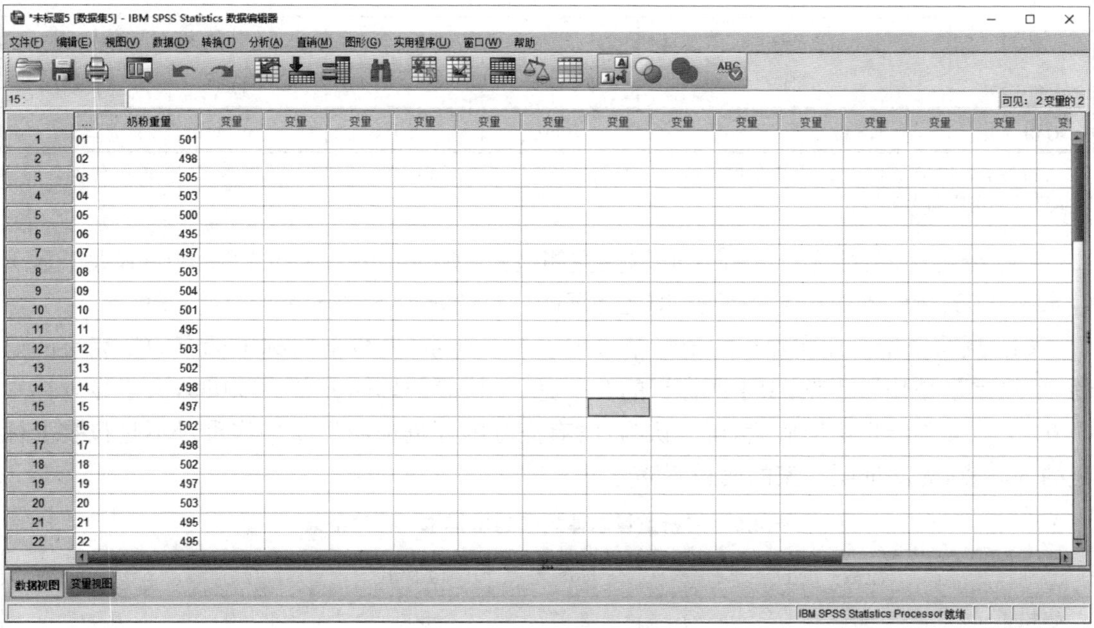

图 8.12 50 包奶粉重量

（1）提出假设：$H_0: \mu \geqslant 500$，$H_1: \mu < 500$

（2）计算 p 值。应用 SPSS 的操作步骤如图 8.13 所示：分析→比较均值→单样本 T 检验→选择变量“奶粉重量”，点击“ ”按钮→输入检验值“500”→单击“确定”按钮。结果窗口中显示两张表，如表 8.3 和表 8.4 所示。表 8.4 中的 Sig 即 p 值，是双侧 p 值；如果是单侧检验，则应将 Sig 除以 2，得到单侧 p 值。

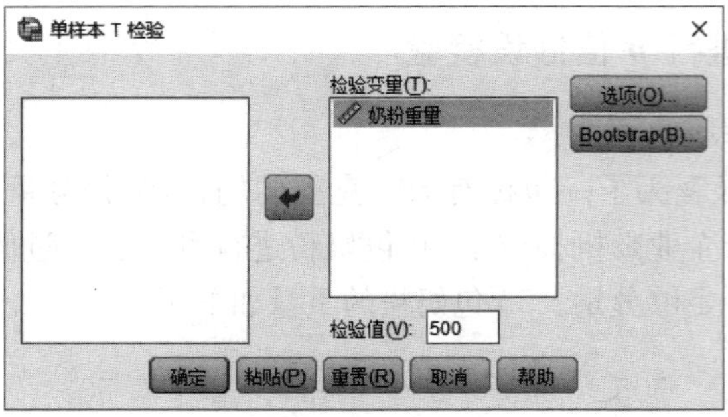

图 8.13　检验窗口

表 8.3　单个样本统计量

项目	N	均值	标准差	均值的标准误
奶粉重量	50	499.44	2.977	.421

表 8.4　检验结果

项目	检验值=500					
	t	df	Sig.(双侧)	均值差值	差分的 95%置信区间	
					下限	上限
奶粉重量	−1.330	49	.190	−.560	−1.41	.29

注:均值差值是样本均值与检验值的差值,即−0.56=499.44−500。差分的 95%置信区间为该均值差值在 95%的置信水平下的下限与上限。

(3) 分析,得出结论。本例中,检验为左侧检验,所以 p 值=0.19÷2=0.095,大于显著性水平 0.05,所以不能拒绝原假设,即无法证明厂家的奶粉不够分量。

(4) 撰写结论。此次抽查的统计结果如表 8.5 所示,监督部门称了标有 500 克重的奶粉,平均重量是499.44 克,少于所标记的 500 克。t 检验的单侧 p 值为 0.095,大于显著性水平 0.05,因此不能拒绝原假设,可以认为:没有充分的证据证明奶粉平均重量不是包装上标记的 500 克,无法证明厂家的奶粉不够分量。

表 8.5　奶粉重量总体均值的单样本 t 检验结果

项目	包数	均值	标准差	检验值	t 值	P 值(单尾)
奶粉重量	50	499.44	2.977	500	−1.330	0.095

延伸阅读

单样本 *T* 检验、独立样本 *T* 检验与配对样本 *T* 检验

在假设检验中,有两种情况:一是针对一个总体;二是针对两个总体。单样本 T 检验适用于一个总体,独立样本 T 检验与配对样本 T 检验适用于两个总体。本章中介绍的检验方法都是针对一个总体的。

（续上）

独立样本 T 检验：对来自两个独立总体的样本信息进行比较，判断其是否具有显著性差异。

配对样本 T 检验：对来自两个配对总体的样本信息进行比较，判断其是否具有显著性差异，常用于同一研究对象处理结果前后进行比较。

例如，为了了解某中学学生的学习情况，对其进行抽样，取得了 300 名学生某次考试的语文、数学、英语的成绩。

想要知道性别对英语成绩是否真的有影响，即对比样本中男生与女生英语的平均成绩，已知男生的英语平均成绩为 88 分，女生的英语平均成绩为 92 分，检验其差距 4 分是否具有显著性差异，即证明能否由样本信息 4，证明女生的英语成绩强于男生。在该种情况下，我们采用独立样本 T 检验。

如果本次考试前学校进行了英语的教学改革，现在想知道该改革方法是否有效地提高了学生的成绩。已知这 300 名同学的英语平均成绩为 90 分，改革前其平均成绩为 88 分。每个同学在改革前后都有两个成绩，所以是“配对样本”。现在要检验改革前后的平均成绩之差 2 分(90—88)是否具有显著性差异，采用配对样本 T 检验。

（二）总体成数的假设检验

［例 8.14］ 某公司人事部设计了一套新的薪酬方案，如果员工的支持率达到 70%可采用。领导决定先做小规模的调查，了解其员工的想法，以决定该薪酬方案是否执行。假如人事部随机抽取了 200 名员工，发现明确表示支持的有 131 人。请问，以显著性水平 0.05 来估计该薪酬方案是否可以执行？

解：(1) 提出假设：

$H_0: p \geqslant 70\%$，$H_1: p < 70\%$

(2) 将原始数据导入 SPSS，如图 8.14 所示。

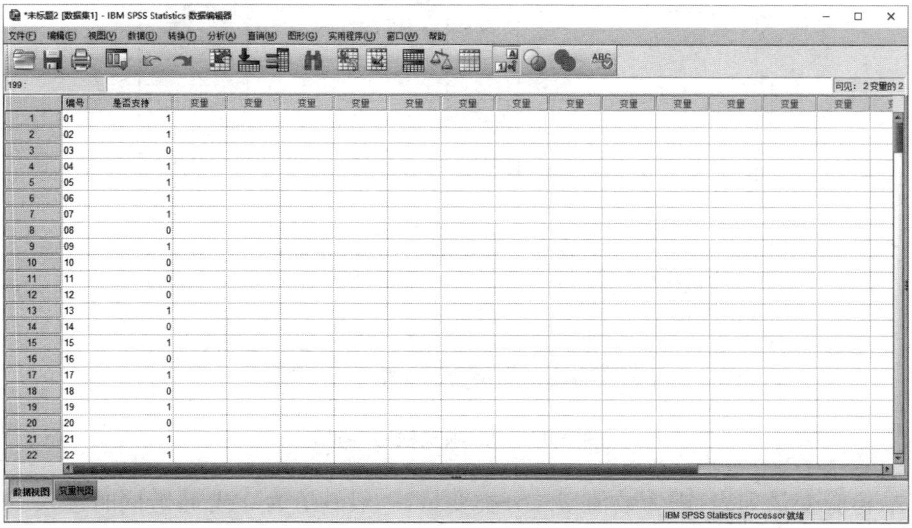

图 8.14　原始数据

(3) 应用 SPSS 计算 p 值。操作步骤为:分析→非参数检验→旧对话框→二项式,如图 8.15所示。

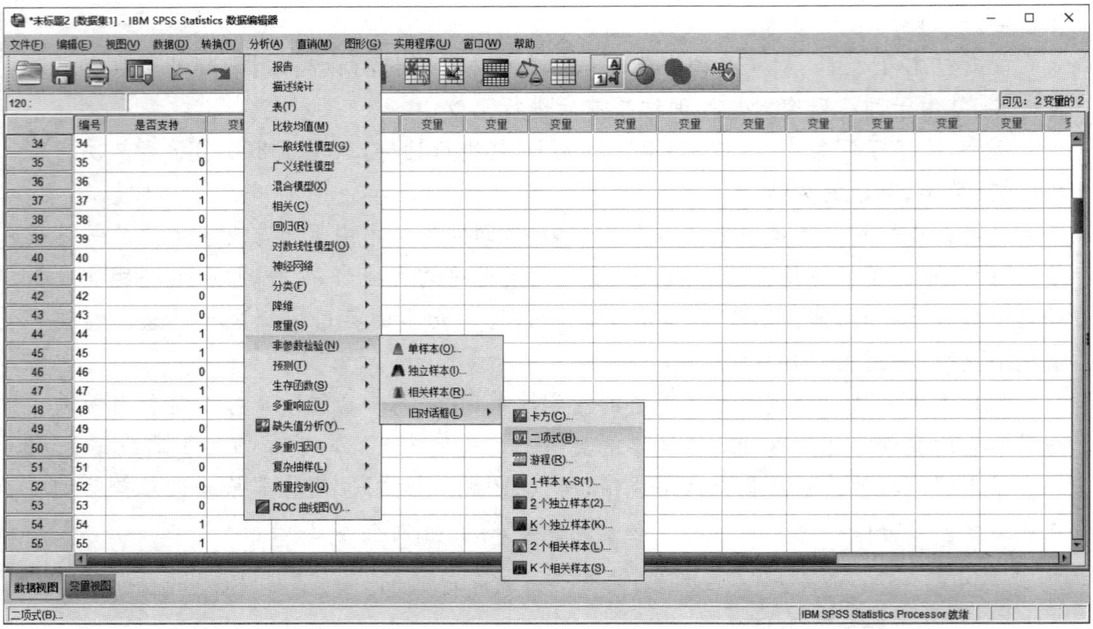

图 8.15 SPSS 操作步骤

进行参数设置。在弹出“二项式检验”窗口(见图 8.16)中,在左侧的变量列表单击选中“是否支持”变量,单击“➡”按钮,将其指定为检验变量,由此,“是否支持”从图 8.16 左边的“二项式检验”移到了右边的“检验变量列表”中;在“检验比例”后面的输入框键入“0.7”,作为检验概率值,如图 8.16 所示。

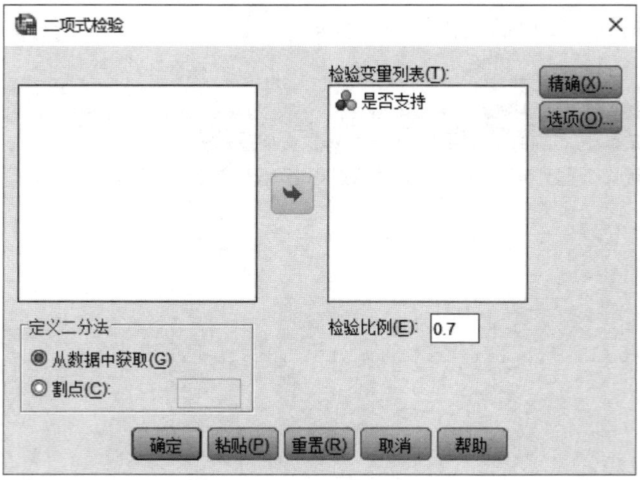

图 8.16 “二项式检验”窗口

首先,检验变量列表:需为数值型二分类变量,一般其值为 0 或 1;若同时选入了多个,将分别单独处理。

其次,"定义二分法"栏:设置数据分为两个类别的方式,有两个选项:"从数据中获取"表示从数据直接获取,为默认选项;"割点"由用户指定一个临界值,检验变量的取值大于此临界值的观测归为一个类别,其他的归为另一个类别。

再次,"检验比例"输入框:指定待检验的期望概率值,它对应数据中第一个类别的概率值。系统默认将第一个记录行的变量取值作为第一个类别,另一个值归为第二个类别。

单击"确定"按钮,运行结果如表 8.6 所示。

表 8.6 二项式检验结果

项目		类别	N	观察比例	检验比例	精确显著性(单侧)
是否支持	组 1	1	131	0.7	0.7	0.096*
	组 2	0	69	0.3		
	总数		200	1.0		

* 备择假设规定第一组中的案例比例小于 0.7。

(4) 分析,得出结论。本例中,检验为左侧检验,所以 p 值=0.096,大于显著性水平0.05,所以不能拒绝原假设,即无法证明员工的支持率未达到 70%,可以认为该薪酬方案可以执行。

【拓展练习】

(1) 某汽车厂商声称其发动机排放标准的一个指标平均不超过 20 个单位,在抽查了 10 台发动机后,得到了相应的排放数据如下:

21.1 19.8 20.3 19.1 20.5 20.2 20.8 19.6 19.4 21

要求:应用 p 值法判断能否认为该指标均值超过 20(α=0.05)。

(2) 一般来说,如果能够证明某部电视剧在播出后的前 13 周中观众的收视率达不到 20%,就可以认为它是失败的。某电视台当前主推的一青春偶像剧在网上评价较差,现随机抽取了 500 户家庭组成一个样本,发现前 13 周中有 120 户家庭看过该剧。

要求:如果规定显著性水平 α=0.01,请应用 p 值法判断该剧是否失败了?

挑战性统计实践

各小组对第二章挑战性统计实践中回收的调查表进行分析,由样本推断总体。

要求:

(1) 分析调查表中各变量的集中趋势与离中趋势。

(2) 基于样本各变量的均值或成数估计总体均值或成数。

(3) 对一个或多个样本变量的均值进行假设检验。

(4) 将结果做综合整理,形成规范文档。

课后练习

一、单选题

1. 按设计标准,某自动食品包装机所包装食品的平均每袋重量应为 500 克。若要检验该机实际运行状况是否符合设计标准,应该采用(　　)。

A. 左侧检验　　B. 右侧检验

C. 双侧检验　　D. 左侧检验或右侧检验

2. 下列假设检验形式的书写中,错误的是(　　)。

A. $H_0:\mu\geqslant\mu_0$, $H_1:\mu<\mu_0$　　B. $H_0:\mu<\mu_0$, $H_1:\mu\geqslant\mu_0$

C. $H_0:\mu=\mu_0$, $H_1:\mu\neq\mu_0$　　D. $H_0:\mu\leqslant\mu_0$, $H_1:\mu>\mu_0$

3. 某大学估计学生的到课率高达90%,但是有人认为实际达不到这个比例,要检验该说法是否正确,提出的假设应是(　　)。

A. $H_0:p\geqslant 90\%$, $H_1:p<90\%$　　B. $H_0:p<90\%$, $H_1:p\geqslant 90\%$

C. $H_0:p>90\%$, $H_1:p\leqslant 90\%$　　D. $H_0:p\leqslant 90\%$, $H_1:p>90\%$

4. 在假设检验中,原假设和备择假设(　　)。

A. 都有可能成立　　B. 都有可能不成立

C. 只有一个成立,且必有一个成立　　D. 原假设一定成立

5. 当样本统计量的观察值未落入原假设的拒绝域时,表示(　　)。

A. 可以放心地接受原假设　　B. 没有充足的理由否定原假设

C. 没有充足的理由否定备择假设　　D. 备择假设是错误的

6. 研究者想收集证据予以支持的假设通常称为(　　)。

A. 原假设　　B. 备择假设　　C. 合理假设　　D. 正常假设

7. 在假设检验中,如果原假设为真,而根据样本所得到的检验结论是否定原假设,则可能(　　)。

A. 抽样是不科学的　　B. 检验结论是正确的

C. 犯了第一类错误　　D. 犯了第二类错误

8. 在假设检验中,得到的 p 值越大,则(　　)。

A. 拒绝原假设的可能性越小　　B. 拒绝原假设的可能性越大

C. 原假设正确的可能性越小　　D. 原假设正确的可能性越大

9. 容量为3升的橙汁容器上的标签表明,这种橙汁的脂肪含量的均值不超过1克,在对标签上的说明进行检验时,建立的原假设和备择假设为 $H_0:\mu\leqslant 1$, $H_1:\mu>1$,该检验所犯的第一类错误是(　　)。

A. 实际情况是 $\mu\geqslant 1$,检验认为 $\mu>1$　　B. 实际情况是 $\mu\leqslant 1$,检验认为 $\mu<1$

C. 实际情况是 $\mu\geqslant 1$,检验认为 $\mu<1$　　D. 实际情况是 $\mu\leqslant 1$,检验认为 $\mu>1$

10. 下列场合中,适用 t 检验统计量的是(　　)。

A. 样本为大样本,且总体方差已知　　B. 样本为小样本,且总体方差已知

C. 样本为小样本,且总体方差未知　　D. 样本为大样本,且总体方差未知

二、多选题

1. 某机场的塔台面临一个决策上的问题:如果荧幕上出现一个小的不规则点,并逐渐接近飞机,工作人员必须作一判断:H_0:一切正常,那只是荧幕上受到一点干扰罢了;H_1:可能会发生碰撞意外。在这个问题中,(　　)。

A. 错误地发出警报属于第Ⅰ类错误　　B. 错误地发出警报属于第Ⅱ类错误

C. 错误地发出警报的概率为 α　　D. 错误地发出警报的概率为 β

E. α 不应太小

2. 在假设检验中，α 与 β 的关系有（　　）。

A. 在其他条件不变的情况下，增大 α，必然会减少 β

B. α 和 β 不可能同时减少

C. 在其他条件不变的情况下，增大 α，必然会增大 β

D. 只能控制 α 不能控制 β

E. 增加样本容量可以同时减少 α 和 β

3. 在假设检验中，当我们做出拒绝原假设而接受备择假设的结论时，表示（　　）。

A. 有充足的理由否定原假设　　B. 原假设必定是错误的

C. 犯错误的概率不大于 α　　D. 犯错误的概率不大于 β

E. 在 H_0 为真的假设下发生了小概率事件

4. 下列陈述中，正确的有（　　）。

A. p 值与原假设的对错无关

B. p 值是指样本数据出现的经常程度

C. 不拒绝原假设就意味着原假设是正确的

D. p 值与原假设的对错有关

E. p 值越小，拒绝原假设的可能性越大

5. 下列陈述中，错误的有（　　）。

A. 总体方差未知，用 z 检验

B. 总体方差已知，用 z 检验

C. 总体方差未知，且样本为小样本，用 z 检验

D. 总体方差已知，且样本为小样本，用 t 检验

E. 总体方差未知，且样本为小样本，用 t 检验

三、简答题

1. 什么是假设检验？

2. 什么是 p 值？

3. 假设检验的两类错误是什么？

4. 假设检验的步骤是什么？

5. 如何区分双侧检验、左侧检验与右侧检验？

四、计算题

1. 某品牌化妆品新推的精华液价格昂贵，包装上注明的容量为 30 毫升。在实际生产中，如果容量低于 30 毫升，该品牌化妆品可能会被消费者投诉影响品牌声誉；如果容量高于 30 毫升，该品牌化妆品又会增加不必要的成本。所以质检人员定期对生产线上的产品进行抽检，以保证容量达到标准。如果容量未达到标准，需停产查找原因。

要求：

（1）建立适当的原假设与备择假设。

（2）如果样本数据表明应拒绝原假设时意味着什么？

（3）如果样本数据表明无法拒绝原假设时意味着什么？

2. 在计算题第 1 题中，如果本月抽检了 50 瓶精华液，计算得到其平均容量为 30.2 毫

升，标准差为 0.5 毫升。

要求：从统计学的角度判断其产品是否符合标准？（规定显著性水平 $\alpha=0.05$）

3. 某网红开通直播销售口红，声称每次直播后平均销售的口红至少可以达到 8 000 支。其中的某品牌商有意向与之合作，但不确定其是否具有如此强大的带货能力。于是该品牌商随机抽取了 60 次直播的销售记录资料，发现其平均销售数量为 7 800 支，假如根据以往直播的销售记录资料计算得到其标准差为 102 支。

要求：通过假设检验做出决策，该网红是否具有所宣称的强大的带货能力？该品牌商是否值得与之合作？（规定显著性水平 $\alpha=0.05$）

4. 某公司决定采取一种新的刺激销售的激励机制，实行了 1 个月后，取得了该月的销售数据，与上月未实行的销售数据进行对比，通过假设检验来判断该激励机制是否有效。

要求：

(1) 在这种情形下，发生第Ⅰ类错误指的是什么？它可能会导致什么后果？

(2) 在这种情形下，发生第Ⅱ类错误指的是什么？它可能会导致什么后果？

5. 某快递公司承诺其从接单到派送不超过 24 小时，现随机抽取了 20 次派送记录，发现其平均待派送时间为 24.5 小时，标准差为 1.5 小时。

要求：请问该快递公司的承诺是否可信？（$\alpha=0.01$）

6. 某高校对校内食堂进行考评，规定师生满意度为 90%及以上为优秀等次。该校随机抽取了 100 名师生进行调查，发现食堂的满意度为 88%。

要求：如果规定显著性水平 $\alpha=0.01$，请问该食堂能否评为优秀等次？

第九章　相关与回归分析

教学目标

知识目标

1. 理解相关关系与函数关系的内涵。
2. 理解相关分析的统计思想与相关系数取值的意义。
3. 理解回归分析的统计思想与回归系数取值的意义。
4. 理解判定系数 R^2 和估计标准误差 S_e 对回归方程拟合优度的评价。
5. 了解相关分析与回归分析的联系与区别。

技能目标

1. 具备运用统计分析工具进行相关分析、回归分析的能力。
2. 具备正确解读相关系数、回归参数的能力。
3. 具备正确对相关系数、回归参数进行显著性检验的能力。
4. 具备正确通过判定系数 R^2 和估计标准误差 S_e 对回归方程进行拟合优度评价的能力。

走进统计

有趣的经济指数

口红销量、女士裙摆长度、女士头发长度、女服务员的美貌程度、的士司机的谈吐等，这些都可以作为判断经济景气与否的指标。

1. 女服务员的美貌程度

据纽约观察家的解读，当活色生香的女服务员随店可见，经济必陷困境；反之，则显示经济兴旺。换句话说，当你到处碰见美女服务员，便可考虑抛售股票。

观察家的解释是，当经济红火，颇有点“资本”的女性很容易找到工作环境舒适且不属厌恶型行业的工作，诸如商品模特、推销员等。

2. 抹车窗人指数

每当在斑马线及红绿灯前突然跳出1名甚至多名卖廉价物品或手持破布要洗抹你的汽车的壮汉时，必然是经济不景气、失业率上升的反映。

（续上）

3. 女性裙摆长度

“美国仲裁之父”佐治泰莱指出，裙摆离地尺码与股市盛衰成正比，即裙摆愈高股市愈旺，裙摆着地则股市“衰到贴地”，而此观点已被论证，从那张根据纽约名店 Smith Barney 不同长度裙子的年销售量配合、印证股市指数绘制的走势图，可以清楚地看出在1897—1990 年，裙摆短长与股市升降的确有正比关系。

为什么呢？佐治泰莱说，经济增长时，女人会穿短裙，因为她们要炫耀里面的长丝袜；当经济不景气时，女人买不起丝袜，只好把裙边放长，来掩饰没有穿长丝袜的窘迫。

4. 女性头发长度

据日本最大规模的日用品制造公司“花王”于 1987 年开始在东京银座对 1 000 名 20～30 岁的女性进行的年度民意调查后汇编的“发型统计”显示，她们偏好蓄长发时显示经济在复苏中；反之，则经济仍在恶化。

佐证是，1997 年，留短发的比蓄长发的人多，翌年为日本经济“最差”的 1 年，2008 年经济有所起色，超过八成受访女性发型不是长发就是中长发。

5. 的士司机的谈吐

每当乘坐的士随时碰上谈吐文绉绉的司机时，不必查询 GDP 数据，便可断定经济已陷入或即将进入衰退。

理由是：连有知识的“文化人”（本科以上学历）都来开的士了，那失业率可想而知。

6. 口红销量

经济景气与否，看口红销量。在美国，每当经济不景气时，口红的销量反而会直线上升。这是为什么呢？

原来，在美国，人们认为口红是一种比较廉价的消费品，在经济不景气的情况下，人们仍然会有强烈的消费欲望，所以会转而购买比较廉价的商品。口红作为一种“廉价的非必要之物”，可以对消费者起到一种“安慰”的作用，尤其是当柔软润泽的口红接触嘴唇的那一刻。再有，经济的衰退会让一些人的收入降低，这样手中反而会出现一些“小闲钱”，正好去买一些“廉价的非必要之物”。

7. 摩天楼指数（劳伦斯魔咒）

大名鼎鼎的劳伦斯魔咒，因发现者经济学家劳伦斯而得名。劳伦斯总结出，世界最高大楼的开工建设，与商业周期的剧烈波动高度相关，大楼的兴建通常都是经济衰退到来的前兆。劳伦斯把这个发现称为“百年病态关联”：大厦建成，经济衰退。

在过去的整整 1 个世纪，摩天楼指数频频“显灵”，保持不败神话。1908 年前后，当时最高楼美国纽约胜家大厦和大都会人寿大厦落成，接着金融危机席卷全美，数百家中小银行倒闭；20 世纪 20 年代末至 30 年代初，著名的帝国大厦落成，之后纽约股市崩盘，并引发全球经济大萧条；70 年代中期，纽约世贸中心和芝加哥西尔斯大厦再夺全球最高楼之冠，之后发生石油危机，全球经济陷入衰退；1997 年，吉隆坡双子塔楼取代了西尔斯大厦成为世界之巅，也带来了亚洲金融风暴；2004 年 12 月 31 日，世界第一高楼台北 101 大厦正式启用，2005 年中国台湾经济增长率骤降至 3.31%；当前的世界最高楼迪拜

（续上）

塔 2010 年竣工，随后迪拜房地产泡沫崩盘，温州炒房团在海外折戟沉沙。

8. 发改委官员发明的榨菜指数

负责起草城镇化规划的国家发改委规划司官员从榨菜的销量中发现了这一指数。他们依据榨菜指数，将全国分为人口流入区和人口流出区两部分，针对两个区的不同人口结构，在政策制定上将会有所不同。

背后的原理很简单，农民工吃很多榨菜。哪里榨菜销量增长了，就说明哪里农民工流入了。这可不是开玩笑，《经济观察报》证实我们的城镇化规划在实际利用“榨菜指数”。

（资料来源：曹萌.15 个有趣的经济指数你听说过几个[EB/OL].(2016-05-18)[2019-07-08].http://money.sohu.com/20160518/n450086905.shtml.）

提问：

(1) 这些指数可以反映什么问题？

(2) 如何从数据的角度来对这些现象与经济的关系进行验证？

参考答案

第一节 相关分析

一、函数关系与相关关系

在现实世界中，任何事物或现象都不是孤立存在的，而是相互联系、相互制约、相互依存的。当某些现象发生变化时，另一现象也会随之发生变化。在现实中，我们经常需要探究某些现象之间的关系。

例如，在农业生产中，需要研究施肥量与产量之间的关系，以科学地确定施肥量；在企业的人事管理中，需要研究员工福利与离职率之间的关系，以合理地确定福利待遇水平，在保持员工的稳定性与控制成本之间，找到一个较好的平衡点；在企业的商业活动中，需要研究广告投入费用与销售量之间的关系，通过广告投入费用预测产品销售量。

幽默与智力的相关性

客观现象间的依存关系大致可归纳为两种不同类型：一类是函数关系；另一类是相关关系。

（一）函数关系

函数关系是指变量（现象）之间存在着的严格确定的依存关系。对于某一变量的每一个数值，都有另一个变量的确定值与之相对应，这种关系可以用函数 $y=f(x)$ 表示，x 给定后，y 的值就唯一确定了。例如，销售价格固定不变时销售额与销售量之间的关系，函数表达式为 $y=px$（y 表示销售额，x 表示销售量，p 表示固定的销售价格）。对于每一个销售量的具体值，都有唯一且确定的销售额数值与之对应。

（二）相关关系

相关关系是指变量（现象）之间存在着非严格、不确定的依存关系。当一个变量取一定的数值时，可以有另一个变量的若干数值与之相对应。例如，父母身高与子女身高，同样身高的父母，其子女的身高往往不同；反过来，同样身高的子女，其父母的身高也往往不同。

小思考

以下现象间的关系是属于函数关系还是相关关系？

(1) 城市中汽车的销售量越大，空气质量越差。

(2) 高学历家庭的子女的学历往往也比较高。

(3) 某物流公司增加一台分拣机器人，每日的分拣量可增加5 000件。

(4) 圆的半径越大，面积越大。

(5) 物价越上涨，商品的需求量越小。

参考答案

二、相关分析的主要内容

相关分析就是对两个变量之间的相关关系进行分析，主要围绕以下四个问题展开：

(1) 变量之间是否存在关系？

(2) 如果存在关系，它们之间是什么样的关系？

(3) 变量之间的关系强度如何？

(4) 样本所反映的变量之间的关系能否代表总体变量之间的关系？

为了解决这些问题，我们通常是这样来做的：

(1) 编制相关表，将所研究的各变量值置于同一表格中。

(2) 绘制相关图，根据相关表绘制散点图，以更直观地判断变量之间的关系形态。

(3) 如果发现是线性相关，利用相关系数对两变量间的关系强度进行测度。

(4) 对相关系数进行显著性检验，以判断样本信息对总体的代表性。

三、相关关系的图表呈现

(一) 相关表

对两变量进行相关分析，必须先取得一系列的成对资料。把具有相关关系的原始数据平行排列起来的表称为相关表。

[例9.1] 想要研究洗发水产品的广告投入与效果的关系，现取得了9家公司的广告费用投资额与产品的销售量数据，构建的相关表如表9.1所示。

表9.1 广告费用投资额与销售量的相关表

广告费用投资额(万元)	销售量(万件)
101	1 000
120	1 402
124	1 301

（续表）

广告费用投资额(万元)	销售量(万件)
136	1 555
150	1 570
180	1 800
201	1 984
220	2 100
301	2 500

从表 9.1 可以看出，随着广告费用投资额的增加，产品的销售量也呈现增长的趋势，可见，这两个变量之间存在一定的关联。

（二）相关图

通过相关表，我们可以大致看出两个变量之间的关联，但无法直观地看出其关系形态。所以，将每一对值作为一个点，在直角坐标系中画出来，就形成了相关图，也称散点图。

［**例 9.2**］　根据表 9.1 绘制的相关图如图 9.1 所示。

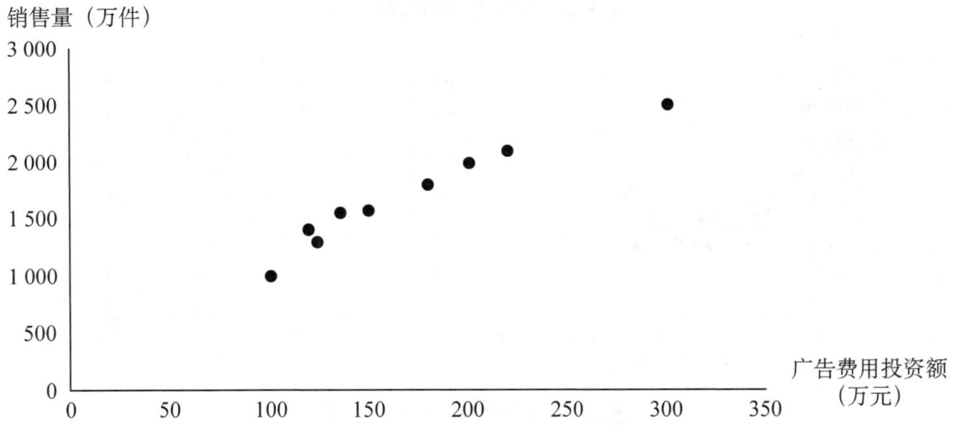

图 9.1　广告费用投资额与销售量的相关图

图 9.1 中的散点近似在一条直线上，这种表现形态就叫线性相关。线性相关有四种类型，如图 9.2 所示。如果两个变量的变动方向一致，当一个变量的值增加(或减少)时，另一变量的值也随之增加(或减少)，就称为正相关，如图 9.2(a)所示；如果两个变量的变化方向相反，当一个变量的值增加(或减少)时，另一个变量的值会随之减少(或增加)，就称为负相关，如图 9.2(b)所示；如果某一变量的取值完全由另一个变量的值所决定，所有的散点都落在一条直线上，如图 9.2(c)和图 9.2(d)所示，这种相关关系就称为完全相关，完全相关实际上就是一一对应的函数关系。

如果散点近似落在一条曲线上，则称为非线性相关，如图 9.3(a)所示；如果散点很分散，没有什么规律，则表示变量之间没有相关关系，也称为无相关，如图 9.3(b)所示。

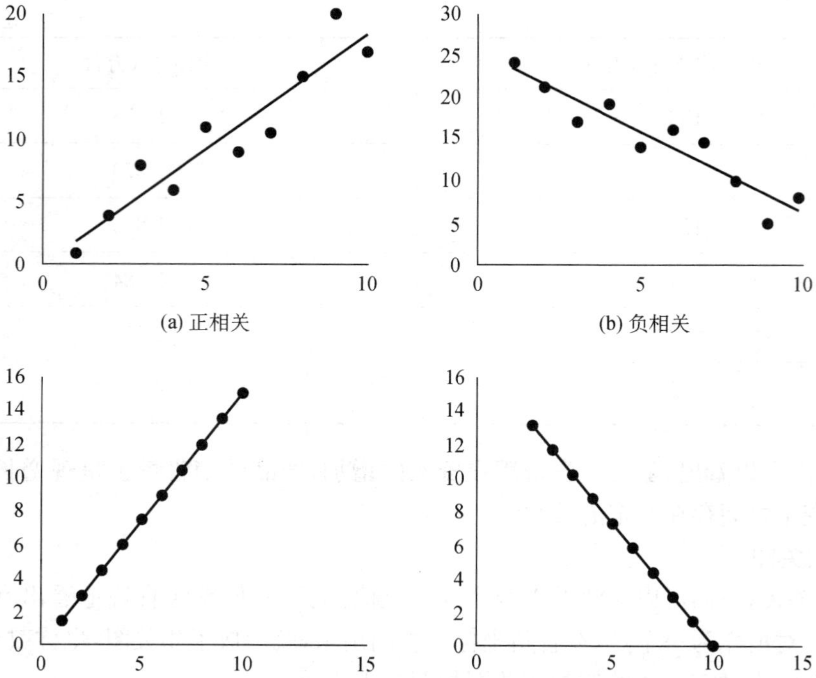

(a) 正相关　(b) 负相关

(c) 完全正相关　(d) 完全负相关

图 9.2　线性相关的四种类型

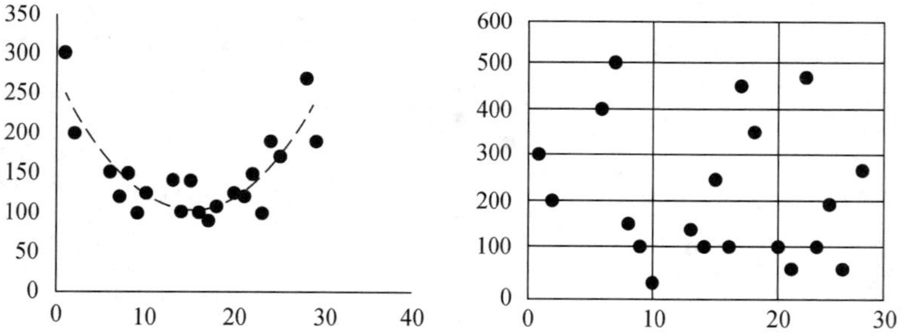

(a) 非线性相关　(b) 不相关

图 9.3　非线性相关与不相关

四、相关系数

(一) 相关系数的含义与计算

散点图可以非常直观地判断两个变量之间有无关系，以及是否存在线性相关关系，但无法准确反映变量之间的关系强度。相关系数可以很好地解决这个问题。

相关系数是衡量变量之间线性相关密切程度及相关方向的统计分析指标，通常用 r 表示。计算公式为：

$$r=\frac{\sigma_{xy}^{2}}{\sigma_{x}\sigma_{y}}=\frac{\frac{1}{n}\sum(x-\bar{x})(y-\bar{y})}{\sqrt{\frac{1}{n}\sum(x-\bar{x})^{2}}\sqrt{\frac{1}{n}\sum(y-\bar{y})^{2}}}$$

式中：σ_{xy}^2—— 两个变量的协方差；

σ_x—— 变量 x 的标准差；

σ_y—— 变量 y 的标准差。

此式可以简化为：

$$r=\frac{\sum(x-\bar{x})(y-\bar{y})}{\sqrt{\sum(x-\bar{x})^2}\sqrt{\sum(y-\bar{y})^2}}$$

按上述公式计算的相关系数也称线性相关系数(linear correlation coefficient)或 Pearson 相关系数(Pearson correlation coefficient)。r 的计算较为复杂，幸运的是，如今 Excel、SPSS 等统计分析工具已经可以帮助我们快速且轻松地得到 r 的值。

(二) 相关系数的取值解读

相关系数 r 的取值介于-1～1。

1. 两种极端

(1) $r=1$ 或 $r=-1$，表示两个变量完全相关。

(2) $r=0$，则表示两个变量完全不相关。

2. 取值的正负号表示相关的方向

(1) $r>0$，表示正相关。

(2) $r<0$，表示负相关。

3. 取值的绝对值表示相关关系的强弱

(1) r 的绝对值越接近于 1，表示相关关系越强。

(2) r 的绝对值越接近于 0，表示相关关系越弱。

一般可以采用四级划分法作为判断现象之间相关关系密切程度的具体标准：

$|r|<0.3$ 称为微弱相关；

$0.3<|r|<0.5$ 称为低度相关；

$0.5<|r|<0.8$ 称为中度相关；

$0.8<|r|<1$ 称为高度相关。

4. r 只表示 x 和 y 的线性相关密切程度

当 $|r|$ 很小甚至等于 0 时，只能说明两变量之间不存在线性相关关系，并不一定表示 x 和 y 之间不存在其他类型的关系。

[例 9.3]　根据表 9.1 中广告费用投资额与销售量的数据，利用 Excel 计算得到的 r 值如表 9.2 所示。具体操作步骤见本章的实训项目。

表 9.2　Excel 中的相关分析

项目	广告费用投资额(万元)	销售量(万件)
广告费用投资额(万元)	1	—
销售量(万件)	0.974 28	1

由表 9.2 可知，相关系数 $r=0.974\ 28$，说明广告费用投资额与销售量高度正相关。

延伸阅读

相关关系与因果关系

相关关系是指两种现象有所关联；因果关系则是指两种现象的发生存在先后顺序，一种现象导致了另一种现象的出现，需要十分严格地进行论证。

做数据对比的时候，一定要分清楚因果关系和相关关系，如果分不清两者，就容易陷入一个奇葩的逻辑。

例如，一个典型的逻辑谬误笑话：吃冰棍会导致人淹死。夏天来了，大家喜欢吃冰棍，同时夏天淹死的人比较多，所以，吃冰棍会导致淹死。这显然是滑稽可笑的。吃冰棍的人数与淹死的人数只是存在相关关系，而并不存在因果关系。

又如，某人的小孩出生时在家门口种了一棵树，小孩在长高，小树苗也在长高，由此认为是小树苗使小孩长高了，这个因果关系显然更加荒谬。

五、相关系数的显著性检验

在对两变量的相关性进行研究时，一般无法取得其全部变量值，只能从中随机抽取部分数据，以其为代表进行分析。所以计算出来的相关系数，本质上，属于样本指标。通常，用 r 值作为总体相关系数 ρ 的近似估计值。

在[例 9.1]中，为了研究洗发水产品的广告投入与效果的关系，理论上，应该取得所有洗发水公司的广告投入与销售量数据，再以此为基础进行相关分析。但是，显然既没有能力也没有必要取得全部数据。因此，随机抽取了 9 家公司，对其数据做相关分析，计算得到的相关系数 $r=0.974\ 28$，实质上，这是一个样本指标。由于样本的随机性，当抽取不同的样本时，计算的 r 值也就不同，因此 r 是一个随机变量。

那么，就带来了两个问题：

问题一：根据样本相关系数 r 值判断两总体是否具有相关关系，其结论 $\rho=0$ 或 $\rho\neq 0$ 是否可靠？

问题二：用 r 值作为总体相关系数 ρ 的近似估计值，即认为 $\rho=r$，是否可靠？

所以，需要对相关系数 r 进行显著性检验。在这里，仅介绍问题一的显著性检验。

[例 9.4] 承[例 9.3]所计算出样本的相关系数 $r=0.974\ 28$，由此判断广告投入与销售量具有相关关系，该结论是否可信？

解： 第一步，提出假设：$H_0:\rho=0\quad H_1:\rho\neq 0$

第二步，利用 SPSS 计算 p 值，进行检验①，得到如表 9.3 所示结果。相关系数 $r=0.974$，显著性检验 p 值$=0.000$②，$p<$显著性水平 0.01，所以应拒绝原假设，即可以认为，广告费用投资额与销售量具有显著性的相关关系。

Excel 也可以完成相关系数的显著性检验，只是通过回归分析返回的结果来呈现的，具体见本章实训部分。

---

① SPSS 操作步骤："分析"—"相关"—"双变量"—选择变量—勾选"pearson"系数、"双侧检验"—确定。

② p 值并不等于 0，只是因为结果只能显示小数点后三位。

表 9.3　SPSS 相关分析结果

相关性

项目		广告费用投资额(万元)	销售量(万件)
广告费用投资额(万元)	Pearson 相关性	1	0.974*
	显著性(双侧)		0.000
	N	9	9
销售量(万件)	Pearson 相关性	0.974*	1
	显著性(双侧)	0.000	
	N	9	9

注：* 表示在 0.01 水平(双侧)上显著相关。

第二节　回 归 分 析

一、回归分析的内容

相关分析只能帮助人们了解两个变量间是否具有相关关系，以及其关系的密切程度，若要进一步去探究一个变量是如何影响另一变量的，则需要回归分析来实现。

回归分析是通过一定的数学表达式来描述两个或两个以上变量间相互依赖的定量关系，进而确定一个或几个变量(自变量①)的变化对另一特定变量(因变量②)的影响程度。这种数学表达式就称为回归方程。

如图 9.4 所示，给图 9.1 的散点添加一条直线，使其穿过这些散点的中心，形如 $y=a+bx$ 的直线方程就是回归方程，它可以较好地反映广告费用投资额与销售量之间具体的数量

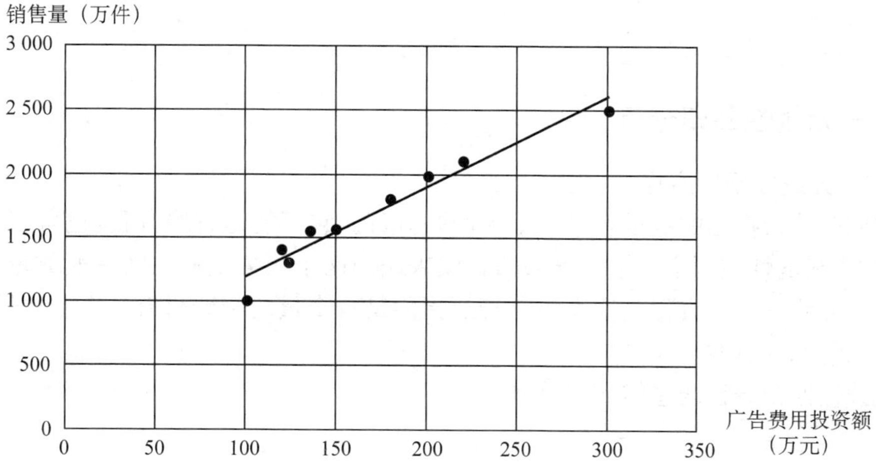

图 9.4　广告费用投资额与销售量的回归直线

① 自变量是指用来解释因变量的一个或多个变量。

② 因变量是指被解释的变量。

关系。回归方程一旦建立，就可以将给定的投资额代入方程计算销售量，从而实现对销售量进行粗略的估计。

回归分析的主要内容包括：

(1) 根据样本数据，确定变量之间的数学表达式。

(2) 对回归方程的参数进行显著性检验，以从影响特定变量的诸多因素中剔除影响不显著的因素，保留显著影响的因素。

(3) 根据一个或几个变量的取值来估计或预测另一个特定变量的取值。

一元线性回归分析实例

延伸阅读

“回归”的由来

英国统计学家弗朗西斯·高尔顿在研究祖先与后代身高之间的关系时发现，身材较高的父母，他们的孩子也较高，但这些孩子的平均身高并没有他们的父母的平均身高高；身材较矮的父母，他们的孩子也较矮，但这些孩子的平均身高却比他们的父母的平均身高。高尔顿把这种后代的身高向中间值靠近的趋势称为“回归现象”。

大自然的任何可以测量的现象(如身高、体重、智商、财富、天赋等)都有一个平均值，所谓回归，就是不断向平均值回归。平均值就像有万有引力那样，不断让极端值的后代更接近平均值。

例如，姚明的后代可能不会有姚明高了，潘长江的后代应该高过他。爱因斯坦的后代智商应该不会高过爱因斯坦。比尔·盖茨的后代可能不会再是世界首富了，世界上最穷的人的后代可能也不会再是最穷的了。

尽管“回归”这个名词具有特定的含义，但人们在研究大量的问题中，两个变量之间的关系并不总是具有这种“回归”的含义，但仍借用这个名词把研究两变量之间统计关系的量化方法称为“回归”分析，作为对高尔顿的纪念。

二、一元线性回归分析

(一) 一元线性回归方程

根据回归分析得出的数学表达式称为回归方程。它可能是直线方程，也可能是曲线方程，视具体资料的性质而定。用一条回归直线来表明两个相关变量之间一般数量关系的方程式称为一元线性回归方程。这里的“一元”指的是自变量的个数只有一个，“线性”指的是回归曲线的形态为直线。

一元线性回归分析的总体回归模型为：

$$y=\beta_0+\beta_1 x+\varepsilon$$

其中，x 为自变量，其值是可以精确测定或严格控制的；y 为因变量；β_0 与 β_1 是未知参数，ε 是随机误差项，它反映的是除线性关系之外其他的随机因素对 y 值的影响。

通常无法取得 x 与 y 的所有变量值，只能通过抽样，利用样本变量值，估计回归方程。这种根据样本数据求出的回归方程，称为估计的回归方程，其形式为：

$$\hat{y} = \hat{\beta}_0 + \hat{\beta}_1 x$$

其中，$\hat{\beta}_0$ 为样本回归直线的截距；$\hat{\beta}_1$ 为直线的斜率，它表示 x 每变动一个单位时，y 的平均变动值。

一元线性回归分析具有如下特点：

(1) 在两个变量之间，必须根据研究目的具体确定哪个是自变量，哪个是因变量。

(2) 回归方程的主要作用在于给出自变量的数值来估计因变量的可能值。一个回归方程只能做一种推算，不能进行倒推。推算的结果表明变量之间的具体变动关系。

(3) 在没有明显的因果关系的两个变量 x 和 y 之间，可以求得两个回归方程：一个是以 x 为自变量，y 为因变量，求出的回归方程称"y 依 x 回归方程"；另一个是以 y 为自变量，以 x 为因变量，求出的回归方程称"x 依 y 回归方程"。

(4) 线性回归方程中，自变量的系数 β_1 称为回归系数。回归系数的符号有正有负，为正时，表示正相关；回归系数符号为负时，表示负相关。

(二) 参数的最小二乘估计

回归分析的核心就是确定回归方程，而确定回归方程的关键则在于确定参数 $\hat{\beta}_0$、$\hat{\beta}_1$ 的值。对于 x 和 y 的 n 对观测值①，用于描述其关系的直线有多条，那么，到底选择哪条直线才是合适的？如图 9.5 所示，直观来看，直线 b 比直线 a 或 c 都更合适一些，因为目测其更"接近"各散点。用数据来说话，也就是三条直线中，直线 b 上的 $\hat{y}$（将变量 x 值代入回归方程计算的估计值）与散点 y（观测值）的差距之和最小，即 $\sum(y-\hat{y})^2=\min$。根据这一原则确定的参数 $\hat{\beta}_0$、$\hat{\beta}_1$ 的方法称为最小二乘法。

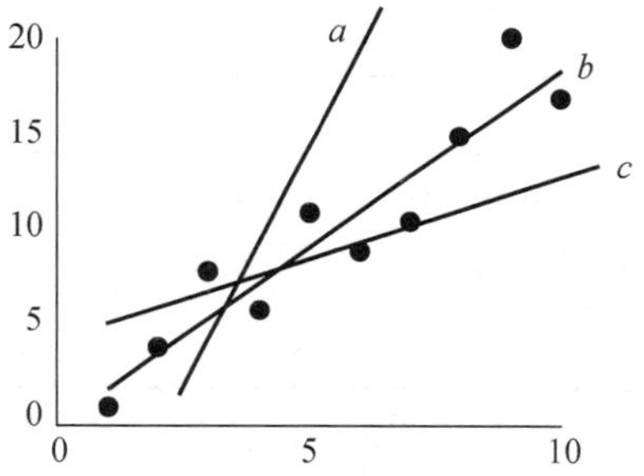

图 9.5 回归直线的选择

最小二乘法的思想可用图 9.6 来表示。

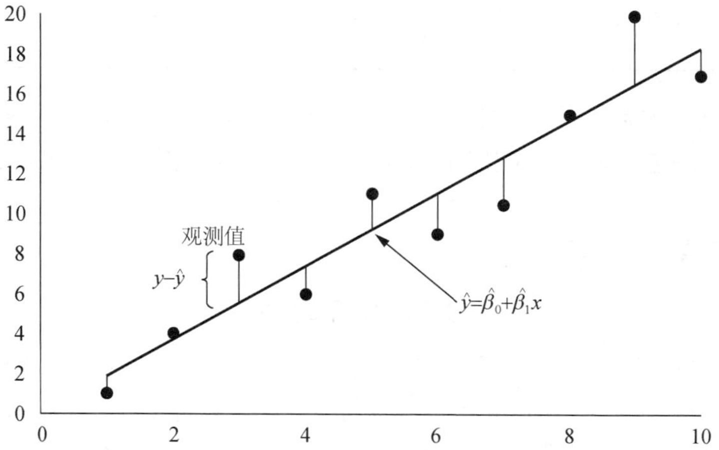

图 9.6 最小二乘法的思想

① 观测值是指通过测量或测定所得到的样本值。

回归参数的计算量较大，因此在实际中，通常都是借助统计软件完成的，而不是通过手工计算得到的。

[例 9.5] 根据[例 9.1]中表 9.1 中的数据，构建一元线性回归方程，并对其进行解释。

解： 在 Excel 中利用数据分析工具库中的“回归”工具，得到如表 9.4 至表 9.6 所示的三张表。具体操作步骤见本章的实训项目。

表 9.4 回归统计表

回归统计	
Multiple R	0.974 28
R Square	0.949 221
Adjusted R Square	0.941 967
标准误差	109.924 8
观测值	9

表 9.5 方差分析表

项目	df	SS	MS	F	Significance F
回归分析	1	1 581 141	1 581 141	130.851 6	8.76E-06
残差	7	84 584.3	12 083.47		
总计	8	1 665 726			

表 9.6 参数估计表

项目	Coefficients	标准误差	t Stat	P-value	Lower 95%	Upper 95%
Intercept	486.376 9	111.436 5	4.364 612	0.003 296	222.871 6	749.882 3
广告费用投资额(万元)	7.067 585	0.617 848	11.439 04	8.76E-06	5.606 607	8.528 563

根据表 9.6 中的参数值，估计线性回归方程 $\hat{y} = 7.067\ 6x + 486.38$，$x$ 表示广告费用投资额，$\hat{y}$ 表示销售量。这说明广告费用投资额每增加一个单位，销售量平均增加 7.067 6 个单位。

延伸阅读

多元线性回归分析

一元线性回归模型反映的是一个因变量和一个自变量之间的线性关系。实际上，社会经济现象的变动是很复杂的，一个因变量的变动往往是由许多自变量的综合影响造成的。例如，洗发水的销售量除了受广告投入影响外，还受价格、消费者的购买力等因素的影响。在线性回归模型中，若一个因变量对应多个自变量，这种模型称为多元线性回归模型。多元线性回归模型是一元线性回归模型的推广，其参数估计原理与一元线性回归模型相同，只是计算更加复杂。其线性回归方程可表达为：

（续上）

$$\hat{y} = \hat{\beta}_0 + \hat{\beta}_1 x_1 + \hat{\beta}_2 x_2 + \cdots + \hat{\beta}_n x_n$$

Excel、SPSS 都可以帮助我们轻松得到各参数值，构建多元线性回归模型。

（三）回归参数的显著性检验

回归方程是以样本为依据估计的，由于样本的偶然性，需要检验自变量对因变量的影响是否显著，即检验自变量 x 对因变量 y 的影响是确实存在的，还是仅由样本的偶然性造成的。

变量的显著性检验的目的是剔除回归系数中不显著的解释变量（也就是 x），使得模型更简洁。在一元线性模型中，只有一个自变量 x，就是要判断 x 对 y 是否有显著性的影响；在多元线性回归中，验证每个 x 自身是否真的对 y 有显著的影响，不显著的就应该从模型中去掉。

所有的统计分析软件在做回归分析时，给出的结果都会有参数的显著性检验，忽略掉难懂的数学，只需要理解如下几个结论：

（1）T 检验用于检验某一个自变量 x 对于 y 的线性显著性，如果某一个 x 不显著，意味着可以从模型中剔除这个变量，使得模型更简洁。

（2）F 检验用于检验所有的自变量 x 在整体上看对于 y 的线性显著性，用于多元回归分析中。若通过 F 检验，则说明至少有一个回归系数显著不为 0。

（3）T 检验的结果看 P-value，F 检验看 Significance F 值，一般要小于规定的显著性水平（如 0.05、0.01），越小说明越显著。

如表 9.6 所示，回归系数（7.067 585）的 P-value 为 8.76E-06，即 0.00 0 008 76，远小于显著性水平 0.05，说明通过 T 检验，广告费用投资额对销售量的影响是显著的。

（四）回归方程的应用

［例 9.6］ 接［例 9.5］，假如市场部打算向公司争取 410 万元的广告费用投资额，请估计该经费投入后销售量可能达到多少。

解：将 $x=410$ 代入回归方程，得：

$$\hat{y} = 7.067\,6 \times 410 + 486.38 = 3\,384.096(\text{万件})$$

所以，估计 410 万元的广告费用投资额投入后，销售量可达到 3 384.096 万件。

三、拟合优度的度量

拟合优度是指模型对样本观测值的拟合程度，即样本回归直线与观测点之间的紧密程度。各观测点越是紧密围绕直线，说明直线对观测数据的拟合程度越好；反之，则越差。

拟合优度一般通过判定系数和估计标准误差两个指标来进行度量。

（一）判定系数

在［例 9.5］中，将销售量作为因变量，广告费用投资额作为自变量，构建了回归模型 $\hat{y} = 7.0676x + 486.38$。在此模型中，广告费用投资额作为唯一一个影响因素存在。而事实上，除了该因素外，季节变化、消费者可支配收入、竞争对手的新产品等均会对销售量产生影响。

这些除自变量外的影响因素统称为残差变量。

也就是说，因变量（销售量）的取值，是自变量（广告费用投资额）与残差变量（其他因素）共同作用的结果。

1. 度量自变量与残差变量的共同影响

假设自变量与残差变量不起作用，即没有任何变量对销售量产生影响，那么这 9 家公司的销售量应是相等的，假定这相等的销售量为所有观测值的均值，即 1 690.22 万件，那么广告费用投资额与销售量的相关表应如表 9.7 所示。

表 9.7　广告费用投资额与销售量（假设没有变量影响）

广告费用投资额（万元）	销售量（万件）
101	1 690.22
120	1 690.22
124	1 690.22
136	1 690.22
150	1 690.22
180	1 690.22
201	1 690.22
220	1 690.22
301	1 690.22

那么，绘制的相关图应是图 9.7 中与水平轴平行的直线 $y=1\ 690.22$。但是，为什么实际的观测值并没有落在该直线上，而是或多或少与该直线保持一定的距离呢？因为，事实上，自变量与残差变量都对因变量产生了影响，该差距正是自变量与残差变量共同产生作用的结果。

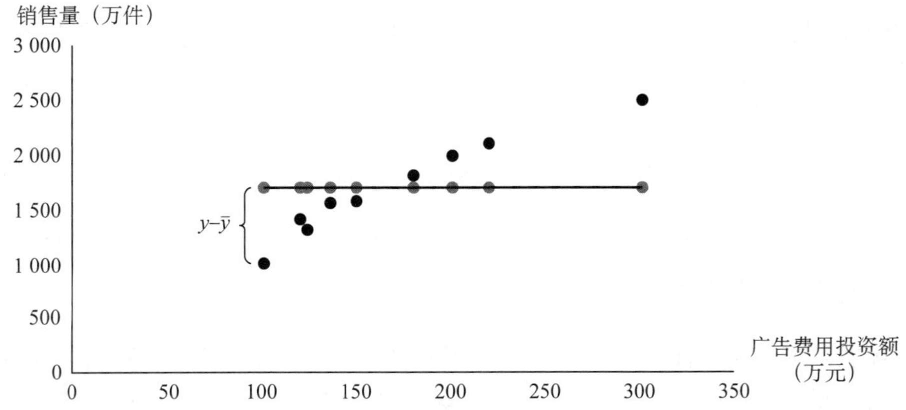

图 9.7　广告费用投资额与销售量散点图（假设没有变量影响）

例如，对于第一个散点 $x=101$，假设没有任何变量对销售量产生影响，y 应为 1 690.22，而实际观测值 $y=1\ 000$，说明自变量与残差变量共同把第 1 个散点从 1 690.22 拉到了 1 000，其所产生的影响可以用 $-690.22(1\ 000-1\ 690.22)$ 来度量。类似的，可以用 $y-\bar{y}$ 来度量自变量与残差变量对每一个散点所产生的影响。

那么,如何度量自变量与残差变量对所有的观测值的影响? 由于 $y-\bar{y}$ 的取值可能为正,也可能为负,所以不能通过直接相加求和来进行度量。出于代数运算的方便,对 $y-\bar{y}$ 做平方后再求和,称为总平方和(total sum of squares, SST)。即:

$$SST=\sum_{i=1}^{n}(y_i-\bar{y})^2$$

SST 度量了自变量与残差变量对所有的观测值的影响。那么,接下来的问题是,这种影响有多少是由自变量引起的,有多少是由残差变量引起的呢?

2. 度量残差变量对观测值的影响

假设残差变量对观测值没有影响,仅自变量产生影响,即销售量的变化完全是由广告费用投资额引起的,那么所有的观测点应完全落在回归直线上。但是,如图 9.6 所示,观测点并未完全落在回归直线上,而是散落在它周围。每个观测值 y 与回归直线上的 $\hat{y}$ 的差距 $y-\hat{y}$,正是残差变量作用的结果。所以,可以用 $y-\hat{y}$ 来度量残差变量对每一个观测值的影响。

同理,出于代数运算的方便,对 $y-\hat{y}$ 做平方后再求和,称为残差平方和(sum of squares of error, SSE)。即:

$$SSE=\sum_{i=1}^{n}(y_i-\hat{y}_i)^2$$

SSE 度量了残差变量对所有的观测值的影响。

3. 度量自变量对观测值的影响

通过前面的学习,我们已经知道假设自变量与残差变量不起作用,即没有任何变量对销售量产生影响,那么所有的观测点应落在平行于水平轴的直线上。假设仅自变量对观测值有影响,即销售量的变化完全是由广告费用投资额引起的,那么所有的观测点应落在回归直线上。

可见自变量对观测值的影响,表现为将 $y=\bar{y}$,拉到了 $y=\hat{y}$,如图 9.8 所示。所以,我们可以用 $\hat{y}-\bar{y}$ 来度量自变量对观测值的影响。

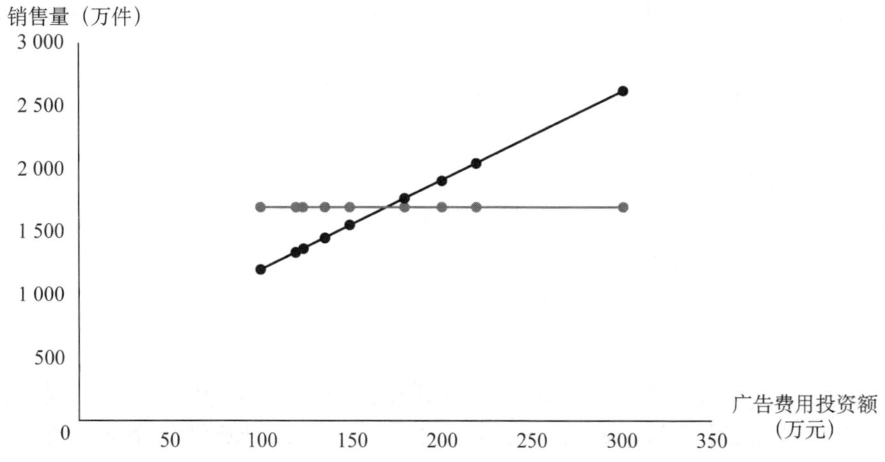

图 9.8　自变量对观测值的影响

同理,出于代数运算的方便,对 $\hat{y}-\bar{y}$ 做平方后再求和,称为回归平方和(sum of squares of regression，SSR）。即：

$$SSR = \sum_{i=1}^{n}(\hat{y}_i - \bar{y})^2$$

SSR 度量了自变量对所有的观测值的影响。

4. 判定系数的计算及解释

由上面的分析可知，总平方和＝回归平方和＋残差平方和。即：

$$SST = SSR + SSE$$

此式说明观测值受到两部分因素的影响：一部分来自自变量，通过回归平方和 SSR 来度量；另一部分来自其他因素，通过残差平方和 SSE 来度量。因而，可以用回归平方和占总平方和的比例来判断回归方程与样本观测值的拟合程度。SSR 占比越高，说明自变量的影响程度越大，其他因素的影响程度越小，回归方程与样本观测值的拟合程度越好。

回归平方和占总平方和的比例，称为判定系数，用 R^2 表示。其计算公式为：

$$R^2 = \frac{SSR}{SST} = 1 - \frac{SSE}{SST}$$

若不存在其他因素的影响，y 的变化完全是由 x 的变化引起的，则残差平方和 $SSE=0$，$R^2=1$；若不存在自变量的影响，y 的变化与 x 完全无关，则 $SSR=0$，$R^2=0$。可见，R^2 是一个介于 0～1 的值，其值越接近 1，说明回归直线拟合得越好；越接近 0，说明回归直线拟合得越差。

由于判定系数 R^2 反映的是自变量对观测值的影响程度，所以可以这样来解释其意义：若 $R^2=0.91$，说明在因变量 y 的变化中，有 91%可以由自变量 x 与因变量之间的线性关系来解释，或者说，在因变量 y 的变化中，有 91%是由自变量 x 引起的。

在一元线性回归中，判定系数等于相关系数 r 的平方。

［例 9.7］ 根据表 9.1 中数据，计算广告费用投资额对销售量回归的判定系数，并解释其意义。

解： 在［例 9.5］中，利用 Excel 做回归分析时所得到的三张表中，表 9.5 方差分析表已自动计算出总平方和、回归平方和与残差平方和。

总平方和 $SST=1\ 665\ 726$

回归平方和 SSR＝1 581 141

残差平方和 $SSE=84\ 584.3$

所以判定系数 $R^2=\dfrac{SSR}{SST}=\dfrac{1\ 581\ 141}{1\ 665\ 726}=0.949\ 2$

实际上，更为简单的方法则是观察表 9.4 回归统计表。其中，R Square 就是指判定系数 R^2，所以可以从表 9.4 中直接读取 $R^2=0.949\ 221$，与上面的计算结果完全一致。

对判定系数的解释为：在销售量的变化中，有 94.92%可以由广告费用投资额与销售量之间的线性关系来解释，或者说销售量 94.92%的变化是由广告费用投资额带来的。回归方程的拟合优度好。

延伸阅读

调整后的判定系数

在应用过程中发现，如果在模型中增加一个解释变量，R^2 往往增大。这就给人一个错觉：要使得模型拟合得好，只要增加解释变量即可。但是，现实情况往往是，由增加解释变量个数引起的 R^2 的增大与拟合好坏无关，R^2 需调整。

在样本容量一定的情况下，增加解释变量必定使得自由度减少，所以调整的思路是：将残差平方和与总离差平方和分别除以各自的自由度，以剔除变量个数对拟合优度的影响。调整后的判定系数的计算公式为：

$$\bar{R}^2 = 1 - \frac{SSR/(n-k-1)}{SST/(n-1)}$$

式中：$n-k-1$——残差平方和的自由度；

$n-1$——总体平方和的自由度。

总的来说，调整的判定系数比起判定系数，除去了因为变量个数增加对判定结果的影响。

（二）估计标准误差

回归方程构建后，可以借由给定的自变量值推算因变量的估计值 $\hat{y}$，它和实际值 y 可能一致，也可能不一致。y 与 $\hat{y}$ 越接近，其差异程度越小，说明 $\hat{y}$ 对 y 的代表性越强，回归方程拟合得越好。也就是说，需要通过某一指标来衡量 y 与 $\hat{y}$ 之间的平均距离。

通过上面的学习，我们已经知道残差平方和可以说明观测值 y 与估计值 $\hat{y}$ 之间的差异程度。在这里，采用类似标准差的做法来构建估计量的标准差，也称估计标准误差，来度量观测点在回归直线周围的散布情况。计算公式为：

$$S_e = \sqrt{\frac{\sum (y-\hat{y})^2}{n-2}}$$

估计标准误差的解释为：S_e 越大，说明实际值与估计值的平均离差越大，回归方程对各观测点的代表性越差；反过来，S_e 越小，说明实际值与估计值的平均离差越小，回归方程对各观测点的代表性越好；若 $S_e=0$，即所有观测点都落在回归直线上，说明用回归方程来做预测是没有误差的。因此，只有在估计标准误差小的情况下，用回归方程作估计或预测才具有实用价值。可见，估计标准误差也从另一角度说明了回归直线的拟合优度。

在 Excel 中，估计标准误差可通过“回归”分析结果中的回归统计表来读取。

一元线性
回归预测

四、回归分析与相关分析的联系与区别

（一）回归分析与相关分析的联系

相关分析是回归分析的基础和前提，回归分析则是相关分析的深入和继续。只有当变

量之间存在高度相关时，进行回归分析并寻求其相关的具体形式才有意义。如果在没有对变量之间是否相关以及对相关方向和程度做出正确判断之前，就进行回归分析，很容易造成“虚假回归”。

（二）相关分析与回归分析的区别

（1）相关分析中涉及的变量不存在自变量和因变量的划分问题，变量之间的地位是对等的；而在回归分析中，存在自变量和因变量的划分，变量之间的地位是不对等的。

（2）相关分析主要利用相关系数来反映变量之间相关程度的大小，由于变量之间是对等的，因此相关系数是唯一确定的。而在回归分析中，对于互为因果的两个变量，则有可能存在多个回归方程。

（3）在相关分析中，所有的变量都必须是随机变量；而在回归分析中，自变量是确定的，因变量才是随机的。

本章小结

1. 函数关系是指变量（现象）之间存在的严格确定的依存关系。相关关系是指变量（现象）之间存在着非严格、不确定的依存关系。

2. 相关分析的主要内容包括：编制相关表；绘制相关图；若相关图表现为线性相关，则需计算相关系数 r 来测定关系强度；对相关系数进行显著性检验。

3. 相关系数 r 的取值介于 $-1 \sim 1$。$r>0$，表示正相关；$r<0$，表示负相关。r 的绝对值越接近于 1，表示相关关系越强；越接近于 0，表示相关关系越弱。

4. 回归分析的主要内容包括：根据样本数据，构建回归方程；对回归方程的参数进行显著性检验；根据回归方程进行估计与预测。

5. 一元线性回归方程是用一条回归直线来表明两个相关变量之间一般数量关系的方程式，形式为 $\hat{y}=\hat{\beta}_0+\hat{\beta}_1 x$。多元线性回归模型是用一条回归直线来表明三个及以上相关变量之间一般数量关系的方程式，形式为 $\hat{y}=\hat{\beta}_0+\hat{\beta}_1 x_1+\hat{\beta}_2 x_2+\cdots+\hat{\beta}_n x_n$。

6. 拟合优度通过判定系数 R^2 和估计标准误差 S_e 两个指标来进行度量。R^2 是一个介于 0～1 的值，其值越接近 1，说明回归直线拟合得越好。估计标准误差 S_e 的值越小，说明回归直线拟合得越好。

7. 相关分析是回归分析的基础和前提，回归分析则是相关分析的深入和继续。在相关分析中，涉及的变量不存在自变量和因变量的划分问题，相关系数是唯一确定的；在回归分析中，存在自变量和因变量的划分，对于互为因果的两个变量，则有可能存在多个回归方程。

趣味阅读

肉桂与葡式蛋挞

一家美国零售商最近发现，当天气变冷，肉桂葡式蛋挞的销量会上升500%(并非所有的葡式蛋挞，只是肉桂这一个品种)。面对这种零星数据，零售商要做出抉择。每当预测天气即将转冷时，应该储备多少肉桂葡式蛋挞？还有一家零售商发现，羊奶干酪打折似乎能促进红酒的销售。希望减小红酒库存的时候，是不是应考虑羊奶干酪打折这种方法？

这两个问题的答案取决于大数据分析的核心问题：弄清相关性与因果关系之间的区别。人类善于发现事物的相关性，这是进化的特征，但是却在发掘直接相关事物的关系时显得有些笨拙。将相关性误解为因果关系所做出的决策是危险的，可能会遭受惨败，因为你所期待看到的影响可能并不会发生。

那些葡式蛋挞和羊奶干酪的零售商们在拥有十足把握以前，需要对他们的假设进行验证。比如说，在确定因果关系存在以前，考察一些商店肉桂葡式蛋挞的“库存积压”情况；或者采取打折销售羊奶干酪的方式，看看红酒销量是否真的增加。

事物之间可能存在着一些简单的因果关系，但公司需要清楚每种因果关系都可能产生意想不到的结果。肉桂葡式蛋挞销量的增加是否意味着其他产品销量的减少？红酒销量的增加是否也意味着啤酒销量的减少或者牛排销量的增加？影响现代供应链的因素很多，而且还在不断增加，如天气、社交媒体、特价商品、食品安全新闻等都会影响消费者的行为，以及零售商应该购置多大规模的存货。这基本上就是一个混沌系统，完全准确地预测将来要发生的事情是不可能的。但模型越完善，预测就越准确；预测越准确，行动结果就越理想。

数据分析就像一幅印象派油画。当你退后观察，并把各个部分视为一个整体时，这幅画的意境才开始浮现，近距离观察是无法理解其中内涵的。

(资料来源：大数据实验室.讲故事，看数据——未卜先知是如何炼成的[EB/OL].(2017-10-04)[2019-07-08].http://www.sohu.com/a/196238172_236505.)

实训项目：Excel在相关、回归分析中的应用

【实训目标】 培养学生应用Excel工具进行相关、回归分析的能力。
帮助学生建立相关、回归分析的思想。

【实训内容】 绘制相关图、计算相关系数、构建回归方程，评价回归方程。

一、Excel在相关分析中的应用

[**例9.8**]　某公司的人事部发现，最近1年公司市场部的员工流动性较大，离职率高达11%，经讨论，大家认为可能与公司的工资水平有关。于是该公司对同类公司进行调研，取得了20家公司近1年市场部员工的平均工资与离职率的数据，如表9.8所示。请对平均工资与离职率的相关性进行分析。

表 9.8　20 家公司近一年的平均工资与离职率

编号	平均工资(元)	离职率
1	2 500	9%
2	3 670	7%
3	4 100	5%
4	4 232	5%
5	5 100	4%
6	4 587	5%
7	4 627	5%
8	4 998	4%
9	5 600	3%
10	5 014	4%
11	5 123	3%
12	6 252	2%
13	5 643	4%
14	7 140	1%
15	6 012	3%
16	6 987	1%
17	6 801	2%
18	6 452	2%
19	7 123	1%
20	7 210	1%

(一) 绘制相关图

将数据复制粘贴至 Excel,选中平均工资与离职率的数据,单击“插入”→“图表”→选“散点图”→单击“确定”按钮,得到如图 9.9 所示的散点图。

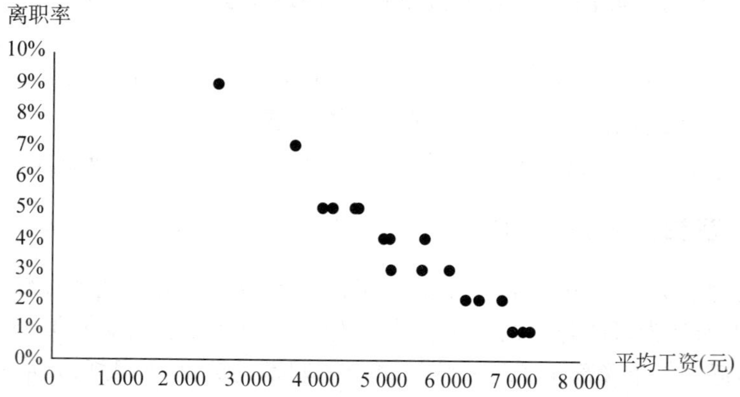

图 9.9　平均工资与离职率相关图

图 9.9 中散点整体偏右，出于美观的考虑可以对其进行适当调整。单击图表区域，打开“图表工具”→点击“格式”→点击左边的“绘图区”处的小三角，选择水平轴→点击“所选内容格式”，则打开“设置坐标轴格式”窗口，如图 9.10 所示。点击“ ”图标，进行“坐标轴选项”设置，可将边界最小值改为合适的值（如 2 000①）。即可得到图 9.11。

从图 9.11 可见，平均工资与离职率负相关。

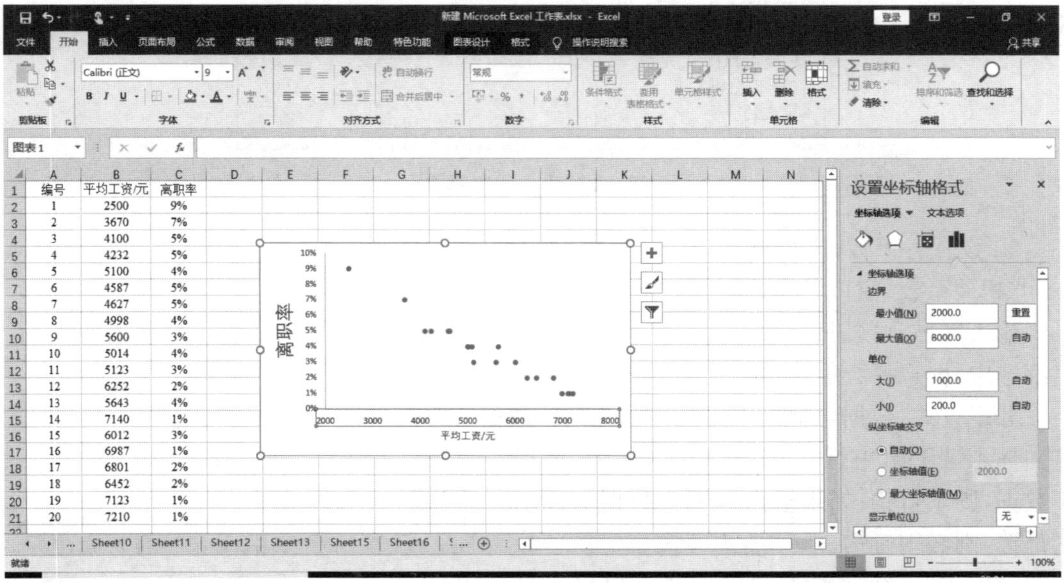

图 9.10　“设置坐标轴格式”窗口

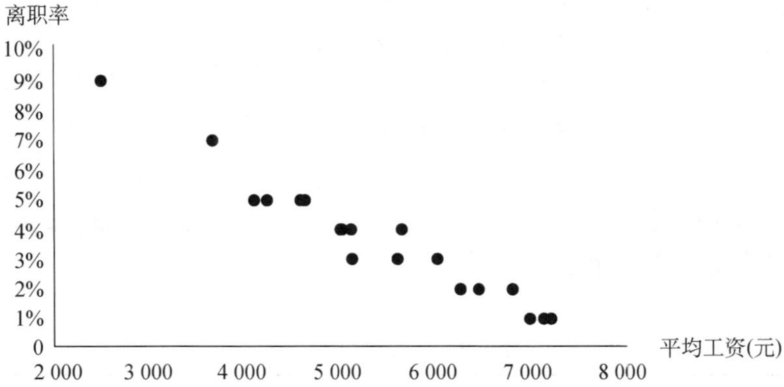

图 9.11　调整后的平均工资与离职率相关图

(二) 计算相关系数

1. 打开“相关系数”工具

首先在 Excel 中加载“数据分析”工具库；其次，点击“数据”→“数据分析”，即打开“数据分析”工具库→选择“相关系数”→确定，如图 9.12 所示。

---

① 此处是故意将横轴起点设置为 2 000，而不是 0，目的是使散点整体向左移动，使得散点图更好看。

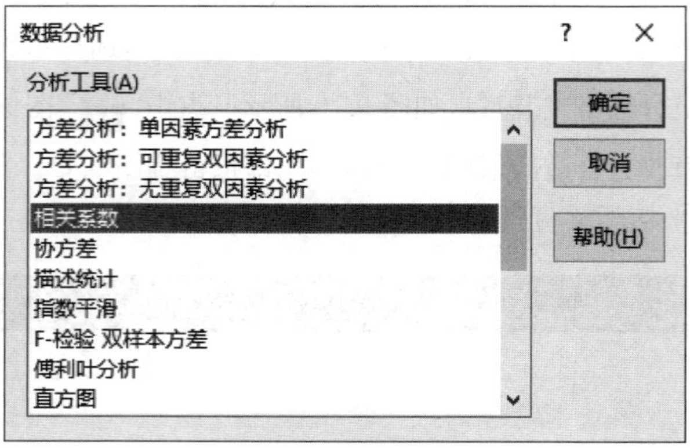

图 9.12 “分析工具库”

2. 设置各参数，进行相关分析

“相关系数”窗口各参数解释如下：

输入区域：可以只选数据，即选择数据区域“$B$2:$C$21”。也可以将数据与标志名都选中，即选择数据区域“$B$1:$C$21”。

分组方式：数据自上而下排列，选“逐列”；数据自左而右排列，选“逐行”。

标志位于第一行：如果输入区域中只选择了数据，则不打钩；如果输入区域中数据与标志名都选，则必须打钩。

输出区域：在此输入输出表左上角单元格的位置。

新工作表组：在当前工作簿中插入新的工作表，并由新的工作表的 A1 单元格开始显示计算结果。

新工作簿：在新工作簿的新工作表中显示计算结果。

在本例中，具体设置如图 9.13 所示。设置完毕后，单击“确定”按钮，得到分析结果，如表 9.9所示。

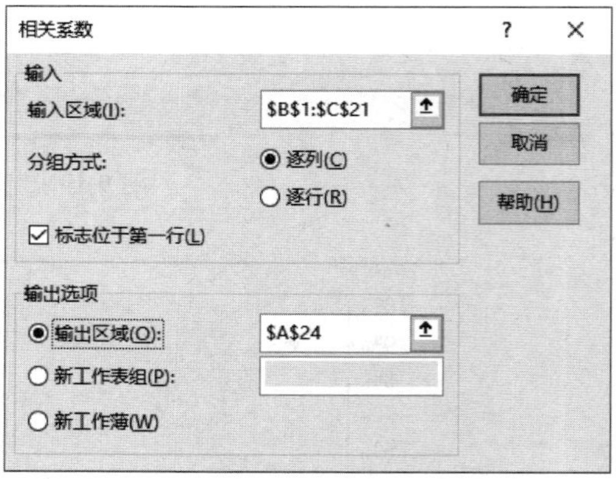

图 9.13 “相关系数”窗口

表 9.9 相关分析的结果

项目	平均工资(元)	离职率
平均工资(元)	1	
离职率	−0.974 253 764%	1%

3. 分析相关系数

从表 9.9 可知，相关系数 $r=-0.974\ 253\ 764$，说明平均工资与离职率高度负相关。公司的离职率居高不下，很有可能与公司的工资水平有关。

二、Excel 在回归分析中的应用

(一) 一元线性回归分析

[例 9.9]　接[例 9.8],人事部提出进行薪酬调整的建议,但若薪酬大幅增加,对公司来说无疑会增加成本。假如市场部 4%的离职率是正常的,公司希望通过薪酬调整,将离职率降低至这个水平。那么,平均工资究竟调整至多少才是合适的呢?人事部需要通过回归分析进一步探究平均工资与离职率之间的具体数量关系,以为薪酬调整提供一些参考。

1. 打开“回归”工具

点击“数据”→“数据分析”,即打开“数据分析”工具库→选择“回归”→确定,如图 9.14 所示。

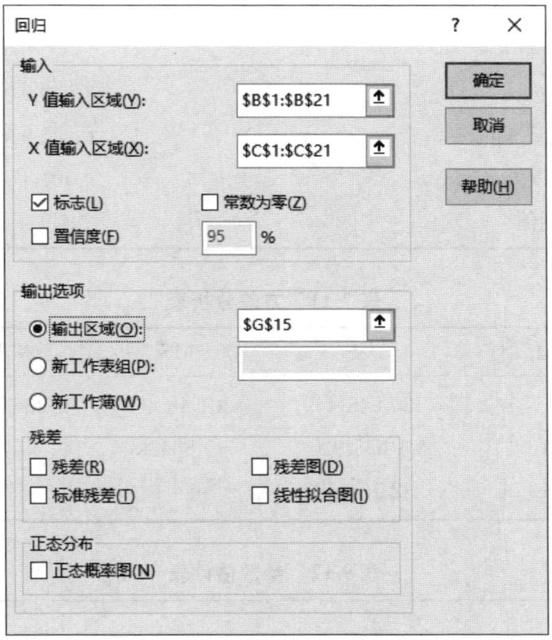

图 9.14　“回归”窗口

2. 设置各参数,进行回归分析

“回归”窗口各参数解释如下:

Y 值输入区域:在此输入对因变量数据区域的引用,该区域必须由单列数据组成。

X 值输入区域:在此输入对自变量数据区域的引用,Excel 将对此区域中的自变量从左到右进行升序排列,自变量的个数最多为 16。

标志:如果输入区域的第一行或者第一列包含标志,则选中此复选框。

置信度:如果需要在汇总输出表中包含附加的置信度信息,则选中该复选框,并在右侧的框中输入置信度,默认值为 95%。

常数为零:如果强制回归经过原点,则选中该复选框。

输出区域:在此输入输出表左上角单元格的位置。

新工作表组:在当前工作簿中插入新的工作表,并由新的工作表的 A1 单元格开始显示

计算结果。

新工作簿:在新工作簿的新工作表中显示计算结果。

残差:如果需要在残差输出表中包含残差,则选中该复选框。

标准残差:如果需要在残差输出表中包含标准残差,则选中该复选框。

残差图:如果需要为每个自变量及其残差生成一张图表,则选中该复选框。

线性拟合图:如果需要为预测值和观察值生成一张图表,则选中该复选框。

正态概率图:如果需要生成一张正态概率图,则选中该复选框。

在本例中,各参数设置如图 9.14 所示。设置完毕后,单击“确定”按钮,得到分析结果,即如表 9.10 至表 9.12 所示的三张表。

表 9.10 回归统计表

回归统计	
Multiple R	0.974 254
R Square	0.949 17
Adjusted R Square	0.946 347
标准误差	301.470 4
观测值	20

表 9.11 方差分析表

项目	df	SS	MS	F	Significance F
回归分析	1	30 548 469	30 548 469	336.124 3	4.3E-13
残差	18	1 635 920	90 884.43		
总计	19	32 184 389			

表 9.12 参数估计表

项目	Coefficients	标准误差	t Stat	P-value	Lower 95%	Upper 95%	下限 95.0%	上限 95.0%
Intercept	7 587.382	134.265 1	56.510 47	1.02E−21	7 305.302	7 869.462	7 305.302	7 869.462
离职率	−59 967.1	3 270.868	−18.333 7	4.3E−13	−66 838.9	−53 095.3	−66 838.9	−53 095.3

表 9.10 回归统计表中各参数的解释如下:

Multiple R:判定系数 R^2 的平方根,也就是相关系数,用来衡量自变量 x 与 y 之间的相关程度的大小。需要注意的是,此参数一定是正数,因此无法判断相关的方向。

R Square:判定系数 R^2,用来说明自变量对因变量 y 的影响程度,以测定回归模型的拟合效果。

Adjusted R Square:调整后的判定系数 R^2。

标准误差:用来衡量拟合程度的大小,也用于计算与回归相关的其他统计量。此值越小,说明拟合程度越好。

观测值：用于估计回归方程的数据的观测值个数。

表 9.11 为方差分析表，其主要作用是通过 F 检验来判断所有的自变量 x 在整体上看对于 y 的线性显著性，常用于多元回归分析中。

表 9.12 回归参数表中各参数的解释如下：

Intercept：表示截距。

Coefficient：表示系数。

P-value：回归系数 t 统计量的 p 值，用于检验某一个自变量 x 对于 y 的线性显著性。也可用于做相关系数的显著性检验。

Lower 95%、Upper 95%（下限 95.0%、上限 95.0%）：显著性水平 95%下各参数的置信区间。

3. 估计回归方程，评价拟合优度

在本例中，根据表 9.10 至表 9.12，可构建一元线性回归模型：

$$\hat{y} = 7\ 587.382 - 59\ 967.1x$$

其中，x 为离职率，$\hat{y}$ 为平均工资。这说明离职率每增长 1 个百分点，平均工资平均减少 599.671 元。

对回归模型进行评价：假如显著性水平为 0.05，由表 9.10 可知，判定系数 $R^2=0.949\ 17$，说明 94.917%的平均工资的变化可以由离职率来解释，回归模型的拟合程度好。由表9.12 可知，离职率的回归系数−59 967.1 的 p 值为 4.3E-13，远小于显著性水平 0.05，所以回归系数通过 t 检验，离职率对平均工资的影响是显著的，也可以说明，离职率与平均工资之间存在显著的线性相关关系。

4. 估计调整后的平均工资水平

因为公司希望通过薪酬调整，将离职率降低至 4%。所以可以将 $x=4\%$ 带入回归模型，即 $\hat{y}=7\ 587.382-59\ 967.1\times4\%=5\ 188.698$。人事部可以建议将平均工资至少提高至 5 188.698 元，才能保证离职率降低至 4%。

［例 9.10］　接［例 9.8］，假如人事部拟提高市场部平均工资至 5 000 元，请对调整后的离职率进行预测。

解： 在此研究中，平均工资应作为自变量，离职率应作为因变量，进行回归分析，构建回归模型。

具体操作步骤与［例 9.8］类似，只是在进行回归参数设置时，在 Y 值输入区域中选中离职率的数据，在 X 值输入区域中选中平均工资的数据，如图 9.15 所示。

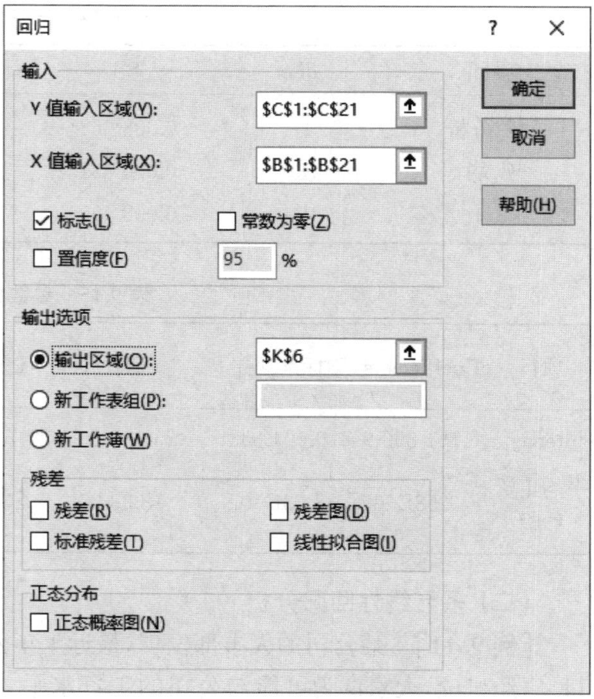

图 9.15　平均工资为自变量的“回归”窗口

回归结果如表 9.13 至 9.15 所示。估计一元线性回归模型：

$$\hat{y} = 0.121\,9 - 0.000\,015\,8x$$

其中，x 为平均工资，y 为离职率。这说明平均工资每增加 1 元，离职率平均减少 0.001 583个百分点。

对回归模型进行评价：由表 9.13 可知，判定系数 $R^2 = 0.949\,17$，说明 94.917%的离职率的变化可以由平均工资来解释，回归模型的拟合程度好。由表 9.15 可知，离职率的回归系数 －0.000 015 8的 p 值为 4.3E-13，远小于显著性水平 0.05，所以回归系数通过 T 检验，平均工资对离职率的影响是显著的，也可以说明，离职率与平均工资之间存在显著的线性相关关系。

进行预测：将 $x=5\,000$ 代入回归模型进行计算，得：

$$\hat{y} = 0.121\,9 - 0.000\,015\,8 \times 5\,000 = 0.042\,9$$

也就是说，假如人事部提高平均工资至 5 000 元，离职率可能会降低至 4.29%。

表 9.13　回归统计表

回归统计	
Multiple R	0.974 253 8
R Square	0.949 170 4
Adjusted R Square	0.946 346 5
标准误差	0.004 897 8
观测值	20

表 9.14　方差分析表

项目	df	SS	MS	F	Significance F
回归分析	1	0.008 063	0.008 063	336.124 3	4.3E-13
残差	18	0.000 432	2.4E-05		
总计	19	0.008 495			

表 9.15　参数估计表

项目	Coefficients	标准误差	t Stat	P-value	Lower 95%	Upper 95%	下限 95.0%
Intercept	0.121 898 9	0.004 838	25.195 3	1.73E-15	0.111 734	0.132 064	0.111 734
平均工资（元）	－1.58E-05	8.63E-07	－18.333 7	4.3E-13	－1.8E-05	－1.4E-05	－1.8E-05

（二）多元线性回归分析

［例 9.11］　某公司的人事部发现，最近 1 年公司市场部的员工流动性较大，离职率高达 11%，经讨论，大家认为可能与公司的工资水平、日均工作时间、员工的平均工龄等因素有关。于是该公司对同类公司进行调研，取得了 20 家公司近 1 年市场部员工的相关数据，如

表 9.16 所示。请帮该公司构建回归模型,为其合理制定工资水平、工作时间与招聘员工提供依据。

表 9.16 20 家公司近 1 年的相关数据

编号	平均工资(元)	日均工作时间(小时)	平均工龄(年)	离职率
1	2 500	9	13	9%
2	3 670	12	14	7%
3	4 100	9	18	5%
4	4 232	11	20	5%
5	5 100	8	23	4%
6	4 587	10	20	5%
7	4 627	6	20	5%
8	4 998	11	22	4%
9	5 600	11	25	3%
10	5 014	6	20	4%
11	5 123	11	24	3%
12	6 252	6	25	2%
13	5 643	12	22	4%
14	7 140	10	28	1%
15	6 012	7	24	3%
16	6 987	8	30	1%
17	6 801	9	27	2%
18	6 452	8	24	2%
19	7 123	8	30	1%
20	7 210	7	27	1%

解: 这里涉及研究多个变量之间的关系,所以应采用多元线性回归分析法。基本思路与一元线性回归类似,先做相关分析,若有较强的相关性可进一步做回归分析。

1. 相关分析

(1) 相关图(略)。

(2) 相关系数。操作步骤与两变量的相关分析类似,只是在输入区域选择时,将平均工资、日均工作时间、平均工龄、离职率四个变量值都选中,得到如表 9.17 所示的相关分析结果。

表 9.17 四个变量相关分析结果

项目	平均工资(元)	日均工作时间(小时)	平均工龄(年)	离职率
平均工资(元)	1			
日均工作时间(小时)	−0.300 41	1		
平均工龄(年)	0.950 577	−0.246 68	1	
离职率	−0.974 25	0.295 137	−0.964 36	1

由表 9.17 可知，平均工资、平均工龄与离职率呈高度负相关，日均工作时间与离职率相关程度较弱。

2. 回归分析

操作步骤与一元线性回归类似，同样，在 X 值输入区域中，将平均工资、日均工作时间、平均工龄三个变量值都选中，在 Y 值输入区域中将离职率的变量值选中，得到如表 9.18 至表 9.20 所示的回归分析结果。

表 9.18　回归统计表

回归统计	
Multiple R	0.982 198
R Square	0.964 712
AdjustedR Square	0.958 096
标准误差	0.004 328
观测值	20

表 9.19　方差分析表

项目	df	SS	MS	F	Significance F
回归分析	3	0.008 195	0.002 732	145.804 3	7.9E-12
残差	16	0.000 3	1.87E-05		
总计	19	0.008 495			

表 9.20　参数估计表

项目	Coefficients	标准误差	t Stat	P-value	Lower 95%	Upper 95%	下限 95.0%	上限 95.0%
Intercept	0.127 389	0.007 69	16.566 48	1.71E-11	0.111 088	0.143 691	0.111 088	0.143 691
平均工资（元）	−9.5E-06	2.52E-06	−3.762 85	0.001 701	−1.5E-05	−4.1E-06	−1.5E-05	−4.1E-06
日均工作时间(小时)	0.000 213	0.000 529	0.402 949	0.692 319	−0.000 91	0.001 334	−0.000 91	0.001 334
平均工龄（年）	−0.001 85	0.000 695	−2.654 01	0.017 327	−0.003 32	−0.000 37	−0.003 32	−0.000 37

构建多元线性回归模型：

$$\hat{y} = 0.127\ 4 - 0.000\ 009\ 5x_1 + 0.000\ 213x_2 - 0.001\ 85x_3$$

其中，$\hat{y}$ 为离职率，x_1 为平均工资，x_2 为日均工作时间，x_3 为平均工龄。

对回归模型进行评价：假如显著性水平为 0.05，由表 9.19 可知，Significance F 为 7.9E-12，远小于 0.05，回归模型通过 F 检验，说明该回归方程回归效果显著，至少有一个回归系数显著不为 0。由表 9.20 可知，平均工资的回归系数的 p 值为 0.001 701，平均工龄的回归系数的 p 值为 0.017 327，均小于 0.05，通过 T 检验，说明这两个变量对离职率的影响都是显著的。日均工作时间的回归系数的 p 值为 0.692 319，大于 0.05，未通过 T 检验。因此该回归模型未能成功通过检验，应将这个变量从回归模型中剔除后对剩余变量再做回归分析。

以上为利用 p 值对回归方程进行评价的过程。事实上，从相关分析的结果可看出，日均工作时间与离职率的相关性较弱，因此可以直接将其从变量中剔除，不必进行深入的回归分析。

接下来，对变量平均工资、平均工龄与离职率做回归分析，得到回归结果，如表 9.21 所示。

表 9.21 参数估计表

项目	Coefficients	标准误差	t Stat	P-value	Lower 95%	Upper 95%	下限 95.0%	上限 95.0%
Intercept	0.129 671	0.005 072	25.566 78	5.23E-15	0.118 971	0.140 372	0.118 971	0.140 372
平均工资（元）	−9.7E-06	2.4E-06	−4.048 02	0.000 836	−1.5E-05	−4.6E-06	−1.5E-05	−4.6E-06
平均工龄（年）	−0.001 81	0.000 672	−2.690 95	0.015 464	−0.003 23	−0.000 39	−0.003 23	−0.000 39

构建回归模型：

$$\hat{y} = 0.129\,7 - 0.000\,009\,7x_1 - 0.001\,808\,2x_2$$

其中，y 为离职率，x_1 为平均工资，x_2 为平均工龄。

由表 9.21 可知，变量平均工资与平均工龄的回归系数的 p 值均小于 0.05，通过 T 检验。该回归模型的拟合程度较好。

【拓展练习】

由于网购的不确定性，买家的评论成为影响购买决策的重要因素，也是卖家经营维护的重点。以天猫为例，目前，天猫的评分采用：宝贝与描述相符、卖家的服务态度、物流服务的质量三个指标。人们在天猫平台上购物时通常会先看下店铺评分及评论，一般来说，评分应与销售量成正比。对于评分低、差评多的店铺，消费者应该会敬而远之，该店铺的销量应该较低。但会发现，有些店铺的评分不高，却仍然有较高的销量。

要求：请大家以某种水果为例，随机抽取 20 家天猫店，搜集三个评分指标的好评率与店铺销售量，通过相关分析与回归分析，回答以下两个问题：

（1）这些评价指标与销售量之间究竟存在怎样的联系？

（2）商家在运营维护时应该重点关注哪些指标？

挑战性统计实践

各小组对第二章挑战性统计实践回收的调查表中各变量做线性相关分析，探究各变量之间的相关程度，如果属于高度相关，可进一步进行回归分析。

要求：

（1）绘制相关图。

（2）计算相关系数，并进行解读。

（3）对于高度相关的两变量，进一步进行回归分析，构建回归方程，对关键参数进行解读。

（4）将结果做综合整理，形成规范文档。

课后练习

一、单选题

1. 当自变量 x 的值增加，因变量 y 的值也随之增加，两个变量之间存在着(　　)关系。

A. 曲线相关　　B. 正相关
C. 负相关　　D. 无相关

2. 相关系数 r 的取值范围是(　　)。

A. 从 0 到 1　　B. 从 -1 到 0
C. 从 -1 到 1　　D. 无范围限制

3. 一般来说，当股票行情好的时候，买房的人就会变少，这两者之间的关系是(　　)。

A. 负相关　　B. 正相关
C. 零相关　　D. 曲线相关

4. 受教育程度越高的人活得越久。这说明两者之间的关系是(　　)。

A. 复相关　　B. 不相关
C. 正相关　　D. 负相关

5. 一元线性回归方程 $y=a+bx$ 中，b 表示(　　)。

A. 自变量 x 每增加一个单位，因变量 y 增加的数量
B. 自变量 x 每增加一个单位，因变量 y 平均增加或减少的数量
C. 自变量 x 每减少一个单位，因变量 y 减少的数量
D. 自变量 x 每减少一个单位，因变量 y 增加的数量

6. 如果变量 x 和变量 y 之间的相关系数为 0.91，这说明两个变量之间是(　　)关系。

A. 低度相关　　B. 完全相关
C. 高度相关　　D. 高度不相关

7. 某地区服装销售量(万件)依当地平均工资(元)变动的回归方程为：$y=108+7x$，这意味着(　　)。

A. 平均工资每增加 1 元，服装销售量平均增加 7 万件
B. 服装销售量每增加 1 万件，平均工资平均增加 7 元
C. 平均工资每增加 1 元，则服装销售量为 7 万件
D. 假如平均工资 2 000 元，则服装销售量为 108 万件

8. 在线性回归方程中，若回归系数为负，则说明现象(　　)。

A. 负相关　　B. 正相关
C. 零相关　　D. 曲线相关

9. 相关系数为 0，表明两变量(　　)。

A. 是严格的函数关系　　B. 不存在任何相关关系
C. 不存在线性相关关系　　D. 存在非线性相关关系

10. 已知某工厂甲产品产量和生产成本之间存在线性相关关系。当产量为 1 000 件时，生产成本为 30 000 元，其中固定成本为 6 000 元，则成本总额对产量的回归方程为(　　)。

A. $y=6\ 000+24x$

B. $y=6+2.4x$

C. $y=24\ 000+6x$

D. $y=24+6\ 000x$

二、多选题

1. 下列现象中,存在相关关系的有(　　)。

A. 职工家庭收入不断增长,消费支出也相应增长

B. 产量大幅度增加,单位成本相应下降

C. 税率一定,纳税额随销售收入增加而增加

D. 商品价格一定,销售额随销量增加而增加

E. 农作物收获率随着耕作深度的加深而提高

2. 相关分析的意义在于(　　)。

A. 研究变量之间是否存在相关关系

B. 测定关系的密切程度

C. 表明相关的形式

D. 配合关系方程式

E. 进行估计与预测

3. 回归方程可用于(　　)。

A. 根据自变量预测因变量

B. 给定因变量预测自变量

C. 推算时间数列中缺失的数据

D. 给定自变量推算因变量

E. 测定变量关系的密切程度

4. 下列说法中,正确的有(　　)。

A. 在回归分析中,F 检验是用来检验回归系数的显著性

B. 在回归分析中,F 检验是用来检验线性关系的显著性

C. 在回归分析中,T 检验是用来检验回归系数的显著性

D. 在回归分析中,T 检验是用来检验线性关系的显著性

E. 在回归分析中,通过 F 检验,说明至少一个回归系数不显著为 0

5. 下列关于判定系数 R^2 的说法中,正确的有(　　)。

A. R^2 值越接近 1,说明回归方程拟合程度越好

B. R^2 值越接近 0,说明回归方程拟合程度越好

C. R^2 值越接近 1,说明回归方程拟合程度越差

D. R^2 值越接近 0,说明回归方程拟合程度越差

E. R^2 值介于 0~1

三、简答题

1. 简述相关关系与函数关系的区别。

2. 简述相关分析与回归分析的联系与区别。

3. 简述相关分析与回归分析的意义。

4. 为什么需要对回归方程做显著性检验?

5. 回归分析中的 T 检验、F 检验的目的分别是什么?

四、计算题

1. 为了研究学生对食堂的满意度与在食堂的消费支出之间的关系,某校随机抽取了 10 名同学组成一个样本,得到的数据如表 9.22 所示。

表 9.22　学生对食堂的满意度与在食堂的消费支出

满意度(分)	9	9	7	5	8	6	6	3	5	7
消费支出(元)	800	640	600	450	800	700	750	400	450	650

说明:(1) 满意度分值为 1～10 分,分值越高代表越满意。
(2) 消费支出为平均月支出。

要求:

(1) 绘制散点图。

(2) 说明学生对食堂的满意度与在食堂的消费支出之间呈现怎样的关系。

2. 对计算题第 1 题中的数据做回归分析,得到如表 9.23 所示的结果。

表 9.23　回归分析结果

项目	Coefficients	标准误差	t Stat	P-value	Lower 95%	Upper 95%	下限 95.0%	上限 95.0%
Intercept	234	117.460 60	1.992 157	0.081 500	−36.864 70	504.864 7	−36.864 70	504.864 7
满意度	60	17.413 52	3.445 598	0.008 751	19.844 34	100.155 7	19.844 34	100.155 7

要求:

(1) 估计回归方程。

(2) 解释斜率的意义。

(3) 假设学校一共有 10 000 名学生,且只有学生能在该食堂进餐。如果食堂改进后使学生对食堂的平均满意度可以达到 7.5,估计每月食堂的总收入。

(4) 简述显著性检验的结果。

3. 以计算题第 1 题中的数据,可以计算出 $SSR=117\ 000$, $SSE=78\ 840$。

要求:计算判定系数 R^2,并解释其意义。

第十章　统计调查报告

教学目标

知识目标

1. 理解统计调查报告的重要性与基本标准。
2. 了解统计调查报告的撰写步骤。
3. 掌握统计调查报告的撰写技巧。

技能目标

1. 具备根据调查目的撰写调查报告的能力。
2. 具备一定的语言组织能力。

走进统计

春节中国人最爱干什么？阿里大数据全解析

今年春节，你是带家人出国游玩？是走亲访友拜年送礼？还是窝在沙发上吃零食恶补剧集？……假期已近尾声，飞猪、天猫超市、优酷、阿里健康通过大数据为你多维度还原一个真实的鸡年春节。

(一) 最爱去哪玩？泰国最热门，苏州很洋气

如今，“团圆”概念的外延已经扩展，只要有家人的地方就是“家”，与家人一起出国过年越来越普遍。

根据飞猪对春节旅行的数据分析，去海外旅行的人多是“成群结队”，3～4 人一起出行的占比达 85%；而国内游的消费者则热衷“单枪匹马”，1～2 人结伴去玩的占到了 78%。看来，出远门是人多热闹；国内游玩，大家则倾向于人少利索。

泰国在境外游目的地中稳占头筹，韩国、马来西亚、日本、新加坡等周边国家紧随其后。随着消费的升级，美国、澳大利亚、迪拜等长线目的地也已逐渐成为人们的常规选择。

在出国过年这个事儿上，北上广深人民依然走在前列，杭州、成都、武汉等省会城市也不示弱。值得一提的是，苏州作为非一线、非省会城市跻身最爱到海外过年的城市排名 TOP10 之列。

（续上）

国内游最有意思的现象是南北大交换——南方人热衷于去北方看雪，北方人则流行南下看海晒太阳。

从景点门票预订热度来看，春节期间的主题乐园显然很忙，2016 年开园的上海迪士尼更是最热门乐园。与此同时，灵隐寺、九华山等新年祈福的传统景点人气也很高。

在回家过年的春运大潮中，广州客流量最大。从春运的人群流向也可以看出在大城市拼搏的人群地域属性，例如广州，来自重庆、湖南的人比例较高；东北、西北的人主要去北京；上海则是中东部省份如湖北、安徽等地的人的第一选择。

（二）最爱吃什么？举国热捧糖果零食

“每逢佳节胖三斤”已经被誉为最容易实现的年度 KPI（关键绩效指标），今年春节也不例外。

天猫超市数据显示，与去年春节相比，今年 1 月 21 日至 2 月 2 日糖果饼干的成交量上涨 49.11%，是春节期间涨幅最大的品类。椰汁、奶糖、肉松饼、薯片、坚果礼盒等零食最受消费者青睐。生鲜领域，车厘子无疑是水果中的“网红”，速冻水饺的销售涨幅也十分明显。

除了全国各地都对糖果零食表现出狂热外，不同城市对食品的偏好也大不相同，比如成都消费者的坚果消费增长最快，北京消费者最爱买酒水饮料，深圳人对粮油米面的需求有所上涨，天津人则对奶制品情有独钟。

由于人口基数庞大，上海和北京仍是订单量最多的城市。不过，天津、苏州和南京的消费者在春节期间购物热情高涨，与平时相比，这三个城市在春节期间订单占比陡升。数据显示，全国购物热情最高的 10 个城市依次为：上海、北京、天津、杭州、广州、苏州、南京、武汉、成都、深圳。

在最爱吃的零食排名中，椰树牌椰汁、维他柠檬茶、三只松鼠年货礼盒、金龙鱼盘锦大米、两口子肉松饼干、喜之郎果肉果冻、乐事无限薯片、旺旺旺仔牛奶、娃哈哈 AD 钙奶、大白兔奶糖等赫然在列。

春节期间不少菜场休息，天猫超市等春节不打烊的平台网购生鲜，也成为更多人的选择。今年春节期间，车厘子、虾仁、砂糖橘、牛肉是最受消费者欢迎的生鲜食品，新鲜蔬菜和水饺的销售占比也比平时显著增加。

数据显示，最受欢迎的生鲜食品有车厘子、虾仁、砂糖橘、脐橙、榴梿、奇异果、苹果、牛肉、新鲜蔬菜、水饺、面食等。

（三）爱撩什么剧？《微微一笑很倾城》《三生三世十里桃花》

喜欢撩剧的小伙伴无论走到哪，都不会放下这一习惯。短暂的春节假期，除了见亲戚好友外，很多小伙伴们都有一个共同目标：把平时欠的剧都补回来！

通过优酷大数据可以看到，在整个春节假期，优酷用户“翻牌”最多的电视剧是《微微一笑很倾城》和《三生三世十里桃花》。

作为 2016 年爆款剧的《微微一笑很倾城》播放量早已超 180 亿，影响力自不必提。大年初三才开始上线的《三生三世十里桃花》开播仅 8 集，就与 30 集的《微微一笑很倾城》旗鼓相当，其热力指数可见一斑。当然，这也离不开福建、湖北、江苏、上海、四川、浙江 6 个省市剧迷的热捧——《三生三世十里桃花》在以上地区位居假期播放量第一名。

（续上）

同时，阿里家庭娱乐数据显示，互联网电视用户每天观看《三生三世十里桃花》93分钟；30岁以下年轻用户观看比例高达54%。

综艺节目方面，人们最喜爱的是《我们的挑战》，《火星情报局》次之。有趣的是，当其他省份都在追明星真人秀时，《德云社丙申年封箱庆典2017》在天津地区播放量居首，看来天津人对相声确实情有独钟。

电影档中，看得最多的电影是同有范冰冰参演的《绝地逃亡》《我不是潘金莲》。动画片《小猪佩奇》成为春节假期的带娃神器，《火影忍者》仍然受到广大漫画迷的追捧。

与家人一起吃团圆饭、看春晚，一直都是春节传统项目。优酷大数据显示，春节假期小伙伴最喜欢看的依次是：央视春晚、辽宁春晚、北京春晚。除夕20点到大年初一19点期间24小时播放量TOP榜中，从除夕22点往后，央视春晚播放量稳居第一。但有意思的是，除夕20点到21点这个时间段，辽宁春晚却跃居首位。

（资料来源：阿里研究院.春节中国人最爱干什么？阿里大数据全解析[EB/OL].(2017-02-14)[2019-07-08]. http://www.aliresearch.com/Blog/Article/detail/id/21261.html.）

参考答案

提问：

（1）看完此调查报告，你有什么感受？

（2）怎样的调查报告才是好的报告？

第一节　统计调查报告概述

一、统计调查报告的含义及重要性

统计调查报告是指根据研究目的和要求，运用访谈、问卷等调研手段就某项工作、某一事件、某个问题等进行数据搜集、整理和分析后以文字、数据和图形等形式对调查结果写出的书面材料。

统计调查报告在统计工作中起着重要的作用，主要体现在：

（1）统计调查报告是统计工作成果的载体。统计调查报告是对整个统计工作的全面总结，是调查研究成果的集中体现，直接关系到调查研究成果的质量及可信度。

（2）统计调查报告将作为相关组织、个人进行决策的重要依据。统计调查报告中所反映的社会经济现象，将会给相关组织、个人以一定的参考，帮助其做出决策、指导实践活动。

因此，统计调查报告的撰写显得尤为重要，一旦出现问题，不仅会使整个统计工作前功尽弃，而且会误导组织或个人，造成错误的决策。

二、统计调查报告的特点

（一）写实性

统计调查报告主要以数字来直观地反映事物之间的各种复杂的联系，以确凿的数据来说明具体时间、地点、条件下社会经济领域的各种情况。

统计分析报告属于应用文体，基本表达方式是以事实来叙述，让数字说话，在阐述中议论，在议论中分析。在表现事物时，统计分析报告不是用夸张、虚构、想象等手法，而是用较少的文字和精确的数据，言简意赅，精练、准确地表达丰富的内涵。为了增强阅读效果，统计分析报告可用表格、图形来补充反映。

（二）针对性

统计调查是针对某一特定目的而展开的，因此统计调查报告所反映的问题也具有较强的针对性，是集中而有深度的。统计调查报告对社会现象不是一般性的描述，而是经过对现象科学的分析和总结来揭示出事物的本质。

（三）逻辑性

统计分析报告在结构上的突出特点是脉络清晰、层次分明。它一般先摆数据、事实，进行各种科学的分析，进而揭明问题，亮出观点，最后有针对性地提出建议、办法和措施。统计分析报告的行文通常是先后有序，主次分明，详略得当，联系紧密，做到统计资料与基本观点统一，结构形式与文章内容、统计数据、情况、问题和建议融为一体。

三、统计调查报告的三个基本标准

（一）友好面对读者

在统计分析报告撰写过程中，我们需要遵循的原则是“什么样的报告能最好地服务于读者，易于读者阅读并理解”，而不是“我们愿意出具什么样的报告”。因此需要根据读者的背景、需求、爱好，选择报告的文体、术语、论点和其他特点。报告应逻辑清晰、结构合理、通俗易懂，文字生动活泼、形式多样。读者可以清楚地了解数据如何而来、调查结论是什么、可以得到哪些专业性的建议。这样的统计调查报告才能更让读者信服，凸显其价值。

例如，本章“走进统计”的引例中，阿里研究院的统计分析报告《春节中国人最爱干什么？阿里大数据全解析》的读者为普通大众，因此多用流行语，如“撩剧”“每逢佳节胖三斤”“小伙伴们”等。又如，统计分析报告《从连接到赋能：“智能＋”助力中国经济高质量发展》的读者更多的是需要从宏观层面了解所处环境的高管、政府部门，因此行文用语更正式。

（二）围绕着研究观点来撰写

统计整理、分析工作结束后，我们需要对研究结果进行总结，从中提炼出主要观点。虽然统计调查报告用数据说话，但其并不是数据的简单堆砌，所有的陈述都必须紧紧围绕研究观点，忌跑题、空话、套话。

（三）真实、准确

统计调查的两个最基本要求就是真实、准确，作为调查结果的载体统计调查报告同样必须遵守这两个要求。调查报告应从事实出发，而不是从撰写者个人观点出发。调查前所设计的理论模型或先行的工作假设，都应接受检验。凡是与事实不符的观点，我们都应该坚决舍弃；若是暂时还拿不准的观点，也应如实说明。

第二节　统计调查报告的撰写

统计调查报告撰写的步骤如图 10.1 所示。

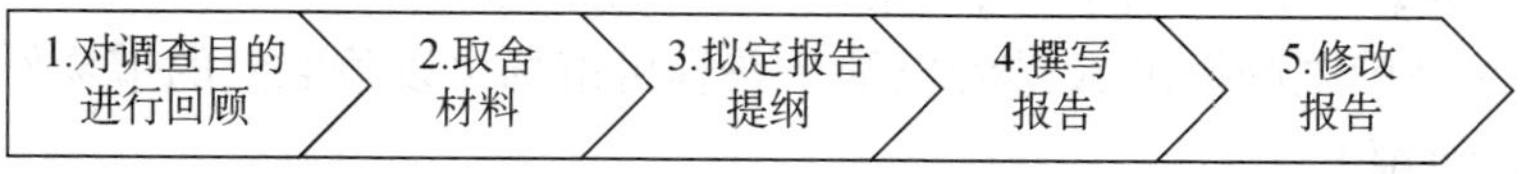

图 10.1　统计调查报告撰写的步骤

第一步，对调查目的进行回顾。

第二步，根据调查结果形成的观点对材料进行取舍。

第三步，拟定报告提纲，构建报告基本结构。

第四步：撰写报告。

第五步：修改报告。①检查调查引用资料、依据是否合理，全篇报告是否言之有理、持之有据。②检查调查报告中所用的观点是否明确、表达是否准确。③检查调查报告的思想基调是否符合调查的目的和要求。

因为抽样调查是实际中常见的统计调查方式，因此下面以抽样调查的统计调查报告撰写过程为例，来说明一般统计调查报告撰写的注意事项。

一、拟定报告提纲

(一) 报告提纲的主要内容

正式报告撰写之前，我们需要先拟定报告提纲。报告提纲是整个调查报告的基本框架，提纲是否合理在很大程度上决定了调查报告的逻辑是否清晰。

报告提纲一般包括以下五个部分：

第一部分：引言，概述调查背景与调查目的。

第二部分：研究设计，包括调查单位、调查时间与地点、样本的获取方法及样本数量、有效问卷数量等。

第三部分：研究内容，主要阐述具体的论证过程，包括调查数据的统计分析、说明数据处理的方法、分析数据的主要计算结果等；应对主要观点进行整合，使之形成清晰的层次。

第四部分：结论与建议，对研究内容进行总结，并以此为依据提出相应建议。

第五部分：附件，包括问卷及其他资料。

(二) 报告提纲示例

1. 调查背景和目的

1）调查背景

目前，DIY 电脑所占比例较高，作为在国内占有较大市场份额的 A 品牌电脑面临较大的品牌机和地方性小品牌的市场压力。阻碍该品牌市场发展的最主要因素是价格，因此该品牌试图推出一款配置 X 品牌芯片的低价机型，以获取部分 DIY 市场。但就这一非主流芯片来讲，目前市场地位如何？消费者是否接受这一非主流产品？如果推出这一非主流产品的A品牌电脑,用户是否可以接受?

2)调查目的

(1)了解各级市场、各大区家用PC市场的现状以及组装机和主要品牌机的竞争状况。

(2)比较各级市场、各大区的家庭兼容机用户对X品牌和Y品牌芯片的态度。

(3)了解家庭兼容机用户对品牌机/组装机的态度及其选择原因。

(4)了解家庭兼容机用户的购买决策过程和考虑的要素。

(5)预估A品牌电脑推出X芯片电脑从兼容机市场可以争取到的市场份额。

2. 研究设计(略)

3. 研究内容

1)品牌机和DIY电脑的竞争

(1)市场描述:家用PC拥有率。

(2)DIY电脑市场规模:组装机的市场占有率(分地区,分级别)。

(3)A品牌的市场地位和竞争态势:①品牌认知(分地区,分级别)。②市场份额(分地区,分级别)。

(4)评价:对DIY电脑、品牌机和A品牌的购买原因和评价。

2)X品牌芯片和Y品牌芯片的竞争

(1)认知:分地区,分级别。

(2)市场占有率:分地区,分级别。

(3)评价:被访者对X品牌芯片和Y品牌芯片的购买原因、评价和忠诚度(品牌转换意向)。

3)A品牌配置X电脑的市场潜力

(1)市场细分(将被访者分为5类人群)。

(2)5类人群分别对配置了X芯片的A品牌的接受程度。

(3)总体人群对该产品的接受程度(潜在市场规模)。

4. 研究结论

(1)组装机在全国各大区和各级城市都有较高的市场份额,给A品牌带来了很大的销售压力。

(2)A品牌发展的最大障碍是其高价格。

(3)X芯片虽然市场实力较弱(如认知、市场占有率等),但消费者对芯片这一配置其实并不十分看重,因此该芯片并不会成为该低价电脑的销售阻力。

(4)经模型估计,如果推出配置该芯片的A品牌电脑,可以因为此因素在DIY电脑市场中获得15%的销售量提高。

二、报告的结构

调查报告的完整结构一般如图10.2所示。

Ⅰ. 封面
Ⅱ. 目录
Ⅲ. 研究背景和目的
Ⅳ. 研究设计
　　a. 数据采集方法(二手数据,定性,定量)

b. 被访者定义
c. 抽样原则
d. 样本量和抽样误差
e. 调查区域
f. 调查时间
Ⅴ. 研究内容
a. 第一部分：****
结果陈述
b. 第二部分：****
结果陈述
Ⅵ. 研究结论和建议
Ⅶ. 附件
a. 问卷
b. 其他需要提交的资料
Ⅷ. 封底

图 10.2 调查报告的完整结构

(一) 封面

封面一般包括调查报告的标题、调查机构、提交时间。如果是受某单位委托，还可以将委托单位的名称放上去，如图 10.3 所示。

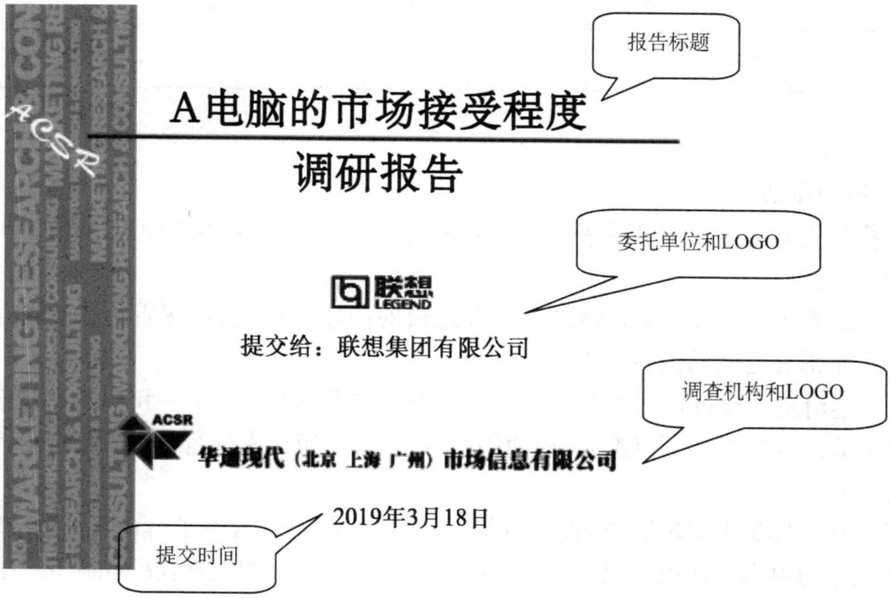

图 10.3 封面示例

(二) 研究设计

研究设计部分应该陈述该项目的执行情况，包括所使用的研究方法和各类数据采集的执行细节。这一部分应该使用简明而清晰的语言对研究方法进行描述，对于过于技术性的描述，可省略。例如：

1. 调查方法：计算机辅助的电话访问(CATI)
2. 合格被访者条件：兼容机用户
(1) 年龄在14～55岁，男女不限。
(2) 是家庭购买电脑的主要决策者或决策主要影响者。
(3) 过去1年内购买过家庭用兼容机。
3. 访问执行时间：2019年3月1～7日
4. 访问执行地点：华通现代电访中心(北京、上海和广州)
5. 调查地区和样本量(见表10.1)

表10.1 调查地区和样本量

城市	1级	1级	2级	2级	3级	3级	4级	4级	合计
东北			沈阳	35	大连	33	齐齐哈尔	9	77
华北	北京	34	济南	20	青岛	22	大同	11	87
华东	上海	34	南京	20	合肥	22	芜湖	15	91
华南	广州	34	深圳	22	南宁	22	株洲	21	99
华中			武汉	34	南昌	32	洛阳	12	78
西南			成都	30	昆明	30	绵阳	10	70
西北			西安	30	乌鲁木齐	30	银川	19	79
合计		102		191		191		97	581

(三) 研究内容

1. 遵循的原则

调查报告需要使用文字及图表的方式对研究结果进行呈现，报告正文的撰写应该遵循以下两个原则：

(1) 逻辑清晰。报告正文需要以非常有逻辑的顺序进行安排，读者应该能够清楚地了解到报告各个部分之间的内在联系。

(2) 表述清楚。通过合适的方式对调查的结果进行描绘，以文字和合适的图表进行表现。文字的表述应该简明而且准确，应使用简短、客观的句子来进行表述；图表则应该准确，容易理解，而且美观。

为了检查报告是否逻辑清晰，表述清楚，可以让对调查项目不了解的人阅读，看其是否能够理解报告的内容。在报告提交之前，至少需要1～2个人的检查，反复的修改是必须的。

2. 报告中图表的呈现方式

图表是调查报告的重要组成部分。在报告中应尽量以图示的方式对结果进行描述，避免在报告正文中出现大量的表格，必需的表格可以在附件中提交。

1) 表格的呈现方式

表格一般包括标题(问题描述)、数据、数据单位、数据的解释、其他必要的解释，如表10.2所示。

表 10.2　Q1 请问在过去 1 年内，您购买或预定的最多的是哪个品牌？

城市 品牌	北京	上海	广州	沈阳	西安	武汉	重庆
光明	16%	87%	6%	3%	60%	29%	15%
伊利	4%		49%	7%	5%	20%	20%
三元	59%			10%	21%	9%	2%
蒙牛	5%	4%	15%	8%		10%	
辉山	5%			67%	9%		4%
喜旺	1%		20%		2%	8%	10%
天友	9%	9%		5%	3%	4%	49%
友芝友	1%		10%			20%	
合计	100%	100%	100%	100%	100%	100%	100%

从城市来看，三元在北京，光明在上海，伊利在广州，辉山在沈阳，光明在西安，光明、伊利、友芝友在武汉，天友在重庆，都是最常用的品牌。

2）图形的呈现方式

图形一般包括标题（问题描述）、数据的图示、样本量的描述、数据的解释、其他必要的解释，如图 10.4 所示。

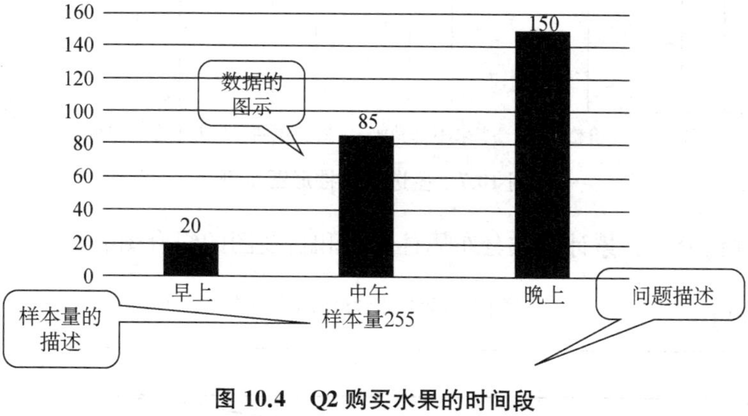

图 10.4　Q2 购买水果的时间段

多数消费者喜欢晚上购买水果，选择早上购买水果的最少。 数据的解释

3）数据的图形表现类型

（1）单选题。各选项频率之和为 100，用饼图、总和为 100 的条形或柱形图来表示，如图 10.5 和图 10.6 所示。

（2）多选题。各选项频率之和大于 100，用条形或柱形图表示，如图 10.7 所示。

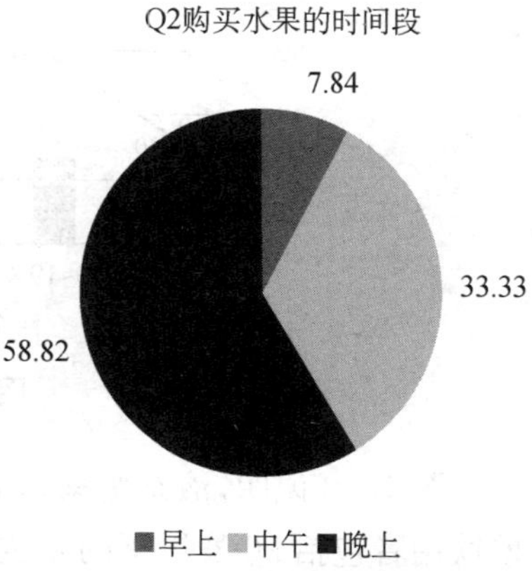

图 10.5　单选题的饼图示例

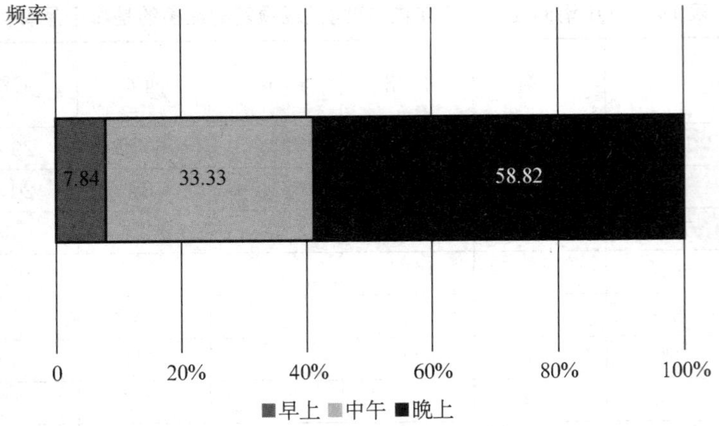

图 10.6 单选题的条形图示例

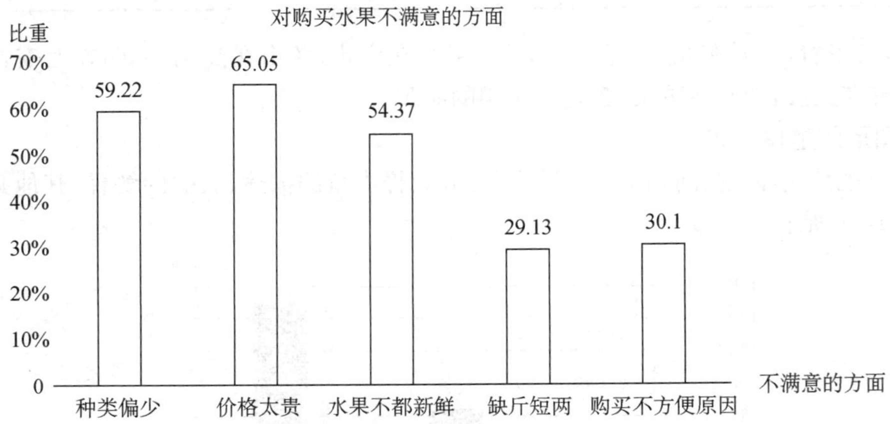

图 10.7 多选题的柱形图示例

(3) 累计频数分布。累计频数分布用柱形图和折线图的组合图表示,如图 10.8 所示。

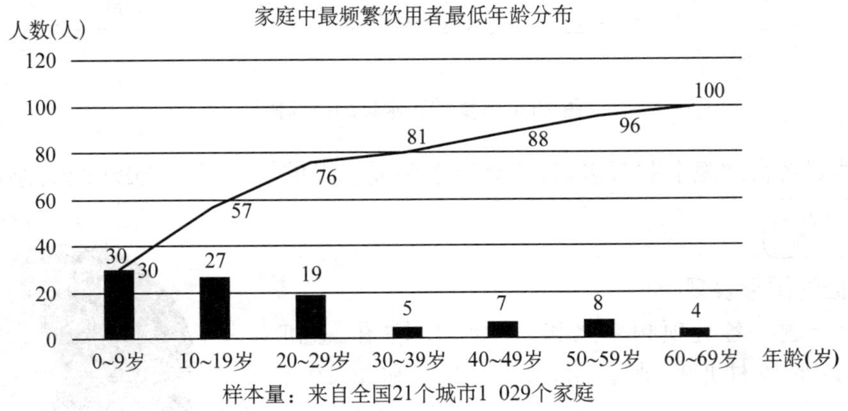

图 10.8 累计频数分布的组合图示例

图 10.8 说明,液态奶家庭消费以儿童青少年为中心。57%的饮用液态奶的家庭中最频繁饮用者包括 20 岁以下的儿童青少年,还有一部分家庭以中老年为中心。除了年轻人外,

40～59 岁也是小的高峰。

(4) 时间数列。时间数列用折线图来表示，如图 10.9 所示。

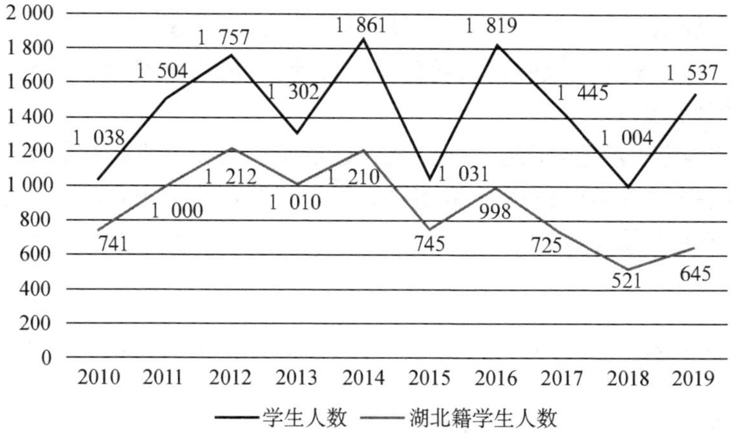

图 10.9　时间数列的折线图示例

(四) 研究结论和建议

在呈现具体的研究细节之前，研究人员需要提出本次调查的主要结论，以及在调查基础上的一些合理建议。研究结论及建议在报告中一般位于结尾处，但为了突出，也可置于主要内容之前。

1. 研究结论

研究结论不仅仅是对数据的一个总结，更重要的是需要告诉委托方需要解决的问题的结果。研究人员应用简要而准确的语言对研究结果进行总结，并描述出众多数据之中的内在联系；同时，需要明确提出在调查方案设计阶段所提出问题的答案。

2. 研究建议

在调查结果和研究结论的基础上，研究人员可以提出自己的建议。

有的时候，并不需要研究人员提出建议，因为研究人员并不清楚委托方所有问题的所在。基于这一原因，研究人员在基于调研结果提出建议时，需要明确告知所提出建议的适用条件；如果提出建议，应该是有效而且可行的。

调查报告示例

本 章 小 结

1. 统计调查报告既是统计工作成果的载体，也是相关组织、个人进行决策的重要依据，因此，其在统计工作中非常重要。

2. 统计调查报告的三个基本标准为：友好面对读者；围绕着研究观点来撰写；真实、准确。

3. 调查报告撰写的步骤包括:对调查目的进行回顾;根据调查结果形成的观点对材料进行取舍;拟定报告提纲,构建报告基本结构;撰写报告;修改报告。

4. 报告提纲包括引言、研究设计、研究内容、结论与建议、附件。

5. 研究设计部分应该陈述该项目的执行情况,包括所使用的研究方法和各类数据采集的执行细节。

6. 研究内容多用图表表示。单选题各选项频率之和为 100,用饼图、总和为 100 的条形图或柱形图来表示;多选题各选项频率之和大于 100,用条形图或柱形图表示;累计频数分布用柱形图和折线图的组合图表示;时间数列用折线图来表示。

趣味阅读

"男起女名"与"女起男名"

随着各种"小鲜肉""花美男"等偶像的出现,网络上亦出现了担忧"少年'娘'则国'娘'"的各式批判之声。与此同时,认为如今的女孩们"没有女孩子样""像个女汉子"的声音也比比皆是。

但事实究竟如何?起名通"中国人姓名研究中心"发布的 2019 姓名全景报告中也探讨了这个变化。

研究人员构建了一个大数据指标,用于分析"男起女名"与"女起男名",收获了一些很有意思的发现。

2019 姓名全景报告:"90 后"和"00 后"中"小鲜肉""女汉子"最多。

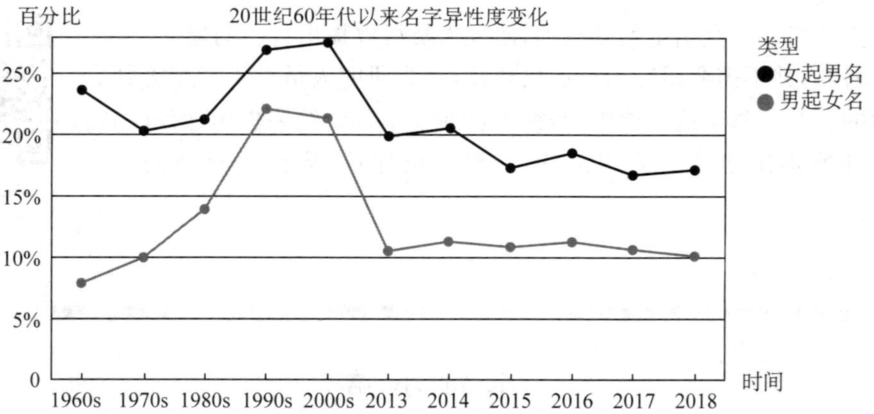

图 10.10　20 世纪 60 年代以来名字异性度变化

研究人员取每年女性最热门的前 100 个名字,统计这些名字的女性人数和男性人数,其男性人数除以女性人数的比例,反映出男性起名上是否"娘";反之,取男性最热门的前 100 个名字,其女性人数除以男性人数的比例,反映女性起名是否阳刚。

（续上）

从时间轴看，“男起女名”和“女起男名”最突出严重的是 20 世纪 90 年代和 21 世纪 00 年代。

在这 20 年间，女宝宝最热门的前 100 个名字，被男宝宝使用的人数达到了女宝宝的五分之一。而男宝宝最热门的前 100 个名字，被女宝宝使用的人数更高达男宝宝的 27%以上，接近三分之一。这和人们认为“小鲜肉、女汉子主要集中于‘90 后’与‘00 后’”的感觉是一致的。

但“性别失衡”的问题并没有愈演愈烈。从指标可以看出，“10 后”名字的“性别区分度”已经越来越泾渭分明。“男起女名”的比例显著地减少了一半，“女起男名”的比例也下跌了有三分之一。人们担心中的“更娘化”“更 men 化”的趋势并不存在。

从指标还可以看出，相比“男起女名”，中国父母给女宝宝起男名的倾向更强。这显示出社会对“女汉子”的接受程度，远远高于“男娘化”。新时代不再要求女孩一定要文气。在激烈的社会竞争下，有相当一部分家长，寄望女儿独立、坚强，可以更好地在社会上立足。

指标还进一步从量化角度显示，确实存在“北方女性更爽朗，南方女性更温柔”的现象。近 3 年在“女起男名”上，北方省份比南方省份明显更多。在“男起女名”上，社会上也存在“北方男人更粗犷，南方男人更细腻”的现象。南方省份比北方各省更明显。

比较特别的是上海市，在 2016—2018 年的“男起女名”统计中，一直位列前三。报告中表示，这或许是因为上海拥有更多元、更宽容的城市文化。

其实无论是“花美男”还是“女汉子”的流行，家长们都不必过于担忧。新时代的审美不再过于强调性别的刻板印象，而是鼓励人们无须拘泥于自己的性别，自由地追求个人发展和人生理想。

（资料来源：Winnie Lee.2019 姓名全景报告：90 后、00 后中“小鲜肉”“女汉子”最多[EB/OL].(2019-04-30)[2019-07-08].https://t.qianzhan.com/caijing/detail/190430-5d73aa6d.html.）

实训项目：撰写统计调查报告

【实训目标】 具备对统计调查报告的整体设计能力。
具备对具体问题进行分析及提出建议的综合能力。

【实训内容】 撰写调查报告。

近年来，大学生的身体素质不断下降。“大学生体测 800 米猝死案”“军训中大学生因体力不支而晕倒”等事件令人担忧。长期的应试教育背景使得学生们对体育锻炼不重视，观念上大多保留着类似“体育是副科”的观念残余。很多新进大学的同学，心中对自己大学生活的期待都是如何多参与兴趣社团或者要看多少多少书，很少有学生会把强身健体作为一个追求目标。同时，随着移动互联网时代的到来，大学生们足不出寝室就能知晓天下大事，也使得学生在空余时间更乐于宅在寝室。他们更多的是关心哪个剧忘追了、哪个综艺节目又更新了、哪个新游戏上线了等，自然而然地就会忽略掉运动这件事。

为了了解当前大学生的运动状况，引导大学生认识到锻炼的重要性，某高校组织学生会的干部们于 2018 年 9 月 25 日至 10 月 10 日开展了一次统计调查。该调查采取类型抽样的方式，对在校本科生各个年级男、女生各发放问卷 30 份左右，共发放问卷 250 份，回收问卷 240 份，其中有效问卷共 239 份。问卷的问题与选项如图 10.11 所示。

大学生运动情况调查问卷

1. 您的性别是(　　)。

A. 男　　B. 女

2. 您所在年级是(　　)。

A. 大一　　B. 大二　　C. 大三　　D. 大四

3. 您每次运动的时长(　　)。

A. 0～0.5 小时　　B. 0.5～1 小时　　C. 1～1.5 小时

D. 1.5～2 小时　　E. 2 小时以上

4. 您的运动频率是(　　)。

A. 每天都运动　　B. 每周运动 3～5 次

C. 每周运动 1～2 次　　D. 几乎不怎么运动

5. 您常做的运动是(　　)。(多选)

A. 羽毛球　　B. 乒乓球　　C. 篮球

D. 足球　　E. 跑步　　F. 排球　　G. 其他

6. 您通常在(　　)时段运动。

A. 清晨　　B. 下午　　C. 晚上　　D. 时间不限(有时间即可)

7. 您对自己的运动效率打(　　)分。

A. 90～100　　B. 80～90　　C. 70～80

D. 60～70　　E. 60 以下

8. 促使您运动的原因有(　　)。(多选)

A. 强身健体　　B. 个人兴趣　　C. 瘦身

D. 体育课　　E. 缓解压力　　F. 其他

9. 您认为最影响您运动时间的原因是(　　)。

A. 学习　　B. 恋爱　　C. 玩电脑

D. 睡觉　　E. 社团活动　　F. 其他

10. 您对您学校的运动环境打(　　)分。

A. 90～100　　B. 80～90　　C. 70～80

D. 60～70　　E. 60 以下

11. 您周围的人(　　)经常运动。

A. 是　　B. 否

12. 您感觉自己对运动量的需求程度(　　)。

A. 很轻，只是为了打发时间　　B. 适中，更多是为了强身健体

C. 有一定依赖，一段时间不运动会不舒服　　D. 绝对的依赖

13. 您如何看待当代大学生体能素质较差的情况(　　)。

A. 好　　B. 一般　　C. 差

14. 您对自己的体能打(　　)分。

A. 90～100　　B. 80～90　　C. 70～80

D. 60～70　　E. 60 以下

15. 您觉得适当的运动对健康(　　)积极影响吗。
A. 有　　　　B. 没有
16. 您(　　)自己的运动计划。
A. 有　　　　B. 没有
17. 您(　　)坚持自己的运动计划。
A. 会坚持一段时间　　　　B. 会一直坚持
C. 不能坚持　　　　D. 其他

图 10.11　大学生运动情况调查问卷

要求：请根据调查结果撰写调查报告。

大学生运动情况调查报告

一、研究背景与研究目的

研究背景：近年来，大学生的身体素质不断下降。一方面，长期的应试教育背景使学生普遍不重视体育锻炼；另一方面，移动互联网时代手机可提供的信息量太大，学生的课余时间被追剧、综艺、游戏等充满，自然忽略掉运动。

研究目的：了解当代大学生的运动现状；为学校正确引导学生认识锻炼的重要性提供一些参考。

二、研究设计

调查对象：某高校全体在校大学生

调查单位：某高校每一个在校大学生

调查期限：2018 年 9 月 25 日至 10 月 10 日

调查地点：某高校教学楼

调查方法：访问法

本次调查采取类型抽样的方式，对在校本科生各个年级男、女生各发放问卷 30 份左右，在教一、教二、教三、教四共发放问卷 250 份，回收问卷 240 份，其中有效问卷共 239 份。现将各年级男女生回收有效问卷具体情况介绍如下：

大一：(男生)25 份　　(女生)6 份
大二：(男生)37 份　　(女生)28 份
大三：(男生)53 份　　(女生)77 份
大四：(男生)2 份　　(女生)11 份
总计：(男生)117 份　　(女生)122 份

三、研究内容(部分)

设样本一为抽样总体，样本二为男生的抽样总体，样本三为女生的抽样总体。

(一) 对运动时长的分析

1. 对样本一的分析(见表 10.3)

表 10.3　所有学生运动时长分布表

运动时长	人数(人)	频率
0～0.5 小时	59	24.69%

（续表）

运动时长	人数(人)	频率
0.5～1 小时	91	38.08%
1～1.5 小时	47	19.67%
1.5～2 小时	21	8.79%
2 小时以上	21	8.79%
合　计	239	100.00%

由图 10.12 可得：所有学生运动时长分布最多的是0.5～1 小时，1.5～2 小时和 2 小时以上的学生都较少。

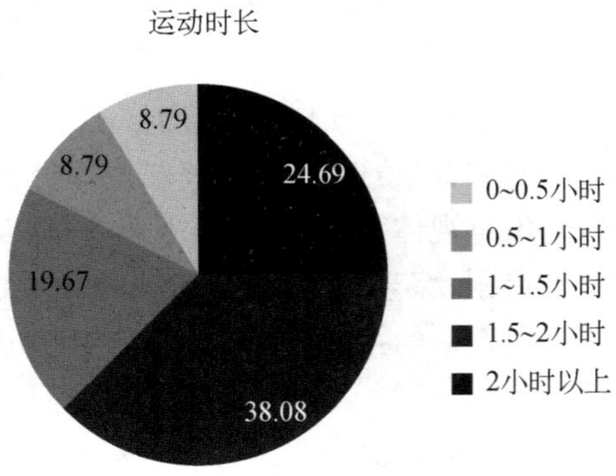

图 10.12　运动时长饼图

2. 对样本二的分析(略)

3. 对样本三的分析(略)

小结：对运动时长的分析

(1) 运动时长主要集中在 0.5～1 小时，其次是 1～1.5 小时。

(2) 对男女生而言，运动时长主要都集中在 0.5～1 小时，男生的运动时长最多分布在 0.5～1 小时，其次的是1～1.5 小时，运动时长分布最少的是 0～0.5 小时。女生的运动时长最多分布在 0.5～1 小时，其次是 0～0.5 小时，运动时长最少的分布在 2 小时以上，可以看出，女生的运动时长普遍要比男生少一点。

(3) 对不同年级而言，大一学生普遍运动时长比高年级要多，随着年级增长运动时长呈递减趋势，大四学生的运动时长最少。

(二) 对运动频率的分析(略)

(三) 对运动项目的分析(略)

(四) 对运动时段的分析(略)

(五) 对运动原因的分析(略)

(六) 对运动观念的分析(略)

四、研究结论与建议

通过以上的统计分析，我们基本得出以下结论：

(1) 学生对运动有一定的主动性，但随着年级升高，主动性却降低。男生运动的主动性普遍高于女生。

(2) ……

对此，我们的建议是：

(1) 强化思想教育，加强大学生健康意识、体育意识的教育，特别是女生与高年级群体。

(2) ……

五、附录(部分)

调查的原始数据(每一行表示一张问卷结果)如表 10.4 所示。

表 10.4　调查的原始数据

编号	Q1 性别	Q2 年级	Q3 运动时长	Q4 运动频率	Q5-1 羽毛球	Q5-2 乒乓球	Q5-3 篮球	Q5-4 足球	Q5-5 跑步	Q5-6 排球	Q5-7 其他	Q6 运动时段
001	1	3	1	3	0	1	0	1	0	0	0	1
002	1	3	2	4	1	1	1	1	0	1	0	3
003	1	3	1	2	0	1	0	0	1	0	0	2
004	2	3	3	2	1	0	1	0	0	1	1	2
005	2	3	3	1	0	1	0	1	1	0	0	1
006	2	3	5	2	0	1	0	1	0	0	0	2
007	2	3	4	3	0	0	1	0	0	0	1	1
008	2	1	1	1	0	0	0	1	0	0	0	1
009	2	3	4	1	1	0	0	0	0	0	1	1
010	1	1	2	3	1	1	1	1	0	1	0	2
……												

挑战性统计实践

各小组根据本章所学知识对前面各项挑战性统计实践完成的规范文档进行整理，撰写统计调查报告。

要求：

(1) 结构完整，格式规范。

(2) 结论中观点清楚，建议可行。

(3) 文字表达流畅，通俗易懂。

课后练习

一、单选题

1. 统计调查报告的封面一般不包括(　　)。

A. 调查报告的标题　B. 调查机构　C. 提交时间　D. 调查方法

2. 统计调查报告的研究设计一般不包括(　　)。

A. 建议　B. 样本情况　C. 抽样方式　D. 调查时间

3. 问卷中的单选题一般不用(　　)呈现。

A、饼图　B. 条形图　C. 柱形图　D. 散点图

4. 时间数列一般用(　　)呈现。

A、饼图　B. 折线图　C. 柱形图　D. 散点图

5. 下列说法中，错误的是(　　)。

A. 研究结论应该应用简要而准确的语言对研究结果进行总结，并描述出众多数据之中的内在联系

B. 在调查结果和研究结论的基础上，研究人员一定要提出自己的建议

C. 研究人员在基于调研结果提出建议时，需要明确告知所提出建议的适用条件

D. 如果提出建议，应该是有效而且可行的

二、多选题

1. 统计调查报告的特点有(　　)。

A. 写实性　　B. 针对性　　C. 逻辑性　　D. 可阅读

E. 包含建议

2. 调查报告撰写的步骤包括(　　)。

A. 对调查目的进行回顾　　B. 对材料进行取舍

C. 拟定报告提纲　　D. 撰写报告

E. 修改报告

三、简答题

1. 简述统计调查报告的三个基本标准。

2. 简述统计调查报告大纲的主要内容。

各章课后练习答案

第一章　绪论

一、单选题

1. C　2. A　3. D　4. B　5. D　6. C　7. D　8. B　9. B　10. B

二、多选题

1. ACD　2. AB　3. CDE　4. ABCD　5. BE

三、简答题

略。

四、综合题

1.（1）统计学。（2）统计工作。（3）统计资料。

2.（1）数量指标:2018 年网上零售额。

（2）质量指标:居民平均每月网购次数;2018 年网上零售额同比增长率。

第二章　统计调查

一、单选题

1. B　2. A　3. D　4. A　5. C　6. B　7. A　8. C　9. A　10. C

二、多选题

1. BCE　2. ABCE　3. ABCD　4. DE　5. ABCDE

三、简答题

略。

第三章　统计整理

一、单选题

1. B　2. C　3. B　4. A　5. A　6. A　7. A　8. A　9. C　10. B

二、多选题

1. BC　2. ADE　3. AC　4. ABCDE　5. ACDE

三、简答题

略。

四、应用题

根据组距数列编制步骤,过程略。

第四章　统计描述

一、单选题

1. D　2. C　3. D　4. C　5. C　6. B　7. C　8. C　9. D　10. A

二、多选题

1. ABCDE　2. ABC　3. ABE　4. CE　5. DE

三、简答题

略。

四、计算题

1. 第一步计算各组组中值:2 500，7 500，12 500，17 500，22 500，27 500

第二步应用加权算术平均:2 500×10%+7 500×10%+12 500×20%+17 500×30%+22 500×20%+27 500×10%=16 000(元)

2. 运用调和平均数计算甲乙两个市场上三种蔬菜的平均售价:

甲市场上的平均价格:(75+72.8+42)÷(75÷3+72.8÷2.8+42÷4.2)=3.11(元)

乙市场上的平均价格:(37.5+44.8+88.2)÷(37.5÷3+44.8÷2.8+88.2÷4.2)=3.44(元)

所以通过两个市场上商品的总平均价格的比较,乙市场蔬菜平均价格高。

3. (1) 运用加权算术平均数计算,职工家庭平均月收入=(1 500×46+2 500×60+3 500×90+4 500×110+5 500×75+6 500×85+7 500×36+8 500×14)/(46+60+90+110+75+85+36+14)=4 618.22(元)

(2) 众数所在组 4 000～5 000,根据众数计算公式,众数=4 000+20/(20+35)=4 363.64(元)

中位数所在组 4 000～5 000,根据中位数下限公式,中位数=4 000+(258－196)÷110×1 000=4 563.64(元)

(3) 通过比较,算术平均数最大,众数最小,所以根据分布特征得出该组数据呈右偏分布。

4. 通过分析,该题目计算应运用调和平均数,

总的平均计划完成程度=(1 140+13 440+2 400)÷(1 140/95%+13 440÷105%+2 400÷120%)=106.13%

5. 运用几何平均数计算$=\sqrt[4]{98\%\times95\%\times92\%\times90\%}=93.70\%$

6. 不对。

(1) $平均计划完成程度=\dfrac{总的实际产量}{总的计划产量}=\dfrac{180+250+315}{\dfrac{180}{90\%}+\dfrac{250}{100\%}+\dfrac{315}{105\%}}=99.33\%$

(2) $平均单位成本=\dfrac{总成本}{总产量}=\dfrac{20\times180+18\times250+16\times315}{180+250+315}=17.64$ 元/件

7. $甲班的平均成绩=\dfrac{55\times4+65\times15+75\times30+85\times16+95\times5}{70}=75.43$ 分

$甲班的标准差=\sqrt{\dfrac{\sum(x-\bar{x})^2f}{\sum f}}=9.97(分)$

甲班的标准差系数=9.97÷75.43×100%=13.22%

乙班的标准差系数=12÷78×100%=15.38%

所以甲班的平均成绩的代表性更高。

8. 甲:平均月产量=64,全距=120－20=100,平均差=24,标准差=29.82,V_σ=46.59%;

乙:平均月产量=70,全距=75－65=10,平均差=2.2,标准差=2.79,V_σ=3.99%。

第五章　时间数列

一、单选题

1. A　2. D　3. A　4. D　5. C　6. A　7. D　8. C　9. B　10. C

二、多选题

1. AC　2. ABCD　3. BCDE　4. BD　5. BCE

三、简答题

略。

四、计算题

1. 190，105.56，5.56，1.8；228，38，20，1.9；246.24，18.24，108，2.28；271.24，110.15，10.15，2.46

2. 209.25

3. (1) 2 101。(2) 311.33。(3) 0.15 万元/人。

4. 146.13%，46.13%，104.86%，4.86%。

5. (1) 63 元/人，69.52 元/人，74.09 元/人。(2) 69.05 元/人。(3) 207.14 元/人。

6. A:0.31 万元/人，B:0.34 万元/人，企业劳动生产率:0.32 万元/人。

7. 季节比率:99.17%，89.32%，102.27%，109.24%。

季节变差:−17.19，−183.44，32.81，167.81。

第六章　统计指数

一、单选题

1. C　2. A　3. D　4. A　5. A　6. D　7. A　8. A　9. C　10. D　11. D

二、多选题

1. ACE　2. ACE　3. BCD　4. ABD　5. BCD

三、简答题

略。

四、计算题

1. (1) 137.28%。(2) 121%。(3) 113.45%。

2. (1) 112.5%，103.66%，109.09%，119.66%。(2) 110.89%。(3) 19 702。

3. (1) 113.24%。(2) 130.70%。(3) 342.3 万元。(4) 86.64%。

4. (1) 99.6%。(2) 112.15%。

5. (1) 94.42%，−6.5 万元。(2) 164.08%，45.5 万元。

第七章　抽样推断

一、单选题

1. B　2. D　3. C　4. A　5. B　6. B　7. A　8. C　9. A　10. D

11. C　12. B　13. B

二、多选题

1. BCE　2. ABDE　3. ADE　4. ABD　5. BCD

三、简答题

略。

四、计算题

1. (1) 5.8。(2) 5.74。

2. (1) 样本成数 3%，重复抽样条件下，抽样平均误差 1.21%。

(2) 不重复抽样条件下，抽样平均误差 1.14%。

3. (1) 点估计下，家长每月愿意为孩子在舞蹈上的花费为 620 元，培训机构应定价 155 元/课时。

(2) $\mu_{\bar{x}} = \frac{\sigma}{\sqrt{n}}\sqrt{\left(1-\frac{n}{N}\right)} = 2.38$

$620-4.66 \leqslant \bar{X} \leqslant 620+4.66$ 即 $615.34 \leqslant \bar{X} \leqslant 624.66$

培训机构应定价在 153.84～156.17 元/课时。

4. (1) $\mu_{\bar{x}}=\frac{\sigma}{\sqrt{n}}\sqrt{\left(1-\frac{n}{N}\right)}=1.66$

$620-3.25 \leqslant \bar{X} \leqslant 620+3.25$

即：$616.75 \leqslant \bar{X} \leqslant 623.25$

(2) 因为样本容量增大，抽样平均误差减小，所以估计区间范围变窄。

5. (1) $p=60\%$ $\mu_p=\sqrt{\frac{P(1-P)}{n}}=2.83\%$ $Z_{\frac{\alpha}{2}}=1.645$

$60\%-4.66\% \leqslant P \leqslant 60\%+4.66\%$

即：$55.34\% \leqslant \bar{X} \leqslant 64.66\%$

(2) $Z_{\frac{\alpha}{2}}=3$ $60\%-8.49\% \leqslant P \leqslant 60\%+8.49\%$

即：$51.51\% \leqslant \bar{X} \leqslant 68.49\%$

第八章 假设检验

一、单选题

1. C 2. B 3. A 4. C 5. B 6. B 7. C 8. A 9. D 10. C

二、多选题

1. ACE 2. AE 3. ACE 4. ABE 5. ACD

三、简答题

略。

四、计算题

1. (1) $H_0:\mu=30$, $H_1:\mu\neq30$

(2) 样本数据表明拒绝原假设，意味着有很大的可能性容量未达到标准。

(3) 样本数据表明无法拒绝原假设，意味着就样本信息不能证明容量未达到标准。

2. $z=2.83$，临界值 $Z_{\frac{\alpha}{2}}=Z_{0.025}=1.96$，所以应拒绝原假设，即容量未达到标准有很大的可能性，应停产检查。

3. $H_0:\mu\geqslant 8\ 000$, $H_1:\mu<8\ 000$

$z=-15.19$，临界值 $-Z_\alpha=-1.645$，所以应拒绝原假设，即该网红不具有所宣称的强大的带货能力，该品牌商不值得与之合作。

4. (1) 发生第Ⅰ类错误指的是判定无效，但实际有效。可能导致的后果是不采取该激励机制从而错失了提高销售业绩的好方法。

(2) 发生第Ⅱ类错误指的是判定有效，但实际无效。可能会导致的后果是采取该激励机制，实施后却并未提高销售业绩。

5. $H_0:\mu\leqslant 24$, $H_1:\mu>24$

$t=1.49$，临界值 $t_\alpha(df)=t_{0.05}(20-1)=1.328$，所以应拒绝原假设，即认为该快递公司的承诺不可信。

6. $H_0:\mu\geqslant 90\%$, $H_1:\mu<90\%$

$p=88\%$，$z=-0.62$，临界值 $Z_\alpha=-2.33$，所以不能拒绝原假设，即可以认为食堂可以评为优秀等次。

第九章 相关与回归分析

一、单选题

1. B 2. C 3. A 4. C 5. B 6. C 7. A 8. B 9. C 10. A

二、多选题

1. ABE 2. ABC 3. ACD 4. BCE 5. ADE

三、简答题

略。

四、计算题

1. (1) 略。

(2) 学生对食堂的满意度与在食堂的消费支出之间呈正线性相关关系。

2. (1) $\hat{y} = 60x + 234$。

(2) 学生的满意度每提高 1 分,学生每月在食堂的支出平均增加 60 元。

(3) 当 $x = 7.5$ 时,$\hat{y} = 684$。所以估计每月食堂的总收入为 6 840 000 元。

3. $R^2 = 0.597\ 426\ 471$。说明学生在食堂的支出的变化有 59.74%可以用食堂满意度来解释。

第十章 统计调查报告

一、单选题

1. D 2. A 3. D 4. B 5. B

二、多选题

1. ABC 2. ABCDE

三、简答题

略。

附　　表

附表 1　标准正态分布表

$$\Phi(x)=\int_{-\infty}^{x}\frac{1}{\sqrt{2\pi}}e^{-\frac{t^2}{2}}dt=P(X\leqslant x)$$

x	0	1	2	3	4	5	6	7	8	9
0.0	0.500 0	0.504 0	0.508 0	0.512 0	0.516 0	0.519 9	0.523 9	0.527 9	0.531 9	0.535 9
0.1	0.539 8	0.543 8	0.547 8	0.551 7	0.555 7	0.559 6	0.563 6	0.567 5	0.571 4	0.575 3
0.2	0.579 3	0.583 2	0.587 1	0.591 0	0.584 8	0.598 7	0.602 6	0.606 4	0.610 3	0.614 1
0.3	0.617 9	0.621 7	0.625 5	0.629 3	0.633 1	0.636 8	0.640 6	0.644 3	0.648 0	0.651 7
0.4	0.655 4	0.659 1	0.662 8	0.666 4	0.670 0	0.673 6	0.677 2	0.680 8	0.684 4	0.687 9
0.5	0.691 5	0.695 0	0.698 5	0.701 9	0.705 4	0.708 8	0.712 3	0.715 7	0.719 0	0.722 4
0.6	0.725 7	0.721 9	0.732 4	0.735 7	0.738 9	0.742 2	0.745 4	0.748 6	0.757 1	0.754 9
0.7	0.758 0	0.761 1	0.764 2	0.767 3	0.770 3	0.773 4	0.776 4	0.779 4	0.782 3	0.785 2
0.8	0.788 1	0.791 0	0.793 9	0.796 7	0.799 5	0.802 3	0.805 1	0.808 7	0.810 6	0.813 3
0.9	0.815 9	0.818 6	0.821 2	0.828 3	0.826 4	0.828 9	0.831 5	0.834 0	0.836 5	0.838 9
1.0	0.841 3	0.843 8	0.846 1	0.848 5	0.850 8	0.853 1	0.855 4	0.857 7	0.859 9	0.862 1
1.1	0.864 3	0.866 5	0.868 6	0.870 8	0.872 9	0.874 9	0.877 0	0.879 0	0.881 0	0.883 0
1.2	0.884 9	0.886 9	0.888 8	0.890 7	0.892 5	0.894 4	0.896 2	0.898 0	0.899 7	0.901 5
1.3	0.902 3	0.904 9	0.906 6	0.908 2	0.909 9	0.911 5	0.913 1	0.914 7	0.916 2	0.917 7
1.4	0.919 2	0.920 7	0.922 2	0.923 6	0.925 1	0.926 5	0.927 8	0.929 2	0.930 6	0.931 9
1.5	0.933 2	0.934 5	0.935 7	0.937 0	0.938 2	0.939 4	0.940 6	0.941 8	0.943 0	0.944 1
1.6	0.945 2	0.946 3	0.947 4	0.948 4	0.949 5	0.950 5	0.951 5	0.952 5	0.953 5	0.954 5
1.7	0.955 4	0.956 4	0.957 3	0.958 2	0.959 1	0.959 9	0.960 8	0.961 6	0.962 5	0.963 3
1.8	0.964 1	0.964 8	0.965 6	0.966 4	0.967 1	0.967 8	0.968 6	0.969 3	0.970 0	0.970 6
1.9	0.971 3	0.971 9	0.972 6	0.973 2	0.973 8	0.974 4	0.975 0	0.975 6	0.976 2	0.976 7
2.0	0.977 2	0.977 8	0.978 3	0.978 8	0.979 3	0.979 8	0.980 3	0.980 8	0.981 2	0.981 7
2.1	0.982 1	0.982 6	0.983 0	0.983 4	0.983 8	0.984 2	0.984 6	0.985 0	0.985 4	0.985 7
2.2	0.986 1	0.986 4	0.986 8	0.987 1	0.987 4	0.987 8	0.988 1	0.988 4	0.988 7	0.989 0
2.3	0.989 3	0.989 6	0.989 8	0.990 1	0.990 4	0.990 6	0.990 9	0.991 1	0.991 3	0.991 6
2.4	0.991 8	0.992 0	0.992 2	0.992 5	0.992 7	0.992 9	0.993 1	0.993 2	0.993 4	0.993 6
2.5	0.993 8	0.994 0	0.994 1	0.994 3	0.994 5	0.994 6	0.994 8	0.994 9	0.995 1	0.995 2
2.6	0.995 3	0.995 5	0.995 6	0.995 7	0.995 9	0.996 0	0.996 1	0.996 2	0.996 3	0.996 4
2.7	0.996 5	0.996 6	0.996 7	0.996 8	0.996 9	0.997 0	0.997 1	0.997 2	0.997 3	0.997 4
2.8	0.997 4	0.997 5	0.997 6	0.997 7	0.997 7	0.997 8	0.997 9	0.997 9	0.998 0	0.998 1
2.9	0.998 1	0.998 2	0.998 2	0.998 3	0.998 4	0.998 4	0.998 5	0.998 5	0.998 6	0.998 6
3.0	0.998 7	0.999 0	0.999 3	0.999 5	0.999 7	0.999 8	0.999 8	0.999 9	0.999 9	1.000 0

附表 2　t 分布表

$$P\{t(n) > t_\alpha(n)\} = \alpha$$

df	α=0.25	0.10	0.05	0.025	0.01	0.005
1	1.000 0	3.077 7	6.313 8	12.706 2	31.820 7	63.657 4
2	0.816 5	1.885 6	2.920 0	4.303 7	6.964 6	9.924 8
3	0.764 9	1.637 7	2.353 4	3.182 4	2.540 7	5.840 9
4	0.740 7	1.533 2	2.131 8	2.776 4	3.746 9	4.601 4
5	0.726 7	1.475 9	2.015 0	2.570 6	3.364 9	4.032 2
6	0.717 6	1.439 8	1.943 2	2.446 9	3.142 7	3.707 4
7	0.711 1	1.414 9	1.894 6	2.363 4	2.998 0	3.499 5
8	0.706 4	1.396 8	1.859 5	2.306 0	2.896 5	3.355 4
9	0.702 7	1.383 0	1.833 1	2.262 2	2.821 4	3.249 8
10	0.699 8	1.372 2	1.812 5	2.228 1	2.763 8	3.169 3
11	0.697 4	1.363 4	1.795 9	2.201 0	2.718 1	3.105 8
12	0.695 5	1.356 2	1.782 3	2.178 8	2.681 0	3.054 5
13	0.693 8	1.350 2	1.770 9	2.160 4	2.650 3	3.012 3
14	0.692 4	1.345 0	1.761 3	2.144 8	2.624 5	2.976 8
15	0.691 2	1.340 6	1.753 1	2.131 5	2.620 5	2.946 7
16	0.690 1	1.336 8	1.745 9	2.119 9	2..5 835	2.920 8
17	0.689 2	1.333 4	1.739 6	2.109 8	2.566 9	2.898 2
18	0.688 4	1.330 4	1.734 1	2.100 9	2.552 4	2.878 4
19	0.687 6	1.327 7	1.729 1	2.093 0	2.539 5	2.860 9
20	0.987 0	1.325 3	1.724 7	2.086 0	2.528 0	2.845 3
21	0.686 4	1.323 2	1.720 7	2.079 6	2.517 7	2.831 4
22	0.685 8	1.321 2	1.717 1	2.073 9	2.508 3	2.818 8
23	0.685 3	1.319 5	1.713 9	2.068 7	2.499 9	2.807 3
24	0.684 8	1.317 8	1.710 9	2.063 9	2.492 2	2.796 9
25	0.684 4	1.316 3	1.710 8	2.059 5	2.485 1	2.787 4
26	0.684 0	1.315 0	1.705 6	2.055 5	2.478 6	2.778 7
27	0.683 7	1.313 7	1.703 3	2.051 8	2.472 7	2.770 7
28	0.683 4	1.312 5	1.701 1	2.048 4	2.467 1	2.766 4

（续表）

df	α=0.25	0.10	0.05	0.025	0.01	0.005
29	0.683 0	1.311 4	1.699 1	2.045 2	2.462 0	2.756 4
30	0.682 8	1.304	1.697 3	2.042 3	2.457 3	2.750 0
31	0.682 5	1.309 5	1.659 9	2.039 5	2.452 8	2.744 0
32	0.682 2	1.308 6	1.693 9	2.036 9	2.448 7	2.738 5
33	0.682 0	1.307 7	1.692 4	2.034 5	2.444 8	2.733 3
34	0.681 8	1.307 0	1.690 9	2.032 2	2.441 1	2.738 4
35	0.681 6	1.306 2	1.689 6	2.030 1	2.437 7	2.723 8
36	0.681 4	1.305 5	1.688 3	2.028 1	2.434 5	2.719 5
37	0.681 2	1.304 9	1.687 1	2.026 2	2.431 4	2.715 4
38	0.681 0	1.304 2	1.686 0	2.024 4	2.428 6	2.711 6
39	0.680 8	1.303 6	1.684 9	2.022 7	2.425 8	2.707 9
40	0.680 7	1.303 1	1.683 9	2.021 1	2.422 3	2.704 5
41	0.680 5	1.302 5	1.682 9	2.019 5	2.420 8	2.701 2
42	1.680 4	1.302 0	1.682 0	2.018 1	2.418 5	2.698 1
43	1.680 2	1.301 6	1.681 1	2.016 7	2.416 3	2.695 1
44	1.680 1	1.301 1	1.680 2	2.015 4	2.414 1	2.692 3
45	0.680 0	1.300 6	1.679 4	2.014 1	2.412 1	2.689 6

主要参考书目

[1] 潘求峰.统计学[M].长春:东北师范大学出版社,2010.
[2] 冯力.统计学[M].大连:东北师范大学出版社,2015.
[3] 贾俊平.统计学[M].北京:中国人民大学出版社,2018.
[4] 威廉·M,门登霍尔.统计学[M].北京:机械工业出版社,2018.
[5] 贾俊平.统计学——基于EXCEL[M].北京:中国人民大学出版社,2017.
[6] 李洁明.统计学[M].北京:复旦大学出版社,2017.
[7] 贾俊平.统计学基础[M].2版.北京:中国人民大学出版社,2014.
[8] 张建同,孙昌平,王世进.应用统计学[M].2版.北京:清华大学出版社,2015.
[9] 袁卫,刘超.统计学——思想、方法与应用[M].北京:中国人民大学出版社,2011.
[10] 朱文涛.统计学基础项目化教程[M].北京:冶金工业出版社,2013.
[11] 贾俊平,郝静.统计学案例与分析[M].北京:中国人民大学出版社,2010.
[12] 孙静娟,杨光辉,杜婷.统计学[M].3版.北京:清华大学出版社,2015.
[13] 施金龙,吕洁,施然.应用统计学[M].4版.南京:南京大学出版社,2016.
[14] Dawn Griffiths.深入浅出统计学[M].北京:电子工业出版社,2018.
[15] 小岛宽之.统计学关我什么事:生活中的极简统计学[M].北京:北京时代华文书局,2018.
[16] 戴维·萨尔斯伯格.女士品茶[M].江西:江西人民出版社,2016.
[17] 杰弗里·班尼特.妙趣横生的统计学[M].北京:人民邮电出版社,2016.
[18] 王汉生.数据思维:从数据分析到商业价值[M].北京:中国人民大学出版社,2017.
[19] 张兆丰.统计学实验[M].北京:机械工业出版社,2018.
[20] 罗良清.商务统计学[M].北京:机械工业出版社,2016.